経営学総論
国際化時代の理論と現状分析

竹内　昭夫
稲福　善男

学文社

は　じ　め　に

　企業など組織を学問対象とする経営学は比較的新しい学問ではあるが，それでも100年余を経過しその間，理論の開発や分析技法等の蓄積もなされ，実践的な役割を果たしてきた。

　しかしながら，企業をとりまく環境の変化や社会の複雑化は急速に進み，ことに国際化，グローバル化は従来に比し，一段と広く，深く進展してきた。

　ことにわが国企業の場合，1980年代以降，世界のトップの一翼を占めるに至り，自らの創造的な需要開拓や研究開発が要請される一大転換期を迎えるに至った。このような状況下，日本的経営のあり方と国際ビジネス社会への展開との双方を視野に入れ，"新たなる課題への挑戦"が求められ，実践的役割を要求される経営学の研究が迫られている。

　一方，大学で学習されるべき経営学は，一面では必修科目的に文系のみならずすべての学生にとって基本的な概要の学習が必要であると共に，他面では専門課程で学ぼうとする大学生を対象にして分かりやすく使い良いテキストが求められている。

　さて問題は，現在は国際化の時代として強く意識されている。1960年代，アメリカはその復権をかけてヨーロッパ諸国に進出した。いわゆる"アメリカの挑戦"であるが，企業行動は「多国籍化」・「多角化」をスローガンに，より不確実な環境要因のなかでその方向づけを求められた。現代の経営学の研究もいわゆるこの"強いアメリカ"の影響を多分に受けることになる。ここでは"戦略"理論も台頭し，戦後の経済政策の世界的な一大変換期を迎えつつあった。

　限られた環境（市場）に対する企業の生存領域の問題も浮上してきた。経営の意思決定において不確実性要素をも分析の対象に求める動きが擡頭してきたのである。経営学がこの問題に介入したとき，意思決定論，サイバネティクス

論，システム論，あるいはコンピュータの普及に伴う情報の理論等も加わり経営学の研究は一挙に，しかも多彩に展開されるようになってきた。

　本書のねらいは，伝統理論を整理するなかから国際化時代に対応した経営学への導入であり展開である。経営学の問題を根底から解きほぐし，国際社会における企業行動の原理を解明していくことにある。あえて伝統理論に固執し，最新の理論展開に留意した。したがって，このような問題提起を踏まえ，全3部で構成されているが具体的には次のような内容でその全容を編集した。

　第Ⅰ部では，問題の所在を示すということで，徹底した基礎理論の紹介に努めた。経営学を学ぶ者がその方向性を見失わせる要因に，企業の個々の問題の解明に性急になりすぎ，"全体的枠組み"を示し得ないということがある。したがってここではまず準備的考察として，現在の企業の置かれている状況とその基本的あり方を取り上げた。確かに"遠回り感"がないではないが，存在の特性およびその制度的形態をここで理解しておくことはあらゆるものの見方に今後不可欠と思われる。

　ところで，経営学が現実の提起する問題の解明を使命とし，その価値理念を受けて理論化されたものであるならその考え方の特性というものがあるはずである。経営学がどのように取り上げられてきたかを，その国の個性として確かめておくことは，今日グローバリゼーションの時代・国際化の時代といわれるなかで，これからの思考に示唆を与えてくれるであろうことは疑う余地がない。

　一方，それぞれ事情をことにしながらも自由経済を基盤として取り上げられた経済科学の根底には，いくつかの共通した要素がある。経営学の形成の条件となる直接的要因を考えてみた。また，それがどのように取り上げられ，研究・教育されて思考的に発展してきたかも重要である。現代の経営学の研究領域を代表的学説を紹介しながら取り上げている。

　第Ⅱ部ではこの第Ⅰ部を受けて展開されるが，今何よりここで求められるものは，不確実な経済社会に対応した企業戦略の問題である。企業の意思決定は，基本戦略の構想と確立，これを受けての"経営計画"と"組織編成"となって

現れてくる。管理の原則はこれに有効性を付与していく。情報の時代といわれるが，この情報が経営の管理原則にどのように係わってくるのかも問題である。また，経営学の具体的内容となる各論を，問題の所在を示唆することを中心に取り上げてみた。

　第Ⅲ部では，著しい国際競争を克服しつつ行動する企業の問題点，すなわち日本企業がグローバリゼーションを果たすべき基本問題を中心に取り上げた。ここではたんに観念的に国際化を考えるのではなく，"行動する企業"を全面に出して展開した。日本的経営が国際化の波のなかで直面する問題をあらゆる角度から浮き彫りにする努力を試みた。

　さて，"経営学を学ぶ"ということで，基礎理論から国際化時代に対応したグローバルな展開の高次な理論まで意を尽くしたい願いは当然のことなのですが，実際の作業に取りかかってみると大きな制約がかかってきました。紙幅は論理説明に不可欠の要件ながら制限はやむ得ません。もちろん，構想の領域設定はわれわれの能力では遥かに及ばないのは確かです。多くの研究業績の助けをかりました。感謝の他はありません。逐次ご紹介をいたしながら論を進めるべきでありましたが，十分果たせませんでした。再度機を得て整えていきたいと願っています。

　なお本書の刊行はなにより学文社の三原多津夫氏のご厚志があります。企画当初から随分のご無理を聞いていただきました。深甚なる謝辞を表するものであります。

　　1997年早春

　　　　　　　　　　　　　　　　　　　　　　　　竹内　昭夫
　　　　　　　　　　　　　　　　　　　　　　　　稲福　善男

目　　次

第Ⅰ部　基礎編

第1章　わが国企業経営の特質と展望 ———————————— 10
1　日本経済と企業の発展 ……………………………………… 10
2　変革期の日本経済と企業 …………………………………… 15
3　日本の企業・形態と活動 …………………………………… 17
4　新時代の日本の企業活動 …………………………………… 21

第2章　企業の形成と基本構造 ————————————————— 25
1　企業と経済 …………………………………………………… 25
2　企業の発展 …………………………………………………… 27
3　設備投資と資本の増強 ……………………………………… 28
4　産業革命と近代会社形態の誕生 …………………………… 29

第3章　企業形態の意義と分類 ————————————————— 33
1　企業形態の意義と分類 ……………………………………… 33
2　会社企業の諸形態 …………………………………………… 35
3　企業集中形態 ………………………………………………… 39

第4章　経営学の形成と展開 —————————————————— 44
1　経営学の成立と問題領域 …………………………………… 44
2　ドイツ経営学の形成 ………………………………………… 46
3　日本の経営学の形成 ………………………………………… 52
4　アメリカ経営学の形成 ……………………………………… 60

第5章　専門経営者の出現と経営学 ────────── 65
　　1　所有と経営の分離……………………………………………65
　　2　専門経営者の出現……………………………………………66
　　3　経営者支配の実証的研究……………………………………69
　　4　専門経営者の出現と経営学…………………………………70
第6章　経営学の研究とその領域 ────────────── 73
　　1　現代経営理論の展開…………………………………………73
　　2　現代経営学の課題……………………………………………88

第Ⅱ部　経営戦略と経営管理

第1章　経営目標と戦略 ─────────────────── 94
　　1　経営目標と理念………………………………………………94
　　2　企業の基本戦略………………………………………………96
　　3　イノベーションと新事業戦略 ……………………………100
　　4　事業のポートフォリオ管理 ………………………………102
第2章　経営者と経営計画 ──────────────── 109
　　1　経営者の構成・機能・責任 ………………………………109
　　2　企業関係者とガバナンス …………………………………112
　　3　戦略計画と事業計画 ………………………………………114
　　4　予算管理と事業評価 ………………………………………118
第3章　経営管理・計画と統制の基本原理 ─────── 122
　　1　経営管理の意義 ……………………………………………122
　　2　管理原則 ……………………………………………………123
　　3　経営管理の領域 ……………………………………………125
　　4　経営計画と統制・組織 ……………………………………127
　　5　経営管理とリーダーシップ ………………………………134
　　6　経営管理とコミュニケーション …………………………136

第4章 経営管理・組織編成の一般原則 ─── 138

1 組織編成の原則 …………………………………………138
2 組織編成原理の変遷（近代的組織論への過程） ………139
3 職務分掌と組織図 ………………………………………141
4 組織の基本構造 …………………………………………143
5 職能別組織 ………………………………………………144
6 マトリックス組織 ………………………………………146
7 情報化の進展と組織機構 ………………………………147

第5章 部門管理 ─── 149

1 販売・マーケティング …………………………………149
2 生産・ロジスティクス …………………………………154
3 R＆D・技術 ……………………………………………157
4 労務・ヒューマンリソース ……………………………159
5 財務・コントロール ……………………………………161
6 通信・インフォメーション ……………………………165

第Ⅲ部　国際化編（国際時代の企業経営）

第1章 日本企業のグローバリゼーション ─── 172

1 国際化の意味と発展段階 ………………………………172
2 日本企業の国際化状況 …………………………………174
3 企業の国際分業理論 ……………………………………180

第2章 国際企業の環境対応戦略 ─── 187

1 海外進出戦略 ……………………………………………187
2 世界市場のマーケティング ……………………………192
3 合理性を追求する国際分業 ……………………………194
4 事業の現地化と運営 ……………………………………197

第3章　国際経営と日本的経営 ―――――――――― 202
　　1　環境に応じたマネジメント …………………202
　　2　日本と外国の企業観 …………………………205
　　3　意思決定にみる相違 …………………………208
　　4　人事・労務管理のちがい ……………………211
第4章　国際ビジネス概要 ―――――――――――― 217
　　1　貿易業務と債権保全 …………………………217
　　2　海外事業と合弁事業 …………………………220
　　3　国際ビジネスの諸契約 ………………………223
　　4　国際ファイナンスの特徴 ……………………227

参考・引用・紹介文献一覧 ――――――――――― 233
索　引 ――――――――――――――――――――― 239

第Ⅰ部　基礎編

第1章　わが国企業経営の特質と展望

1　日本経済と企業の発展

1　経営学と経済（社会）の問題

　経営の研究はいまの経済の仕組みのなかで活動する企業の制度の分析や意思決定の研究をその使命とする。しかし，いわばこの企業の分析もその究明の視角により多様な観点からとらえることが可能になる。例えば企業存在の本質的解明を目的としながら，それを科学として追求するならばその展開は純粋科学か応用科学か，あるいは規範科学なのかという価値の判断への基本姿勢そのものから問われねばならない。また企業の行動（組織的）原理の解明を本質とするか，あるいは企業者職能（管理的）原理の解明に求めるか，社会・制度的側面，消費者・環境保護あるいは近年国際化時代に対応したグローバルな展開も重要な問題提起をなしている。情報時代を迎え，シミュレーション技法も開発され，その分析もさまざまに考えられる。経営学のアプローチは実に多彩である。
　ところで，ここでこのようにいかにその分析の立場は異なるとはいえ，それがよって立つ基盤となる社会・経済の動きを離れてはこれら企業の研究は成り立たないということは共通に妥当する。すなわちいずれをもって経営学の基本的課題としてもその根底に経済（社会）問題の存在を意識せずにはいられないのである。まして現代の経営学は国際化の波のなかで解明しなければならない問題を多々課せられている。
　「日本企業のグローバリゼーション」および「日本企業の海外進出」等の具体的展開，その経営課題は本書第Ⅲ部で確認することになるが，まず出発とし

てここでは戦後日本の経済と企業がいかに係わってきたかの基本問題を鳥瞰し，現代の経営学，なかんずく国際化時代の企業がもつ課題を示唆してみたい。経営学は，つねに"現実が提起する問題"の解明を使命としてきた。

2　日本の企業・経営の特質と展開

　歴史書を紐解くまでもなく，日本の発展は国際社会という「ワク」のなかでみたとき大きな節目をもっている。明治になって諸外国と交流をもちだしたとき，最も重要な課題は"いかにして先進諸国の仲間入りを果たすか"ということであり，外交政策の最優先に置かれた。「企業」制度の充実は当時の国家政策と複雑に結びつきながら進められたことは改めて説明するまでもない。当然これを管理・運営するという，今日的表現を取るならば「ソフト」面も極めて脆弱で，近代的企業・工場の建設と同時にこの知識の導入が図られたのである。

　大学をはじめ，教育機関も急速に整えられ，そこでは手探りのような状態であるものの，先進諸国に追いつくための努力が続けられた。日本は明治維新以来常に欧米先進国を真似することによって発展してきたといっても過言ではない。実際，遅れて発達する国にとっては，先進諸国で開発された知識を模倣するのが成長の最も効果的な方法である。学者も実務家もそして政治家もこぞって先進諸国に留学し新知識の導入にやっきになった。新しい技術や学問はすぐ紹介され，最も早く新しい技術を導入した企業が勝を制し，最も早く欧米の学説を紹介した学者が優れた学者として評価されたのである。もちろん生活文化にいたっても「外国崇拝」の風潮が定着していくことになる。社会思想的に「日本的」な精神主義の台頭も見られるものの，日本の対外政策の基本パターンができ上がってしまうのもこの時であった。

　政治・社会・思想的側面は少し横において（本当はこれらの諸要素が微妙にからみあっているのであろうが），日本の企業のあり方が「世界的ルール」のなかで，はたして共通の尺度，共通の基盤の下で営まれているのであろうかという意

識が常につきまとった。近年「日本的経営論」を生み出す土壌となるものがそれである。もっとも，問題の本質はいくつかに分けて整理しなければならないようである。なぜならば，この問題の大きく意識に提起された動機そのものは，戦後の経済政策の推進と挫折であるからである。事実議論は，日本の経済体質（基本政策），すなわち安価な原材料の輸入，高付加価値製品の製造・輸出というパターンが否定された第一次石油ショック以後において展開されている。

　日本の経営が先進諸外国から多くのノウハウを得ながら成長してきたものでありながら，言い換えるならば，技術に関しては諸外国から積極的な導入を図っている日本の企業が，経営においては欧米と全く異なった原理でなされているのではないかとの議論がもち上がってきたのである。"日本的経営"といわれているなにか特別な意識がそこには存在するのではないかという議論である。もちろん受けとめ方にも時代の推移を反映して変化が見られる。

3　日本経済の発展と企業の役割

　国民の価値意識，生活行動はこの国の経済の動態に深く係わっている。戦後の日本経済は2度の石油危機，円高不況等を経験しながらも全体としてみるならば驚異的な経済成長を達成していったことはよく知られている。

　戦後の日本経済の基本的政策は終始一貫[1]して貫かれた。すなわち天然資源に恵まれない無資源国であるわが国が，一方において近代化を進めながら経済を発展させるためには，結局国内における重点的産業推進政策とそれに並行して海外から原材料を輸入し，これを大量生産方式により高付加価値製品へと加工し，しかもこれを積極的に輸出していく政策が採用されたのである。このように「規模の利益」[2]「規格化による少種大量生産」「大型化」による大量生産，大量販売が経済の根幹をなした。国内での需要（内需）を確保しつつ，海外貿易による利益蓄積の基本方針は結果として有効に作用し，日本経済に画期的成長をもたらした。これを実現させる主体が「企業」であった。

殖産振興により外貨をいかに確保するかは，かつての紡績産業に代表されるように明治政府以来日本経済（政府）の取った基本政策である。"傾斜生産方式"や"租税特別処置法"の優遇政策に支えられた特定企業（産業）による牽引車的経済活動は日本経済を驚異的に復興・成長させていった。企業の近代化・合理化は急速に進められた。企業は労働装備率を高めることにより人間労働を機械や資源によって代替する省力化を進めていった。基本的政策に関しては労使協調的にこのことを推進した。日本的経営の特質とされるが，後日分析される"家族主義的経営"や"集団主義的経営"方式がこれを支えたのである。今日，通説的には，日本経済の発展の基本的要因としては以下のように整理されている。

① 規模のメリットの追及。大量生産方式による規模の利益の追及は，工業社会を支える基本原理であるが，日本の場合はこれを国をあげて推進した。

② 生産設備の大型化は必然的に要求された。工業化された生産においては，生産施設の拡大ほどには必要とする労働力は増えない。したがって，技術的に可能ならば，市場と資金の許す限り大型化する方が単位労働力当たりの生産量は増加する。大量生産による生産コストの低減が可能な企業・産業が優秀とされ，かつ繁栄の条件とされた。労働者1人当たりの設備投資率である労働装備率の追求が近代化の条件とされ，企業は競って巨大生産設備に対する投資を続けた。しかも，当時日本の賃金率は国際水準（欧米先進国）に比べて低いものであり，かつ労働時間は長かった。「投資が投資を呼ぶ」といわれた状況をつくった。

③ 設備型産業の推進は当然規格化による少種大量生産に結びつかざるを得ない。一定の設備でより多くの資源を加工して工業製品にするには，規格化によって同種のものばかり造る方が有利であることは当然である。工業社会においては，あらゆる工業製品の規格化が進められたし，この方式は工業以外の分野にも適用されていった。すなわち，農産物やサービスにも規格化が適用されていったのである。この政策は政府も強力に推奨した。標準化・規

格化は長く通商産業省の重要施策の一つであった。

④ 低コスト生産された製品の販売価格は流通経路のなかで確保された。通常製品1単位当たりの原価は総費用を総生産数量で割ったものである。したがってここでは，固定費の主要構成要素である設備費は生産量に比例して逓減してゆく。そのために総生産量の増大，販売ルートの確保，消費生活の拡大が国内的課題となっていく。安定価格とその需要。この内需に支えられて，一方では輸出政策の助長が日本経済の根幹となっていった。さらに人件費は機械化により回避の方向に向かい産業ロボットが急速に導入されることになる。海外より低価格で輸入された原材料費はますます高付加価値をつけられていくことになる。

⑤ 人間労働を機械や資源によって代替する省力化はますます推進された。これは人手を物財に置き替える直接的な方法であり，ヒト不足・モノ余りに最も適した技術進歩時代の生産方式とされる。単純手作業の機械化より始まり順次複雑な作業に移行していくが，流れ作業方式，オートメーション方式より産業ロボットの導入による完全自動生産まで進行していく。各部品の標準化・規格化はもとより生産設備の大型化はこのためにも必然的要因となった。

⑥ 労働賃金の安い日本で，あえて省力化の推進は高速化を達成するためである。この点はドイツの合理化政策と対比するとおもしろい。ドイツでは労働作業に危険の伴う場合，人手に頼らない単純作業をその対象にした。すなわち，労働者技術の保存を優先させた。近年日本では，急速に職人的技術の衰退をきたしているが，ともかくも単位労働当たりの生産量を増加させるには，機械装置の運転速度が速い方がよい。固定設備の回転率を高めることによって，時間当たり生産量は増加するし，生産量の増加が単位コストの低減につながっていく。

2 変革期の日本経済と企業

1 脱工業化社会への変革

1980年代に入った日本経済に変化の波が訪れるが，直接の動機となったのはいわゆる産油国の輸出規制および原油価格の一方的つりあげによる石油ショック（1973年の第4次中東戦争に起因）であった。規模のメリットを生かした少種大量生産方式に代表される工業国日本は「工業化社会」から「脱工業化社会」へと政策の転換をやむなくされた。この場合労働力の需要に関しては，その後の国際通貨市場における日本の円高現象と相俟って新たな展開を見せていく。

相対的に高くなった国内の労働市場に対して，一部企業の取った政策は企業の海外進出（企業の海外進出は国際間の貿易摩擦の解消のねらいもある）である。このために逆に国内では極端な労働力不足に陥り外国人労働者の導入が社会問題にまで発展してきた。

2 日本企業の海外進出

企業の海外進出を決定づけるのは，1985年9月22日，ニューヨークでのG5（日米英独仏－中央銀行総裁会議）において一つの「声明」が出されたことである。これが「プラザ合意」と呼ばれるものであるが，為替レートにおいて超ドル高・円安の行き過ぎに対する調整案に関してのものであった。この背景には国際的に力をつけてきた日本の経済力もあるが，戦後の経済大国，世界最大の債権国であったアメリカが貿易収支・および貿易外収支の赤字の増大により，この年の5，6月純債務国に転じたことに起因する。国際貿易における収支決済はゼロサム・ゲームである。一国が黒字を計上するならば関連国の対外収支は赤字となる。短期的に超大国であるアメリカが赤字を計上することは発展途上国とのバランスにおいては歓迎されるべきかもしれないが，長期にしかも基軸通貨国であるアメリカの赤字は世界経済の発展にとって好ましい姿といえないというのがその言い分となる。まして日本は一方的に貿

易収支の黒字，外貨を蓄積し続けたのである。

　大幅な貿易の赤字に苦しむアメリカやEC加盟諸国は日本の従来の一方的輸出拡大政策に強い拒否反応をあからさまに示すようになっていた。少種大量生産方式に投資された設備資金と，国際社会において相対的に安価であった労働力賃金が日本の輸出製品の競争力の根源であった。円高により高くなった労働力賃金では国際競争についていけず，やむなく海外進出に活路を見いだした。

　Ｇ５決議の結果，これによって生じてくる円高を直接の契機として，日本の企業の多くが海外での直接投資に踏み切った。多くの理由の考えられるなか，中枢をしめるものは相対的に高くなった国内労働力経費の圧迫から逃れるため，および国際経済のなかで日本の従来の製品輸出主義に対する風当たりが強くなったため等が考えられるが，結果として国内での生産活動では採算が取れなくなっていったと見るのが通説となっている。

　実際プラザ合意にはじまる円高傾向は輸出中心型のわが国経済を根底から揺るがしたのである。いわば従来の超円安を背景とした貿易輸出入格差による日本企業の外貨獲得政策はこの85年を契機として大きく方向転換を迫られた。

　この場合，日本の企業が海外に進出していく直接の動機が労働力の補充にあるため，この受け入れ国（ホスト・カントリー）からみれば自国の雇用関係に大きな影響を受けざるを得ない。このことは労働力の需要と結果として賃金の上昇を引き起こすことになるからである。また間接的効果の期待としてはこれら企業の進出に伴い技術移転の現象が生じてくる。生産設備の設置，労働者の訓練・教育を通じて自国の資本・技術が蓄積されていく。

　労働集約度の高い製造業の海外進出と，相手国たる日本企業の直接投資対象国はこれらお互いの利益関係より，労働費が安く生産技術のあまり育っていない国ということで，圧倒的にアジア地域に対するもの，あるいはこの地域での雇用関係ということにつながってくる。

一方,蓄積された外貨,相対的に強くなった円・ドル関係より,金融上の投資活動も強化されざるを得ない。日本企業による金融上の直接投資活動はアメリカを始めとし欧州諸国に展開された。とくにアメリカ企業は円高により安くなってしまった。一時期日本の大手企業によるアメリカ企業の買収が大きな話題を提供した。逆に金融機関を中心としたわが国の企業制度のあり方・結束がアンフェアーであるとも,また日本の企業の海外進出に対して,日本への海外企業の進出に対するわが国の受入れを巡る議論も活発になった。直接投資に対する先進諸国のリアクションも活発化し,また新興工業国も自国の産業保護を訴えさまざまな規制を打ち出してきた。

日本企業の海外への進出・直接投資は,一方では危機克服のため,他の一方では相対的に余剰となった留保資金の投資対象として加速度的にその規模を拡大していくことになる。海外から原材料を安く購入し,相対的低賃金労働と規模の生産メリットを生かして清算された生かして生産された高付加価値製品を,安定した国内の受容(内需)に維持されながら維持されながら,かつ輸出拡大を続けるなかで高度成長を達成した日本型経済政策は国際経済均衡のなかで一つの決着をつけざるを得なくなった。

3　日本の企業・形態と活動

1　日本の会社形態

わが国においては明治5年(1872)に最初の形態が出現しているが,基本的には資本調達の適性および物的企業としての特性を得て株式会社の制度が,またこれより簡略な手続きで設立できる有限会社が急速に発展した。数において両者は拮抗しているものの,1億円以上の企業数は圧倒的に前者が占めている。

わが国の会社形態の内訳を1995年6月末現在(国税庁・登録法人1994年分)においてみれば,総数236万9282社のうち,合名会社6823社(0.028%),合資会社2万9569社(1.25%),有限会社118万3130社(49.9%),株式会社112万3876社(48.7%)となっており,さらに,資本金1億円以上の3万3126社のうちでは

94％が，10億円以上の5546社のうちでは99.7％が株式会社であった。

企業を単独形態で実数を確かめたが，有限会社は法制度上廃止（2006年）されたので以後既登録企業の株式会社への変更等により減少していくことになる（最新の形態別の法人企業登録数はインターネットで確認できる）。

2　日本の企業集団の形成と再編

終戦に始まる日本経済の復興とやがて世界の経済関係において活動する企業の存在では，それぞれがまったくその独立を維持しながら経済活動を営んでいるかといえば，実態はむしろ逆の現象を示した。企業はそれぞれ複雑に経済的・法的あるいは血縁関係で結ばれているのである。

周知のごとく，終戦直後の日本経済には国際収支の決済においては一つの枠をはめられたいた。その代表的存在の外貨管理権が1950年には日本政府へもどり，すぐ朝鮮戦争特需，日本輸出入銀行の開業と国際社会へ復帰していく。そのなかで企業はさまざまな役割を果たし，また結束を強めていった。日本経済に強い影響力をもった財閥企業の解体とその復興や戦後の経済成長のなかから日本を代表する大企業への成長，あるいはその90％を占めるといわれる中小企業の存在等日本経済は多彩な企業活動によって支えられた。

組織として独立した企業が，その経済効果を求めてさまざまな結合をなしていくことは競争市場で生存をかける行為としては当然のことである。カルテル，トラスト，コンツェルン等の原理的結合形態の分析（後述）がなされているが，企業結合の形態としてこの分類とともに，わが国の場合注目しなければならないのは，特有の企業集団形態の存在である。

戦後の民主改革で財閥は解体されたものの，財政的に重要な役割を担う銀行は対象から外された。日本の経済復興の経過で，この旧財閥系の三菱，三井，住友が企業集団形成において先行し，他の大手都市銀行（芙蓉，第一勧銀，三和の三つ）がこれを追走した。融資系列による六大企業集団は，わが国の産業経済（グローバル経済）においてもその存在感と影響力は大きい。

大手銀行は預金の集積，集中と間接金融方式による産業資金供給の最大の担い手となってその機能を十分発揮し，技術革新を伴う高成長・産業構造の変化，そして開放経済の展開という環境変化に対応して企業集団は形成され拡充された。そしてこれを総合商社が補完しつつ企業間の調整機能を果たしたのである。ここでの総合商社は日本の特有の貿易商社の形態であって，大手9社（伊藤忠商事，三井物産，丸紅，住友商事，三菱商事，日商岩井，トーメン，ニチメン，兼松）が日本貿易会の主要な構成メンバーであった。

六大企業集団は，共通して株式の相互持合，融資，技術提携，役員派遣などを通じて結束を固め，競争の克服，協力関係，安定株主，系列取引（取引の安定化）とその維持，新事業・新産業分野への進出にあたって共同出資・危険分散などヨコの結合らしく相互支援が行われた。企業集団＝企業グループという視点から，この六大企業集団を"総合型"とし，東海銀行グループの"金融型"，トヨタグループの"産業型"，と三分類ができた。

企業経営のグローバルな展開に随伴して，純粋持株会社論議が浮上し，"企業グループ"と"企業集団"の概念の峻別が主張された。この説[3]では，企業集団とは六大企業集団をいい親睦的な性格をもった社長会メンバーを核にした（水平的）つながりで，各集団とも銀行と総合商社とが結節の役割を果たして多分野の製造業やサービス業を網羅し，それぞれに包括的な産業体系を形成しているとみた。他方，企業体のなかで系列化を進めているのが企業グループである。日本製鉄やトヨタ自動車など巨大企業を軸にそれは形成されている。国内では寡占企業として大きなマーケット・シェアーを誇り，また国際的にも広範囲にわたって事業を営み，日本経済の牽引者的役割を果たしてきた。これらは事業持株会社として，子会社，関連会社を垂直的に支配し事業活動の経済合理性を追及し高生産性と高収益をあげてきた。またそれぞれの企業グループの多くは六大企業集団の有力メンバーとして位置づけられており"企業グループ＝タテの結合"という"企業集団＝ヨコの結合"は重層的な関係を構築した。

このように，日本経済において結束・棲み分けがなされたいたかに見えた産業界においても，世界のグローバリゼーションの波を受けて産業構造は大きく変革した。日本の経済の牽引者的役割を果たした産業群が世界のグローバル化の波のなかで予測のつかない競争（淘汰）を余儀なくされているのである。自動車，石油，鉄鋼等の産業の再編成をはじめ，日本の銀行グループにおいても「みずほファイナンシャルグループ」・「三井住友ファイナンシャルグループ」・「三菱東京ファイナンシャル・グループ」・「りそな銀行グループ」へと急速にその集約が進み産業構造（企業集団）も新たな局面を迎えている。

3　日本の中小企業の特徴

　企業の基本形態としての分類ではないものの，大企業の存在に触れた場合，わが国の企業集団のあり方として中小企業[4]の存在を取り上げておかねばならない。かつて「中小企業の問題は極めて後進国の問題であるがこの研究に関しては日本は先進国である」といわれたことがあった。後進資本主義国としての日本が経済の成長を果たすため大企業を牽引車的に利用したことは先に触れた通りであるが，ここに独特の二重構造を生み出した。日本の中小企業の特質はその発展段階においてその多くは大企業への従属的関係（下請取引）によって特徴づけられていた。生産構造における部品製造の下請関係[5]にあって存在価値を認められたのである。

　一部には全国規模での経営を展開する企業があるものの，多くはその地域特性を生かしての営業が目立つ。すなわち大都市やその周辺地域で大企業の業務を支援したり，流通・サービスや知識産業のような都市メリットに依存して中小企業独自の機能を発揮する。しかし一方で地場産業，産地産業，地域産業[6]や，この地域を結ぶ機能を営む運輸業・通信業・倉庫業等の地域間産業も多い。

　歴史的経過においても厳しい生存領域であった。わが国の産業革命後期にあたる明治中期から第１次世界大戦の時期にはじまり，第２次世界大戦の直前の

頃には資源と労働力の有効活用により軍需物資の確保と殖産興業政策を進めるべく中小企業の整理・統合が行われている。戦後の経済復興に果たした役割も大きいが大企業の合理化政策のしわ寄せを常に浴び，厳しい環境に立たされた。

高度成長期にあたり中小企業もようやく欧米諸国に追いつくことができることとなったものの，1971年（昭和46）にはドルショックによる円高，さらに1973年（昭和48）にはオイルショックによる資源不足と，わが国経済の影響を直接に受けた。アジア周辺諸国の追い上げや円高による輸入増加，大企業の海外進出等めまぐるしい環境変化のなか，わが国の中小企業はその事業領域を大きく変えざるを得なくなってきた。

しかし一方，技術革新の著しい時，先端技術あるいは知識情報分野や大企業では思いつかないような独自のノウハウを開発し，自ら海外進出や地域と密着した経営により新境地を開きつつ[7]あるのも事実である。1963年に制定された「中小企業企業基本法」から1995年の「中小企業創造活動促進法」そして1999年の「中小企業基本法改正」では「多様で活力ある独立した中小企業の育成・発展」や「中小企業・ベンチャー支援」が打ち出されベンチャーブームに新たな方向づけを示した。またこれを受けて近年の企業の活動においてベンチャー・ビジネス(venture business)といわれている研究開発型新規事業活動が新しい日本の活路を担う確かな活動領域として注目されている。旺盛な経営者意識・企業者精神に支えられて高度な専門技術・知的ノウハウを駆使して自らを開拓する事業であり，その占有を主張のための知的権利の法制における保護としての特許（patent）は有効性が高いとされている。

4　新時代の日本の企業活動

1　国際化の進展と情報経済時代への移行

いままでの「量」経済から「質」経済への転換が指摘されるにいたった。大量化・大型化・高速化によって代表されたかつての生産方式は，根底から見直され多様化・情報化・省資源化型の経済体制にその本質を移行しつつある。と

くにエレクトロニクス,通信分野を中心とする新しい技術革新を有効に活用することによって,かつてのような高度成長を伴わなくても低成長のもとで国民の福祉,欲求をこれまで以上に十分満足させられるだけの技術力を備えた新しい経済社会が実現しようとしているのである。新しい産業社会の到来とでもいえようが,この社会・経済の変化への対応が企業経営において重要なる課題となってきた。問題は企業制度の変革も含め次なる価値観への対応をも迫った。

今日,企業において環境の変化(不確実化)に対する政策的対応(意思決定)の問題や企業組織の問題・経営多角化・資源配分等の問題の複雑化が重要な課題となってきている。経営の「戦略理論」の台頭(アメリカにおいては1960年代チャンドラーの戦略理論の出現が最初)がみられ,何時にまして経営の意思決定の困難さが意識にのぼってきた。

2 日本企業の国際展開

日本企業の活動はいま新たな局面に入ろうとしている。世界は激しく変わろうとしているのである。ドイツは再統一を果たし,旧ソ連邦は解体し東欧諸国も改革を進めている。EU加盟諸国の動向やアジアニーズ(ASIAN NIES:newly industrializing economies,新興工業経済群)で代表される,シンガポール・台湾・香港・韓国等の新興工業諸国の台頭も著しい。わが国企業の海外進出も,近年欧米唯重主義からアジアへとシフトの傾向がある。拠点を求めての企業行動はニーズからアセアンへ,さらに中国へと変化してきている。APEC (Asia Pacific Economic Cooperation, アジア太平洋経済協力会議)が軌道に乗れば世界最大の協力機構が成立する。またASEAN自由貿易圏(ASEAN Free Trade Area:AFTA)という構想もあり,このような国際的な環境要因の変化の波は新たな世界経済地図をどのように塗り替えようとしているのか。事実日本企業の海外進出も,近年欧米からアジアへとシフトしてきている。しかもその進出国もニーズからアセアンへ,さらに中国へと目まぐるしく変化してきている。それはまさに過渡期的様相を呈しているものの,現状分析は現実の急進性においても

複雑性・困難性を助長している。

　さて，日本企業の海外進出が問われ出してまもなく，その活動は世界の経済の脅威として華やかな脚光をあびだした。海外に拠点を移していく企業の活動も基本的には人・物・金・情報を基本要素として構成されている。このことは一国内において企業が運営されている場合にも，また国境を越えて限りなく地球規模で拡大されても変わりはない。したがって企業の国際化とはこの活動の領域が自国の統治圏（文化・政治・経済・人種・習慣・法律等）を離れていく現象をさしている。国際的に拡大していく企業の活動が単純に一国に限定されず複数の拠点を確保しだすと問題は単純にはいかなくなる。

　日本企業の国際化がことさら意識に昇ってきたが，この際問題は単に取引の世界的広がりというに留まらずこれによって生ずるあらゆる可能性を包括している。すなわち生産現場の海外移転はもとより外国企業との合弁事業，技術提携，海外企業のM&A (Merger and Acquisition)，現地資源の調達・販売等あらゆる領域に浸透していくことになる。

　このことに伴いさまざまな軋轢も生じてくる。例えば，海外でいわれるジャパニーズ・マネジメント (Japanese management) は終身雇用制，年功序列制，企業内労働組合・労使協調主義等を特徴的に取り扱うとされているが，現地企業において一方的にこれが適応されるという保証はない。新たな管理理念が提起されていかなければならい。問題は本書の第Ⅲ部に引き継がれることになる。

　1999年1月1日に欧州統合通貨であるユーロ (euro) が誕生した。世界の経済はドルを中心にマルク，円という構造の中で働いてきたがこれからはこのユーロと二局構造（世界の地域連携も進んでいる）をとることになる。

　48年にベネルックス三国が結成した「関税同盟」は，のちにフランス，西ドイツ，イタリアを加え57年にEECを成立させる。これを母体として52年に発足した「欧州石炭鉄鋼共同体」と58年の「欧州原子力共同体」はECへと発展しさらにEUを生みだした。ユーロはその具体的成果である。ヨーロッパ（世界）の企業は「統一市場」「通貨統合」を得て新たな局面での対応を迫られる。

注
 1) 株式持合，メイン・バンク：わが国企業の自己資本比率は長く低率で，銀行借入比率が欧米に比して高かった。しかも主たる特定銀行（メイン・バンクという）など資金借入の銀行が長期的，固定的に継続する特徴がある。
　　　メイン・バンクは通常，融資銀行のなかでトップ・シェアを有し，当該企業との株式の持合がある。企業の情報を豊富に有し，業績悪化時には人材派遣や他銀行への協調を呼びかけ支援の主体となる。また他企業との取引斡旋,事業の媒介,経営指導なども行う。
　　　企業の財務体質強化，金融自由化などでメイン・バンクの企業支配力は弱化し，また近年，企業との閉鎖性により銀行の社会的責任が問われる問題も惹起している。
 2) 規模の利益：規模の経済ともいう。第Ⅲ部第2章注 10）参照。
 3) 下谷政弘『日本の系列と企業グループ』有斐閣
 4) 「中小企業基本法」で規定する中小企業とは鉱工業および運輸業では常時使用する従業員が300人以下あるいは資本金1億円以下の企業を，また卸売業にあっては常時使用する従業員が100人以下あるいは資本金3千万円以下の企業を，さらに小売業およびサービス業では常時使用する従業員が50人以下あるいは資本金1千万円以下の企業をいう。また，常時使用する従業員が20人以下の工業者を，また，常時使用する従業員が5人以下の商業者を，それぞれ小規模企業といっている。
 5) 発注者（親企業）が受注企業（下請企業）に対して，製品・部品などの製造・加工・修理を製造指図書・仕様書で直接生産を基礎に，より優位な経営資源により下請単価の決定にも影響を与えるような取引関係をいう。
　　　わが国でとくに問題とされる下請取引とは，製品の組立を行う親企業が，部品等を納入する下請企業と長期的，固定的な取引関係を継続することをいう。親企業にとっては下請企業の専門技術により安定した品質，コスト，納期が確保され，下請企業は継続的，安定的な取引先を確保できる利益がある。また長期的関係から双方の情報交換により技術ノウハウの互恵や技術開発の迅速性が図られるという。
　　　しかし親企業の優越的地位から取引条件（価格，納期など）が下請に厳しく，カンバン方式の在庫問題もあり，下請企業のコスト対策，需要開拓等で難局に当面している。先進国ではこのような長期・固定的な下請取引はみられない。
 6) 地場産業とは地域の生産資源と人的資源を活用する営業形態で地域産業と共に地域性の高いものである。地域産業とは卸売業・小売業・サービス業等地域の人的資源を利用しながら資材は広く域外から搬入するためその活動エリアは広くなる。トヨタ（愛知県豊田市を形成）・マツダ（広島県－府中町，マツダ雇用三千世帯）といった日本の大企業も見方からすれば地域産業ということになる。
 7) 経済同友会は昭和60年4月に「1990年代の企業経営（Ⅱ）－新日本経営の創造－」と題して来るべきわが国の企業経営のもつこのいくつかの問題点を指摘している（経済同友会，昭和60年4月）が，その主旨はきたるべき高度情報化社会の到来に向けて，これまでの「モノ」中心のパラダイムから「情報」中心のパラダイムへの転換であり，あるべき日本企業の姿についても多様なデザインが成り立ちうる。

第 2 章　企業の形成と基本構造

1　企業と経済

　資本主義の経済制度では,基本的には生産の手段が私的所有という特徴をもつ。したがって,個々にみた場合,企業は原則的には資本家の手になる生産単位である。ところが総体としてこれを見た場合,国民経済活動における生産の基本単位となり,その生産物は市場を支配する経済原則,需要と供給のバランスにより成立する交換尺度たる「価格」を指標とした営利経済原則に導かれた行動をとる。このシステムは自由市場経済ということであり,純粋な原理形態は存在しないものの,現在のわが国の経済体制はこの制度を採用している。

　このように,基本的特徴を生産手段の私的所有と理解するならば企業の存在は,"労働"の分離とその"商品化"を基礎に成立することになり,ここから資本主義特有のシステムができ上がっていく。しかしながら一方,「企業」を単に"生産活動の手段"あるいは"財を生み出す組織"と理解したときには,これ以前の社会体制においても,あるいはこの体制以外においてもこの機能を担当するという経済発展の経過を経験している。

　企業のもつ"機能的側面"をまず原始的なる経済制度のなかから確かめるなら,人間の自給自足の営みは経済的行為の理解のための出発点となる。ここではまず欲望の直接的充足がこの場合すべてを支配した(自給自足経済)のであり,生産と分配の行為はこれにゆだねられた。

　欲望を充足させた余剰が,新たな欲望を充足させるために利用されるようになって経済的交換が始まる。生産知識の発展等により自己の生活圏におい

てでてくる"ゆとり"は別の欲望の対象としてふりむけられたのである。これがいわゆる「物々交換経済」の発生である。この物々交換経済の発生は経済行為としては単純といえようがその広がりという意味では画期的な出来事であった。しかし，この段階においては未だ伝統的，慣習的支配のなかでの経済行為でありその範囲は狭く，また欲望の程度が行為を規制するためこの発達は限られたものであったのは当然といえよう。

　貨幣の出現はこの限界を克服した。これを仲立ちとすることによって，当事者間の欲望に直接関係のない客観的価値が成立したのである。商品貨幣経済の出現は欲求充足を中心とした直接的「物」による自然経済活動を終焉させるべき役割を果たした。経済活動はこの人間の本能的欲求充足を直接的動機とした生活行為を離れて動き出す。欲望を満足させるべき商品は貨幣を獲得することによって獲得されるためである。ここで，人間の経済行為は基本的に消費（家計）活動とそれを支えるための利得（貨幣獲得）活動に二分されることになる。

　家を中心とした直接的欲望充足の経済においては各人（家族もしくは部族として共同生活を営む単位の構成員）はひたすら，これを充当すべき多様化された行動を行ったのである。しかし，いったん貨幣がそれを代替させるようになったとき，人々は自らが最も恵まれた条件下において貨幣の獲得を目指しての行為を行うようになる。交換市場での利得を目指しての生産（商品）行為は単一化され，単純化されていく。利得を目的とする行為はすこぶる明確なかたちで把握される。あらゆる手段はこの目的のもとに統一され，合理化されて一つの組織行動をとることになる。ここではかつての経済行為が基礎とした物的財による直接的充足を捨てて，それの充当を可能ならしめる貨幣の獲得を目指して商品の生産活動を営めばよい。専業化の始まりであり，企業（原始形態）はその制度として格好のものとして生まれ出てきた。

2　企業の発展

　原始共同社会を支えたものは集団生活である。それに続く封建社会も自由行動を制約した。このなかに個人主義的精神構造が芽生えたということは思想的にも人類の大きな飛躍であった。13世紀末から14世紀の初頭のイギリスでこれを基盤としてやがて自由な競争を中心とする新しい経済のシステムが生み出されてきた。

　近代的組織をもった現代の概念で企業という名称はまだ適切ではないが，個人の財で営まれ運営に関しては全面的に当事者がその責任を負い，主として家族労働を基調とした最小の単位で営まれる最も単純な私(企)業ということで「個人企業」が誕生してきた。まったく初歩的形態であるが，個人の資金源を中心とした開業の容易さと信用の裏づけ，また生産様式の未発達な人間労働を中心とする当時の小規模生産段階では，地域に根ざし生活領域も行動範囲も限定された当時としてはむしろ萌芽形態としての零細なる経営に適応するものであったであろう。しかしこの制度の芽生えがやがて15世紀になってヨーロッパに発生してくるマニュファクチャー（工場制手工業, manufacture）[1]の形成を助長するものとして貢献することになる。

　個人の自由競争を基本理念として採用する経済の発展の経過では，各々が市場での有利な位置づけを得るということが生存の条件となる。自己の資本の拡大を目的として自由市場で利潤を追求していく企業の制度にあっては，根底において"競争の原理"[2]が常に支配する。競争はまず，すこしでも自己の商品を市場において有利に販売すべくその価格の切り下げとなってあらわれる。販売商品のブランド化・差別化政策はごく近年のことである。当時は"安く売る"ということが競争の条件であった。また中間商人（卸売業）が介在した場合，複数の仕入商品は販売価格が同じであればその仕入原価の低い方から販売した方が利益が大きい。原価切下，価格競争[3]はこの経済体制では避けられない。

3 設備投資と資本の増強

　経済の仕組みそのもののなかに，競争の原理が組み込まれ，徐々にではあるがしかし確実に浸透していくならば，企業にはその対応をいやが上にも迫られることになる。第1の段階では，まず利潤を蓄積する。必要な資金額までの利益の貯蓄である。企業内の節約を進める合理化の推進策は今日でも採用される。しかしここではどうしても一つの限界に突き当たる。それは必要な資金額と利潤の蓄積率が時間的に制約されているということである。しかも利潤を越えた蓄積は不可能である。第2の段階としては，個人的信用の厚さと，人間的つながりによって資金の借用（集中）となる。利子率を上回る利益が得られている限りこの方法は有効である。市場競争の緩やかなときにはこのような資本の集中・集積の努力は個人経営の限界にゆとりのある限り続けられた。しかし，着実に浸透する市場競争のなか，個人経営の厳しさは徐々に進んで行く。個人企業は資金的にも少額での設立が可能であった。基本的資質としてこの特性をもつ。個人の資金，信用ではどうしても限界があることは明白である。

　"資本制協業"はこの克服のために生まれ出た制度といえる。14世紀中頃より16世紀後半にかけて出現したこの商人的企業は，まさに個人のもつ資金的・信用的限界を互いが結びつくことによって克服しようとしたのである。その基本的特徴は個人企業を営む者同士がその権利を確保しつつ互いの利益を擁護するための結束にある。したがって彼らは連帯して無限の責任をもち合って経営に当たったが両者はその利益も危険も共有することになる。

　たしかに共同出資による相乗効果を目指すという集団的会社企業形態の運営は当時としては画期的なものであった。しかしやむにやまれず生存のための協業は，個人企業のもつ問題を根本的に解決するものではなかった。個人の資質まで結びつけることはできなかったのである。複数の経営者が互いに個人の権利を主張しつつ一つの企業の経営を行うことは，いずれ精神的にも破綻へと導かれざるを得ない。長期的展望で見るならばこのような条件の基

で互いに無限の責任を負って出資し，しかも共同の企業を営もうとする資本家の結びつきを望むことはむしろ難しい。

4 産業革命と近代会社形態の誕生

　個人企業の共同が現実的に行き詰まるとしても，経済競争という現実は市場の支配を加速度的に進行させ，適者生存という競争の原理による淘汰は確実に浸透していった。生存をかけた経営規模充実による市場での優位性確保のための努力は企業者に不可欠の要因であった。

　この場合，打開策は考えられる。共同出資した資本家のどちらかが，その経営権を放棄するのである。いわば"投資家"として，利潤の分配権に満足した資本家の出現である。その多くは「有限の責任」のもとに特定企業に出資し，その経営の具体的運営には参加しないのである。あるいはその逆で，自ら無限の責任を負って積極的に経営を担当し，相対的に安全な資本利殖を求める社員（有限責任）を募って企業を営もうとすることである。この方式の普及によって資金は個人の限界を越えてより広い範囲より集めることができる。資金（資本）の集合ということで「合資会社」といわれる企業形態の出現である。このような形態は16世紀より17世紀にかけてひろく発展していく。

　合資会社の出現は個人の限界を克服し，より広い資本の集中を可能にするものであったが，すべてが解決されたわけではない。確かに改善されたとはいえそのもつ個人企業的色彩は払拭されてはいない。個人の信用に裏打ちされた資金の調達は限界がある。当然投資家の募集に大きな制約とならざるを得ない。個々の企業に必要とされる資本の蓄積は満足に達成されるものではなかった。

　ところが，18世紀イギリスに始まる産業革命（industrial revolution）[4]はすべての要因を一新させる一大転機となった。この技術革新は全ヨーロッパを通し世界に急速に広がっていった。生産設備の技術的革新は機械文明の幕開けとなったのであり，この進展は一挙に巨大なる生産設備の備え付けを企業

に要求した。機械生産から生み出される大量の製品（商品）の市場への排出は，これまでまだ比較的緩やかに進められていた市場競争を一気に加速した。自由市場経済で活動する企業生産に対する，生産設備の機械化とその資金の充当はもはや生存を決める決定的要因ともなってきた。個人企業では自らの利潤による資本の蓄積に限界があり，また他人資本の集中も，金融機関の未整備な当時としてはとうてい多くを望むことは許されない。

打開のための方策の解明は焦眉の急をなす課題であった。自らの資金・利潤，あるいは投機資金の導入も否定された時，転じられた目は一般市民のもつ"財"，しかも"家庭の貯蓄"に向けられた。後世分析の対象となるヨーロッパ文化，とくにそこにはキリスト教文化における"富への意識（M. Weber『プロテスタンティズムの倫理と資本主義の精神』）"[5]があるとされるが，ともかくも，一般大衆をも対象とした資金調達の方向へと向かわしめた。いわゆる遊休資本の動員（ひろく一般市民の手にある余裕資金であり通常"たんす預金"として死蔵されているものを投資の対象として引き出す）である。広く大衆のもつ生活基金の動員は，たとえそれが個々に少額であっても限りない資金供給源として枯渇するものではないし，またなによりも多数の人々の参加を得られるなら一挙に巨額の資金調達を可能にする。企業にとってこれ以上大きな魅力はない。

しかし，基本的問題は残った。たとえ一時的に巨額な遊休資本の動員が果たせたとしても，ただちに，あるいは不定期に返済を求められたのでは意味がない。なぜなら企業の必要とする資金の使途は長期に渡って拘束される固定設備にむけられている。巨額の設備投資額は，財務的には長い回収期間を見越さなければならない。この資金源には返済の必要のない自己資本，もしくは長期に渡って利用できる固定的資金としての借入金で充当しなければならない。一般大衆が保有する遊休資金の動員は限りなく底辺の広い資金源を企業に提供する。しかし，あくまで，この資金は大衆にとっては一時的に貯蓄の対象とされた遊休の資金であって永久に不用資金ではない。換言するな

らば大衆が要求する時にはただちに返済しなければならないのである。「貸す側の要求」と「借りる側の要求」は矛盾的関係にある。

　貸す側と借りる側の両者のもつ対立は，試行錯誤されながらも"資本の証券化"という方法の出現によって解決せられた。貸す側の要望は二つの問題を解決することによって可能となった。一つは"出資金額の分割化"である。一般大衆のもつ遊休資金はまず小額でもよいということが底辺を広げるためには絶対条件である。出資金額が少額に分割されることにより，あらゆる階層を通じての投資者を募ることが可能となった。二つには少額に分割された出資金は"株券"という転売可能な証券によって保証された。しかも直接企業がこれに応じるのではなく"証券市場"という，いわば証券の"売買の場"を成立させることにより，ここで投下資金の回収[6]ができるようにしたのである。

　この制度の確立されることによりこれ以前の企業形態では考えることのできなかった資本蓄積上の諸矛盾が解決された。最大のメリットはこの制度の導入により，両者が満足する結論に到達した。投資家はいつでも出資金を回収することができるし，企業家は自己資本として返済の心配なく固定資産に投資のできる資金が確保されたのである。資本を株券に置き換えることにより，個人的制約を離れた物的企業としての転換は十分な資金供給源を得て，資本主義経済の要たる設備投資競争に参加できるようになった。大規模企業として発展の可能性を付与された"株式会社"がここに出現することになる[7]。

注
1) マニュファクチャー：「分業にもとづく協業による作業上のことで，資本主義制協業と機械制大工業の中間に位する作業場」(『経済学辞典』岩波書店) のことで，ヨーロッパにおいては15世紀とされているが各国によりその事情は異なる。
2) もっとも作れば売れる時代にあってはこの限りではない，その初期においてはゆっくりと時間が経過したことは事実である。わが国においても戦後の経済成長期に入るまでこのような経済機構は珍しいものではなかった。しかし，資本主義の経済制度そのものがこの原理に根ざしている限り早晩ここに行き着くことはやむを得ない。

3）単純に製品の原価は総生産費÷総生産数量で表される。生産手段の要素たる材料費，労働費，経費等の変動費，購入価格は社会的に形成され一定とするならば，生産数量を増やせば増やすほど，設備等に投入された固定費は比例的に逓減していくことになる。たとえ高額の生産設備でも生産量を確保できるならばその生産単価は限りなく原材料等比例的変動費に近づいていくことになる。いわば設備費はゼロに理論的には近づくのである。しかも市場での価格競争にはたとえ単価は低くても量的に販売する結果より大きな利益が得られるとするならば，企業はよりすぐれた生産設備に投資をする。

4）産業革命：「イギリス18世紀後期から19世紀前期におけるめざましい技術的進歩と産業上の諸革命（とくに工場制工場の出現），それによる経済，社会組織の革命的変化を，普通産業革命と呼んでいる」『経済学辞典』岩波書店。

　　産業革命の出現は決定的に一国の経済動向を左右せしめるものであった。1760～1830年代にイギリスで産業革命がまず起こり，追随する諸国，フランスで1830～70年代，アメリカで1840～1870年代に広がっていったと見られているが，ドイツにおいてはこれより遅れて1848～70年代といわれている。ヨーロッパにおいてフランスとドイツ間に開きがでている。もっとも産業革命の開始時期には諸説がある。「イギリス産業革命の開始とともに新技術の移転可能性が生じたにもかかわらず，ドイツは，封建的諸関係の解体の遅れ，戦争，イギリスの圧倒的競争力により，長い産業革命の「準備期」をもたざるをえなかった。ようやく1830年代にドイツ産業革命は開始するがイギリスの好況という恵まれた国際環境があったとはいえ，決定要因としては鉄道建設があり，それは50年代以降株式会社制度や株式銀行によって促進された。ドイツ産業革命の終点は1873年恐慌に求められているが，その理由は消費資料生産部門だけではなく生産手段部門の完全な発展があったことにもとめられている。」西川正雄編『ドイツ史研究入門』，東京大学出版会，1984年 184頁)。

　　イギリス産業革命の研究として，Paul Mantoux, *Levolution industrielle au XVIIIe siécle Essai sur les commencements de la grande industrie moderne en Angeleterre,* Paris, Editions Genin,1959. 徳増榮太郎，井上幸治，遠藤輝明『産業革命』東洋経済新報社，昭和39（第1刷発行）年がある。

　　T. S. アッシュトン著・中川敬一郎訳『産業革命』岩波文庫，1973年，初版。

5）M.Weber, *Dieprotestantishe Ethik und der "Geist" des Kapitalismus*，1904-05（梶山力・大塚久雄訳『プロテスタンティズムの倫理と資本主義の精神』1954年）がある。
第Ⅲ部第3章（注5）「欧米の天職意識」参照。

6）資金を少額の"株"という証券に置き換え投資家は株主として出資額に応じたこの「株券」という転売可能な証券を通じて所有権を主張できるということにしたのである。株券の所有権に対しては「その出資額を限度として」という意味での有限責任を付与された株主は，自己の証券を証券市場へ売却（現実的には証券会社がその代理業務を取り扱うことになる）することによりこの責任を回避することもできるし，また自己の出資金を回収することも可能となった。

7）本項，企業形成と株式会社形態の出現に関しては藤芳誠一教授・中尾真造教授および岡村正人教授の所説に負うところが大きい。巻末の文献一覧参照。

第3章 企業形態の意義と分類

1 企業形態の意義と分類

　一般に企業の形態的分類に際しては，「経済的分類」と「法律的分類」とが考えられている。経済的分類とは，企業の設立およびその拡大にさいしてその所有権の帰属，すなわち出資者・所有者の実体（出資者もしくは所有者の種類，数，および範囲からみた分類の方法）による分類であり，法律的分類とは，企業の設立および存在を規制する法律関係（法規制）による分類である。

　企業・経営に関する研究において，形態の分類は，通常の場合，企業の法律的分類よりも経済的分類にその比重は置かれている。それは，企業の存在の本質そのものが経済の制度であるとの理由によるものである。しかし一方，その説明に関してはこれに対応させた法律的形態を利用する方法が用いられることが多い。なぜならば，現実的に企業は法的存在として形式的に規制されているのであり，説明（より理解の手段としては）のためにはこれを利用するのが便利であるとの理由による。

　ここでは前二者の考え方を考慮しながらこの問題を整理してみたい。

　企業の形態的分類は，この観点において，まず出資者が民間人（もしくはその代表者が民間人）であるか，国または地方公共団体であるか，もしくはその両者であるかによって次の三つに分類することが妥当である。

　1　私有企業もしくは私企業（private enterprise）
　2　公有企業もしくは公企業（public enterprise）
　3　公私共有企業もしくは公私共同企業（mixed enterprise）

次に，私企業は"共同的私企業"と"営利的私企業"に分けられる。共同的私企業は出資者が利益分配を受けることを目的とするものではなく，企業の事業活動から共同的に"便益"を得ようとするものである。これに対し営利的私企業の特徴は出資者が企業の行う営利追求活動の成果について出資に応じた"利益分配"を主張できるところにある。

営利的私企業はさらに，その出資者の数により"個人企業"，"少数集団企業"，"多数集団企業"に分けられる。多数集団企業は，数千人，数十万人におよぶ出資者によって構成される企業であって前二者が人的信頼に基盤を置くのに対し，ここでは資本の集中それ自体が信用の基盤となっている。

経済的分類を図示すれば次の通りである。

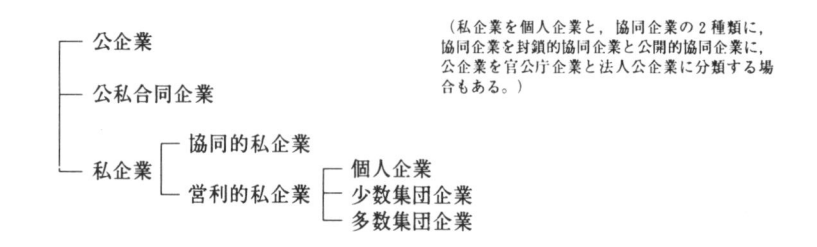

```
┌─ 公企業
│
├─ 公私合同企業
│                   ┌─ 協同的私企業
└─ 私企業 ─────────┤                   ┌─ 個人企業
                    └─ 営利的私企業 ───┼─ 少数集団企業
                                        └─ 多数集団企業
```

（私企業を個人企業と，協同企業の2種類に，協同企業を封鎖的協同企業と公開的協同企業に，公企業を官公庁企業と法人公企業に分類する場合もある。）

ところで，公企業としては，私企業に属する協同的私企業と営利的私企業，さらに，営利的私企業に属する個人企業，少数集団企業，多数集団企業の経済的分類に則して法律的形態を対応させてみなければならない。私企業を中心とすれば，協同的私企業と対応する法律的形態は協同組合である。以下個人企業には個人商人，少数集団企業には組合企業として（民法上の）組合，匿名組合，会社企業としては合名会社，合資会社，合同会社（有限会社）を，多数集団企業として株式会社を対応させることができる。ただし，これはあくまで法律上の対応であり現実的には適応できない（例えば個人企業でありながら法的には株式会社形態が存在する）場合がある。

法律的分類に経済的関係を対応させ図示すれば次のようになる。

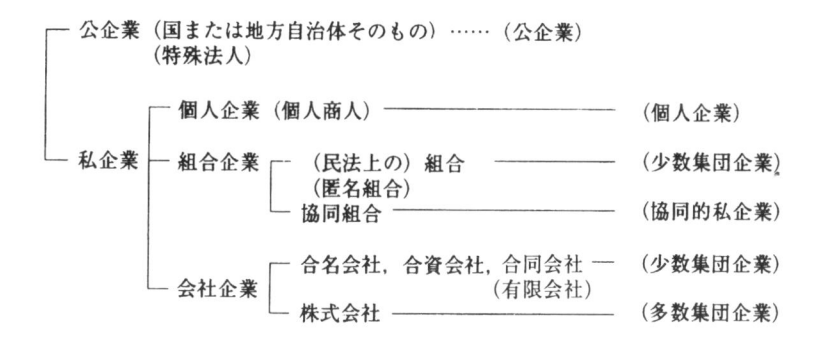

```
┌─ 公企業（国または地方自治体そのもの）……（公企業）
│   （特殊法人）
│          ┌─ 個人企業（個人商人）──────────（個人企業）
└─ 私企業 ─┼─ 組合企業 ┬─（民法上の）組合 ─────（少数集団企業）
           │          │ （匿名組合）
           │          └─ 協同組合 ───────────（協同的私企業）
           └─ 会社企業 ┬─ 合名会社，合資会社，合同会社 ─（少数集団企業）
                      │        （有限会社）
                      └─ 株式会社 ──────────（多数集団企業）
```

以下この分類を参考にし企業の形態を私企業・公企業・協同組合の範噂に分け整理を行うこととする。

2 会社企業の諸形態

1 私企業

私企業は資本主義の経済制度の基幹的存在であるがその形態としては個人企業形態と会社形態，そしてその結合形態（企業集中形態）に整理して考察するのが妥当と思われる。会社形態はそれぞれ法的規制のもとにその条件を満たすことにより設立されるが，現行においては出資者が少数の集団によって特徴づけられる企業として合名会社，合資会社，合同会社（有限会社）が多数出資者（株主）によって特徴づけられる企業として株式会社を挙げることができる。ここでは私企業の各種形態を確かめることとする。

1) 合名会社 (ordinary partnership or general pertnership)

会社形態の第一段階は合名会社より出発する。この形態は，個人企業の直接結合としての意味をもつのであり，結合される資本の支配の要求がそのままもちこまれる。したがって法的に合名会社においては，社員の出資によって社員の財産から独立した財産または資本をもつものであるが，会社がその債務を完済することができない場合には，社員は連帯して無限に債務弁済の責任を負わなければならないという義務を負う。いわゆる"無限責任社員"からのみによ

って構成されている企業形態であり，この意味からしても"個人商人"に最も近い会社企業といえる。社員の持ち分の譲渡は，持ち分の一部あるいは全部のいずれについても，他の社員全員の承諾を要するのであり，最も結束力をもつ形態といえる。したがって，ここでは巨額資金の動員には難点をもちながらも，社員間の結合は最も人的な性格を強くもつものであり，人的信用で結合した少数社員が積極的に活動（社会的信用を物的側面としてよりはむしろ人的信用に基礎を置くことによって補完する）するメンバーからなる企業に適する企業形態といえる。

2）合資会社（limited partnership）

合資会社は，無限責任社員と有限責任社員の二者よりなる会社形態である。無限責任社員の会社債務に対する責任，および持ち分の譲渡は合名会社の社員と同じである。これに対して，有限責任社員は，それが会社の債務について出資額を限度とする有限責任を負うことになるが，業務執行権，代表権はもたない。有限責任社員がその持ち分の一部あるいは全部を譲渡しようとする場合においては，無限責任社員の承諾を必要とする。合名会社よりも一部責任負担を軽減した社員構成は，直接企業指導に興味をもたない投資家を有限責任社員とすることによってより巨額の集金を動員することが可能になる。合資会社の出現は，人的企業を資本的（物的）企業に近づけたものということができる。

3）株式会社（stock corporation）

この形態の特徴は，その存立の基本が（1）有限責任制，（2）重役制度，（3）資本証券化，によって特徴づけられている。

まず株式会社は出資者の全員が有限責任を担うことになる。それは会社の債務に対して出資額を限度としての弁済責任を負うということである。出資者の個人的財産と会社の財産は，明確に分離されることになるので出資額を超える危険性は発生しないというメリットがある。出資者の人格を離れた，いわゆる物的企業としての成立は"所有と経営の分離"現象を招来せしめ，専門経営者による「重役制度」がその運営の機能を発揮することになる。株式会社を運営

することは，株主総会，取締役会，代表取締役，監査役等の各機関[1]にゆだねられている。

① 株主総会＝その会社の最高の意思決定機関，取締役を選任すると共に，会社の重要事項の決定を行う。
② 取締役会＝会社の実務業務執行機関。取締役会において業務執行上の
（代表取締役）意思決定を行い，代表取締役が執行する。
③ 監査役　＝業務執行の監視機関であり，取締役の業務執行の適切さ（業務監査），決算方法の妥当性（会計監査）を監視する[2]。

株式会社の資本金は株式という「証券」によって分散され，しかもその譲渡は自由である。出資者の範囲は限定されることなく，広く一般に公開されているところに前出人的企業と基本的なる相違をもつ。形式的に株券は，"有価証券"という形態をとるのであり，資本金はこの有価証券によって証券化，分割化されることになる。しかも，この証券の自由譲渡制度，出資の非人格化は企業指導に当たらず単に投資もしくは投機のための出資者（株主）を募り，巨額の資金を動員するには最も適したものとなる。また証券市場の発達にともないより一般化され，大衆資本・遊休資本の動員に拍車をかけることになる。物的企業の形成は，その「支配権」をめぐり新たな問題を提起してきている。

4）有限会社（private company）の廃止と合同会社（LLC）の新設

有限会社は，全社員（出資者）が有限責任社員としての会社形態であり株式会社に類似しているが，設立手続き，組織などを簡素化した制度として発展してきた。この度の改正で廃止されたが特例有限会社として現組織のまま存続可能であるし定款変更により株式会社とすることもできる。有限会社は最低資本金制度等を廃止し設立がより簡素化された株式会社に吸収された形となる。

合同会社（LLC）は新会社法により新設された法人組織である。類似のものとして有限責任事業組合（LLP-「有限責任事業組合契約による法律」）があるが，これは構成員課税（パススルー課税）制度を採用し厳密には組合組織としてのも

のである。共に社員自らが全員参加として組織内部のルールを自由につくり，運営にあたり合名会社に近い形態をとるが，有限責任しか負わずベンチャー企業等の設立に向けて期待されている。

2 公企業

現在わが国経済の基本姿勢は，資本の自由競争を原則とした資本主義の体制を採用している。それはまた，自由企業体制（free enterprise system）でもあるが，その主旨は互いに自由競争の立場に立つ個人と民間企業とが，財貨，労働の生産，分配ならびに消費を含むいっさいの経済活動を営むことが建前となっている。しかしそのような体制のもとにおいても，社会的進歩の過程が進むと共に，国家その他の公共団体が営む経済的組織機能の範囲が次第に拡大し，ついには公共部門（public sector）と相並んで，国民経済において大きな役割を演ずるようになる。このような状態となった経済を混合経済（mixed economy）もしくは二重経済（dual economy）と称している。したがって，わが国にはその所有主体の差異を基準として，すなわち国または地方公共団体の資本をもって運営される組織，言い換えると国または地方公共団体によって所有・支配され給付を目的として経営されている公企業と，対照的に私企業が存在することになる。自由経済の原則（独占禁止）や活性化，および効率的運営のため公的企業の民営化の進められているのも事実であるが，両者による第三セクター方式[3]による運営も地方では活発化しつつある。

3 協同組合

協同組合（coporated societies）の定義については，ドイツの協同組合法第一条において「協同事業の経営によって，その組合員の営利もしくは経済の促進を目的とするところの組合員数に制限のない団体」と規定している。わが国においては，戦後，公正で自由な競争を基調とする民主的国民経済の確立のためにアメリカの反トラスト法に範を採ったいわゆる独占禁止法「私的独占の禁

止及び公正取引の確保に関する法律」(昭22,法54) が制定実施されている。これは,経済に関する基本法としての性格を存するものであるが,次の要件をそなえ,かつ法規に基づいて設立された組合の行為には適用が除外されている。

(1) 小規模の事業者または消費者の相互扶助を目的とすること。
(2) 任意に設立され,かつ組合員が任意に加入し,または脱退することができる。
(3) 各組合員が平等の議決権を有すること。
(4) 組合員に対して利益分配を行う場合には,その限度が法令または定款に定められていること,等の四つであり協同組合原則といわれている。

協同組合は,19世紀中頃以来,資本主義社会における経済的弱者たる中小企業者,農民,漁民等の小生産者,労働者,一般消費者が,中間搾取を排除し,その経済的地位の向上を図るために組織する非営利法人でありわが国においては,明治33年に「産業組合法」が制定され,次第に官僚統制の手段として利用されるようになった。しかし戦後には民主的協同組織の復活強化が図られるようになっている。現在,協同組合は,農業協同組合法 (昭22,法132),水産協同組合法 (昭23,法242),中小企業等協同組合法 (昭24,法181),消費生活協同組合法 (昭23,法200) において設立されている。

各種大型小売店 (スーパーマーケット合む) の出現等により,流通経路の整理が進むなかで消費者の権利保護 (品質・価格・安全・健康等) をスローガンに協同組合運動が新たな局面を迎えているのも注目に価する。

3　企業集中形態

企業集中 (concentration; Konzentration) とは,すでに独立的に機能している個別企業がより大きな経済単位に結合,集中することである。資本主義の経済は,自由競争を基本原理とする経済の制度である。したがって,そこでは個々の企業が市場で自らを少しでも有利に展開するためには資本を必要とする。経

営者が資本の集中と集積に努力するのはこのためであり株式会社が今日その高度の発展を示しているのは最もこの要請に適応した形態に他ならない。企業はますます巨大化への努力を続けてきたのである。

したがって，企業の集中は企業の大規模化への一つの方法であることに違いはない。しかし，これは単に企業規模の拡大を意味するものではなく，資本の作用の限界を克服するために生まれてたきわめて近代的な問題である。限られた現代の市場で競争する企業の利潤は，市場での利潤率の平均化によって制限されざるを得ない。そこで個別企業の努力は，自己資本の蓄積による拡張とは別に他企業との結合によって，その経済力の拡張を図ることに向けられる。このことは，自己の利潤を資本主義経済の根本原則を否定することによって確保しようとすることを意味する。すなわち，ここでは競争の制限または排除によって自己の利潤獲得の優位性を図ろうとするのである。比較的規模の小さい企業でも相互の協定によって，無駄な競争をやめてその安定を確保することもできるし，同一または相関連する産業を，資本的に支配することによって経営を有利に展開することもまた可能である。

企業集中の最も直接的方法が合併である。多くの企業が，その独立をすてて一つの会社のもとにおかれるのである。しかし，企業が完全に合併しないでも，相互の協定ないし支配関係を確保することによって市場支配的な，いわゆる独占的効果を得ることができる。企業集中の主要な形態としては，カルテル (Kartell)，コンツェルン (Konzern)，トラスト (Trust) の三つがある。カルテルはドイツで，トラストはアメリカで，コンツェルンの家族主義と結びついた形態として財閥が日本でそれぞれ発展した。

①**カルテル**：カルテルとは，同じ産業体系における複数の企業が，市場規制の目的をもって結ばれたものであり，法律的および経済的に独立した複数企業の結合体である。カルテルは，競争の制限という市場規制を目的とするという点においては独占的傾向を持つものである。市場支配は必ずしも完全である必要はないが，より強力なカルテル形成のためには新しい企業の成立の排除，カ

ルテル協定外企業の存在への対応等が問題となってくる。

　カルテルは，その任務とする活動に応じて，あるいは結合の度合いによって低次カルテルと高次カルテルに分けることができる。低次カルテルは，その結合がたんに協定の条文によって規制されるもので統制機構を持たずその結合力は弱いものである。これには条件カルテル，原価計算カルテル，価格カルテル等が含まれる。これに対して高次カルテルは，統制のために特殊な機関をもち，これによって加盟企業を監視するものである。高次カルテルは，参加者に対して一律の制限ではなく，実力に応じて割り当てるものであり割り当てカルテルと呼ばれているが，その他には販売カルテル，生産カルテル等がある。

　シンジケート (syndicate; Syndikat) はカルテルの特殊形態であり，独立した統制機関を通して販売活動に当たる。基本形態はカルテルであり法的に各企業は独立しているが，統制機関によって製品の量，価格がコントロールされることになり結合は強固なものとなる。

　カルテルは，その加盟企業が2カ国以上にわたる場合においては国際カルテルとなり，多国籍企業化の時代において世界市場の規制を目指すものとなる。

　②コンツェルン：コンツェルンとは，法律的に独立する複数の企業が資本的，契約的，人的紐帯によって結ばれ経営経済的に統一された経営処理により，あたかも一企業のように活動するように纏められている企業の結合形態である。独立の企業の結合という点に関しカルテルに類似しているが，市場規制を目的とせず経営内的影響付与を目的とする点においてトラストに接近している。

　コンツェルンは，通常株式の所有によって形成されるので，支配会社と被支配会社（親会社と子会社，もしくは従属会社）の関係が成立することになる。支配会社は小規模の管理会社との場合もあれば巨大な持株会社 (holding company) である場合もある（株式支配と同時に重役派遣により影響力強化を図る場合もある）。コンツェルンの発生はこのような資本と不可分の関係にあるのであり，いわゆる金融資本の見地よりこれを金融コンツェルン (Finanzkonzern) という。

　コンツェルンには，水平的結合（横断的結合ともいう：horizontal combination），

と垂直的結合（縦断的結合ともいう：vertical combination），の二つが区別される。これは，企業結合が行われる企業間の業種別の相違または生産段階の相違に基づく区分として知られている。水平的コンツェルンは，同種の業種間の企業結合または同一の生産段階に属する企業間の結合には，その内容目的からみて規模の利益を目指す結合と，独占的市場支配を目的とする結合の場合がある。業種としては，工業のほか，商業，銀行業，保険業などに多く見られる。垂直的コンツェルンは，異なる生産段階に行われる結合形態である。

　これは生産工程上連続したいくつかの企業を結合して一貫した経営を形成しようとするものであり，産業の合理化，強化を目的とするものである。

　③トラスト：トラストとは，市場の独占と経営の合理化を目指し，法律的にも経済的にも複数の企業がその独立性を失った内部関係において一つの企業体に結合したものである。したがってそれは一つの合同企業体もしくは合併事業体ともいわれるべきものになるのである。トラストの発生はカルテルの形成において，いわゆるこの協定に参加をしないアウトサイダーの克服としてであり，カルテルが企業相互の契約であるのに対して企業の資本的結合をとなえるトラストは企業間拘束力をより高次なものとし市場統制的目的を一歩進めるものである。

　トラストの発生はアメリカの資本主義が急激に成長するなかで芽生えたものである。とくに19世紀末トラスト的独占は急速に発達した。これに対し，自由な競争をたてまえとする反トラストの気運が盛り上がり，1890年に最初の独占禁止法である「シャーマン法」の制定をみた。その後この法律を補完するものとして，1914年に「クレイトン法」および「連邦取引委員会法」が制定され，かつ補強されていった。イギリスおよび多くの西欧諸国ではアメリカより遅くこの対策に着手した。すなわち，イギリスでは1948年に最初の反トラスト法である「独占及び制限的慣行法」，56年「再販売価格維持規制法」，65年「独占及び合併法」が相次いで成立していった。日本においても1947年に「独占禁止法」が制定され，当初は厳しい独占の禁止政策が取られたもののその後大幅に緩和

されていくことになる。

注
1) 株主と株主総会の権利,義務,役割等は次の通りである。
　(1) 株主とその権利:株式会社の出資者（所有者）である株主は,最高の意思決定機関としての株主総会での決議権を有する。そこでの決議権は株主の出資株式数に応じて与えられる（一株一決議権の原則）。株主は株主総会で会社の重要事項の決定に参加できるが,その際"株主権"として①取締役の選任決議への参加,②新株引受,③財務状況やその他,株主の利益に影響を与える事業状態に関わる報告,④利益の分配に持株の比率に応じて参加,⑤会社の解散後,会社の財産の分配に持株の比率に応じて参加等である。
　(2) 株主総会:株主総会は,原則として会社法に定める手続きに従い取締役会によって招集される。発行済株式の過半数（定足数）の株主の出席で成立し,①決算書類の承認,②株式配当の決定,③取締役や監査役の選任と報酬の決定,④会計監査人の選任・解任などの決議はその過半数で成立。一方①定款の変更,②営業権の譲渡・譲り受け,③合併・解散,④新株発行・転換社債の発行など株主の利益に関する事項,⑤取締役や監査役の解任などを決定（特別決議といい定数の3分の2以上の賛成で成立）する。現実には,一般株主の関心は株式配当と株価であり,株主総会は形式化する傾向にある。
　会社法については別途参照のこと。
　近藤光男『会社法の仕組み』日本経済新聞社,2006年等。
(2)決算書には:会社法で計算書類等とは1.貸借対照表,2.損益計算書,3.株主資本等変動計算書,4.個人注記表をさす。これに5.計算書類の附属明細表,6.事業報告,7.事業報告の附属明細書,8.臨時計算書類,9.監査報告,10.会計監査報告をいう。
3) 第三セクター:国または地方公共団体による資本と民間資本が協力して一つの事業を営むことをいう。必ずしも営利企業に限定されず,学校,福利厚生施設等にその例を見ることができる。官僚的組織（制度）にとらわれず,運営が弾力的に行われるため,人材の確保や活動範囲が広がる。

第4章　経営学の形成と展開

1　経営学の成立と問題領域

　社会科学の研究課題は，現実に存在する社会的事象の科学的究明にあるが，そこではどうしても既存の価値概念に拘束されざるを得ない。したがって形成された理論の研究にあたってはその時代を支配した意識との相対的意味づけを問わなくては，真にその理論の意図すべき問題意識を探求することが難しい。科学として経営学を根底から理解するため，問題をその核心において整理するためにはどうしてもその歴史の研究が不可欠となるということになる。

　ところで，それでは経営学の発生の歴史をいつの時代にもとめるかということになるとまた難しい。経営学のもつ諸問題，例えば経営組織的，経営・管理技術的あるいは経営経済的な諸側面を追求し，歴史的事実を確かめれば人類の文明の歴史に触れなければならなくなる。それほど経営の事実は人類の文化と深く係わってきたし，経営学の歴史を人類の文明史に重ねて考える方法のでてくる所以でもある。確かに経営学の発生が直接的には現実の提起する問題の解明より生じたことは他のあらゆる科学と同様である。このような観点から国の経済を取り扱う経済学よりも古い学問とする根拠がある。

　そこでまた，前史としての経営学の発生をいつの時点に求めるかということに関して，事実関係の認知より出発すれば多くの説を生むことになる。経営学発展の歴史において，その経営技術的な問題や経営経済的な問題にふれた文書は，すでにギリシャやローマの時代はもちろんのこと，エジプト人やバビロニア人の時代にももちろん存在し，ましてその事実関係となれば人類が共同作業

第4章 経営学の形成と展開 45

を営む限り存在したであろう。

　しかしながら，そのような事実存在の解明もさることながら，もう一つの問題は，それがいつの時代に，どのようにして科学として意識に高められたかという自覚の時点を問わねばならない。そこでは経営史についての簡単な概観を14,5世紀，経営学的諸問題の対象の発生をルネッサンス期に置いている学説が多い。いわばこの観点は多くの論者に支持されているが，中世商業の発展はここで活躍する商人による多くの手記や，商取引に関する記述を残している。とくに1494年のイタリアのベニスの僧侶，ルカ・パチオリ（Luca Paccioli, 1444-1514）によって公刊された『算術，幾何，比および比例総覧』（Summa de Arithmetica, Geometria, Proportioni et Proportionalita）はこの時代の労作であるといわねばならない。ここでは商事会社，貿易，手形振り出し技術ならびに複式簿記制度についての体系的な叙述はわが国の複式簿記研究に対しても多くの素材を提供している。その後研究の中心はフランスに移ることになるが，1675に発刊されドイツ語にも翻訳された著名な業績はジャック・サバリー（Jacques Savary, 1622-90）の『完全なる商人』（Le Parfait Negociant, 1675, ドイツ語訳=Der vollkommene Kauf-und Handelsmann）であり今日の研究においてもなお多くの示唆を提供している。

　ところで，この学問の素材は資本主義の発展と不可分ではない。とくにその発展期，生産力の限りない成長とこれをとりまく問題は多くの企業をして経営学に精緻な内容を要求した。この意味において近代科学意識を根底においた経営学の萌芽ということになると，それは19世紀末のことであり，20世紀に入り急速に体裁を整えたきわめて成長の著しい若い科学であるといえる。

　さて，わが国の経営学の研究であるが，他の社会科学がそうであるように，ヨーロッパ先進諸国に比べれば近代科学としての反省は大きくたちおくれていた。わが国がこの遅れを解消するための努力は後に確認することになるが，諸外国の業績を輸入・研究することから始まった。先進諸国に範を求めたのであるが海外の文献収集はもとより多くの研究者はこの時競って留学した。

まずドイツをその範とし，第2次世界大戦の終了時までこの傾向は続いた。もちろんその理由も存在した。ドイツの経営学そのものが"科学としての経営学"の確立に懸命であったのである。ドイツの学問のあり方はまずアカデミズムそのものが大切であり，"科学論"の確立がなにより急務であった。日本にとっても格好の対象であったしこの傾向はわが国の学界を風靡していくことになる。

しかしその後第2次大戦の敗戦により，日本の経済，企業の立ち直りのためには現実への接近が問われなければならなかった。また政治的理由も存在する。わが国の研究はここで大きくその方向を変えた。いわゆるアメリカの管理学の研究が始まったのである（もっとも一部には早くより着目されていた）。しかし一方，ドイツ・アメリカの研究の影に隠れて忘れられがちであるが，その他諸外国の研究，ファヨールに代表されるフランスやスイスの経営学，経済学の領域で進められるイギリスの研究等もわが国に貴重な成果をもたらしていることは確かである。以下主要な経営学の特質を理解するためその発展の概観を試みたい。

2　ドイツ経営学の形成

1　生成期のドイツ経営学

ドイツにおいて経営学的諸事実が知識として整理されるのは，18世紀の官房学（Kameralswissenschaft＝主として国家の財政・経済政策，私経済，さらには工芸上の知識までをも包括的に総合する）の出現を待たねばならない。経営学のもつ問題はその一部門として，ややまとまった体系を整えるに至る。しかし同時に忘れてならない存在として「商業学」がある。この時代，大衆資本の完成と企業の広範な普及と共に大・小商業の商取引の難しい技術解明の拡大と海外貿易，運送業，銀行の発展等々が浮かび上がってくる。ライプチッヒ大学では18世紀の半ば頃には商業学はすでに高い水準に達していた。

この時代研究としては，例えばブッシュ『商業の理論と実際』(J. G. Bush,

1792），リンドウルム『商業社会の形成』(A. Lindwarm, 1861)，『国家経済学と私経済学の概要』(1866)，『商業経営学と世界貿易の発展』(1869)，ルードウィチ『商人大学または完全な商人のレキシコン』(C. G. Ludvici, 1752-56)，ロイクス『商業の体系』(J. M. Leuchs, 1804)，等の研究が見られる。とくにルードウィチに関しては全5冊よりなり，私商業に対する商人学が取り上げられている。しかしながら，官房学はやがて自由市場（資本）主義経済理念の勃興（ドイツ国民経済-学-）と共に時代の要請に応ずることができず解体し商業学もまた運命を共にした。

さて，国民経済学は産業資本主義の分析であるが，この制度の根底には工場制度の発展が不可分に結びついている。研究はこの工業生産に関する諸問題に向けられ，代表的業績としてはエミングハウス『一般工業論』(A. Emminghaus, 1868)，レドウル『工業の組織と管理の諸要素』(E. Redle, 1900)，カルメス『工場経営論』(A. Calmes, 1906) 等が挙げられる。

その後資本主義の高度化と共に産業組織は複雑多様となり，経営規模は拡大され，個人の能力をもってしてはその経営は難しく，こうして経営は個人的能力を越えて客体として育成発展するようになった。19世紀の終わりから20世紀の初めにかけて商業の専門教育機関が成立するにおよんでそこに個別経済学の研究が発生し，ここにはじめて方法的自覚を伴う近代科学としての第一歩をふみだした。急務であった「科学としての商業経営の研究」は1902年に設立された「ドイツ商業教育協会」により着手されている。その代表的業績はゴンベルクの『商業経営学と個別経済学』(L. Gomberg, 1903) である。この研究の後しばらく沈滞した斯学会はやがてその成果を結実しこの学問にとって最初の充実した時代を迎えることになる。1900年前後においては「世界的政策」の一環として"商科大学設置運動"も展開され経営学の進むべき方向に一つの性格を与えることになる。ここで経営学の研究もまず「商業諸学」としてその発端を開き，さらに「商業学」と整理され「商事経営学」等の経過を経て，その一応の落ち着きを『私経済学』(Privatwirtschaftslehre) に

みせたのである。

さて、このように考えて見ればドイツの経営学（経営経済学，Betriebswirtschaftslehre）という学科は，第1次世界大戦後各諸大学に拠点を置いて独立講座であることを主張し，驚くべき短期間にその地位を築き上げた「若き学問」である。ここからドイツの現在に至る経営学の研究は三つの発展段階を経て今日に持ち越されているが，国民経済学との並存関係においてあたかも共通の目的，方法をもつかに見え，そこで自らの地位を「経済科学」として達成せんがために「方法論争」を積み重ねなければならない運命にあった。

最初の段階で経営の研究は私経済学の科学性を中心に，国民経済的な認識に奉仕するという目的で国民経済学とは別に私経済的な要素を一つの学問的体系として総括しようとする問題がまず提起された。その代弁者はワイヤーマン（M. Weyermann）とシェーニッツ（H. Schöniz）であった。ここでは私経済学の基礎づけがもっぱら新カント学派，とくにリッケルトの科学論に支援をもとめて取り上げられたが，たとえそれが一方的に形式論に留まったとしても，しかしその「ねらい」はこれを正当に評価しなければならないであろう。発展するその時代の利潤生産のあり方をその現実的な背景とし，他方，その時代の理論的意識に支援をもとめたことを見落としてはならないのである。新興の学問の領域とその自律をめぐる問題はこの他にも多彩に論じられることになる。例えばシェアー（J. F. Schär）をはじめニックリッシュ（H. Nicklisch），シュマーレンバッハ（E. Schmalenbach），ヘラウェア（J. Hellawer）などのこの学問の開拓者として数多くのベテランによって検討が進められたのである。

2 第1次大戦とインフレーション

しかし，第1次世界大戦の勃発はこのドイツの様相を一変させた。インフレーションは戦争の開始と共に始まり，終戦時には以前のあらゆる経験を凌駕するものになっていた。この危機の克服のため，ドイツの現実にいくつかの変化

があらわれてきたが，経済面に関しては「基幹産業の社会化（運動）」があげられる。これは私企業とは別に公企業，協同組合，経営協議会など一連の"公的制度"を発生させることであり，ここでは，かつての私経済学の立場をもってしては経営の現実はもはや説明できない。ここに新たなる選択原理が導出されねばならない。すなわち「経済性」あるいは「共同経済的生産性」であり，これを中軸とする理論体系が芽生えてきた。それに加えて戦前学会を支配した理論意識（認識論）にも限界があらわれて，いわゆる「現実への接近」を目指す一連の思考が次々に浮かび上がってきた。こうした現実および思考様式の進展に応えて，経営の研究は「私経済学から経営経済学へ」その向きを変え，再生出発の第一歩を踏みだした。

ところがその後，経済社会の安定化と共にこの「産業社会化運動」に代わって「産業合理化運動」が盛り上がるに及んで経営の研究は，再び元の私経済学へ復帰する傾向を示し始めた。この時期巨大化された企業は固定資産の慢性的過剰に悩み，たえず深刻な貨幣的・財務的危険にさらされつつあった。たしかに第1次大戦後の経済社会の変動は経営学に多くの学問的素材を提供した。インフレーションに始まる戦後の通貨価値混乱は斯学に経営計算制度の客観的充実（貸借対照表の能力維持）を求めたであろうし，経営の合理化時代にあっては経済性に導かれた費用の問題が，そして限られた市場に対する販売の問題がさしあたって課題となったのである。当時学界には経営経済学と私経済学の対立が大きく浮かび上がってきた。リーガー（W. Rieger）私経済学の出現は再び専門科学の方法的基準について，すなわち「応用をめざす」経営経済学に純粋科学の立場からはげしく反論することをもって始められ，その評価は別にして学会に一つの波紋（方法論争）をなげかけ，その余波は今日にまでもちこされている。

さて，産業合理化運動は企業を強化し，経済を戦前の水準まで引き上げ，再び企業者の自由な活動を可能にする地盤を作り上げたものの，1924年から29年までの成長はその秋の「世界的経済恐慌」で崩れさった。この打開策は，

まず企業と国家主義との結びつきによって実現された。それはナチスの崩壊の時（45年）まで続くが，ここでは規範学派を除く既成の経営学は否定された。

3 社会的市場経済の成立と経営経済学

しかし，やがて大戦の終結は，この規範学派を逆に否定した。これに代わって展開されたのは戦後に盛り上がった探求上の実証精神を取り入れた実証学派の再生であった。代表的業績は「社会的市場経済」体制をその現実的な背景として1951年に出現したグーテンベルクの「経営経済学原理」でありそれはドイツの経営研究を一つの岐路に立たせた。以後，彼やハックス，コジオール，ヴィットマンなどによって，ドイツ経営学の内容は急速に充実するに至る。

1960年代，直接的には57-58年の恐慌を契機として，アメリカはその復権をかけてヨーロッパ諸国に進出した。いわゆる"アメリカの挑戦"であるが，企業行動は「多国籍化」・「多角化」をスローガンに，より不確実な環境要因のなかでその方向づけを求められたのである。"戦略"理論も台頭し，戦後の経済政策の世界的な一大変換期を迎えつつあった。

このような世界の動きを受け，1960年以降のドイツ経営経済学界に出現した顕著なる経営経済学の研究上の動向もその一つの現れであるといえよう。たしかに，1958年には西ドイツの経済は，直接にはアメリカの景気の後退の影響により幾分停滞している。しかし，この数値にかかわらず，全体的にみれば西ドイツの経済は依然として上昇しつづけたのである。しかもここで注意しなければならないことは，1957年以降での西ドイツではすでに完全雇用状態が支配し，かつ，1959年には前年度経済の立ち直りと共に再び西ドイツ経済は大きく成長し始めたのであるが，そこには労働の予備軍はもはや存在しなかった。戦後西ドイツの労働政策の一つである外国人労働者の移入等の対策も講じられていたが，そのために物価は以前よりも急速に上昇している。グーテンベルクの次の時代となる1960年代は，このような現実を背景に限られた環境（市場）に対する企業の生存領域の問題も浮上してきた。そこでは企業の意思決定において

不確実性要素をも分析の対象に求める動きが台頭してきたのである。経営経済学がこの問題（不確実性要因の解明）に介入したとき，意思決定論，サイバネティクス論[1]，システム論，あるいはコンピュータの普及に伴う情報の理論等，この領域にたずさわる新興の科学に対してその方法論上の基礎づけを与え，かつ自らも受け取ったのである。

4 批判的合理主義の台頭と経営経済学

さて，1960年を一つの転機として台頭してきた理論展開がある。分析科学理論を根底に伝統的理論を否定する形で理論構築を目指すポパー（K. R. Popper）やアルバート（H. Albert）によって提唱された批判合理主義や新実証主義（Neopositivismus）にその科学的基礎づけを得ての業績がそれである。シェライバー（R. Schreiber）等によって積極的に導入され，フイッシャーヴンケルマン（W. F. Fischer-Winkelman），シャンツ（F. G. Schanz）等によって発展せられていくが，その批判の鉾先を向けていた合理主義（Rationalismus）に方法的基礎を置く研究が，ハイネン（E. Heinen）およびその後継者キルシュ（W. Kirsch）によってうちだされた。とくにウルリッヒ（H. Ulrich）やコッホ（H. Koch）等との間に議論を呼んだ。ハイネンの経営経済学はいわゆる「意思決定理論」（Entscheidungstheorie）として，学際的研究のもとで企業の行動理論を究明しようとする動向であり，自らの研究を意思決定志向的経営経済学（entscheidungsorientiere Betriebswirtschaftslehre）と称し，方法論的には価値無関連的な実践的・規範的経営経済学（Praktisch-normativen Betriebswirtschaftslehre）の領域のなかに位置づけている。グーテンベルクによって基礎づけられた生産志向的システム・アプローチとニックリッシュによって求め続けられた人間の問題は，ハイネンに経営経済学的研究に素材の多くを提供した。今日のドイツ経営学の中心的位置づけを得る学説となっている。現在ドイツの研究は，アルバッハの指摘するようにこの，①ハイネンによる意思決定志向的パラダイム，②ウルリッヒによるシステム志向的パラダイム，

③サイアート（Richard M. Cyert）と彼のドイツでの信奉者による行動志向的パラダイム，④シーア（Augst-Wilhelm Scheer）によるEDV志向的パラダイム，⑤クーベック（N. Koubek）による労働志向的パラダイム等においてみられるが，この問題の整理はやがて方法論的に次の課題へ置き換えられていくであろう。

3　日本の経営学の形成

1　日本の経営学発展の概観

　日本における社会・自然科学の発展，近代科学としての反省は，合理的思考を基本理念にもつ西欧諸国に比べれば大きく立ち遅れていた。この対応は明治政府の主要国策の一つとしても進められたが，その手始めとしてはまず，西欧諸国において開発された既成の科学論の輸入により始められた。このようにしてまず一方的な模倣に始まったわが国の学問であったが，明治，大正，昭和期を経た今日，かつて日本が主として学問吸収の対象とした西欧諸国に比べて，ある領域においては，その量，質において勝るとも劣らぬ水準を確保した。

　近代科学としての方向づけに対する研究に関しては立ち遅れを認めざるを得ないわが国の現状ではあったが，その発展史上において現実の提起する問題に対する解明のための努力は不断に続けられてきた。また，歴史的にもわが国なりに蓄積してきた知識は存在した。すなわち日本にも江戸時代に培養された商人の知識が存在したのである。しかし，これが，この領域の近代的自覚をともなう"科学としての展開"となれば，前述の学問輸入の経過をも考慮に入れたとしてもその自律にはなお相当の年月を必要とした。資本主義経済制度の後進性によりこれを対象とする経済学，経営学およびその関連科学の発達の遅れはいかんともしがたいものがある。日本の経営学発展の経過のあとづけは，したがってここでは，①前史としての経営学，海外の文化輸入以前に存在した商業に関する知識，②日本における経営教育制度の発展，③第1次大戦前経営学の研究，④大戦間経営学の研究，⑤第2次大戦後経営学の研究，⑥経営学研究の

最近の傾向として整理していくのが順当と思われる。

2 日本における経営研究の前史と教育制度

日本が国民経済の体裁を整えた時点に関しては，経済学の分野においても諸説の存在するところである。しかし，ここでは，擁立期を一応統一された政治体制と，統一的規模をもつ商業活動の確立した江戸時代の中期におくことにする。この時代に各商家を中心にすこぶる実際的な，手代，丁稚を対象とした商業管理技術，商業道徳等が開発されたとみることができる。いわゆるこの商人学，商取引学の開拓者としては佐藤信淵（1769-1850），脇坂義堂（徳川中期），西川如見（1648-1724），石田梅巌（1685-1744）が知られている。とくに石田梅巌の教えは「石門心学」として精神的な面より商人のあり方を問うものであり，今日に至っても研究の対象として興味深い。封建時代における商家の実務的な取引の手引書的あり方は，客観的科学としての成長を遅らせるものであったかも知れぬが，この日本的経営の精神的，技術的あり方は明治時代に入って近代科学思考の導入されるなかにあっても，具体的な商業教育（商業学校）に受け継がれていくことになる。

3 教育制度と商業教育

明治政府は，維新直後から教育改革に着手した。すなわち明治4年7月文部省が設置されると共にただちに近代学校制度の立案に着手，明治5年8月3日，学制を頒布している。これによりわが国ではじめて「学校教育制度」が開かれたことになる。世界各国における経営学の近代の発展には教育制度としての"商科大学"が大きな役割をはたした。近代国家として後発したわが国の教育制度は，今日に至るまで幾多の変遷を経験した。商業に係わる研究も教育もけっしてこのことと無縁ではない。

したがって，経営に関する研究が急速に進められるようになるのは明治時代以後を待たなければならない。明治政府は，日本資本主義の後進性を国家の保

護による近代産業の導入によって取り戻そうとしたのである。急速に発展・充実していく企業の制度では，当然これに関する実務の管理・運用のため知識を必要とするようになってくる。このような要請により，明治政府は，明治6年 (1873) には「専門学校としての商業学校」の設立を文部省布達で決定した。

またこの頃，いわゆる文部省にいう学校制度ではないものの，わが国における近代的な商業教育機関として，明治8年 (1875) には，東京の銀座尾張町に森有礼の尽力と渋沢栄一の助力によって商法講習所（現一橋大学）が設立された。その目的は開港場で貿易取引を独占的に支配していた外人仲買人に代わって，邦人がロンドン・パリなどと直接貿易を行う，すなわち外国貿易従事者の養成に必要な商業教育を必要としたためである。したがって，商法講習の意味は広く「商業の商い法」にあることになる。明治11年 (1878) には兵庫県に県立の神戸商業講習所（現在県立神戸商業高等学校），ならびに東京の岩崎家，13年 (1880) には岡山商法講習所（3年後閉鎖），大阪で五代友厚による大阪商法講習所（現在の大阪市立大学経済学部。大阪市天王寺商業高等学校もこの流れ），明治15年 (1882) には小野金六が横浜に横浜商法講習所（現在の横浜商業高等学校），そして16年 (1883) には新潟に北越商工会（現在の新潟県立新潟商業高等学校）が，それぞれ商業の高等教育を行う学校（講習所）を設立していった。

明治18年，森の商法講習所と東京外国語学校の付属である高等商業学校（高商）が合併されて東京商業学校となり，ここに根本的な商業教育機関が生まれた。ついで明治30年 (1897) にはこれに専攻部が設けられた。この明治30年以降になると高等商業学校の設立が目立ってきた。明治35年 (1902) には神戸に神戸高等商業学校が開校し，37年 (1904) には大阪で市立大阪商業学校が高等商業学校に昇格し，38年 (1905) には山口，長崎に山口高等商業学校・長崎高等商業学校の2校，同43年には小樽高等商業学校と各高商が生まれ，その後の日本の経営学の発展に大きな足跡を残すことになる。

商業教育における大学設置の運動は，明治30年以来行われてきたが，これまでは明治42年に東京法科大学に商業学科が設置されたにすぎなかった。しかし，大正8年4月の大学令の実施により，わが国で最も古い高等商業教育機関であった東京帝国大学法科部の商業学科が分離し，経済学部商業学科となった。ついで大正9年4月に東京高等商業学校が東京商科大学として昇格し，わが国最初の商業の単科大学となった。

4 明治，大正期の商業経営論

1900年（明治33）代初期，当時欧米諸国における商業学は国民経済の一環として取り扱われていた（前節，ドイツ経営学の歴史参照）。この影響は当然日本にも及び，明治中期以後大正期にかけての商業研究は，国民経済としての商業学，すなわち「国民経済的商業学」がその中心となっていた。この傾向は商業学が近代科学としての自覚をもって研究されるまで，すなわち独立した研究領域を確保する時まで続けられることになる。

日本におけるこれら研究の一連の経過は，明治35年金井延が『社会経済学』において商業経営論を取り扱い，明治36年に三浦新七が『商業経済学』において営業主体の組織・活動に関する商業経営論を，そして同年，関一は『商業経済政策』において商政学，商業経営学の商業教育における重要性を論じている。

明治37年は上田貞次郎が『商業大辞書』を発刊し，商業学を「企業経済学」または「企業経営学」にまで高めようとした。すなわち，彼は商業学の対象領域を単に商業に止めることなく，科学的考察のためには"工業"をもその領域に含めなければならないとしたのである。商業学は企業経営上の原則を考究するべき「企業経営学」でなければならないというのがその言い分であり注目に値する。さらに，明治40年には，『国民経済雑誌』において，商業学は企業内部における資本・労働の組織の研究を主体課題とすべきことを強調し，さらに明治42年には同国民経済雑誌第7巻第1号において「商業経営学

とは何ぞや」という論文を発表している。ここでは，商事経営学は企業の立場から経営方法を論ずるのであり，私企業の利害が標準とされている。経営学は国民経済学の部分領域を担当するのではなく，"一つの独立した領域をもつ経済科学である"ことを主張するに至ったのである。商業学の経営論的研究，いわゆる商事経営論はこうして形成されていったのである。しかし，ここにはまだ，近代科学としての今日の経営学は芽生えてきていない。

　日本資本主義は着実に発展し，大正年間において，それは企業集中の段階に入り新たな局面を迎えることになる。企業の制度はますます高度に，そして複雑化していったのである。大正元年（1912），土屋長吉は『商事経営論』を著し，企業組織の巨大化と，その理解の必要性，経営問題と国民経済学の関係にふれている。この時期ドイツでは第1次の経営学の方法論争が起きていた。わが国における争点と重なりこの問題は大正3年（1914）に紹介され，また，ニックリッシュの紹介と私経済学の研究を渡辺鉄蔵が大正11年に『商事経営論』で発表し，福田徳三も経営学設立の可能性を論じている。以後日本における経営の研究は，ドイツの影響を強く受けることになり，第2次大戦後アメリカの管理学が急速に浸透するまで続けられることになる。

5　両大戦間の研究

　第1次大戦後（1914-18），日本にドイツの経営学が急速に輸入された。この時期ドイツの学界は形式はもとより内容をもってこの要請に応えたのである。日本の経営学の研究者として創世期を築いた人々の業績が相次いで発表された。昭和初期にドイツの研究に支援を求めながら経営学の基礎づけをはたした日本の経営学の研究は，その後いくつかの分野に分かれて発展していくことになる。また，アメリカおいて開発された「科学的管理法（Scientific Management）」が日本に導入されている。大正15年には日本経営学会も設立され日本経営学の研究はこれより質的にも量的にも充実の時期を迎えることになる。

6 第2次大戦後の経営学

　第2次世界大戦の敗戦による終結は，日本の政治社会，経済のみならず，すべての分野に大きな混乱と制度上の変革をもたらした。この事態を前に経営の研究もまた装いを新たに再出発することになる。ここで，日本の戦後の経済復興は他の近代諸国家に類例をみないほど急速に成し遂げられた。

　終戦に始まる時期は，アメリカ占領軍による一連の日本「民主化政策」が矢継ぎ早に実施された。すなわち，「財閥解体」，「独禁法の制定」，「農地改革」，「労働三法の制定」等がこれである。これに呼応するように労働運動も活発化してくるのであり，マルクス主義的思想を背景に発表された経営学の研究も活発であった。

　やがて敗戦による日本の経済が徐々に立ち直ってくるにつれて，アメリカ経営学が日本経済（企業）の再建のために導入されてくることになる。ドイツ経営経済学の再検討，およびアメリカ経営学の研究は徐々に軌道に乗っていくことになり，とくに「新経営者論」は多くの討論を生むことになった。また企業の「民主化と合理化」，いわゆる産業民主化も議論の対象とされ，その理論的，現実的関連性をめぐって問題はますます多様化していった。

　25年朝鮮動乱が勃発した。これは，結果として日本の産業がアメリカ軍需生産の下請機構として組み込まれたため，経済的にはわが国産業界に「特需ブーム」を巻き起こしたのであり，25年10月にはすでに鉱工業生産は戦前（1934-36）の水準を抜いてしまった。また，輸出入価格の急騰に促されて国内価格も上昇し，企業利益は生産と価格の両面から増大し，民間設備投資も活発化した。戦後の日本経済は26年度（1951）をもって，ほぼ復興段階を終えつつあった。このような時，アメリカのメイーヨー（G. E. Mayo）一派によって人間関係の研究が進められ，この「人間関係論」が東京大学の馬場敬治によってわが国に紹介されたのである。また当時はアメリカの経営管理技法も盛んに導入され，企業においても科学的管理の思考が定着しだした。ここで

の研究は量的にも多く，かつ広範囲なものになった。

　アメリカの経営学の日本における研究は昭和20年代，日本が経済復興を果たすなかで急速に導入された。昭和23年，古川栄一はその著『アメリカ経営学』において「著者は，アメリカ経営学の実体を経営管理学であると理解する。それはアメリカの産業の発展につれて生成した大規模経営の管理実践のために要求されたものであり，その責任管理者としての専門経営者の学問として発達したものである。さればアメリカ経営学は，この経営者の実践的観点から，経営的方法をその研究のために用いることとなった。この方法的特質から，アメリカ経営学をまた経営者経営学として理解する事ができるであろう。アメリカ経営学が経営者経営学であるということは，ドイツ経営学に比べた場合の最大の特色をなすものと考えられる」とその特質を述べている。しかし，その後わが国には，このアメリカの経営学に対して異常なまでの関心が払われることになるのであり，そのゆきすぎをめぐって方法論上の争いが提起されることになる。アメリカにおいてもこの経営学における研究上の問題の整理に対する反省（後節）は取り上げられるようになった。

　経営学関係の研究は昭和30年代に入り一つの頂点に達した。いわゆる「経営学ブーム」といわれる時代の到来である。この歴史的背景となったものは，第一には国内産業の大好況があげられる。復興と講和独立を完了して，30年代（1950年代後半－60年代前半）以降の日本経済は，技術革新の本格的展開と，これに結びついた企業の設備投資の進展，産業構造の重化学工業化の展開であり，これにより高度成長を実現した。輸出は増大し，企業はますます巨大化し，日本生産性本部も設立され，生産性運動が活発に繰り広げられたのである。この生産性向上のスローガンのもと，人間関係，労務管理，長期計画，経営の革新等が問題とされ，また現実の生産活動のゆきすぎより生じる問題，すなわち企業者・経営者の社会的責任が取り上げられた。一方，この30年前後における経営学研究の対象の拡大化，とくにアメリカ経営管理技術の無制限な，現状を省みることのない輸入に対し批判が生じてきた。いわゆる馬

場=池内論争がこれであり,学界は二分する形でこの論争に参加していくことになる。またこの時期辞典・全集等の編集事業も活発に行われるようになった。

30年代後半産業は活況を呈し,労働力需要はきわめて旺盛で36年頃には労働力の充足難は全般化した。企業は民主化,近代化,合理化を促進し,企業合同,企業の系列化はますます進行させられた。当然企業間競争の激化を生み,企業における経営教育は一般化し,経営学の研究には学際的アプローチ(interdisciplinary approach)が導入されるようになってきた。

30年代の高度成長は,40年の不況によって終止符を打ち,不況を脱した日本経済は,45年8月まで60カ月に近い好況を記録した。高度成長が再現し,民間設備投資は盛り上がり,賃金・所得の上昇が目立ち,消費者物価の上昇が続いた。この好況下で公害問題が深刻化した。生産重点主義による日本の経済政策では環境の保全よりも生産性が優先されたのであり,各企業はこぞって設備投資を増大させた。大気や河川・海洋汚染は日ごとに進み大きな社会問題に発展していったのである。企業,経営の研究においても,"経営者の社会的責任","人間性の回復","地域社会の問題"等が浮び上がってきた。

7 日本企業の成長と日本的経営論争

日本企業の成長は西欧諸国が経済的伸びの停滞に苦慮した70年代に入っても続いた。日本的経営論はブームといわれるほどに内外の学者の議論の対象として取り上げられた。本来その議論は1960年代の日本の高度成長期における企業行動の様子が外国に特異な様相として映ったことにある。またアメリカの文化人類学・経営学者として知られるジェームズ・アベグレンによって,日本の終身雇用制・年功制・集団雇用執務体制等のあり方が非近代的でありながら日本の経済発展に大きな効力を発揮しているとの指摘によって知られるようになったものである。その後経済協力開発機構の対日特別調査報告書(OECD,72年)が"終身雇用慣行""年功制""企業別組合"をその特質として規定するに至り周知されることになった。

8 国際化の進展と日本経営のグローバル化，今後の研究

国際化が進展し国境を越えた"異業種交流"が常識化してきた。国際M＆Aが年々増加し"国際企業"が誕生している。80年代を支配した「日本的経営論」は「グローバル化時代の経営」に進展してきている。"アメリカにおける日本的経営のあり方"や"日本におけるアメリカ的企業のあり方"といった垣根を設定した論議は陰をひそめた。たしかに日本の企業において当然と受け止められていた「終身雇用制」や「年功序列賃金」が問い直され，また一方ここに根づいたTQCやトヨタに採用された「カンバン方式」はアメリカ企業にも改めて企業合理化・改善を問い直した。いま国際的に生産のボーダーレス化が進んでいることは誰もが認めざるを得ない。広島県の府中町に本社を置くマツダ（当地の雇用関係で3千世帯）にみられるように，アメリカの企業が日本へトップ経営者を送り込んできた。米フォード社がマツダとの資本提携でマツダ株式の33.4％を取得し（96.6）その経営権を掌握した結果のことである。従来日本的経営にはM＆Aはなじまないといわれながら国際的異業種交配は着実に進み，いまやこの時代を支える経営理論が問われている。日本のいわばトップ企業であるマツダにおいても業績主義が浸透し地域も社員もその受入に難色はないという。この事例は今後の日本企業のあり方に多くの示唆を提供するものであろう。

4 アメリカ経営学の形成

1 アメリカ経営学の概観

アメリカ経営学は，アメリカ産業の発展につれて生成した大規模経営を現実の基礎として，そこでの「管理の学」として発達した。経営者が実際に活動するための具体的な「実践応用科学」として発展の経過をたどった。したがってアメリカ経営学の成立基盤は，次の諸点において整理することが最も妥当であると考えられる。

すなわち，発展の要因として，その一つは，現実的背景としてアメリカ資本

第4章 経営学の形成と展開 61

主義経済の発展と，その実体的推進力となった大規模経営の存在であり，二つには，資本的支配により分離された，いわゆる所有と経営の分離現象の進むなかで経営職能の実際的担当者としての経営者を対象とした，経営者養成のための学問として形成されたということ。三つには，上記経営者の管理実践を内容とした，いわゆる管理の科学として発達してきた。四つには，アメリカの教育制度（大学）は，これらの経営者養成の機関として充分その機能を発揮したということが取り上げられる。これらの諸点は戦後古川栄一によっていち速くわが国に紹介（『アメリカ経営学』）された。所説を中心に論考してみたい。

アメリカの経営学は，アメリカ資本主義の所産であることは論ずるまでもない。しかし，このアメリカの資本主義は，日本やドイツ，その他諸国とは異なり，アメリカの建国以来の経済制度であり，いわば所与のものとしての存在である。したがって，資本主義経済制度のもつ基本的構造原理である自由主義，個人主義の理念は，この国においてはいかんなく発揮された。アメリカの歴史そのものが若いものである。独立宣言（1776年）より南北戦争に至るアメリカ国内の発展はいわゆる「西漸運動」（Westward Movement）によって特徴づけられる。今日のアメリカ経済の近代的発展の特徴（工業を中心とした自由主義経済）はここに見られる。すなわち，工業生産の発展を可能ならしめる人口のアメリカ全土への均等化（とくに西部未開拓地に対して）はここで完了した。

南北戦争（1861—65年）を一つの契機として進められるアメリカ北部の工業化政策は，やがて農業大国アメリカを大工業国に躍進させた。南北戦争によって確立されたアメリカ経済（工業発展の基礎）は，その後飛躍的に発展し，やがて第1次世界大戦後それが結実し，かつ高度化されるようになった。アメリカにおける経済成長はこのような工業資本主義の発達によって実現されるのであり，このことは具体的には，近代的工場制度の確立，大規模工場経営の躍進となって特徴づけられることになる。アメリカ産業の基本的性格を特質づける要因は，このアメリカ産業の経済的現実の発展によって大きく規

定されることになる。

　アメリカ経営学は，企業の経営実践を担当する経営者のための研究として発達したものである。アメリカにおいて急速に成長する大規模経営の存在は，その所有を意味する企業者と実際に経営機能を推進する経営者とを分離させた。この企業者と経営者の職務の分担制度はアメリカにおける大規模経営においてはじめて明瞭な姿を見せることになる。このことは，企業規模が相対的に小さな時には，企業家は自らの企業の所有者でもあり同時に経営の支配者でもあった。資本主義の原理に従い彼らは，利潤獲得の動機に導かれて経営を行うのであり，かつその危険をも同時に負ったのである。しかし，大規模経営の出現，とくに株式会社制度の出現は，単一または少数の資本所有者による経営支配から，資本所有者が分散し，経営機能を専門にする専門経営者もしくは雇用経営者（Salaried Manager）に経営活動の指揮・監督を委任することになる。アメリカの経営学者はこの現実を「経営者支配」（Management Control）といっているがバーリーとミーンズが，1932年に『近代株式会社と私有財産』においてアメリカの資本と経営の分離状況を，実証的に分析している。ともかくアメリカの経営学はかかる専門経営者が実際に経営の管理機能を担当するにあたって必要となる知識としての学問であり，すぐれて実践性の強いものである。経営学にとって重要な問題であり，項を改めて詳論することとする。

　ところで，このような現実を背景として研究の進められるアメリカの経営学であるがその基本的な特徴は，それが管理の科学（Science of Management）として発達したという点にある。大規模企業の経営者が実際に企業を管理運営する際に必要な知識の集約，すなわち管理実践の学として生成・発展してきたのである。そこでは巨大化していく企業の経営活動を動態的に把握し，合理化しようとする機能的方法を特徴としている。各種機能の複合体としての経営の現実は，「管理」概念により統一的に取り扱われることになる。この思考の基本は，テイラー（F. W. Taylor, 1856-1915）によって創始，発展させ

られた。いわゆる科学的管理法 (Scientific Management) である。彼は，これによってかつて成り行きにまかせるしかなかった工場現場に一つの標準となる課業を導入した。この労働作業の科学的管理より出発した管理方式は，やがて創始者であるテイラー自身ですら，その応用はできないであろうと考えられていた配給一般，小売業，または農業の各領域に対してさえ，その適用を見るようになった。さらに，この科学的管理法は，工業原価計算，販売予測，長期生産計画および将来の経費見積にまで，実際に拡大されるに至ったことをホワイト (P. White, *Business Management*, 1928, p. 81) は指摘している。

管理は科学であるとの見解の定着と共に「管理の科学」として発展することとなったアメリカの経営学は，大規模経営の発展につれて当初の労務管理的領域よりますますあらゆる業務領域の管理に浸透してゆくことになる。そして，これをより助長した制度として，管理法に関する"諸学科課程"が教育機関である各大学および技術学校に設けられたことを取り上げなければならない。これによって管理の科学は当初懸念された人間性否定を乗り越えてアメリカ全土に普及してゆくことができたのである。

2 アメリカの経営学と教育制度

アメリカにおける企業経営に関する教育制度，とくに商業専門学校の発達は，アメリカ経営学の発展に意味をもつことになる。商業に関する教育制度の充実は資本主義教育体制を採用する先進諸国において共通に設立運動が進められたのでありアメリカもその例外ではない。アメリカの商業専門教育は，1881年ペンシルバニア大学に設置されたワシントン・スクールに始まり，1898年にはシカゴ大学，カリフォルニア大学に商学部が設置された。1900年以後はグートモス大学，ニューヨーク大学，ウイスコンシン大学，ミシガン大学に商学部が設置された。1909年にはハーバード大学にグラジュエート・コース（大学院）としての経営専攻部 (Graduate School of Business Administration) が設けられたのであり，ここに商業教育における制度的発展の基盤が成立した。

3 アメリカ経営学研究の問題領域による分類

アメリカにおける経営学研究のあり方は，経済の発展と共に多彩を極めた。混乱ともみえる展開にその内部からも反省の声が出てきた。例えば1962年11月，ロスアンゼルスのカリフォルニア大学経営大学院において，経営の研究にたずさわる各界の人々を集めてシンポジウムが開かれた（ハロルド・クーンツ編，*Toward a unified theory of management*，鈴木英寿訳『経営の統一理論』1968年）。これはハロルド・クーンツ（H. D. Koonz）の「経営管理論のジャングル」（The manage-ment Theory jungle, *Journal of the Accademy of Management,* 1961）がその発端になったものであるが，このシンポジウムにおいて経営学の基本問題をあらためて問うたのである。彼はここで，経営管理論へのさまざまなアプローチがある種の混乱した破壊的なジャングル戦へと導いているとの見解より，彼自身はいろいろな学派の存在を六つの主要グループに分類している。すなわち，以下に示したものがそれである。

① 経営管理過程学派（The Management process School）
② 経験学派（The Empirical School）
③ 人間行動学派（The Human behavior School）
④ 社会体系学派（The Social Systm School）
⑤ 意思決定理論学派（The Decision Theory School）
⑥ 数理学派（The Mathematical School）

たしかに，アメリカの経営学の系譜を概観するに際しては，いくつかの学派に分類して考察するのが妥当であろう。しかし，上記クーンツの六つの分類もすこぶる便宜的なもので確立された学派の絶対といえる整理はいまだなされていない。その学説の展開は以下，第Ⅰ部第6章「経営学の研究とその領域」で詳説したい。

注
1）サイバネティクス：第Ⅰ部第6章（注7）参照。

第5章　専門経営者の出現と経営学

1　所有と経営の分離

　資本主義の競争経済を基盤として，最も資本調達に適応した形態として株式会社が19世紀になって出現し急速に発展した。この形態では出資者の範囲は限定されることなく，広く一般大衆より資本を動員することが可能となるのであり，企業は非人格化された出資形態を通じて，ここに一種の「公開的共同形態」としての性格をもつようになる。

　株式会社では経営権は有限責任社員としての株主に帰属する。より具体的にその運営は株主の代理機関としての取締役会が掌握することになるが，その代表者が形式的（実質的にも代表者であるが会社の実情による）に最高意思決定者である。それでも株式会社は，その歴史的発生の時点においては，出資者は経営者として一体化された個人的経営の延長としての存在であり，ほぼ経営権と所有権は不可分的存在として意識されていたものである。ところが，企業発生の時点において堅く結ばれていた所有権と経営権は，利殖を目的とする一般投資家の増大につれて徐々にその相関関係をゆるめていった。また，所有株主の拡散化はその経営の所有権の存在を実質的に不明確化していくことになる[1]。

　所有者の分散による権利の拡散は，逆にいえば相対的に少数の所有権でも結束があれば実質支配を可能にすることをも意味する。物的企業として共同事業的性格を強くして行くこの形態では，理論的にはその支配権を確保するには最大でも過半数をもてばよいということになる。現実的に企業の資本の

分散は，証券市場を通じてより多数の株主へと進められているのであり，一個人もしくは家族での支配（戦前の日本の財閥形態）は解体の方向にある。このことは，企業活動が順調な発展を遂げる場合，すなわち成功的進展を遂げる場合資本の需要は不断に増大する。新株の発行や進歩が速いほど新たな株主の企業参加の機会は増えてくる。もっとも，自己所有の株式以上の株式の分散化を一定の範囲内で止め，恒久的に個人所有，もしくは同族所有を意図できなくはない。それは，所有経営者としての経営権に基づき新株発行（増資）を利益配当の内部に止め，経済成長に合わせた大幅な企業成長を望まなければということである。しかしながら現実的には，これは株式会社本来の形成要因に逆行するものであり，この場合，この形態に固執する意義は薄れる。

一方，近代租税の基本的思考は，「担税能力に応ずる租税負担」にあり，応能負担の原則を打ち出している。この考えは所得税，相続税，贈与税に強く現れ，ここでは累進課税[2]の適応により家族財産的企業の相続による継承，発展は応税の点からも困難とされている。この方向は資本主義制度を採用する近代国家の基本方針ともなっている。したがって，このような状況において企業家としての才能のない世襲的財の継承・維持はむしろ困難であるということができる（戦前わが国に存在した財閥形態は解体されたが，金融機関を通じて戦後新たな動きにある。第Ⅰ部第1章，企業集団の項参照）。

資本主義の経済制度は基本的には財の私有制にある。この基本形態は変わらないものの，これを支える個別経済制度＝企業制度の現実は経営における不在所有者（absentee ownership）の存在によって特徴づけられる。しかもこの傾向はますます増大の方向にある。

2 専門経営者の出現

企業の所有者たる株主が経営権を放棄し，利殖を目指す（配当金や配当率，および株式市場における株価の動向）ことは実質的には企業の支配力の後退を意味する。人的企業で一体化していたような出資と支配の直接的結合関係はま

すます希薄化する。

　一方，経済の構造はますます複雑化し，多様化の方向にある。企業のシステムは，拡大する市場に対応すべくますます大量生産をよぎなくされるのであり，結果として大量販売，大規模生産設備（組織）の進行，雇用労働の増大等の諸問題が近代企業に不可避なものとして生じてくる。経営における取引処理の問題は，量的にも質的にもますます複雑化の傾向にある。このことは，企業の大規模化が進行するに伴い，そこで要求される管理機能は質的にも高度化してゆくであろうし，また内容的にも複雑化の一途を辿らざるを得ないことを意味する。

　株主の経営権放棄の現象が一般化し，企業の少数者支配が形成されたとした場合，ここで新たな問題が生じてくる。それはいったい誰がこの複雑化した大規模経営を管理運営するかという問題である。単なる個人の能力や，慣習的管理の方法ではこの巨大組織の運営は不可能な状況になってきた。「専門経営者」(professional manager) の出現の理由はここにある。

　ところで，企業における株主をまず企業資本に対する営利機能の管理権（経営権）を行使する株主と，単に利益の配当に参加するのみの非事業株主に分離する。前者は"機能資本家"と呼ばれ後者はこれに対して"無機能資本家"と呼ばれている。経営権行使の問題はこの場合，二つにおいて考えられる。一つは，"事業株主みずからが経営者として直接に最高経営管理機能を発揮する場合"。いま一つは，かれみずからは経営管理機能を担当せず，第三者，すなわち"専門経営者を雇用し，その職能を委譲する場合"である。機能株主はこの場合，雇用した専門経営者の人事権を掌握することによって間接的支配権をもつことになる。

　こうして少数化された一部株主による企業支配の形態には直接的に最高経営管理職能を担当する場合と，間接的にそれを行使する場合の二者に分けられることになる。現実的には事業株主が経営権を行使する場合，直接，間接いずれかの方法を選択することをせまられることになるのである。初期にお

いて株主による経営管理形態が取られたとしても，大規模化の進展と，管理技術の複雑化の前には徐々に後者に移行してゆかざるを得ない。

　専門経営者の出現は，あくまで大規模化された企業形態を前提として，複雑・多様化された経営の現実的管理機能担当者としてのものである。彼は高度に専門化された管理知識で現実の企業の管理運営に当たる。したがって，ここで専門経営者とは，株主より企業の管理権限を委譲された知識専門者（もしくは集団）の存在を指すのであり，近代企業制度の上で大きな役割を担うものとなる。

　さて，「所有と経営の分離」（資本と経営の分離）の進行の議論は専門経営者の出現・発展の経過を経てより高度に展開されることになる。この論議の中心は「新経営者論」の出現である。この理論の根幹は，企業の大規模化（大資本化）による株式の分散化の現象が不断に進行した場合，事業株主はますます少数の株式所有で会社支配を達成することが可能となる。しかしこのことの進展は，ある時点をもって逆に所有者支配無き企業の存在を生むというところにある。ここでは「雇用者なき専門経営者」が誕生するのであり，いわゆる「経営者支配による経営」ということになる。このようにして成立した経営者は企業を一つの公器として機能させることにより新しい職務を担当するという意味，すなわち，国家，消費者，株主，債権者，労働者等を企業組織を通じて調整するという新しい職能を担うということにおいて「新経営者論」として展開されるのである。

　もっとも，「所有と経営の分離」現象に伴う専門経営者の出現は，基本的には企業の大規模化に伴う株主機能の分散と複雑・多様化する企業の管理機能の代替というところに根拠を置いての議論である。しかしながら，資本主義経済における「資本私有の原則」はいかなる場合においても変質するものではない。したがって，所有と経営の分離の現象がただちに機能株主の消滅を意味するものではないことは論ずるまでもない。

3　経営者支配の実証的研究

1　バーリー，ミーンズの研究と発展

　所有と経営の分離現象を最初に取り上げたのはブルッキング (R. S. Brookings, *Industrial Ownerschip*, New York, 1925) である。そして彼の思想を引き継ぎ所有と経営の分離の現象を実証的調査のなかから，最初に証明したのがバーリー，ミーンズ (A. A. Berle & G. C. Means) であった。彼らは共同して，1929年のアメリカの代表的大企業（非金融会社）200社の支配関係・所有関係に関する実態調査を行い，『近代株式会社と私有財産』(A. A. Berle & G. C. Means, *The Modern Corporation and Private Property*, 1932. 北島忠夫訳，文雅堂，1958年) で発表した。

　ここで彼らはアメリカの企業の実態において，株式の所有権はますます分散化の傾向にある事を指摘すると共に，1929年現在でアメリカの上記調査対象となった会社の44%は経営者支配によっていることを実証（法的支配を含めた場合は65%）した。彼らの調査によれば当時，資本所有者が株式を完全に所有しているのは6%。過半数所有者支配で5%（したがって資本所有による支配は11%になる）。また逆に少数株主による会社支配は23%におよび，株式の分散化現象は加速度的に進行していることを証明した。

　この傾向は，その後ラーナー (D. Lerner) がバーリー，ミーンズの調査の方法に準拠しつつ1963年にこの調査を実施した。ラーナーの調査によれば，34年後におけるアメリカ社会において経営者の支配関係の進行は，完全所有企業は0%，過半数，もしくは少数支配企業は11.5%となり，経営者による支配形態はすでに84.5%に達していた。バーリー，ミーンズが予想した通り，アメリカの経済社会において経営の分離現象は加速度的に進行していたのであり，1900年代においてほぼ浸透し終わっていたのである。

2　わが国における経営者支配の実態調査

アメリカにおいてバーリ，ミーンズの展開した理論と分析的方法はその後日本の経営者支配の実態調査にもおおいに利用されていった。わが国における経営者支配の実態調査には三戸公，正木久司，晴山英夫の共同で（『大企業における所有と支配』未来社，1973年）なされている。そこではわが国の最大企業200社（総資産による）を選び，戦前・戦後の資料も比較しながらその所有関係を調べたものである。戦後会社株式の完全所有，過半数所有支配は激減し，経営者支配が著しく増大の経過が証明されたものの，一方において家族的支配の企業が存在していることも明瞭になっている。結果としてわが国においてはこの家族支配（戦後銀行を頂点として，企業間で株を持ち合う動き―前述）による会社（昭和41年調査，29社）以外は所有と経営の分離現象はバーリ，ミーンズの調査結果同様進展しているとのことである。

所有と経営の分離の進捗状況は，1）完全支配，2）過半数支配，3）少数支配，4）経営者支配とその段階を経ることになる。このような状況の進展では，経営者責任は直接的となり，一部の株主にのみ向けられることになる。社会的に公器化の進む企業でありながら，一方では新たな問題を提起してきている。

4　専門経営者の出現と経営学

企業の組織が巨大化し複雑になればなるほど，その運営は個人の能力の限界を超えることになる。組織は基本的に分業（分権）を求めその広がりをみせる。株式会社の出現はこのことを一層に助長した。社会的に影響力を強めていく企業の存在はあらゆる角度から考究の対象となってくる。国の経済，取引の複雑性，労働，国民の日常生活への影響等社会的関心度もますます深くなっていく。その存在が一つの意識に高まった時，知的分析の対象とそれがなっていくことは理の当然といえる。

一方，企業の存在そのものも内的に問題をもつことになる。いったい誰が

この巨大化した組織を運営していくのかということである。まして経済機構的に広がりをもち，その相互関係が複雑に入り込んでくるほど難しい問題を含んでくる。資本の所有とその経営権が分離された専門経営者の出現においては，必然的にその専門能力のあり方が問われざるを得ない。資本主義の経済制度を採用する国々においては時期をほぼ等しくしてこの問題が俎上に上がってきた。1900年前後においては世界的な傾向として"商科大学"の成立運動が展開されたのである。もっともすでにふれたようにその取り上げ方はその国の事情によって若干異なっていた。それぞれのこの間の発展の経過はすでに前章において確かめた通りである。とくにアメリカにおいては徹底した実務教育が推進された。この国では経済の制度はいわゆる"資本主義"であり，これは所与のものとして受け入れられた。ために"革新の理論"，"進化の理論"を提唱するマルキシズム，ダーウィニズムは異端の論理として退けられた。

　簡潔に表現するならば，「資本主義は個々の企業の自由な経済活動・取引が基調になって組み立てられているのであり，個々の組織が自らの最大限の努力をすることによって社会は全体として成長する」というのがその言い分である[3]。経営者はその企業の根本的運営（administration）を支えているのであり，大学がその知識を教育することは結果として，国が繁栄するという考え方になってくる。古い伝統に拘束されるヨーロッパ諸国に対し当初は徹底して機能（function）・管理（management）思考で問題の処理が遂行できた。ただし第2次大戦中この思考の限界を補完する意味で経済学出身のベブレンにより制度的（institutional）思考の芽生えたことは興味深い。ここから単に個別組織の研究を離れて経営学の問題が広く社会・経済的に広がりを見せたのである。もちろんこの分析がなくては今日取り上げられる経営学の重要な課題，環境，消費者保護，企業責任等の論理は十分機能しないことは事実である。

注
1）所有と経営の分離における進捗状況を分類すれば（宮崎義一教授の分類による『現代経営事典』日本経済新聞社，参照）以下のようになる。
　イ）完全支配：一個人ないし一同族が株式の85％以上を所有し，それらが経営権を全面的に支配している状態，ここでは所有者と経営はほとんど未分離の状態。
　ロ）過半数支配：一個人ないし一同族が会社株式の過半数を所有し，経営支配権をほぼ掌中にもっているが，少数派株主の経営参加権も一定度考慮する状態。
　ハ）少数支配：最大株主でも株式総数の20－30％程度しか保有していないが，その最大株主が一定度の経営支配権をもつ。しかしその支配権を行使する能力は高くないので，実質的には所有と経営の分離が発生している状態。
　ニ）経営者支配：最大株主の持株比率が10％以下のような状態になると，その所有者は経営の支配権をほとんどもつことができなくなり，経営者が経営者を実質的に選任するようになる。このように所有と経営がほぼ完全に分離した状態を経営者支配という。
2）累進課税：課税標準になる基礎金額が大きくなるに従って，次第に高い税率を適用する課税方式で，所得税はその代表とされている。
3）法人資本主義（corporate capitalism）という考え方がある。資本主義の経済体制では，本来個人資本(いわゆる大衆資本)は株式制度により運営形態へ　の参加が自由である。資本の拡散が経済社会全体に広がり，所有と経営の分離現象の進行が所有なき経営者による会社支配を出現させた。経営者資本主義ともいわれるが，一方で金融市場の発達とともに個人の投資比率に比して少数株主グループおよび組織相互の株式持ち合いによる市場支配の状況が指摘されている。法人資本主義は人格の概念を経済組織の主体に置き換えた法人による会社支配の現象の進行であり，巨大化した少数の企業や企業集団による市場淘汰が組織（法人）を通して存在の影響を経済界のみならずあらゆる価値観に浸透させる現象をいうがその受け止め方で理解が異なる。「会社は誰のものか」という議論の論拠の一つになっている。またドラッカーは脱資本主義の意味において「ポスト資本主義」の社会への転換を提唱している。

　資本主義を基礎づけた設備資本中心による工業社会から知的資源が価値観の中心になる社会や福祉国家社会への転換の意味に用いるが，生産手段の中心を知識が占め，ここから生み出されるイノベーションが経済活動を牽引する社会をいう。

　ＩＴ革命の進展，グローバルな市場での企業活動および環境問題は資本主義に新たな理念を要求するがその一つの表象が知識資本主義（knowledge capitalism）である。資本主義は構造的には幾多の矛盾を持つとして歴史的な経過の制度として捉えられ，社会主義との対極で議論がなされてきたが近年の経済体制においてこの議論は衰退した。

第6章　経営学の研究とその領域

1　現代経営理論の展開

　経営の研究対象は，現実に機能する"企業・経営"にあることは確かである。しかし，具体的にその研究となるとその究明の視角によりさまざまな"見方"が出てくる。例えば経営学の課題・内容・方法，時代の背景，形成の歴史的経過，研究業績や分析方法・知識・理論，企業の現実・制度，行動原理の理論的解明，分析理論・用具，周辺理論等の接点，しかも近年の焦眉の急なる諸問題に応えるための広範な問題領域をもつことになり，ここでは数えれば枚挙のいとまのない程にさまざまのアプローチを可能にしている。したがって経営学の内容は実に多彩である。

　非常に大胆に，いま比較的纏った問題意識として周知された経営理論の研究成果を整理し経営学の領域を研究業績的側面より俯瞰してみれば以下のようになるであろう。ただこれも限定されたものであることは確かである。

① 経営者の機能的職能分析
② 人間的側面・勤労意欲の分析
③ 組織論的管理
④ 制度論的接近
⑤ 意思決定支援・数理学的分析

1　経営者の機能的職能・管理に関する領域
1) 産業構造の進展と経営合理化運動の推進
18世紀中葉のイギリスに発生した産業革命は漸次他の欧米諸国に波及してい

った。生産工程の技術的革新を意味するこの変革はかつての生産様式を一掃した。いわゆる工場制工業の出現である。産業革命は作業機器および動力機の発明をテコに，手工業から機械制生産へという生産様式の高度化を生み出した。生産工程は合理化され，その能率も飛躍的に増大していったのである。

　このことはまた，従来生産性を大きく左右していた労働者の主体的要素が機械に移転され，かつての熟練労働者がたんなる機械の従属物，奉仕者に転化されることを意味している。これは熟練の移転（transfer of skill）現象と呼ばれている。しかしこのことがまた客観的な生産管理の場を開く要因となる。生産過程の機械化は相対的に（絶対的にも）多くの労働者を必要とする。しかもここでは労働者の熟練度は問われないというのである。このことは機械化の急速に進められた時代が一段落すると共に新たな問題に移項せざるを得ない。

　南北戦争以後，アメリカの社会経済の発展と相俟って，国内需要が増大すると共に，国内市場はしだいに拡大してくる。このような状況にあって企業は生産力の増強化と競争の激化に対応するためのコスト・ダウンを以前にも増して迫られて来る。しかしここには労働力の不足と一方では，労使間の対立の深刻化という問題が潜在する。この障害を克服しようとする動向は「アメリカ機械技師協会」（ASME：American Society of Mechanical Engineers）の「科学的管理運動」（Systematic Management Movement）や「能率増進運動」（Efficiency Movement）の展開にみられるのであるが，この運動の一環としては「賃金制度の改善」が重要な問題として位置づけられていた。

　企業の体系的管理運動の展開されるなか，技師による製品の品質や費用までの配慮を説くタウン（H. R. Towne, *The Engineer as Economist*, 1886）の「分益制度」（gain sharing plan）や，計画や執行の分離思考を打ちだしたメトカルフ（H. Metcalfe）。タウンの案を改良し「割増賃金制度」（premium plan）を提唱したハルセイ（F. Halsey），能率賞与制を提唱したエマーソン（H. Emerson），カーペンター（C. Carpenter），アーノルド（H. Arnold）がそれぞれ活躍している。チャーチ（A. H. Church）は後年テイラーの支持者として科学的管理に関

する標準テキストの著者として各課業管理，管理の諸原理，管理の調整機能を展開して活躍したが，彼自身は「近代原価会計」や「職場会計」の業績で知られている。テイラーの協力者としてガント (H. L. Gantt) は，ガント・チャート (Gantt Chart) を提唱し，後年テイラーと対立することになるが，ギルブレス (F. B. Gilbreth) は動作研究 (motion study) を進めている (*Motion Study*, Van Nostand, 1911, *Primer of Scientific Management*, constable, 1912)。またジョーンズ (E. Jones, *The Trust Problem in the United States*, Macmillan, 1921) や，ダットン (H. P. Dutton) による業績によりこの時代は，いわゆる科学的管理生成の時代となるが，先駆的業績を集大成したものとしてテイラー (F. W. Taylor) の科学的管理法[1]の業績は大きいといわなければならない。

2) F. W. Taylor の科学的管理の原則の発生

さて，当時の賃金（賃率）の決定では驚くべき非合理な方法が採用されていた。経営者は一方的にこれを決定したのであり，また賃率操作を利用した。「刺激的賃金支払制度」と呼ばれるこの方法では，生産目標達成のために高い賃率を提示し労働者の勤労意欲を操り，後一方的に切り下げるということが平然と行われていたのである。労働者の管理は「成り行き」にまかされていた。

テイラーの科学的管理法 (Scientific Management) は，このような状況下において「労働者作業の合理化」をその課題として誕生した[2]。そこでは明確に二つの問題意識をもっていた。一つは，この当時驚くべきほど非能率な状態のまま放置されていた労働者作業を合理化するための「科学的管理制度」の確立であり，二つには，この管理制度を基礎づける理論としての「科学的管理の原理」を明らかにすることであった (Shop Management, Principles and Method of Scientific Management)。「科学的管理制度」と「科学的管理の原理」の確立を目指すかれの分析の出発は，この時代の「労働者非能率の原因」の解明より始められたのである。

3) テイラー科学的管理論の形成

　テイラー科学的管理論の形成の動機となった生産の現場は今日では想像できない程の「労働者作業の非能率」の状況にあった。そこでは労働者の組織的怠業（systematic soldiering）が公然と行われていたのである。テイラーの見るところその直接的原因としては，雇主による一方的賃率切り下げ（rate cutting）が根本的原因として存在した。彼はこの問題の根本的打開のためには生産現場における「労働者の標準作業量に関する科学的研究」の確立を痛感した。いわゆる「科学的管理制度」・「科学的管理の原理」の研究であるが方法としてまず彼が採用したものは有名な時間研究（time study）である。この基礎的時間研究（elementary time study）により公正な一日の仕事量（a fair day's work）すなわち標準作業量＝課業（task）が時間に基づいて設定され，労働者作業の管理（課業管理）に役立てられようとしたのである。

　ここでは時間的基準（時間単位で示される標準的作業能力）による労働作業の総合管理，いわゆる労働能力の完全利用を目指す管理制度が実施されたのである。標準作業の設定を合理的に定めた結果，その貢献達成として賃金が設定されたが，そこで採用されたものが高低二つの賃金率（differential piece rate system）であった（*A Piece Rate System*, 1895）。いわば「差別的賃金支払制度」と称せられるこの制度には功労・罰則の意味も含まれていた。後世議論の対象とされていくものであるが，問題は「課業設定の方法」そのもののなかにあった。労働能力の完全利用を目指すこの制度では，各労働者は高度の熟練能力を維持していなければならない。労働者との間に確執の生まれてくるのは当然である。労働組合はこの制度に真っ向から反発した。

　運動の方向はともあれ，現場作業の合理化（*Shop Management*, 1903）から始まり，やがて生活そのものの合理化「科学的管理法の原理」（*Principles and Methods of scientific Management*, 1911）に継承されなければならないというのが彼の信念であった。①真の科学を発展せしめること（the development of a true science），②労働者を科学的に選択すること（the scientific selection of the workman), ③労働者を科学的に教育すること (his scientific education and development) ④労資関係を協力的ならしめること (intimate friendly cooperation between the management and the men) が彼のいう管理の, いわば"科学"の使命であった。機能主義的分析による合理思考に支えられての展開である。標準化思考による課業運営の方法は, 差別出来高払い制度, 職能的職長制度, 計画部制度, 指導票制度等の提案につながっていく。

彼の分析手法の開発, 法則化の原則や精神革命を指してテイラーリズムと称し, 能率増進・労働強化の体系, 管理技術の開発・科学の発展をテイラーシステムとしているが, 今日テイラーの開発した思考は彼自身が思いもよらなかったであろう領域にまで浸透し不朽の名をとどめている。

4) ヘンリー・フォードの管理原則の生誕

テイラーの提唱する「課業の管理」は労働力の合理的活用であり, 高度に熟練した人間労働の極限的利用である。どうしてもそこには一定の限界に突き当らざるを得なくなる。やがてフォード (H. Ford)[3] によって次の段階へと進められる。ここで出現するフォードシステムとはヘンリー・フォードの実施した経営管理方式をいう。基本的内容に関して二つの特質をもつものである。その一つは生産過程の機械化・作業の同時進行 (自動機械的生産管理) であり, 今一つは経営の成果を「奉仕機関の原理」(principle of service instrument) に連結させたことといわれている。

フォードシステムはテイラーシステムがその要とした人間労働力の合理的利用の限界を克服してこれを作業方法の機械化 (フォードシステム) に置き換えたところにある。いわば労働手段の機械化はフォードシステムを最も特徴的に象徴するものであるが, 彼はこれにより他の同種企業を圧倒することになる。

機械装置を「流れ作業」の組織に適応し, 量的に発展させた彼のシステムは秩序的に組み立てられる単純流れ作業を基本的特徴とする。流れ作業, コンベア (conveyor system) による生産総合は時間的に規則的であり, 場所的に

進行する間隔のない作業の連続を理想とする。したがって不能率の原因ともなる部分作業間の手持ち時間は排除され生産の総時間は大幅に短縮されることになる。

　生産の合理化を掲げる彼の方式では，大量生産の前提として標準になる規格製品による「単一理想型生産」を原則（principle of single product）とし，1908年に生産のはじまった「T型」一般大衆車（universal car）は1927年の「新A型」に変更されるまで生産ラインを維持した。極度の分業が採用され，部品は規格化（standerdization）が徹底された。この規格化による同一種を保有することにより，各部品の相互互換性（interchangeability）は徹底して確保されたのである。このことによって部品の質的改善（破損・磨滅・旧式）は部品代入による製品の改善となり消費者に多大の便益をもたらすものとなった。フォード自動車は当時約五千の部品の集合体といわれるが，標準化・規格化による単一理想型の設定はフォードが提唱する低価格を実現することとなった。

　経営の合理化による販売価格の引下げはまた消費者に便益を与え，経営の自主化をもたらし，その結果としての利益は経営そのものの強化に供されると同時に労働者へ分配されねばならないと説く彼の理念は「高賃金と低価格の原理」（principle of high wage and low price）として特質づけられる。社会「奉仕」的企業家精神を目標として企業活動を展開した彼の思想を「フォーティズム」と称している。

2　経営者職能の分析と経営過程理論（Management Process School）

　企業の諸活動は生産・販売・財務・労務等をその基本問題領域とし基本的な職務原理は計画（Planning）・組織（Organizing）・執行（Doing）・統制（Seeing or Controlling）という機能的プロセスのなかで展開されている。通常マネジメント・サイクル（Plann・Do・See）として理解されているものである（第Ⅱ部参照）。

背景として専門経営者が企業経営の支配権を握るようになり，経営者の職務とは何か，いかにして企業全体を効果的に管理・運営していくか，企業内外の問題にどう対処するかなどを課題にした。所有と経営が分離し専門経営者に管理職能が委譲され，企業経営運営の実質的支配権とその具体的管理職能能力が問われるようになってくると，そこではどうしても一連の「経営者の職能の分析」が知識として要求されるようになってくる。ジョーンズ (E. Jones)，ダットン (H. P. Dutton)，フォレット (M. P. Follet, *Dynamic Administration*, 1940)，ムーニー=ライリー (L. Mooney and A. Reiley)，クーンツ=オドンネル (H. D. Koonz and C. O'Donnell, *Principls of Management*, McGraw-Hill) があげられるが，なかでも，ファヨール (H. Fayol) の『産業ならびに一般の管理』(1916年) は著名[4]である。

3　人間に関する研究（勤労意欲・動機づけ）の領域

経営過程論の展開における人間労働の理解に対する批判は，人間に関する研究領域へと継承されていく。企業活動の主要な担い手である，従業員の勤労意欲ないし動機づけの理論である。モティベーション論は1910年代に科学的管理に対する批判として「産業心理学」の分野で登場してきたものである。

産業心理学は「疲労研究」や「人間の行動動機研究」をその主たる研究対象として展開されているが，ミュンスターベルク (H. Munsterberg, *Psychology and Industrial Efficiency*, 1913) によって確立された。またハーバード学派による「人間関係論」(human relations) も登場してくることになる。

1）産業心理学と人事管理

人事管理は目的達成の組織がその不可欠の要素，すなわちその構成員の人間としての性質および構成要素を中心テーマとするものであり，具体的には従業員の雇用・配置・教育・賃金・昇進・退職等が問題となる。やがてより人間の理解が問題とされ「人間関係論」が登場することになるが代表的にはハーバード大学のメイヨー (E. Mayo)，レスリスバーガー (F. Rorthlisberger)

の両者によって進められた「ホーソン工場の実験」として有名になったものである。

2) ホーソン工場の実験と人間関係論，人間関係的管理

たしかに，1930年代に生まれ1940年代に発展した人間関係論，さらには人間関係的管理の研究はアメリカ経営学のなかにあって，特筆すべき存在である。この理論研究の中心的存在となったのはメイヨー，レスリスバーガーのいわゆるハーバードグループで，彼らが共同して1924年から32年にかけて行ったのが「ホーソン実験」(Hawthorne experiments) である。ここでいわゆる非公式組織 (informal organization) の存在が指摘されることとなった。経営組織は，「技術的組織」と「人間関係組織」からなるのであり，ここから，公式組織 (formal organization) と非公式組織に分けられるというのである。これは，生産現場において労働に従事する労働者の心理状態と生産能率を問題としたものであるが，彼らの非論理的な感情 (sentiment) が生産性と密接な関係にあることを証明したのである。そのほか労働者の志気 (モラール) や適応とインフォーマル組織の関係，人間関係の調整，人間協力の達成のための社会技術やリーダーシップ，産業組織を社会体系とみる組織理念等の理論展開が，その後ハーバード大学の関係者によって発展させられたので，この一連の研究を"ハーバード学派"と呼んでいる。

人間関係論の出現は，従来の科学的管理への批判として展開されるようになった。それは，1920年代に開発された科学的管理法による生産管理の効果が作業能率を増大させ，かつての生産様式を大きく考えるのに役立ちはしたが，その一方において人間をあまりに機械的に管理する方式は，労働者の主体性を喪失させその孤立化を深めることとなったのである。

また，メイヨーの研究よりも以前に，注目すべき業績としてフォレット (M. P. Follet) が指摘 (H. C. Metcalf and L. Urwick, ed., *Dynamic Administration, the Collected Papers of Mary Parker Follet*, 1940. L. Urwick, ed., *Freedom and Co-ordination, Lectures in Business Organization by Mary Perker Follet*, 1949) され

る[5]。彼女は,科学的管理への批判から,経営の管理理論には全体状況が重視されるべきであり,労使の共同制度 (union-management cooperation),労使関係を人間関係論の観点において説いている。

機能的合理性理論の優先されるアメリカでこのような研究の発展は興味深いが,この理論そのものも批判の対象となる,勤労意欲の向上,組織における人間行動の解明,モラールの基礎たる労働者を動機づける要因の分析やシカゴ学派,その他からも批判[6]されることになる。ともあれ,分析はより人間性理解へ向かうことになるのは確かである。

3) 行動科学的接近

勤労意欲の向上や組織における人間行動の解明を主要課題としてモラールの基礎たる労働者を動機づける要因の分析の試みが,従来の人間関係論批判の一端として生まれてきた。動機づけ理論(モティベーション論)といわれているが,労働者の人間性の確保とその心的あり方まで踏み込んだ理論の形成は近代理論の素地を形成した。もっとも,このモティベーション理論の領域に関して,その学問領域を明確に峻別することは非常に困難である。例えば,人間関係論にしてもこの領域に入れることが可能であり,また,今日狭義に行動科学を規定し,組織を構成する要員の動機的情緒的側面を強調し,より高次な欲求を充足しうる管理を思考するならばこれもまたこのモティベーション理論の範疇に人間関係論の延長としておくことができるからである。産業心理学 (Industrial Psychology),人事管理論 (Personnel Management),人間関係論 (Human Relations),行動科学 (Behavioral Science) 等の領域およびその延長上で研究された。

この理論の方向づけは,アージリス (C. Argyris) の『個人と組織』(*Personality and Organization*, Haper, 1957),リッカート (R. Likert) の『管理の新形態』(*New patterns of Management*),マズロー (A. H. Maslow),マクレガー (D. Mcgregor) の『企業の人間側面』(*The human Side of Enterprise*, Mcgraw-Hell, 1960),ハズバーグ (F. Harzberg, *Motivation to Work*, 1959) 等の研究

によって知られている。

　ハズバーグ，マクレガー，リッカート，アージリス等の所説を総称して「人的資源論（人間資源論）」と呼んでいるが，代表的見解を紹介すれば，マズローは至高人間の実現を課題とする"欲求5段階説"を唱えたことで知られている。彼は人間の欲求段階が，①生理的欲求，②安全の欲求，③社会的欲求，④自我の欲求，⑤自己実現の欲求と5段階からなり，基本的欲求はより人間的完成を目指して高次の欲求へと向かっていくと説いている。すなわち，自己実現を志向する人間に対して管理方式の基本は，仕事に対し労働者自ら参加し，自ら統制していくというものである。自己実現モデルに対応した目標管理の設定が基本となる。

　マクレガーは，人間の本性を二つに分けた。本来人間は go to easy を望む怠け者であるのか，自ら理想と信念をもって自己実現に努めようとする本能をもったものであるのかにより，これを"X理論・Y理論"として特徴づけた。もちろんこれによって管理方式は異なってくる。前者に立てば，管理＝監督といった要素が強く出てくる。後者に立てば職場は彼らの自己実現の場であり，管理はそれをいかに助け，もしくはその環境を整えるかということになる。

　リッカートは短期的な能率向上には権威主義的監督が有効であるが，長期的観点からは協調的監督が有効であることを説いている。彼は工場経営とリーダーの訓練の検討を『行動調査における若干の応用』（R. Likert and S. P. Hayes Jr., *Some Applications of Behavioral Research*, 1957）等において実証的に研究している。

　ハズバーグは，実証的研究から動機づけ－衛生理論を展開したことで知られている。従業員を"満足させる要因"と"不満足にさせる要因"から，前者に対して「動機づけ要因」を，後者に対して「衛生要因」を考えた。

　アージリスは"組織と人間の関係"を説いた。彼は人間のための組織を提唱しその統合理論において健全な組織におけるリーダシップ論を展開した。

4 近代的組織論的管理論に関する領域

1930年代,"伝統的管理論,人間関係論への批判"という形で"行動論的管理,組織論"が発展してきた。この時代のアメリカは世界大恐慌の後であり,産業化の進展と,大規模企業のますますの発展によって特徴づけられている。経営の実践は,企業の管理活動により具体的な,より即応性の強い理論の出現を求めたのである。

経営過程論の組織に対する取り扱いが「仕事の組織」とそれへの「人員の配置」を中心として展開されることへの批判から始まるが,その発端は,1938年のバーナード(C. I. Barnard)『経営者の役割』(*The Functions of the Executive*, Harvard Univ. Press, 1938. 田杉競監訳『経営者の役割』ダイヤモンド社,1956年)によって開かれた。これは近代的管理論の提唱であり近代的組織論として問題を展開するが,この問題提起は,従来の技術的組織論とは異なって,新しい行動科学(behavioral science)の上に立っての組織論であり,この分野の研究はここより始められることになる。彼の理論は40年代に入ってサイモン(H. A. Simon)によって継承・発展せしめられることになるが提唱者のバーナードとサイモンの両者の名から通常バーナード・サイモン理論(組織均衡の理論)と呼ばれ近代理論を代表する一つの流れを形成,継承していくことになる。

5 制度理論的研究に関する領域

1) 企業の維持・存続・発展に関係する経営学の領域

アメリカの経営学は,大規模経営を背景としそこでの経営者が経営実践のための行動科学として発達したものであった。したがってそこでの研究はその実践主体たる経営者の立場からなされているのでありそれがアメリカ経営学の伝統的方法であった。ところが,このような経営者職能の観点を越えてより高次から企業のあり方を分析しようとする,すなわち,経営全体として

の総合的，社会的立場にまで理論を展開することによって総合的理解を達成しようとするものである。その根底には企業制度の成長があることは当然である。まずウイスラー（W. Wissler, *Business Administration*, 1931）によって主張されるものは，企業の経営を「制度」(Institution) として理解し経営学的に分析しようとするものであるが，根源的思考は経済学において開発された。すなわち，ブェブレン（T. Veblen, *The Theory of Business Enterprise*, 1904) 等によって，提唱された「制度学派」の経済理論（彼の理論は制度派経済学と呼ばれコモンズ（J. R. Commons）やミッチェル（W. C. Mitchell）などによって継承された）を経営理論的に展開しようとするものである。アメリカ経済学における制度学派の流れはブェブレンとコモンズの二つに属することになるが，ウイスラーにおいては後者の理論継承者とされている。その後バーリとミーンズ（A. A. Berle & G. C. Means）の会社革命論に継承，展開された制度学派による近代ないし現代社会・経済に占める企業制度の分析は重要な役割を果たしてきた。またそれは，今日でもドラッカー（P. F. Drucker）やイールズ（R. Eells）に継承されている。ゴードン（R. A. Gordon）の"リーダーシップ論"やバーナム（J. Burnham）の"経営者革命論"も登場（*The Managerial Revolution*, Indiana University Press, 1960）し多彩な展開を見せる。経済・社会全体のなかで企業の姿を冷静に分析していこうとする態度は"企業の社会的責任論"や"企業環境論"を考えるとき不可欠の思考である。今日では地球規模で環境・資源の保全が取り上げられるようになってくるとますますこの考え方の意義は大きくなる。

2) 制度論的経営学研究の問題領域

制度論的経営学研究の問題領域は，「制度」の概念をどのようにとらえるか，企業活動をどのようにとらえるかによっても異なってくる。ゴードンによる命題研究（R. A. Gordon, *Institutional Elements in Contemporary Economics in Institutional Economics*, 1963）もあるが，例えば，①企業を「営利追求・利潤追求動機」の制度として取り上げるならば，資本主義社会の基本（体制）原理

は私有財産（資本）制度にあり，労働の商品化，すなわち賃労働関係を基礎に置くことになり，法律的関係や形式的制度の側面が全面に出てくる。②企業を「社会的機能を担う存在」としての制度と受け止めるならば，そのまま経済の中枢機能を担う存在となり，社会的制度としての企業の存続・発展の観点において理論が展開され，例えばドラッカー（P. F. Drucker）の企業観に代表されるような視点が出てくる。彼は産業社会では，大量生産工場と株式会社が代表的な社会現象であり，大企業は産業社会の代表的・基本的制度とみる。企業の発展は社会の発展に貢献することになり，その企業の影響は従業員の生活の安定につながってくる。顧客に対する良質で安価な製品提供や企業維持が大企業の責務となることを説いた。自由産業社会論として展開されるが，その著書（*The Practice of Management*, 1954. *Management for Results*, 1964. *The Age of Discontinuity*, 1969）はわが国でも大きな反響を呼んだ。

また，③企業の目標に関係する見解は，その「利潤概念の明確化」が問題になってくるのであり「組織自体の成長率」や「企業の最大成長率」が論点に上がってくる。ガルブレイス（J. K. Galbraith, *Affluent Society*, Houghton, 1958）の展開はその代表といえる。企業は，産業の成長のなかで盛衰を繰り返しているが，ここでの企業の行動パターンの分析をしようというのである。この企業の成長モデル（growth of the firm）による研究としては，1959年のペンローズ（E. T. Penrose）が知られている。またこれを契機としてボーモル（W. J. Baumol）によって主張された寡占企業の行動が必要最低利潤の確保の制約のもとで，売上高の極大化を目指すという企業の行動原理の仮説がある。"売上高最大（極大）化説（sales maximization model）"として知られている。

その他，マリス（R. L. Marris）の"成長率最大化説"，ウイリアムソン（O. E. Williamson）の経営者の"効用最大化説"がある。④企業と社会の係わり方に関する理論のなかで多数の企業で専門経営者による経営の実質的支配が確立されていくならばそこでの「経営者の社会的責任」が重要な役割・課題を担うことになる。株主の統制から解放されますます自由裁量権の増大されて

いく経営者のモラル，統制に対する責任は，改めて企業ガバナンスの存在を問うことになる。また⑤「社会的責任を担う制度」としての理解や，企業と環境のあり方からコンティンジェンシー理論への展開や消費者保護論（PL法の成立）や環境汚染・欠陥製品・安全確保に対応する組織構造デザインの設計が問われることになる。ともかくも企業は従来のクローズド・システムとしての存在は許されなくなってきた。情報理論の進展そのものもさることながら，ハード的側面たる情報関連産業の急成長，社会的整備の渦中いかにオープン・システムとしての企業制度を位置づけて行くかが経営学の重要な課題となる。

6 コンピュータの時代と経営意思決定支援問題

1) 経営学とコンピュータによる意思決定

コンピュータ（Computer）の発達は一気にオートメーション時代を到来せしめた。これを中心とする高度情報処理システムの展開となり，これに支援を求めた意思決定の問題は，経営学の領域においても新たな問題を提起した。

実際，情報科学の原理と技術の発達は，経営における管理と制御のシステム体系を飛躍的に発展させる要因となったのであり，企業のシステム（System）階層における人間行動の領域としての集団，とくに経営組織活動統制の新しい基本原理として提起せられることとなった[7]。

一方，ますます環境要因の不透明化，経営戦略理論の浸透と共に情報と意思決定のメカニズムの分析，組織における構成要素の相関関係等，企業内においても問題は重要な論点になってくる。OA・FAの進展は目覚ましくかつてのMIS（Management Information System）の問題点を乗り越えて，今日経営におけるコンピュータの意思決定支援システムが注目されるに至っている。いわゆるMDS（Management Decision Support Systems，経営意思決定支援システム），DSS（Decision Support System，意思決定支援システム），SIS（Strategic Information Systems，戦略的情報システム）であり，SIN（Strategic Information

Network System，企業戦略的ネットワーク理論）となっていく。情報の多面的収集によってこれらの理論展開は特徴づけられている。

2）意思決定支援システム（DSS）理論の展開

　企業経営の現実にコンピュータが導入されるようになり，情報の管理という課題のもとにMISの問題が提起されてきた。とくに昭和42年の日本生産性本部による訪米使節団の報告は，企業の情報化に関してわが国にブーム的な議論を引き起こした。MISの展開では「経営管理に必要な情報の適時，適切な提供」というスローガンを掲げ，すべての経営の管理者が必要とするものをその目標に組み込んでいた。ただ現実の発展に対してMISの理論はあまりにも理念的になり，また現実のコンピュータや情報通信技術そのものにも，また管理者自体も意思決定の研究に不足していた。このMISの理念・仮説・アプローチ等に検討を加えいま一度この問題を検討していこうとの動きが現れてきた。

　この動きはアメリカのモートン（M. S. S. Morton, *Management Decision Systems, Computer Based Support for Decision Making, Division of Research*, Harvard University, 1971）の研究にはじまった。前項に紹介したDSS（Decision Support System, MDS=Management Decision Sysyem, MIDS=Management Information Decision System, CSDS=Computer Support Decision System, 等とも呼ばれている）の研究がそれである。わが国では1975年ころより積極的に展開されるようになっている。意思決定支援とも訳されるこのシステムでは，経営者がコンピュータとの対話を通じて自らの意思を決定していくところに特徴がある。経営者がもつ経営管理のあらゆる知識はコンピュータのもつ高度情報処理能力，マシン・システムと有機的に作用し，半構造的な問題・予測への支援がなされていく。ここでは情報を利用するものが「コンピュータの提供するモデルや関連情報を利用しながら，自分の判断を加え，人間とコンピュータとの間に逐次的な相互作用を重ねて，意思決定を行なっていく情報システム」（占部編『経営学辞典』）であるマン・マシン・システム（man-machine system）をとっている。DSSはこれからの経営政策，とくに戦略的計画より多くの期待がよ

せられている。しかし，経営者の能力の開発やコンピュータのより高度な開発，さらにモデルベースシステムの完備・開発に多くの課題を残している。

2　現代経営学の課題

1　経営環境の変化と戦略的経営への課題

1）経営環境への対応

　自由経済のもとで活動する企業は消費市場はもとよりあらゆる環境の変化に適応して行かなければならない。この場合重要なことは，この職務の担当者が企業の最高意思決定者としての経営者であり，そこではいつにもまして適応能力の維持・強化が求められている。問題は，生存条件としての環境を個々の経営者がいかに掌握するかということである。企業が自己のおかれている環境をどのように分析・理解するかということは組織として存続する上での基本的要因となるからである。経営環境 (business environment) の基本的問題の取り扱いは，企業経営上の重要な関心ごとである。

　ところで経営学における企業環境の問題（公害発生による環境破壊が問題となりエコロジー的研究がある）はこのようにして，現実の企業活動に不可欠の管理要素の一つとされながらも企業環境が比較的安定していた時期には等閑視されてきたという側面をもつ。企業の目標・政策が基本的に単調で変更を要することが少なく，したがっていかに現状を維持するかを問題とし，内部管理の能率化を推進するなかで企業成長を果たすという基本パターンが繰り返された。

　今，より具体的にその理由となるものを確かめてみるに，①企業の生存環境が比較的安定しており，社会的・自然的影響要因も深刻な社会問題として浮かび上がっていなかった。②消費者の製品に対するニーズのサイクルが比較的安定していた。したがって企業の製品計画等においても充分な研究時間をかけることができた。③企業の事業目的が明確化しており，単一の業務形態のなかで職務が遂行できた。④技術変化の進歩が急激ではなく，安定した

生産形態で業務を進めることができた。⑤企業の国際間競争がいまだ激しくなく、海外市場において安定した商品供給活動を維持することができた等を挙げることができる。このような状況下においての企業活動は、いまだ深刻な意思決定（不確実性への対応）の要求には至らなかったのである。

2) 意思決定者としての経営者の職能課題

　経営環境の問題は基本的には、企業の内的なる主体要因をも当然含むものである。したがってこの問題を、"客体的要因"と"主体的要因"とする分け方も可能になるが、通常の理解は経営に有意に係わりあう"客体的・外的"な要因を総称的にさすとみなされる。したがって、ここではそれを意識する、しないにかかわらずあらゆる要因はこのなかに組み込まれていくことになる。これらは環境主体を形成するものであるが、企業でいえばそのなかには例えば消費者団体、政府・競争企業等も含まれることになる。経営環境は社会の進展と共に新たな局面を迎えつつある。

　従来の問題に比べて明らかに"新たな問題"として登場したのは加速的に進展してきた技術の存在、とくに情報に関するインフラストラクチャーの整備が挙げられる。また消費市場における需要構造は極端に多様化・個性化の方向に向かいつつある。情報化社会を背景に、激しく変化する市場の動向への対応はあらゆる予測を困難なものにしていく。ここでは情報の洪水的現象と消費者行動の多様化、市場の偏狭化が現実に生じてきている。換言するならば、技術革新の進行と情報ネットワーク社会の構築は環境の偏狭・国際化時代の到来を早め、価値観の相異なる情報の氾濫を助長するようになってくるのである。技術革新の進行は生産設備の廃棄を加速度的に進め、製品のライフ・サイクルも短くなってきた。大量に生産され、大量に販売（消費）されるシステムでは流通経路を太くし市場活動をますます激化させてきたのである。環境への影響も深刻な問題を惹起（環境汚染、公害等）させてきた。企業の活動にたいする経済・社会・政治・自然環境等の要求も従来とは比較にならないものとなってきたのである。

企業間競争においても，新たに複数の国々での事業活動を目的としている多国籍企業（Maltinational Corporation = MNC）の進出等によりますます国際間競争も過激な様相を呈するようになってきた。このような時代の到来はかつての内部指向的管理における経営政策，意思決定のあり方を一変させるものとなってきた。企業はあらゆる領域に対応していかなければならなくなるのであり，ハードな側面はもとよりサービスを含めたソフトな側面に対してもきめこまやかな配慮が必要になってくる。企業の環境はますます複雑化せざるを得ないのである。変化の動向を正しく分析するばかりではなく，新たな価値観の創造を含め時代の先取りをしていく能力が何時にもまして経営者に求められている。このようにして，経営者には適切な状況の分析と速やかな意思決定が不可欠の管理的要素となってくる。意思決定者としての経営者の職能課題，すなわち，その「戦略行動」が意識的に取り上げられなければならなくなってきた。創造的経営計画が積極的に採用されなければならない。外部環境志向的，すなわち環境に対する積極的な働きかけ，そして適応は企業存続の必要要因でありかつ成長要因でもある。経営戦略の策定はこうした状況における企業の指針とも具体的行動案ともなって登場してきた。経営者の戦略理論はこうした現実的背景を受けて多面的に企業の将来を計画するために提唱された。不確実性下における意思決定は，企業の基本方針の策定において，また実際に行動する時の経営理念として企業存続の根本的な方針を決定する指針となってきたのである。

　3）情報の発展と金融の加速化

　21世，人間の文明はこの間大きく進歩した。とくに近代科学・技術の発展には目をみはるものがある。加速度的な技術の発展はとどまるところがない。しかし，20世紀最後の十数年ほど，経済の結びつきが世界で急加速した時代はない。その背後には情報技術等のインフラ整備があったことは確かであろう。

　かつて世界を2分した「壁」は崩壊しここでとどまっていた人・物・金そ

して情報は大きく動き出した。ヨーロッパの市場統合は障壁撤廃をすすめ,イデオロギーを越えて市場は透明性を増していく。グローバルな動きはとどまるところがない。

　企業行動もますます加速化される。中でも金融の分野の取引はコンピュータと連動し瞬時に地球を駆けめぐる。貨幣を情報化時代が「モンスター」のように動かし出した。貿易で四十兆円,外国為替市場百七十兆円が一日に動くという。ヘッジ・ファンドという用語がマスコミをにぎわすようになった。その登場は1940年代末といわれている。伝統的ヘッジ・ファンドは,ヘッジ(hedge-損失を避けるための手だて,処置・手段・方法,つなぎ〈売買〉,両掛け)の意味からも理解できるように常に買い持ちと売り持ちの組合せでリスクをヘッジしようとするものであった。本来これが正しく機能することは金融取引の安定に作用した。しかし今日の投機目的のこの動き(このファンドは世界中で約八〇〇,取り扱う投資資金は少なくとも四五〇億ドルに及び,おそらくその半分は一握りの大手に握られていると推定されている)は一国の経済を左右するにいたる。1999年に実行段階に入った欧州通貨統合の一つのねらいはかかる投機活動への抑止作用をはたすためにも必要なものであった。その対応は欧州中央銀行(ECB=European Central Bank)の重要な課題になっている。

注
1) 科学的管理(Scientific Management):アメリカの経営学の中心的学説である。その特色は,人間を組織目標達成のためのいわば道具として把握し,管理の対象となる組織を「権限と責任および職務の体系」として静観的にとらえるところにある。アメリカ経営学はこの管理思想の下で発展して行くのであるが,その発端はテイラーの科学的管理法によって切り開かれたとするのが通説。
2) テイラー(Frederic Winslow Taylor, 1856-1915)は1856年,アメリカのフィラデルフィア州のジャーマン・タウンに生まれた。彼は「科学的管理の父」といわれ,それまで成り行きに任せるしかなかった生産の現場に初めて科学的管理の方法を持ち込んだ。かれの生涯はこの「科学論」の確立と体系化にかけられたものであった。最も著名なものは1911年に出版した *Principles and Method of Scientific Management*, Harper

（上野陽一郎訳『科学的管理原則および方法』）がある。
3）ヘンリー・フォードは，1863年7月30日にアイルランドのコークから移住してきたプロテスタント系の農家ウイリアム・フォードを父として生まれた。幼少期より機械に非常な興味を持っていたということがエピソードとして伝わっている。1888年，エジソン照明会社に入社，7年間の在職中にイギリス・アメリカの関係雑誌等を研究し自動車づくりを目指した。1896年，いわゆる「馬のない馬車」を完成する。
4）ファヨールの主著は，Le Réforme administrative des Posteset télegraphes, Dunod, 1912, Admistration industrielle et générale, Dunod, 1916（Industrial and General Administration, translated by C. Storrs, with a forward by L. Urwick, Pitman, 1930. （都築栄訳『産業並びに一般の管理』風間書房，1958年。佐々木恒男訳『産業並びに一般の管理』未来社，1972年）L' Eveil de lésprit public, Dunod, 1927 等がある。
　　ファヨールについては佐々木恒男『アンリ・ファヨール－その人と経営戦略，そして経営の理論－』文眞堂の詳細な研究がある。
5）フォレットの研究としては，藻利重隆教授の『経営学の基礎』第5章「経営管理の科学化と『状況の法則』－フォレットの所論を中心として－」に詳しい。
6）ハーバード大学を中心として展開される人間関係研究（ハーバード学派）批判の主たる論拠は，ハイアラーキーを中心とする権力構造の側面の欠如・持続的調和の組織としての理解にある。産業心理学からの批判は，人間の行動に対する自律，理性的分析の必要性。労使関係からの批判としては，集団の対立，調整の機能の無視に対する不満がある。
　　シカゴ学派の人間関係論も知られている。ハーバード大学とは別の角度よりこの問題を取り上げる。ウォーナー（W. L. Warner）のヤンキー・シティ・リサーチ（Yankee City research＝製靴業を中心とするスト－1933. 3. 10）の産業社会学的分析より，地域社会的感情に基づく労働者の外部経営者への批判から新しい労務・人事管理の思考が打ち出された。またコーネル大学のホワイトの労使関係の研究（イングランド・スチール社の1937年以来の団体交渉より究明）やイギリス，ドイツ，フランスでも多彩な展開が見られる。
7）組織の意思決定における情報の重要性に対する認識は，この分野における新しい角度からの理論的解明を要請した。いわゆる，情報科学がそれである。この理論の発展の基盤となったものにサイバネティクス（cybernetics）の発展がある。この理論は，オートメーションの理論的な基盤を形成する通信と制御の説明に有効に作用した。現代のシステム理論の理念的根源をなしているが，これはシステムの目的が，外部から与えられ，自己維持の構造をもっている。この理論の特徴はしたがって外部環境に対して開かれ（オープンシステム），これに適応しつつ機能を営もうとする。自動制御の理論，情報理論が発展してゆくことになる。1948年にウイナー（N. Wiener, Cybernetics, 2rd edition, 1961. 池原止戈夫・彌永昌吉・室賀三郎・戸田巌共訳『サイバネティックス』岩波書店，1962年）によって提唱されたが，それは「動物と機械における制御（control）と通信（communication）」の研究を目的とし，その語源はギリシャ語の"舵手"を意味する。

第Ⅱ部　経営戦略と経営管理

第1章　経営目標と戦略

1　経営目標と理念

　商品，サービスの提供により社会的貢献を図る企業（経済的，生産活動を目的とする経営体）のみならず，経済的・非生産的な経営体（財政，家計など），非経済的な経営体（宗教，教育，クラブなど）にも，それぞれ独自の経営体としての目標が存在する。

　本章では企業を主たる対象として経営目標を述べることとする。けだし自由競争による市場経済体制下で，企業は他に比べより合理的な経営が営まれ，その結果は直ちに企業の発展，衰退となって現れる。そのような合理的な運営方法は，経営体の目標を異にするにせよ，多くの分野で導入可能であり，独立採算，社会的貢献を問う経営体として，企業的な思考の要請はますます高まっていると考えるからである。

　では企業一般に妥当する目標は何であろうか。その有無，単一かどうか等，今日でも諸説があるが，その主たるものを示してみよう。

　第1は利潤追求の諸学説である。古典的企業観によれば，企業は所有者のものであり，そのため最大利潤を追求する組織体であるとされた。その後，大企業の出現や社会的影響力の増大に伴い，この理論は時代遅れと批判された。しかしながら，第2次世界大戦後のドイツにおける市場体制下の利潤追求意欲による企業再建，また1990年前後からの利益を重んじる経営者の動機づけによるアメリカ経済の「再生」などは，改めて企業における利潤追求の重要性を示したものといえよう。H.I.アンゾフは営利企業の尺度として長期的観点からの収益性の必要を説明している[1]。

　第2は経営者的企業観により，企業の目標は企業構成員や関係者の異なる

利害関係を，専門経営者が調整して生まれるものであるとする。したがって目標は企業ごとに異なり，また内部組織により複数の目標が形成されるという説である。

第3はP. F. ドラッカーの説く，企業目標は顧客の創造であるとし，市場占有率やイノベーションが重視され，利潤は活動の結果であるとする。ドラッカーの説は一歩踏み込んだ企業目標として評価できるが，市場経済下で企業を比較した社会的存在価値を示すものとして，長期的な観点からの利益こそが，企業一般に通じる明示できる目標と考えたい。

では個別の企業は一定の利益を定め，その達成のため具体的に事業目標をどのように定めるのであろうか。その枠組みを定める四つの要素がある。

第1は企業環境と自社の状況との検討である。経済，産業，技術などの動向，市場や顧客の推移，社会や生活の変化などを分析する。今後の方向性を慎重に見極め，自社の現状や目標と比較し，行動指針に役立てる。

第2は企業の使命の考察である。自社は従来，経済や社会でどのような貢献をしてきたか，どの事業分野で活躍し何の商品サービスや技術を提供してきたかを検討する。問題点や企業環境の変化に対応し修正や転換の必要がないか，強化すべきは何かを考える。

第3は企業の特殊的優位の確認である。技術，サービス，システム，経営ノウハウ，イメージ等につき他社に優るものを探求する。

第4は経営資源の有効活用である。より合理的（コスト，品質，納期など）な資源の調達，調達の可能性，問題点，今後必要な資源の調達，または優位で潤沢な調達源などを資源ごと（モノ，ヒト，カネ，技術等）に考える。

このような検討の末，各企業が目標の企業理念として内外に公表する。理念を構成する要素は通常，四つに分類される。

第1は企業使命（mission）で，企業が社会に対しどのような貢献を行うのかという存在価値を明示するものである。

第2は活動分野（domain）で，中長期的な観点から自社の事業分野を示す対

外的な指針である。

　第3は価値基準（shared value）で，企業の構成員が活動や意思決定をする場合，共通して保有すべき価値観で，企業の対内的指針である。わが国で「社是」「家訓」「信条」などといわれる。

　第4は行動基準（policy）で，構成員の行動規範として基本的心構えを示すもので，わが国で「社訓」「心構え」等とも呼ぶ。

　従来，わが国では企業理念として，「誠実」「和」など抽象的表現が多かったが，最近は企業使命や活動分野を示すものが増加している。企業理念に関連しCIによる企業イメージ刷新の活動が，ここ2，30年来，盛んに行われている[2]。

　企業がいかに立派な企業理念を掲げても，構成員が受容して共通の価値として共有し，有効に機能するような企業文化が醸成されなければならない。明確な目標の下で構成員が一体として活動する環境づくりである[3]。

2　企業の基本戦略

1　環境適応の企業戦略

　企業目標や理念が設定されると，企業環境に対応して何をなすべきかの全体的な計画が策定，比較，選択，決定される。この意思決定が企業戦略と呼ばれる。

　戦略（strategy）の語は本来戦争用語で，一般に「敵に勝つための総合的判断を基にした方策」と理解される。K. フォン，クラウゼビッツは戦略と戦術とを区分し，戦略は戦争目的を達成するための諸手段の使用で，戦争責任者の理論であるのに対し，戦術は各戦闘場所における戦闘力使用に関する方策で，前線指揮官の技術であるとする。

　この考え方が企業経営に比較的最近，導入され，企業の存立，発展を図る外部的適応を探求する学問分野として脚光を浴びている。それは，経営目的を達成する包括的手段として，外部と内部の環境に適応した，当面の問題と

ビジネス・チャンスの発見を探求し，各部門の活動を総合する諸機能を有するものである。

このように採用される企業戦略はH. I. アンゾフが説くように企業環境により異なるものとなる。一般的に環境が反覆的で安定している場合には先例を重視し安定を追求する戦略が求められる。環境変化があるものの予測可能な場合には，変化への対応や精通が重要で経験や推測による拡大を追求する。80年代のわが国企業のように，効率やマーケット志向が効果的である。

しかし現在の先進国の先端企業のように，環境変化が不連続で従来の予想が適用されないような場合，企業家的または創造的な思考に基づき，新しい変化を追求し自ら新しい企業環境を創造するような戦略が必要となってくるのである。

企業戦略を種類ごとに分類したものが表Ⅱ-1である。以下その概要を説明していくことにしたい。

2 成長戦略と種類

企業は商品サービスを市場において提供し，社会的価値を問うものである以上，製品－市場戦略は最も基本的企業戦略である。そして現在と新規との，製品と市場との四つの組合わせに分類し，それぞれの発展の機会を探求する戦略を通常，成長戦略と呼ぶ。

成長戦略の第1は市場浸透戦略である。現有の商品サービスと既存の市場，すなわち製品も市場も現状のままで自社の成長を図る戦略である。価格の引下げ，広告・販促の活用，営業力の強化，物流の革新などにより，また競争戦略の導入により販売高の増大を期する。一般に他企業の市場占有率を浸食する方法である。

第2の戦略は市場開発戦略である。現有の商品サービスを新しい市場に投入して成長を図る戦略である。新しい販売チャネル，顧客層，販売方法を見つけ出したり，販売地域を拡大したり，海外に市場を求めて販売高の拡大を

表Ⅱ-1　企業戦略の分類

事業分野	大　分　類	小　　分　　類
既存事業	成長戦略	①市場浸透　②市場開発　③製品開発 ④多角化（水平型，垂直型，異業種）
	競争戦略	①コスト・リーダーシップ　②製品差別化 ③市場細分化　④集中
新事業	新事業戦略	①内部開発（自社研究，技術導入，委託等） ②共同開発（提携，共同研究機関，共同事業等） ③M＆A（友好的M＆A，敵対的M＆A）

狙うものである。他企業の市場占有率を獲得することもあるし新需要を開拓することもある。

　第3は製品開発戦略である。新しい商品サービスを開発し現有の市場に投入して拡大を図るものである。新規の製品サービスのほか，改良や修正，品種の増加，製品に新サービスの付加，型式や包装の変更などにより販売高の増加を目指すものである。シナジー効果を期待するものである。他企業の市場占有率を収得することも新需要を喚起することもある[4]。

　第4は多角化戦略である。新しい商品サービスを開発し新しい市場に投入して事業の拡張を企画する戦略である。多角化は従来の事業に関連して生じる新事業で，既存の商品サービスや市場を何らかの形で利用できる，または自企業で受入れ能力のあるもので，全く従来の事業と関係のない事業の導入は新事業戦略として区分されるべきである。

　多角化戦略は垂直型，水平型，異業種型がある。垂直型は自企業のより原料段階への事業展開（川上型）と，より消費段階（川下型）に分かれる。水平型は隣接，補充関係にある市場，製品サービスへの拡大である。異業種型は本業とは一見関係のないように見える事業への展開で，本業の市場，製品サービスまたは経営資源を活かし得る多角化である[5]。

3 競争戦略と種類

 現代では多くの産業は成熟期を迎え競争企業は熾烈な競争場裡にある。したがって企業はいかに製品サービス，コスト，イメージなどで競争上の優位を確保し，自己の存続発展を図るかは重大な課題であり，それを検討するのが競争戦略である。

 M. E. ポーターによれば，競争戦略とは「業界内で防衛可能な地位をつくり五つの競争要因に対処し，企業の投資利益を拡大するための攻撃的，防衛的な行動である」と述べている。その五つの要因は業界内で敵対的関係にある競争業者に限らず，交渉力のある需要者（顧客），交渉力のある供給業者，代替の脅威ある代替製品・サービス，新規参入業者であり，これらの要因に打ち克つような戦略の必要性を説いている。一般に競争に有効な戦略として，3または4の戦略があげられている。

 第1の戦略はコスト・リーダーシップで，コスト面で最優位に立つ政策を実行し同業者より低コストを実現する。このことにより市場占有率の拡大を図り，大量生産・大量販売を行い，規模の利益により収益を拡大し，それがまたコストダウンを可能にする。

 この戦略は市場占有率の高い企業に有利で既存商品サービスの徹底したコスト低減を期すことにある。しかし需要の多様化など市場動向への関心が希薄となるおそれがある。また，商品サービスの需要の伸びが低下，停滞すると巨額投資の陳腐化が問題となる。

 第2は製品差別化戦略で往々第3の戦略と共に論ぜられることもある。他社にない，または優位に立つ製品サービスの確保により業界内で競争上有利に立つ。独創的な製品や技術の開発，特異な顧客サービスや配送などにより顧客のブランド選好の確立を目指す。

 第3は市場細分化戦略である。所得，年齢，地域等で顧客層を区分したり，特定の顧客のみを対象とした商品サービスの提供を行う。特定の顧客（層）の欲求するものに適応させ満足を得るもので，需要の多様化に対応しようとす

る戦略である。

　第2，第3の戦略（一括して差別化戦略と呼ぶ）は他社と差別する，またはより木目の細かい需要に応じる商品サービスを提供することにより，価格による過当競争を脱出して高収入を得，優位なブランド・イメージの形成を目的とする。しかし特定市場に限定されて需要に限度があったり，コストの高騰を招くおそれもある。

　第4は集中の戦略で，特定の商品ライン，顧客，地域などに集中し，ターゲットを絞り効率的な競争を実行する戦略である。中小企業などで行いやすく，狭いターゲットのなかで低コストの地位を得たり，差別化に成功することが可能である。しかし，市場や商品等が拡大しないと企業の発展に限界を来たすことになる。

　確保した，優位な地位を防御する戦略として参入障壁の問題がある[6]。

3　イノベーションと新事業戦略

　シュンペーターは企業家（entrepreneur）の機能（企業家精神）として，絶えざる新機軸を生みだす「新結合」の遂行者として，イノベーション（革新）の重要性を解いている。新結合のためには古いものを積極的に破壊する，過去と絶縁する「創造的破壊」の必要性を述べ，自由主義経済を支える革新的経営者の役割重視を力説している。

　イノベーションは広い意味を有し，新需要をもたらし経済発展に資する新結合，具体的には新製品の開発，新生産方式の採用，新市場開拓，新資源獲得，新しい制度，組織の導入を含むものである。それは単に研究開発部門に留まらず営業，物流，生産，管理の各部門に及ぶもので，現代の需要創造はすべての企業機能を結集した産物から誕生するからである。

　ひとたび成功したイノベーションは企業の特殊的優位を形成し，他社の追随するまでの間に独占価格で高利益を得，その資金で市場の拡大を徹底する。量の拡大に応じ規模の利益のメリットを追求でき，有利な経営資源を広く求

めて合理的な生産, 調達を通じて新たな利益が発生する。その商品等が成熟期に入り特殊的優位性が薄れると, 他企業に技術供与(ライセンシング)して使用料収入を得ることもできる。このように技術革新は企業発展の起動力であり多大の貢献をもたらす。

では先進国で今後予想される新しい成長産業の動向は何であろうか。

第1の動向は先端技術などのハイテク化である。一般に情報・通信・バイオテクノロジー, 新素材, 環境などがあげられる。ことに情報・通信を基にした各種のハード, ソフトの産業の輩出が予想され, 既存の生産財, 消費財においても電子技術を活用して顧客の需要や多様化に対応することになろう[7]。

第2の動向は情報化の進展である。ハイテク化と相伴い企業, 家庭, 国や公共機関その他組織の内外で, また組織間でより安全で進歩したインターネット等の情報システムが誕生しよう。それは市場の探求, 売買形態や経営資源の活用法を著しく変化させる可能性も考えられる。

第3の動向はサービス化の進行である。先進国ではサービス産業の割合が増大し, 現存のサービス産業の拡大, 新しい知的サービス産業の生成, 組織や家庭に内在するサービス機能の分化が予測される。また物的生産産業のサービス化も進展といえよう。

これらの新事業を展開する主な戦略三つを列挙してみよう。

第1は事業の内部開発である。現存での経営資源, とくに人材を活用して新事業を開発する方法である。わが国企業で広く行われ, 最近では自己申告などを含め社内ベンチャーの呼称で大企業で進められている。また下請企業や子会社などと共同して開発するのも日本企業での特色であろう。

内部開発の一環として自己に不足する技術などを, 他の企業から技術導入したり, 他の企業, 研究機関, ベンチャー企業に研究を委託して成果を活用する方法がある。狭義の技術導入は提携を除く, 特定技術を有する企業から, 権利を取得したり使用許諾を得たり, ノウハウの使用許諾を求めて事業を開始するものである。

第2は他企業との共同による新事業の展開である。他企業との排他的，包括的な技術・事業提携が多く見られたが，最近ではクロスライセンス（相互に利益ある技術の交換）やテーマごとの技術提携も進んでいる。また国の内外を問わず他企業，他機関と共同研究を行い，共同の研究機関やジョイントベンチャーの設立も進行している。

　第3はM＆A（企業買収）で，欧米では新事業の実行で最も重要な戦略である。M＆Aは既存事業を包括的に取得し，既存の経営資源を直ちに活用でき，当該市場を獲得，参入可能で，未経験分野の事業にも容易に進出することが期待できるからである。

　アメリカ等では買収・被買収企業との交渉による友好的M＆Aのほか，株式の買占め等による敵対的M＆Aを行っての企業の支配権確保も多い。被買収企業の資産担保による借入金で実行するM＆A（LBO）も珍しくない。この点わが国企業のM＆Aは少ないが，今後の進展が予想される[8]。

4　事業のポートフォリオ管理

　事業が多岐にわたってくると企業の投資配分についての選択基準が必要となる。将来性のある事業，商品サービスに投資し，将来性の少ないものには投資を控える戦略である。

　この点に関してボストン・コンサルティング・グループの開発した「製品ポートフォリオ管理（PPM）」は有力な手掛りを与えるものである。それは各事業または各商品サービス群ごとにみた市場での成長性と，それごとの自企業におけるマーケット・シェアと成長率の両面からみて，自社の特殊性を予測し投資基準を定めようとするものである。その概要を示すと表Ⅱ-2のようになる。

　この表の見方は，キャッシュ・カウ・ビジネスの生み出した利益を，スター・ビジネスに投資し，山猫ビジネスには選別して投資する。山猫ビジネスのなかからスター・ビジネスの誕生を期待する。スター・ビジネスはいずれ

表Ⅱ-2 製品ポートフォリオ管理（PPM）

		マーケット・シェア	
		高	低
市場成長率	高	スター・ビジネス （花形商品） 損益不定 多額の投資	山猫ビジネス （問題児） 損失 選択投資
	低	キャッシュ・カウ・ビジネス （金のなる木） 利益の回収 少額投資	負け犬ビジネス 損益なし 無投資

　市場成長の鈍化に伴いキャッシュ・カウ・ビジネスに推移するが，そこで多額の利益を得て，新ビジネスに投資を実行する。

　企業はこのように絶えずキャッシュ・カウが存在し，スターが誕生することが企業の発展をもたらす。そのためある事業や商品などで圧倒的シェアを成熟期に確保することが肝要となる。そのことにより業界で優位に立ち利益を拡大し投資が可能になるのである[9]。

　市場成長率の背景の思考になっているのはプロダクト・ライフサイクル論である。ひとたび誕生した事業，商品のライフサイクルは市場に出現してから導入期，成長期，成熟期，衰退期を経て消滅するという説である。総てがこの経過を経るものでなく，代替品などにより中途で脱落するものも存在する。また各企業からみると，いずれかの段階で参入することも可能であるが，また失敗して脱落することも多い。

　第1の導入期は需要も売上げも少なく，高価格政策をとれるが利益は期待できない反面，投資を要するが，市場の成否は判明しないため競争関係は激しくない。

　第2の成長期では需要は急激に拡大し売上も増加するが，競争企業が出現する。成功企業は投資や費用は相対的に減少し価格はやや低下するが，利益

がプラスに転じる。

　第3の成熟期は需要がさらに拡大し飽和に達する。企業間のシェア争いが激化し価格は低下し，売上格差が生じる。シェアの高い企業では投資や販売費を支出しても，売上，利益が拡大する。飽和期になると脱落企業も増え，種々の延命策が講じられる。

　第4の衰退期では需要が急速に減少するため，多くの企業は撤退を開始する。

　国際的には各国の所得格差により需要の遅速が現れるため，先進国で成熟期や衰退期にあるものが，中進国では成長期であったり，発展途上国では未だ導入期であることをみる。この需要のずれを利用することは重要な企業戦略である。

　企業が新たな投資（設備，証券，研究開発，市場開発など）機会に当たり，代替的な投資案のなかから特定の投資案を選択する投資決定はどのように行われているのだろうか。

　何らかの客観的基準が必要であり，キャッシュ・フローを利用した投資案の評価方法が有力である[10]。

　第1は回収期間法で，投資以降の毎年度のキャッシュ・フローが投資額に等しくなるまでの期間を測定し，最短の投資案が最善と評価される。単純明快であるが，将来価値と現在価値とを同一評価する，回収期間後を無視しているという批判がある。

　第2は現在価値法で，投資の毎年のキャッシュ・フローを市場金利等の割引率で調整し，正味現在価値を算出し，一定期間内で最大額のキャッシュ・フローをもたらす投資案が最善と評価される。第1の方法をより適確に計算したものといえよう。

　第3は内部収益率法である。毎年のキャッシュ・フローの一定期間の累計を予測し，その額の現在価値と投資の現在価値とを一致させる割引率を求める。この割引率が内部収益率に該当し内部収益率の高いものが選択される。

ただ計算は数値計算プログラムによるコンピュータの利用が必要であるなど計算に難点がある。

これらの投資案のもたらすキャッシュ・フローは確実であるという前提の下に計算されているが、不確実なリスクを考慮すべきだというリスク調整法の計算もある。リスク・プレミアムを付加したリスク調整割引率法や、毎年の確実なキャッシュ・フローを調整計算して割引率を適用する確実性評価法などが存在する。

投資に要する資本をいかに合理的に調達できるかも重要な投資決定の要因である。自己資本による場合と負債による場合との一般的な比較があるが、それぞれに種々の方法があり、その選択は重大な影響を及ぼす[11]。

注
1) 利益に対する日米の考え方：アメリカでは従来から株主重視の考えは一貫して強く、経営者の行動指針として配当確保、株価維持が最大目標であった。

しかし利益概念について変化の推移がみられる。70年以前は利益とはROE (Return on Equity) で企業の帳簿上での所有者持分に対する利益が重視された。80年代には投資額に対するキャッシュ・フロー面での最大効果が取り上げられた。90年以降はEVA (Economic Value Added) が登場し、利益より通常の資本コスト（利子）を控除した額を株主時価で除した率、すなわち投資額に対する通常の利子率を超過する部分を利益率と認める考えである。出資に対する成果を明確にし、利益のあり方を示したものとして評価される。

わが国では個人株主が少なく法人間持株が多いこと等が反映し、経営者の主な関心は従来、売上高の伸長、市場占有率の拡大にあり、利益や配当は重視されなかった。配当率の表示も株式の額面価格に対する率で、時価に対する配当とは全くかけ離れ、出資に対する成果を表すものではない。

2) CI（コーポレット・アイデンティティ）：IBMの新社名、コカコーラの統一シンボルマークを切掛けに、わが国でも70年代から積極的に導入された。本来、CIはMI (Mind Id, 企業理念), VI (Visual Id, 視覚による具現化), BI (Behavior Id, 行動様式の浸透) から成る。

現実にはVIが特出し社名、ロゴタイプ、シンボルマークの新設や変更、スローガン、カラー、タイプ・フェースの採用などに現れる。経営理念に結びつかず、販売や雇用市場におけるイメージ向上効果をねらったものが多い。

3) 企業文化：企業に定着している価値や規範で、構成員が行動や意思決定をするときの中心となる思考。「社風」「企業体質」「会社の雰囲気」などとも俗称される。理念や戦

略の変更により行動様式を変えるときに企業文化として定着して有効となる。構成員が新しい価値観を抵抗なく受入れ，無意識にそれに従う行動をとることである。

しかし一旦定着した組織文化は新しい価値観を導入するとき，構成員の暗黙の抵抗，消極的な服従という状況を生じる。このことにより経営や管理が制約を受けたり，新しい理念や戦略が企業文化により修正や変容されることにもなる。

4）シナジー効果：市場開発戦略でも起こり得るが，ことに製品開発戦略で期待されるものである。旧製品分野と新製品分野間での結合関連効果を期待し，1+1=3になる効果を求める。すなわち新製品販売による販売高と共に，既存製品の販売高を維持するばかりか増加することを求める。

成長性のある商品サービスでは顧客の潜在需要を開拓して起こる現象である。一方成長性の低い商品サービスでは逆にバッテリング（競合）やカニバリゼーション（食い合い）を起こし新旧の合計で販売高が増加しないこともある。

シナジー効果として，生産，販売，管理，技術面などで，新製品と旧製品とにより生じる共用の効果を述べる説もある。しかしこれは規模の利益，範囲の利益と考えた方がよいと考える。

5）多角化の具体例：垂直型の川上型とはレストラン経営が食材産業へ，建物建築業が土地造成事業への拡大などが当たり，川下型とは繊維産業がアパレル事業へ，ガス会社がガス機器販売への拡張が例で，この型は産業のサービス化により増加している。

水平型は米販売店の弁当店や飲食店の開業，有機化学，素材，電子メーカーの関連技術産業への拡大，美容院での服飾品販売などの例である。

異業種型は調味料製造者の医薬品への進出，ビル管理業のシルバーサービス業の兼業，製造業の賃貸建物への進出などがあげられる。しかし製造業が娯楽産業，飲食業，ホテル業などの事業を開始するときは，多角化というより新事業の展開というべきである。けだし現在の経営資源の一部を利用し得たにしても，事業目標，戦略，経営方法を全く異にし，従来の事業の延長では継続的な成功は望めないからである。

6）参入障壁：自由競争下では競争業者ばかりでなく，他産業や外国からの強大な新規参入者に対する障壁が検討課題となる。しかし先進国などでは独占禁止法などで公正取引を国際的に保障するようになって来ている。

カルテル（業者間の価格，生産，販売等の協定），メーカーの不公正取引（競争取扱品禁止，再販価格指示，ダンピング等），公的機関の産業援助（補助金，政府等調達業の指名制度，国産品優先，高関税，差別税制など）などは禁止，制限される。

したがって企業の実行できる障壁には限度がある。競争戦略で得たコスト・リーダー，差別化，集中によるブランド認知度は当然有効である。優位な経営資源の確保，高額な参入コストの必要（投資，流通網，仕入先など），独占的な技術や資源の利用，立地の良さ，確立されたブランド名など自由な経済活動で生まれたものに集約されよう。

7）先端技術：革新的でその時代の経済を牽引するような技術。コンドラチェフは景気の長期波動の下降期に重要な技術上の発明発見が生まれ，次の上昇初期に大規模に利用されると唱える。20世紀初頭の電気，化学，自動車の発明が新産業を開発した。20世紀後

半にはコンピュータ,通信などのエレクトロニクスを中軸に石油化学,医薬品の先端的産業が著しく発展していると説く。

経済企画庁は21世紀の早期に予想される有望先端技術の分野として,電気・エレクトロニクス,新素材,ライフサイエンス,エネルギー,社会的基盤技術(通信,運輸,環境)をあげている。年数兆円を超す産業の予想として,光通信関係の素子,機器,各種デバイス・チップ,ニューロコンピュータ,ニューガラス,高性能セラミック,ウイルス・癌・痴呆症治療薬,HDTV,光通信,新型自動車,大量旅客機,月面研究基地,自然還元プラスチック等。実用への企業家意欲が期待される。

8) わが国企業のM＆A:1980年代以降,日米企業のM＆Aを比較すると,まず件数では日本は年々増加しているが,アメリカの約1割強に過ぎない。次に日本企業のM＆Aは外国企業の買収が約半分を占め,友好的M＆Aがほとんどで,LBOは皆無である。一方,外国企業による日本企業のM＆Aは年2,30件に過ぎず,敵対的M＆Aは被買収企業の関連企業による株主安定化対策により極めて困難である。

わが国で従来行われていたM＆Aは業績の極度の悪化,トラブル等の収拾不可能な状況に陥った企業を買収する救済型,系列などグループ内で実行される統廃合型,サービス業など店舗売買にみられる営業譲渡型が大部分を占める。新技術導入,新事業開業などの積極的M＆Aは未だしである。一般にM＆Aを「乗っ取り」と受け取る社会的風潮も存在する。

9) PPMに対する意見:PPMに対しては多くの修正意見と批判がある。修正意見の多くは市場成長率と市場占有率との要因に関するもので,業界の魅力度と事業の強み,製品価値と価格敏感度,市場魅力度と会社素質などが取り上げられたが,迫力に欠けるように考えられる。ただ事業のライフサイクルと市場占有率との関係マトリックス(「動物園の現状」という)は一興に値する。

PPMを実際に適用するときの問題点も指摘されている。事業とか商品などの単位(戦略事業単位と呼ぶ)の設定の難しさ,市場成長率の見方,市場占有率(国内のみならず海外市場においても)の測定等である。

全般的問題として,成熟市場で圧倒的シェアを確保できる企業のみに有効な戦略で,新規参入企業や需要の多様化が厳しい産業では適用困難ではないかという意見がある。

10) キャッシュ・フロー:企業の金融や投資の分析の基礎となる概念で,現金預金についての流入から流出を控除した差額をいう。したがって投資を行った場合に生ずる現金の流入と流出との差額がキャッシュ・フローとなる。

しかし会計上の収益・費用の認識と現金の流入・流出とは通常一致しないため,純利益はキャッシュ・フローとはならない。会計上の費用には減価償却,引当金の計上,資産の評価損など,非現金費用が含まれているからである。したがって運用資本におけるキャッシュ・フローの算式は下記のように表される。

キャッシュ・フロー(税引後)＝税引前利益＋減価償却費等－法人税等

11) 資本調達と投資利益:投資の資本調達を自己資本で行う場合と負債で行う場合,どちらが1株当たり利益(EPS)および企業価値(株式時価総額＋負債総額)にとって有利

であるかの研究である。

　その研究によれば，負債比率50%までは負債の上昇によりEPS (ROEも) は一旦上昇する。しかし株価が上昇し，株式保有利回りが市場金利まで低下すると，株価は一定値で落着く (均衡株価)。

　企業価値は負債と自己資本との構成の差異によっても，それが株価に反映しているため価値総額は変わらない。しかしながら法人税を考慮するとEPS, ROEはもちろんのこと，負債を活用した方が企業価値が高まるという結果になる。

第2章　経営者と経営計画

1　経営者の構成・機能・責任

　個人企業や中小のオーナー企業（所有者であり経営者が経営する企業）では，経営者層や経営機関の形成や分化はみられない。むしろ経営者は経営の出資者，所有者，方針決定者，業務執行者など総てを統轄し，企業責任が経営者個人（財産等）に及ぶことが多い。

　大規模の株式会社では「経営と所有の分離」が進み，経営も専門化し分化してきている。一般に先進国でみられる経営者の構成・機能は表Ⅱ-3のようにモデル化される。機関名は各国間で差異はあるものの，この機能分化が一般的傾向である。

　本来，所有者である株主の地位は重要であるが，大企業になるにつれ株主数が増加し，株主総会は形骸化する。そのために監督的経営者が委託を受け経営の責任を負い，株主の利益保護を図る制度が採用されている。そして監督的経営者が業務執行経営者を選任（形式的承認は株主総会の場合もある），設定した事業目的，基本的方針の下で，業務執行を委任する。全般的業務執行経営者（その長を社長という）は対外的に企業を代表し，企業全般の業務執行に責任を負う。

　このような法的制度に関して日米にはあまり差異は認められないものの，実質的には多大の差異があり経営者の機能に大きな影響を与えている。

　第1は方針決定機関である取締役会の構成メンバーと役割である。わが国の取締役メンバーは9割前後，内部取締役であり，外部取締役は名目的に系

表Ⅱ-3 経営者の構成と機能

種 類	機 能	機 関 名
株 主	出資と所有	株主総会
監督的経営者	事業目的,基本方針の決定 企業戦略の承認 業務執行経営者の選任と管理 株主の利益保護	取締役会 (長は会長)
全般的業務 執行経営者	企業全般の業務執行責任 企業戦略の設定と実施 対外的な企業の代表者	代表取締役 (長は社長) 常務会
部門業務 執行経営者	部門業務の執行責任 部門戦略の設定と実行 戦術の設定と実行	本部長 事業部長 など

列企業や金融機関の常勤者が名を連ねている場合が多い。内部取締役の半数以上がミドル・マネジメントの仕事に専念(従業員兼務役員と呼ぶ)し,内部の昇格者である[1]。

したがって取締役会では方針決定などの重要事項を審議するには相応しくなく,大企業では別箇に社長を初めとし常務取締役までのいわゆる,役付取締役をメンバーとした「常務会」が設置され,実質的に取締役会の機能を代行する。株主総会,取締役会の承認事項の提案,企業方針や戦略の決定,重要な部門戦略の承認などが常設的な常務会で行われる[2]。

アメリカの取締役会は文字通り,株主の受託機関として,企業の方針決定,業務執行取締役の選任,管理など企業の方向性を決定する。しかも取締役会のメンバーの6割以上が,業務執行と関係のない外部者から選任される。元取締役のほか財界,業界で実績ある経営者,取引関係者,主要株主,金融関係者などから選任される。広い見地から企業方針を検討しようとするものであろう。

取締役会を補佐するものとして,経営委員会(企業方針,戦略の決定),人事委員会(業務執行取締役の選任,契約,報酬など),財務委員会(企業成績,重要

投資,金融政策の検討),監査委員会(業務の監査,評価など)などの委員会が設置されている。

第2は全般的業務執行者,とくに社長(アメリカではCEO)の権限と選任である。わが国の全般的業務執行者は取締役会,常務会メンバーを兼ねており,方針の決定,戦略策定,業務執行と管理,これら総てを実行する権限をもつ。さらに各部門業務の監督,管理を行う場合も多い。

また全般的業務執行者の選任は企業内部の昇格者がほとんどであり,ことに大企業では永続勤務者が多い。したがってその長である社長の権限は極めて大きいものとなる。一般に次期の社長や常務会メンバーの人選,報酬などを社長が決定している企業が多い。

一方,アメリカの全般的業務執行者は取締役会(人事委員会など)が,社内外から広く人材を求めて選出する。企業内部に適切な人材が存在すればその人の昇格もあり得るが,多くは外部から求められる。何故ならば全般的経営,部門経営,部門管理はそれぞれ異なった目的,機能を有し,求められる能力,素質,知識などが相違するという思考に基づくのである。

選出された業務執行経営者は取締役会(会長)と雇用契約を結び就任する。CEOも例外でない。合意される内容は職務,権限,待遇などで,具体的に数値を伴う業務目標が明示されることも多い。また契約期限が定められるのが通例で,その期間内に契約の主要項目の達成が求められる[3]。

経営者の報酬はわが国に比し一般に高額であるが,業務達成の責任,契約の有期,会社負担経費の僅少,関係企業への転出機会の僅少など考えると実質的には甲乙つけがたい。しかし,成功報酬,ボーナスの制度のある企業は多い。

第3に業務執行に対する監査の違いである。わが国の全般的業務執行経営者は時に独裁的な権限を有し,社会的に問題となる不祥事が引き起こされた。そのような理由で,法的に業務執行のより厳しい監査,取締役の責任を問う制度が導入されてきている。

株主に対して書類の閲覧,取締役への質問権を認め,株主代表訴訟(株主の提訴により取締役の損害賠償責任を追及する制度)の簡易化を図り株主による業務執行の監視機能をアメリカのように強めてきている。

またアメリカでは取締役会のなかの存在である監査委員会を,わが国では監査役という機関を独立させている。監査は会計監査(会計帳簿,財務諸表などの監査)と業務監査(企業業務の適法性,合理性などの監査)に分かれる[4]。

わが国の大企業について業務監査を強化するため,権限の強化,任期の延長,常勤,社外監査役の導入など法的措置が進められてきた。しかし実態は監査役の人選が社長などで行われることもあり,実効ある役割は果たしていないといえよう。ドイツ等の監査役会は業務執行取締役の選任,管理をする機関であり,わが国の監査役とは全く異なるものである。

2 企業関係者とガバナンス

「企業は誰のものか」という問いかけからいえば,今日の大,中堅企業では単純に所有者(株主等)のものとはいい得ない。企業に利害を有する関係者(ステーク・ホルダー)は物的資本提供者たる出資者,債権者だけではなく,人的資本を提供する経営者,従業員,また取引先(得意先,仕入先)も存在する。さらに商品サービスの提供を受ける消費者,企業と深く経済的,社会的関係をもつ地元,公的機関なども含まれるべきであろう。

このように企業の社会的役割の拡大に伴い,企業の社会的責任が問われるようになる一方,多くのステーク・ホルダーの利害調整を円滑・妥当に行う経営者の意義が強調されて来ている。経営者の調整機能こそが企業目標である(経営者的企業観)という学説が広く支持される理由である[5]。

しかし調整機能はその時々の状況において重視すべき利害関係者が移るのであろうか。あるいは経営者が一定の利害関係者の意思を絶えず考慮しながら,または何の利害関係者の意思を優先して経営を執行しているのであろうか。

第2章 経営者と経営計画　113

　現実には経営者は一定の利害関係者の意思を最優先させ，ことに最終的意思決定者を考えて企業方針や戦略を立てているのである。これをガバナンス（企業支配）と呼ぶ。法制上のガバナンスは所有者であるにしても，経営と所有との分離がなされている企業では，実質的ガバナンスの所在は国により特徴があり，また企業によっても相違するのである。

　アメリカでは既述のように大企業においても株主が最も重視され，取締役会は一定のROE達成を目標とした方針，戦略を立て，業務執行者を人選する。CEOなどの業務執行取締役はROE未達成は重大な責任問題となる。個人や機関投資家の占める割合が大きいこともあり，業績報告に対する関心は極めて大きい。

　このようにアメリカでは一般に企業のガバナンスは所有者（株主）にあり，それは具体的にROEにより貢献度が示される。数字目標は経営者に明確な目標を与え，その業績評価の基準を示す。この厳しい経営者への要求がアメリカ企業の活性化に連なっているといって過言でない。

　ドイツではアメリカの取締役会に該当するのは監査役会と呼ばれているが，大規模な株式会社では株主代表，労働組合代表，中立代表により構成されている。中立代表は銀行や産業界から人選される。業務執行経営者（社長など）は株主，労働組合，大債権者（銀行）を考慮しながら経営を運営しなければならない。

　しかしドイツでも経営者の最も重視する企業目標はROEであり，銀行の力が強いといわれているが，最終的にはやはりガバナンスは株主にあるといってよかろう。

　この観点からは日本企業は特異である。事業法人間の株式持合いやメイン・バンクの株式保有という安定株主の存在が大きいためか，ROEに対する関心は極めて薄い。また経営者の株主に対する配慮は皆無に近い（株主総会の取扱，投資利益率，株価など）[6]。

　経営者が最も優先するステーク・ホルダーは従来，従業員であると表明す

る意見があり、ガバナンスは経営者と従業員にあるとし、「従業員主権説」まで唱えられた[7]。

従業員のガバナンスは問題があるにしても、ガバナンスは経営者、ことに社長というのが実態であろう。従来はメインバンクや系列親企業（生産、販売など）が最終決定権を有する例も多かった。またコングロマリット的な企業集団では銀行や長老的な企業が最終の意思決定をする例もある。

このようにわが国企業では明解なガバナンスはなく、それだけ社長等の権力が強い。その牽制力は弱く、業績責任の希薄さが今後の企業活性化の問題となるであろう。

3　戦略計画と事業計画

1　経営計画の体系

経営計画は企業の将来についての意思決定の方向づけに関して、組織的な過程にしたがって実行性を前提として策定されるものである。したがって、経営計画の体系化は企業の将来目標を経営の各部門がどのように実行に移して行くかという具体的（管理）行動の基本ともなるものであるだけに、組織行動と対応して重要な問題となる。

経営計画の体系を考える際に基準となるべき視点は通常次の三つである。

①　経営期間を基準とする場合

期間的制約をもつか、もたないかの二分類にできる。もたないものは「個別計画」とし、「短期計画」「中期計画」「長期計画」等が「期間計画」となる。それぞれ環境要因と企業の事業活動の相対的関係を考慮して計画・体系化される。

②　経営の対象の相違（マネジメント機能）を基準とする場合

「生産計画」「財務計画」「研究開発計画」「マーケティング計画」等、企業の各部門の機能が具体的に計画され、体系化される。

③　環境への対応を基準とする場合

企業目標の環境への将来的適応を考慮して計画する。不確実化社会への対応であり「戦略的経営計画」とも呼ばれるものである。

2 戦略的経営計画の推進

経営戦略の問題は，長期経営計画（long range planning）のなかにその萌芽を見出すことができる。アメリカで長期経営計画が提唱されたのが1950年代のことでありわが国で取り上げ出したのが1955年代のことであるから，最も新しい経営の問題提起の一つといえる。この時期はアメリカの企業が事業の急速な大規模化・多角化を進めていたことによって知られている。かかる環境要因の激動化のなかでの成長政策は，将来への意思決定との兼ね合いにおいてさまざまな問題を露呈せざるを得ない。未来思考的方法はかつての計画策定のような過去的数値データの分析的あり方を根底から洗い直した。不確実な要素に対応すべき経営計画，戦略がどうしても現実の企業には必要になってきたのである。

経営者職能のなかに「戦略」（strategy）という概念が登場するのは1960年代のことである。この概念の最初の提唱者はチャンドラーで，彼はその著『経営戦略と経営組織』（A. D. Chandler Jr., *Strategy and Structure*, MIT Press, 1962. 三菱経済研究所訳『経営戦略と経営組織』実業之日本社, 1967年）においてこの問題を取り上げたが，課題となったのは企業の成長の方法としての多角化とその事業管理における新たな経営組織であった。チャンドラーはここで，戦略という概念で，目標・路線・行動代替案策定の総合的接近法をこころみた。とくにその中心は，戦略計画（strategic planning）と呼ばれ，環境・能力の分析と両者のギャップの分析に力を注ぐものであった。かれは具体的に事業もしくは製品ラインの多角化の決定について考察している。チャンドラーに次いで実践的に，あるいは体系的に経営戦略を展開したのはアンゾフ（H. I. Ansoff, *Corporate Strategy*, McGraw-Hill, 1965. 広田寿亮訳『企業戦略論』産業能率大学, 1977年）である。かれは企業における意思決定を戦略的決定・管理的決

定・業務的決定のなかから展開したことで知られている。

　アンゾフは経営戦略（Business strategy）を，企業の行動の目標を達成するための意思決定ルールないし方針としたが，今日の企業の活動においてトップ・マネジメントの職能はこの経営戦略に具体化されてくることになる。もとより企業は組織であり，組織は目的をもっている。すでに触れた通り，この目的の達成のために企業は長期・短期の目標を立てるが，この企業目標の具体化されたものが経営戦略である。したがって経営戦略（経営管理）の最も顕著な発現は長期経営計画にみられる。企業の経営戦略による策定が長期経営計画の基本となるからである。

　1970年代に入ると，企業の多角化はますます進展していった，戦略の策定のみではなくこの事業活動をいかに管理するか，とくに経営資源の配分，その実施をも含めて総合的に取り扱いが注目されだした。PPM理論の開発，組織や人間の要素が不可欠であるとの考え方が加わり，戦略経営の実行（implementation）が問題になってくる。策定より実行までの問題があらわれ「戦略的経営」（strategic management）や「経営戦略のプロセス論」もあらわれた。戦略経営計画は多くの期待をかけられている。

　戦略経営計画の課題は，外部環境の不安定ななかで「企業の目的」と，「経営理念」をどのように設定するかにある。組織存続の基本的姿勢を求めたものであるが，具体的に企業の目的と経営理念の概念をどのように整理するかの議論に対して，経営理念のなかに目的概念を包含してしまう広義の意見と，経営理念を目的と分離しその達成をはたすための方針・方法・規則・精神的理念・責任・義務等の基本的あり方を示したものとする狭義の場合がある。また戦略的経営計画の課題を対外的，製品市場に限定しその模索プロセスの究明とのアプローチもある。そのいずれをとるかの議論はここでは別にして今日現実の企業において，それが明確な形になっているいないにかかわらず経営戦略といわれるものはいずれにも存在しているとみるべきであろう。企業規模が比較的小さいばあい経営者の意識に留まりそれが表面に出てこない

という場合もあるからである。しかし，現実的に技術革新の進展，国際競争の激化，経済摩擦の進展等々企業を取り巻く環境要因がきわめて不確実になりつつありその予測はますます困難になってきたという事実を否定することはできない。このような不連続的で長期の予測の困難な不確実な時代に企業の方針を立て，あらゆる変化に対応できる組織の確立は経営における最も重要な課題となってきたのである。このような時代，将来に向けての構造的変化に対する行動計画の立案は戦略的代替案の構築の上においてはじめて可能になってくるのであり，比較的安定的経営環境を享受してきたかつての長期予測的経営計画立案はあまり有効な結果を企業にもたらさなくなってしまった。改めて抜本的対応が問われているのである。

　経営環境が新たな局面を向かえる時，経営者の職能もまたこのための対応を含めて新たな課題を付加してこなければならない。この問題を経営戦略の実行という側面より取り纏めれば，そこでは具体的に「組織構造」「管理システム」「組織文化」等の総合的構築が必要になってくる。戦略の問題がことさら重要な意味をもちだしたのは近年の外部環境の厳しい変化への対応が意識されだしたからに他ならない。

　その環境のなかで企業がどのようにして自己を実現していくか，いわば環境適応のパターンの将来志向的考察は通常次の四つの側面を通じて実行される。

① ドメイン（生存領域）の定義：企業の基本的生存領域の決定は，事業分野のリストとして示すこともできるが，より広くより観念的に企業の長期的生存のコンセプトとして設定することもある。

② 資源配分：ドメインの設定に伴い，その具体的実行に伴う経営資源の「蓄積とその配分」が課題となる。経営資源はかつては「人・物・金」として理解されたが，今日では「情報・技術・信用」等のいわゆる情報的経営資源をも含めて考えるようになっている。企業活動の中心的存在がここに集約されることになる。

③ 競争戦略の確立：市場において自己の活動をいかに有利に展開するかの基本的戦略の決定である。

④ 組織間関係の決定：企業と環境，とくに他の組織体（広義での）との間の交換関係の自覚と確立の決定をなさねばならない。

経営戦略は今日経営学の主要な課題の一つとなっている。企業の計画，組織の問題において戦略的意思決定理論の確立はますますその重要度を増して行く。

4　予算管理と事業評価

1　予算管理とPPBSの原理

PPBSは，Planning Programming Budgeting（予算編成）System―企画計画予算制度―の略されたものである。基本的には長期的な計画策定（Planning）と短期的な予算編成（Budgeting）とを，プログラム作成を媒介として結びつけることによって資源配分に関する意思決定を合理的に行おうとする，予算編成の計画機能を重視しようとした制度ということができる。

このシステムはアメリカにおいて予算の編成および執行を合理化し効率化するための手法（予算を長期計画の手段として利用する）として研究されたのであるが当初は比較的重要度は認められていなかった。第2次大戦前はデュポン社等のごく少数の企業において採用されていたにすぎなかった。大戦中は資源の動員に関する計画にこれが取り入れられたりもしたことがある。戦後にはランド研究所においてこのシステムの研究が続けられた。この制度が注目をあびるようになるきっかけは，1961年マクナマラ国防長官の就任と共に，国防省予算に導入されて大きな成果を収めたことにある。65年にいたり，ジョンソン大統領の指示により68年度予算からその他の省庁においても採用されることとなった。この制度の特徴は，長期的視野のもと目標を設定しこれを達成するための計画化を最も合理的・客観的な手法・手段を求めコスト・効果等をふまえながら検討（代替的手段の可能性を探り－Budgeting－予算編成す

る）するところにある。

　PPBSの考え方の出発が民間企業において開発されたものとはいえ，その後の開発は政府の予算編成の手段として発展させられたものである。したがって，P－計画設定，P－プログラム化，B－予算編成の手続きの中心は結果として「予算編成」に置かれるが，実質は"最適なプログラム・プランをいかにして示すか"にある。政府のいわば財政政策の支援として発展してきたこのシステムを民間企業が経営計画システム設計の手段として採用しようとする試みは，現実的効果は別にして大いに注目されている。とくに長期経営計画における財務の投資計画の有効性は企業の意思決定と不可分の関係にある。

2　事業評価

1）事業評価のマネジメント

　事業活動の評価は，予算（budget）による計画の実行行為と表裏の関係をなす。管理活動の出発においていかに計画・立案されても予算による資金的裏づけが伴わなければ実行に移せない。したがって，企業の予算活動とは，経営組織が具体的活動を行う際の実行基準としての役割を果たす。事業の最適なプログラムは予算編成によって実行されるのである。逆にいえば，予算編成において全体的な流れと均衡が保証されるのであり，その一部において支障が生じた場合，時には全体の機能を止めてしまうということが起こりかねない。

　予算化による基準の具体化は，その実行結果としての実績との差異評価を通じて分析される。この差異分析が業務にフィードバックされていくシステムが"統制"活動であり，成果の評価が報償に結びついていくのが"インセンティブ・システム"（incentive system）ということになる。

2）インセンティブ・システム

　インセンティブ・マネジメントは，成果（利潤）分配による管理システムであるがその根底には，人間尊重の思想がなければならないことは当然である。

具体的には労務管理（人事考課）や賃金管理（報償・ボーナス）と連動することになるが，単に個人を対象とするというだけではなく，例えば事業部評価という一つの組織業績を問う場合もある。また，その分配を個人に還元するというだけではなく福利厚生施設の改善や設備投資を通じて間接的に実施される場合もある。

インセンティブの基本理念は，人間のもつ心理的エネルギーの活用にある。したがってテイラーの採用した「科学的管理法」・「刺激的賃金制度」が欠如させた人間性理解への反省としてその後の理論が展開されていくことは周知の通りである。ここで問題は組織が職場で働く人々にいかにその喜びを与えるかということであるが，現代人の心のあり方はまた複雑であり変わりやすい。直接的に把握できることもあれば，みえにくいものもある。

インセンティブ・システムは広く管理の一般原則として考察されなければならないのは当然である。しかし，業績評価ということになると具体的に，できれば数値化していかなければ次の事業予算への統制機能が働かない。資本投資効率，利益管理，人事考課等の具体的な評価基準の設定と連係が必要になる。

注
1）従業員兼務役員：法人税法上の呼称であり，事業部長，部長など管理・日常業務に従事している取締役で，社長，副社長，専務，常務などの呼称をもつ取締役を除く。その報酬，賞与は費用として扱われ，利益処分の役員賞与とはならない。
　　取締役会の出席など法令で定める取締役としての責任，義務は負うものの，営業部長，工場長，研究所長など専門分野の業務に専念しているのが実態である。
2）常務会：商法などで求める必要機関ではないが，大企業などで慣行として実施されている。取締役の数，業務内容からみて，企業の全般的業務につきマネジメントできる取締役を限定して設定された，取締役会の代行機関であり，全般的業務執行の合議的な決定機関である。
　　毎週のように定例的に開催され，企業方針決定から重要な部門業務の承認にまで及ぶ。通常は「稟議」の形式でミドル・マネジメントで企画された提案の最終決定を行う。しかし常務会メンバーも多くは社長が選任するため形式的になりやすい。
3）業務執行経営者の雇用契約：アメリカの大企業では取締役会のなかに人事委員会など

を置き，業務執行経営者との雇用契約案を準備し，委員長（取締役），取締役会などの検討の上新経営者と契約条件につき討議し合意に達せられる。

通常，合意される事項は職務（職務範囲のほか具体的な目標，戦略，達成すべき課題と方法など），権限（組織内の地位，序列，報告先と裁量範囲，人材，費用など経営資源の利用限度など），待遇（給与，成功報酬，年金・退職金，フリンジ・ベネフィット，休暇など），契約事項（期限，禁止・守秘事項，コンフリクトの解決方法など）である。

全般的業務執行者の場合，特に重視される業務目標は一般的に，ROE（投資利益），売上占有率，売上伸長率，合理化の達成額などで具体的な数字による目標で示されることが多い。特にCEOの場合に重視されるのはROEで，配当，株価に影響を与えるため達成が強く要求される。

ROE達成には成功報酬が付せられることが多く，相当額のボーナス，ストック・オプション（入社時の株価で自社株を購入できる権利）などが存在する。

4) わが国の監査役制度：現在，株式会社の監査役制度は会社規模により3分類され，異なる機能を有する。大会社（資本金5億円以上または負債総額200億円以上の会社）では公認会計士または監査法人による会計監査と，3人以上の監査役（1人は社外監査役，1人以上は常務監査役）による業務監査に分けて行う義務がある。

中会社（資本金1億円以上，5億円未満）の監査役は会計監査と業務監査との双方を実施する。小会社の監査役は会計監査のみを行えばよいことになっている。（第Ⅰ部第2章2「企業形態の意義と分類」株式会社・参照）

5) 企業の社会的責任：アメリカの研究によれば企業の社会的責任を3分類している。第1は企業の創造的，合理的活動により需要，雇用等の増大により経済発展を期す（固有の経済的責任）。第2は法令，社会的慣習の遵守のみならず，企業倫理や社会道徳（公私混同，人間性無視，不公正取引，自然や公益の侵害を正す）を守る（社会的責任）。第3は教育，福祉，環境，社会的施設などへの貢献（社会的貢献）としている。企業として最低限，第1，第2の責任を果たすことがもとめられる。

6) メイン・バンク：第Ⅰ部第1章（注1）参照。

7) 「従業員主権説」：企業への貢献とリスク（投入資源の返戻や退出の無保証）が株主より従業員のほうが高く，コア従業員が企業の基本的意思決定者であるべきという学説，また単純に日本的経営は長期的雇用，長期業績主義を基とする従業員のための経営であるという学説などがある。

しかし実際にドイツのように労働組合の代表という具体的存在もなく，抽象的な従業員，コア従業員とは何であろうか。経営者，管理者，一般従業員の役割，利害の差異があり，企業内で最終決定権をもつ者が不明である。また従業員主権の名の下に，そのトップ昇格者たる社長の権力を絶対化する危険はないだろうか。

第3章　経営管理・計画と統制の基本原理

1　経営管理の意義

　「管理」（management）という用語は社会一般によく用いられている。しかしながら，経営における管理を理解するとき，野球の監督を例にすると説明しやすい。この場合「監督」に相当する用語が「マネジャー」すなわち「管理者」である。彼の職務を確かめてみるとチームが球場で対戦する時，相手チームに勝つためにあらゆる工夫を尽くすのである。試合中の采配はもとより選手の登用あるいはその訓練も含まれてくる。チーム編成の「野球の試合において相手チームに勝つ」という目的のためのあらゆる権限を与えられている。しかしここで注意しなければならないのは，彼には組織そのものの運命に係わることにはその権限がおよばない。球団の帰属を変更する，あるいは解散する等の組織そのものの方向づけの権限はいわゆる「オーナー」が掌握しているからである。

　かつて一橋大学の山城章教授は経営管理論を「対境の理論」と説明したことがある。組織（経営）が存続するために環境にどのように対応していくかということを問題にするのがこの学問に課せられた任務であるからというのである。

　組織が目的をもち，その目的に向けて職務を遂行する限り管理（management）は不可欠になってくる。国や地方の行政組織をはじめ企業（会社），軍隊，学校，病院，教会や趣味のサークル等枚挙にいとまがない。複数の人々が共通の目的達成に向けて結合し分業や協業を通して作業するとき効率的に

その組織体を運営していくために「管理」機能が働かなければならない。

　確かに現代社会においてはさまざまな組織が存在している。いな，その期限は人類が協業の知恵を得た時に始まっている。古代人が猟をするときにも，古代国家の都市建設，ピラミッドや建造，軍団の統率など容易に思い浮かべることができる。組織構造と権力による支配構造の結びつきは管理（指揮）統制概念へと結びつき暗いイメージを抱かせたことも事実である。ここではその両者は結びつき易いものであるとの指摘（近代民主主義的組織の推進はコミュニケーションを通して相互理解の努力を進めているが）に止め，あくまで組織集団がその存続を前提としながら環境に対応し，分業と協働の促進を通して利用可能な資源を結びつけつつ，効率的に組織体を運営していく活動としての管理機能を問題としなければならない。

　いま経営管理思想の発生をいつの時代に求めるかということに関してその意見は多様である。しかし，ただ"事実があった"ということでは分析の対象とするわけにはいかない。とすれば経営における管理の問題は，近代的生産様式の進展してきた，具体的には今世紀初頭以降のことと考えてよい。資本の集中・集積が進み，生産手段が急速に機械化し，その組織の大規模化が進み，所有と経営の分離の現象が顕著になってきた時代を背景として意識に昇ってきたのである。したがって，営利組織としての特性は，"組織一般"としての管理とは別の条件を付与されることになる。「管理」あるいは「マネジメント」とここでいった場合はこの企業-経営の管理（business management）として取り上げられていることを意味している。

2　管理原則

1　ファヨールと経営過程理論

　管理の科学的分析（科学的管理論）の開拓者としてF. W. テイラーがよく知られている。彼は生産現場における合理的作業（課業）の設定を通して労働力の効率的利用を考えた（前章参照）。一方，管理の一般原則そのものの普及に

貢献したとしてあげられるのはファヨール（Henri Fayol, 1841 – 1925）[1]である。ファヨールは多くの実務経験のなかから経営組織を分析するが，その組織は，人間を含む生産諸資源間に秩序を形成することであり，組織するのは管理者の行動であるとしている。したがってこの組織を維持・発展させるために組織を含む管理のあり方を示す多くの管理原則（管理活動）が説かれることになる。その後，彼の理論の継承者により組織論，行動科学，意思決定論，情報理論等などの成果に結びつけられ，現在でもその評価は大きい。彼は今日この「経営過程学派」の始祖と考えられている。

2 ファヨールの管理の一般原則

1) ファヨールの管理概念

ファヨールの管理概念の特徴は経営の職能・活動（opérations）概念を明確化することのなかから管理機能を抽出したところにある

彼にとって最も検討すべき重要な作業は，従来あらゆる社会（組織）体に存在する事業体の経営活動のなかに管理活動の存在することを認めながらその明確な認識が欠如していたことの認識から始まった。彼は，管理とは，prévoir, organiser, commander, coordonner, contrôler すること，すなわち "計画 → 組織 → 命令 → 調整 → 統制" が "プロセス（過程）" として機能することであり，この管理活動の遂行（管理の要素）のためには管理担当者の管理能力の開発・管理教育の必要なことを説いたのである。

表Ⅱ-4　ファヨールの管理職能

職　　能	活　　動
①技術職能 (techniques)	生産，製造，加工
②商業職能 (commerciales)	購入，販売，最も重要な機能
③財務職能 (financiéres)	資本の調達と管理
④保全職能 (de sécurite)	財産および人員の保護
⑤会計職能 (de comptabilité)	財産目録，貸借対照表，原価，統計
⑥管理職能 (administratives)	計画，組織，命令，調整および統制

事業体における管理原則の抽出・体系化は，日常の活動を分析することにより得られるが，ここで彼が経営者であったときの経験から導きだした14からなる管理の原則を指摘している。すなわち，①分業，②権限・責任，③規律，④命令の統一，⑤指揮の統一，⑥個人的利益の一般的利益への属性，⑦報酬，⑧集中，⑨階層，⑩秩序，⑪公平，⑫従業員の安定，⑬創意，⑭従業員の団結であり，通常経営のマネジメント・サイクルと呼ばれる循環プロセス理論ということで職能の"過程理論"と考えられている。ここでは経営における管理活動の循環過程（プロセス）の普遍性を基本的な管理原則を整理することにより把握しようとした。

　ファヨールの理論とテイラーによる科学的管理論は現代組織・管理論の創設的役割に貢献したことで知られている。分業と管理の原則は組織構成による秩序の形成によって実現される。テイラーのいう命令一元の原理とは理解が異なるものの過程理論でも管理用具もしくは手段としての組織においては分業の原則，権限・責任の原則，集権化・階層の原則を命令一元性の原則で統一化している。このいわばクローズド・システムとしての組織編成が後日，組織のオープン化理論の批判の対象となっていくことになる。またこれと同時に両者が出発とした人間の理解においては単なる労働手段の提供者であり労働力の科学的管理を提唱したことへの批判は時代の進展とともに受け入れねばならないことは当然である。ファヨールの管理原則に対して，代表的にはサイモン（H. A. Simon）やアージリス（C. Argyris）等が後年批判を加えることになる。しかし彼の問題提起およびその管理原則に関する基本的展開が，現代の経営管理の基礎理論に及ぼしている功績は大きい。

3　経営管理の領域

1　管理過程論とマネジメント・サイクル

　管理過程論では，経営者の職能機能をプロセスとみるところに特徴があるが，計画（plan：予測を含む），組織（organizing），指令（directing：司令・指揮），

整合（調整：coordinating）・統制（control）やさらには動機づけ（motivating）といった"要素機能"が流れに従った循環過程段階として管理されていく。このような経営管理の機能を，事業活動を中心に描くと右の図のようなサイクルになる。

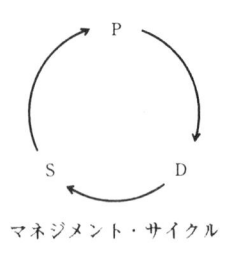

マネジメント・サイクル

　それは経営管理の過程が，基本戦略を実行に移すべく組織化を計画し（plan），指令・指揮および動機づけを実施（do）に移し，調整・統制に含めて検討（see）していくパターン化された循環図を描くというのである。

　このように，経営者が現実の企業を運営して行く場合，管理機能の遂行は基本図に還元すれば，「計画」－「組織」－「統制」の三つの段階，いわゆるマネジメント・サイクルのなかで実行されていくことになる。このことはまず企業活動の出発においては，その行動予定をあらかじめ計画化することによって指針としようとすることである。さらにこの計画の内容は組織化されることによって具体化する。最終的に行動に移された結果としての実績は当初の計画との比較を通じてまた次の計画化のなかに取り入れられることになる。これが「Plan－プラン－」「Do－ドゥ－」「See－シイ－」サイクルとしていわゆる管理の基本原則となっている。もちろん継続的に活動を続けている実際の企業にあってこの段階は，一連の経過のなか（サイクル）にとけこんでいるので形式的にどこを出発点とするかということが日常議論されるということはない。これが問われるのは企業活動のなかに新たに目標が設定された時，もしくは一つの計画が終了した時ということになる。

　マネジメント・サイクルは「計画」に始まり，「組織」，「指導」，「統制」と続き，その結果がまた計画に反映され，循環することから呼ばれている。特定プロジェクトの場合この一連の経過は明瞭であるが，日常の業務のなかでは業務に埋没され，いわゆる"マンネリ化"してしまうことがある。リー

第3章 経営管理・計画と統制の基本原理　127

表Ⅱ-5　管　理　機　能

計　画	企業の戦略，目標，方針，手続きおよび予定の設定を行う。	
	戦略 (strategy)	環境変化に対応して，その事業活動領域を決定。
	目　　標	戦略を受けて，設定する具体的努力数値・設計。
	方　　針	目標を達成するための接近方法（アプローチ）。
	手　　続	目標接近方法の具体的な処方を指す。
組　織	仕事の機構（分業と協業の仕組み）の作成を，組織もしくは組織化。組織機構を図表に表わしたものが組織図。	
指　導	組織・事業活動の実施に対して，従業員を指導・調整する。作業意欲をもたせるよう動機づけ(モティベイション)を行う。	
統　制	作業の実施結果が計画目標を達成しているかを，チェックする。差異を分析・検討し次期の計画に組み込む。	

ダーはこのことをよく理解しそれぞれの管理機能を健全に働かせなければならない。

4　経営計画と統制・組織

1　経営における計画と統制

1) 経営者の職能における計画と統制の役割

　組織化の問題を具体的実行のための手続きと考えるならば経営管理の基本的原理は，経営組織における計画の策定とその統制の問題に集約できる。すなわち企業の経営機能と管理機能はこの両者の有効な相関関係によって形成されているといっても過言ではない。

　経営計画は経営組織の意思決定を実現するための方法・手順の策定である。したがって「計画」そのものが単独で企画の対象とされるものではなく，より現実的政策としてあい関連した整合性のもとに総合的成果を期待するのを常とする。

　「計画」と「統制」はこの場合最も有機的関係に置かれている。計画はもとより目標の実現可能性を目指して立案されるものである。計画が実施に移された場合これが正しく実施されているかどうか，現実との間にギャップを

生む要因はなかったか等をチェックし、計画完了時における「目標」と「現実」との距離を最小に止めるための適切な「統制」活動のプロセスは実際の経営にとって不可欠なる手続きといえよう。もっとも経営活動における統制の問題は、企業の意思決定の実現を目標として計画の策定に関心を寄せる以前から管理における基本問題であったことは確かである。「原因」と「結果」の検証において正しいフィードバック機能が作用しなかったならば、経営管理原則の確立は不可能である。とくに「予算統制」の問題は「テイラーの科学的管理法」・「原価管理」と共にその考え方はわが国に近代的経営法が導入された頃よりいち早く企業において採用されてきた。したがってここでの「計画」と「統制」は基本的には互いに独立して取り扱われるべきではない要因である。

2 経営計画と策定期間

　経営の計画が策定される場合、この計画の及ぶ時間的長さで長期・中期・短期の区分がなされる。短期計画は通常は1年を単位として終了する計画をさしている。企業には財務報告書の作成が1年を越えない範囲で義務づけられている。国および株主への報告が主たる任務（株式会社にあっては年2回の配当のため2度）である。したがってこれを単位として業務計画はサイクルを描く場合が多い。

　通常1年を越える経営計画は「中期」となる。企業においては2事業年度（会計年度）に及ぶため長期の計画として取り扱ってもさしつかえない。しかしとくに中期経営計画策定が意味をもつようになったのは、「戦略的計画の策定」において長期的視野に立っての立案が重要視されるようになってからである。この場合、2、3年を単位としたより戦略的な経営政策の具体化は組織的に不可欠である。経営者の意思決定に従った計画の実行は計画の弾力的運用によってより効果を発揮することになる。

　長期経営計画の作成は、とくに昭和30年代以降のわが国にでてきた問題で

ある。経済の高度成長が企業の大規模化・多角化を進め国内・国外を問わずその環境は複雑化・不確実化していった。企業には基本的方針の確立，これを達成するための組織の柔軟な対応，環境適応，不測要素の回避等の問題が浮上してきたのである。長期経営計画において「戦略的経営計画」がクローズアップされてきたのもこのためである。当初長期計画においては利益計画，設備投資計画，資金計画等が中心の課題とされていたものが，近年では長期計画目標および方針が主たる問題になってきている。構造計画を含め長期の経営計画はその最高意思決定的要素の性格により通常トップ・マネジメントの責任において作成されることとなる。長期経営計画では企業の基本方針の実行のための対外的戦略の策定，構造的計画等を中心に策定されるが，各事業部門の具体的計画に及ぶ場合もある。時代の推移のなかで経営の環境は大きく変化してきたのである。

　なお，時間的制約の解除された計画としては，とくに計画化しなくても"恒例的・慣習的に継続されている計画"，"緊急を要する計画"がある。後者は「臨時計画」と呼ばれるが，"特別プロジェクト"が組まれ目的の達成と共に解散されるべき性質をもつものである。

3　コンティンジェンシー理論と経営計画

　"コンティンジェンシー"なる用語は，アメリカではイリノイ大学のフィードラー（F. E. Fiedler）によるリーダーシップの有効性に関する研究に端を発し，その後ハーバード大学のローレンス＝ローシュ（P. R. Lawrence & J. W. Lorsch）らによって「コンティンジェンシー理論」としてまとめられたものである[2]。

　コンティンジェンシー（contingency）理論の特質は"組織が計画設定において環境変化への対応がなされねばならぬ"というところにある。不測事象対応計画（contingency plan）とも訳されるべきものであろうが，計画的行動における予想外の事態の発生は常に経験する。contingency の概念は，語意そのも

ののなかに有るように「偶然性」「不測の事態」への対応ということであるが，その背景にはいくつかの理由となるものが存在している。

　まず現代の企業の活動が巨大組織によって代表され，その構造はますます細分化し複雑化していくという傾向にある。設備投資は巨額にのぼり，組織内部における活動も多方面にわたり企業としての全体的統一性・意思決定はますます困難になりつつある。一度採用された経営方針は硬直的になり，組織は急速にその弾力性を失っていくということが現実にはおこりうる。

　一方その環境条件はいつにもまして急激に変化しつつある。現在巨大産業の海外進出は著しく，「産業の空洞化現象」が問題とされているが，国際間のトラブルにまきこまれることもあり，政治的にもまた国民感情的にもさまざまな不確実要素が提起されている。またコンピュータ等の発達により情報の入手技術は格段に進歩したとはいえ，社会の進展も激しくその信憑性の確保，意思決定，経営計画の困難性はますますその度合いを強めている。かかる状況において不測事態への対応を誤るということは中小の企業はもとより大企業といえどその存続を危うくさせられるという経済的社会的状況に現在は置かれている。

　企業の経営計画の具体的立案は，国民性，企業を取り巻く環境（地域性・市場占有率・業界成長率・売上率），経営理念，経営戦略，製品や技術の特性・価値観，さらには従業員の価値観をも考慮にいれてなされるものである。いわばこれらの条件の変化は最適とされる経営計画の変更の要因となりうる。コンティンジェンシー・プランはこのような条件変化への対応を考慮したものであるが，そのためには計画の柔軟性・許容度の設定等をあらかじめ想定しておくという問題となってくる。したがってここで重要なことは基本的経営計画の変更をそのつど求めようとするものではなく，むしろその運用の柔軟性を経営計画に盛り込んだ設定に見出すことができる。

　コンティンジェンシーは不確実下にある環境への一つのアプローチを示そうとするものであるが，その特徴はおかれた状況が異なった時の機能の仕方，

第3章 経営管理・計画と統制の基本原理　131

「状況依存性」を問うものである。また環境との間のオープン・システム・アプローチを採用し，きわめて実践性を重視し実証的アプローチによる仮説の設定・検証を進めて行くところにある。現在の企業の活動がますます過当な条件下においてなされねばならぬということに誰も異論をもつものではないであろう。不確実な要因の回避，それが企業のリスク（risk）に係われば係わるほど重大な関心ごととなってくる（企業における危険回避の問題はRisk Manegement としても取り上げられている）。リスクの実際に発生した時点において対応を考えることは企業にとって多くの犠牲を伴うものである。

しかしながらこれに対する可能性の処置を経営計画に盛り込むということは，現実の問題として困難なことである。経営計画におけるコンティンジェンシー・プランの確立はまだ充分になされていない。したがってそのモデルの設計はこれからの課題である。不確実性要素の発生は予想外のところに存在し（確立論的予測可能の問題とは別の時限），たとえそれが可能としてもあらゆる問題の整合性，重要度評価の取り扱い等に多くの課題を残すものであるといえる。

4 経営計画と予算統制

企業の活動がいかなるものであっても，それが資本の制度（資本を投下して営利活動を行う単位，利潤追求の組織）であるかぎりその行動は具体的に貨幣的数量によって総括されている。すなわち企業のあらゆる行動はここに集約されるのであり，総合的・体系的管理の一側面はこれによって実現される。予算統制とは資本のもつ総体管理的特性より企業のあらゆる活動を総合的・体系的にコントロール（初期のころは単に企業の調整的意味に用いられたが，やがてプランニング機能が重視されるようになった）していこうというものである。したがって予算統制は"貨幣的数値による経営計画と統制の総合"とみることができる。

予算は単に企業の財務的運営に留まらず，あらゆる組織の行動の基礎とな

るものである。とくに計画的行動の是認は予算化を通して実施される。この制度を通して組織の民主化と計画化は進められることになる。予算の編成は，企業の行動予定に従い，すべて貨幣的数値に置き換えられ（ここでは抽象的概念としての経営方針・活動計画ではなく金額による表示が求められる）期間の計画として具体化される。現代の社会においてあらゆる行為には対価の費消を原則とする。予算統制はこれによって組織の各事業分野を調整（部門管理計画）し，全体を統一的・総合的（全般管理計画・利益計画）に管理・運営しようとするものである。かつては予算編成のための資料収集・整理に多くの問題をもっていたが今日ではコンピュータの発展・EDPS等の整備に伴い効果的成果が期待されている。

さて，予算編成の技術が飛躍的に進みその投資効果が企業に成果をもたらすとしても，"予算計画"と"活動の結果"との間には差異が生じるのが当然である。統制はこの差異の分析を通じてより高次な予算編成の確立に向けていかなければならない。差異分析の担当者には差異発生の場所・原因・責任

経営の機能を基準とした計画体系

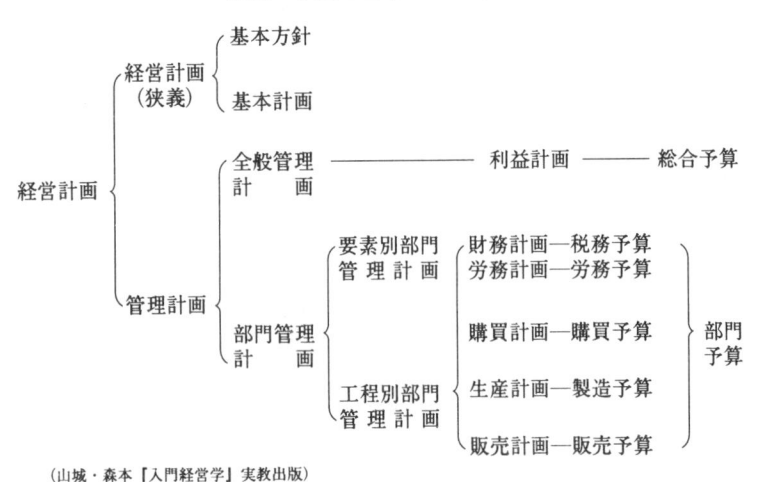

```
                    ┌ 経営計画  ┌ 基本方針
                    │ （狭義）  └ 基本計画
                    │
                    │            全般管理 ──────── 利益計画 ──── 総合予算
経営計画 ┤            計　画
                    │                      ┌ 要素別部門  ┌ 財務計画─税務予算 ┐
                    │                      │ 管 理 計 画 │ 労務計画─労務予算 │
                    └ 管理計画 ┤ 部門管理  ┤            │ 購買計画─購買予算 ├ 部門
                                計　画      │            │ 生産計画─製造予算 │ 予算
                                           └ 工程別部門  │ 販売計画─販売予算 ┘
                                             管 理 計 画
```

（山城・森本『入門経営学』実教出版）

等についての科学的に速やかな調査が要請される。

　基本的に予算差異は，"管理不能な差異"と"可能な差異"に分けられることになる。それぞれ原因の分析はもちろんであるが，とくに管理可能な差異に関しては予算報告書に記載されて各担当者に報告されることになる。適切な対策と同時に次期以後の予算編成の資料としてフィードバックされていかなければならない。

5　計画と統制の機能

　経営の管理において重要な意味をもつ「計画」から「統制」の過程は，通常，次の3段階においてうけとめられている。

　　1. 基準の設定　2. 業績の点検・報告　3. 是正のための処置

　企業の活動基本領域，戦略を受けて経営の計画は具体化されていく。"統制"はその当初の期待と実行結果・成果との比較であり，その差異を縮小すべく時期の計画・実行段階へフィードバックさせるべき処方をいう。

　1）基準の設定

　基準の設定においては計画段階における経営の目標，方針，プログラム，手順・手続き，予算立案等の段階において期待された実現予想値があげられる。計画の緻密度・精密度により，大まかな方向づけの場合もあればより具体的に量的面や価格面あるいは，製品計画・量，サービス単位，操業時間等の設定や原価，投資，収益等細部にわたった詳細な計画が策定に及ぶこともある。業種・業態，情報の確実性も入り，経営の意思決定時の期待値は異なってくる。この場合，計画と結果の差異はいずれにせよ避けられないが理想標準値に置くか良好能率達成可能値を標準とするか期待実際値とするかにより基準は取扱が違ってくる。現実的に経営における統制は計画に設定された基準値をもとにされる。

　2）業績の点検・報告

　計画時に設定された，達成期待値との比較であり，統制の中枢的領域とな

る。達成数値の適切な点検・評価と結果の迅速な報告を，抽象的にならないようにできるだけ比較可能な数量的基準に置き換える必要がある。

3) 是正のための処置

差異の是正は，現実値をもとに，期待値，理想値を考慮して行われることになる。業務遂行の欠陥，計画段階の誤謬，状況の変化等を総合的に分析し計画の変更・修正に留まらず組織そのものの改革，経営責任者の指導もふくめて行われねばならない。

5 経営管理とリーダーシップ

1 リーダーシップ（トップ・マネジメント）とは

さて，企業は人的には最高意思決定者を頂点として，各階層の管理者および作業の具体的遂行者としての従業員によって構成されている人的機構としてみることができる。経営組織はこの構成の最も効果的な活動を達成しようとするものであるならば，これらの活動を統合し，かつ目標に向けて誘導するための職能は不可欠なものである。リーダーシップの論議は1930年代のアメリカにおいて，経営者支配の顕著化と共に活発になってきたものである。ジョーンズ（E. Jonens, *Industrial Leadership and Exective Ability*, 1929）やメトカーフ（H. C. Metcalf, (ed.), *Business Leaderschip*, 1930），バーナム（J. Burnham, *Managerial Revolution*, 1931）がその研究の出発となった。

環境要因の変化および企業の内的管理の諸要因も大きく変化しようとするとき，組織としての職場の構成要素も変化せざるを得ない。管理者におけるリーダーシップの発揮は人と仕事を合理的に結合させ，効果的な組織の効率化を推進していかねばならない。経営学におけるリーダーシップの問題は以後さまざまの角度より考究された。

2 企業とマネジメント組織

1) トップ・マネジメント

　現代の企業のシステムを実質的に管理・運営する機能を担当するものは「専門経営者」といわれる一群の人々である。企業組織のなかにおいてトップ・マネジメントと称されるのは主として取締役会と常務会より構成されるがそこには取締役会長，社長，副社長，専務，常務等を含む。彼らは最高経営層を構成するメンバーであり経営の最高責任者でもある。

　このなかでも取締役会は，株主総会の委託（取締役会のメンバーには社内の経営者だけではなく利害関係者集団の代表者，例えば金融，技術等のいわゆる外部重役が含まれることもある）により，経営の具体的執行を任された最高意思決定機関である。常務会は取締役会で決定された基本方針を個別化して具体的執行の任にあたる（したがって経営執行委員会ともいう）。ここでは経営の人事，予算，価格決定，資産購入，契約，訴訟といった内部的・外部的事項の基本的問題のすべてが処理されることになる。また同時にその過程においてミドル・マネジメントの部門的執行について具体的に組織機能上生じる問題の調整のための責任もここにあることになる。

2) ミドル・マネジメント

　ミドル・マネジメントはトップ・マネジメントとの関係でとらえるならばその下層に属し組織の部門的管理の責任を遂行しようとするものである。近代的企業の特質の一つが組織規模の拡大のなかにあるとすればその職務は必然的に形成されてくる。ミドル・マネジメントの機能が充実することによりトップ・マネジメント担当者，すなわち意思決定者としての専門経営者はより全体的管理に専念することが可能になる。ミドル・マネジメントの職能は組織における部門のより専門化，能率化の原則をその基礎において形成されるが，機能的にはより具体的管理を担当するロワー・マネジメントとの中間に位置することになる。ミドル・マネジメントにおいては経営者の基本方針や経営目標・計画の意思を推進するために各部門においてより執行的な目標

を設定しこれを遂行するための管理責任を負うものである。権限は当然その部門内に留まるものであるが,トップ・マネジメントの意思(情報・命令)を下位組織に伝達したり,各部門間の調節,もしくは上部への報告(たんに業務上の報告に止まらず最末端の業務担当者の公式的・非公式的意思の伝達機能をも含むものでなければならない)というためのコミュニケーションの機能が重視されることになる。現代企業の組織においてミドル・マネジメントは,意識的には経営者と一体感を強くし,経営者職能の分枝としての役割をもつ。このために組織に対するロイヤリティ感も強く働き現代の企業組織をより強固にする機能を果たしている。

6　経営管理とコミュニケーション

バーナードの指摘するように,組織の編成原理の基本要因にコミュニケーションを配することは,伝統理論から近代理論へと意識を止揚させた。また第Ⅱ部第1章で確認されたように,経営理論の進化・近代化は人間性確保の理想に向けて組み立てられてきた。

確かに,組織は目的をもって存在する。現代の社会で,この代表的形態の一つが営利経済行為を営む集団としての企業である。しかもこの集団は,環境適応のなかで生存を果たしていかなくてはならないのである。

経営の行為は,具体的には,経営者の職能を通して経営の組織に働きかけられることによって実現する。そのためには手段的合理性が問われなくてはならない。管理はこの目的を効率的に実現するための技術と解される。ここで経営は,自己の目的を達成するため,さまざまな管理原則を有効に利用しながら職務を遂行していくことになる。ここでは合理的に資源結合を果たさなければならないが,情報資源はこの目的を遂行するため,他の経営資源と有効的に作用することによってこの効果を達成せんとする。

経営における組織化の問題を職務遂行の具体的実行のための手続きと考えるならば経営管理の基本的原理は,経営組織における計画の策定とその統制

第3章　経営管理・計画と統制の基本原理　137

の問題に集約できる。経営におけるコミュニケーションの確保は，クローズドシステムとしての組織概念からオープンシステムとしての現代の理念に移項するにしたがって，ますますその重要性を増してきた。企業の経営機能と管理機能は，コミュニケーション機能に媒介された両者の有効な相関関係によって形成されている。したがって情報実在としての情報資源も経営実態としての組織もこのような職能を介することなしには機能しない。

注
1) ファヨール (1841-1918) は，テイラーとともに科学的管理の確立に貢献したが，テイラーがより工場の現場の管理を思考したのに対し，ファヨールは思想的にはC. ベルナールやA. コントの総合の哲学を理論の基礎におき有機的に経営の総合的・全体的な共同の場としての管理の合理性を追求した。ためにその後の論者によっては管理問題としての全体性・体系性のゆえにファヨールをもって科学的管理論の創設者とすることもある。
2) コンティンジェンシー理論は組織要因を規定する"環境"と"技術"の理解から展開されるが，前者はイギリスのバーンズ=ストッカーの研究に始まるとされる。第Ⅲ部第3章（注1）参照。

第4章　経営管理・組織編成の一般原則

1　組織編成の原則

1　組織編成の基本

　企業は分業と協業のメリットを最大限に発揮しながらその目的を達成するために組織化されたものといえる。したがってその効率的運用のために「管理」は不可欠の要因となった。経営の計画は具体的な役割分担が果たされるなかで実現されていく。企業が具体的に仕事を進めようとすると，役割分担や作業の流れを取り決めておかないと能率が悪いだけではなくて，時には動かなくしてしまう。組織に"人"は不可欠であるが，単なる集団では目的を達成できない。組織化はこの目標を定め職務を遂行するためにはどうしても必要となる。そして，具体的にこれを動かすとなると，前項で確かめた経営管理の基本的原理が大切になってくる。計画を策定し，実行し，そしてコントロールするという管理の原則が正しく作用し，職務がスムーズに流れていくように命令系統を整備するということが「組織編成」の大切な役割となる。経営者の意思決定は，具体的には経営の組織に働きかけられることによって実現するといえる。

2　企業の組織化

　経営者が現実の企業を運営していく場合，すでに確かめた管理機能の遂行は基本的には計画，組織，統制の三つの段階，いわゆるマネジメント・サイクルのなかで実行されていく。このことはまず企業活動の出発においては，その行動予定をあらかじめ計画化することによって指針としようとすることである。

さらにこの計画の内容は組織化されることによって具体化する。最終的に行動に移された結果としての実績は当初の計画との比較を通じてまた次の計画化のなかに取り入れられることになる。

この場合企業がいかなる組織編成を採るかの問題を，組織編成原理においてより基本的に考えてみるならばそこには，①職務権限，②人間関係，③職能，④意思決定過程のどれに視点がおかれているかということで分類ができよう。

もとより企業の組織は目的をもった集団であり，その行動は職務遂行を前提に編成されている。したがってそこでは経営の職能・作業の各担当者に対し，その"責任"と"権限"の範囲に基づく分担関係が明確化されなければならない。また，その連結様式が体系的に示されなければならないからである。

近代企業は組織的行動があってはじめて機能するものである。管理原則に基づき，命令ラインを明瞭な組織図に示したものがいわゆる"フォーマル組織"と呼ばれ，企業の職務遂行機能を提示したものである。具体的な作業手続きの流れと同時に人的所属（配置）も示され，その職務権限も明確になる。したがってこの組織構成は企業の全体的鳥瞰図として欠かすことができない。

産業における組織構成の問題では，基本的にこれを支える管理技術の発展に委ねられなければならない部分を多くもつということは事実である。管理思想の成熟が不可欠なものとなる。また産業構造の大きなワク組も影響を与える。組織の具体的編成は時代の意識も大きく反映している[1]。

2　組織編成原理の変遷（近代的組織論への過程）

組織問題の分析経過において，領域設定の主たる見解は1．構造的・行動的分析（機構中心主義），2．人間労働性の理解（人間関係主義），3．組織環境適応性等の理論（情報主義）において理解できる。それぞれ理論は内容の深化をもって今日に至る。全体の傾向としては個別的分析から全体的なものへ，静態的から動態的なものへ，人間性尊重やより環境社会的な方向性，開放性思考等近代科学の一般的特性を享受する。

まず，近代社会機構における組織の構造的分析を，自己の社会科学的分析手法のなかから解明した嚆矢的業績としてウェーバー（M. Weber）が知られている。彼は巨大組織における官僚的支配機構を，所与の目的を達成するための一つの合理的システムとしてとらえ，彼の独自の手法である理想型（Ideal Types）の概念で整理した。

経営の管理において，フォーマルな組織図は明瞭な組織遂行機能を提示する第一義的機能を果たすものである。かつてはこの職務遂行機能のみを重視した組織が考えられてきた。テイラーにおいても，ファヨールにおいてもこの問題は重要な課題であった。

職務の遂行，命令系統の確保は管理に不可欠な要因とされながら，一方その職務は具体的には精神的存在としての人間によって遂行されるということが充分考慮されたものである。バーナードが"近代の組織理論"として提起するものは，この間の問題である。①共通目的（a common purpose），②協働への意欲（willingness to cooperation），③コミュニケーション（communication）の相互関連的問題領域は経営組織の存在を有意に説明する。組織研究の発展経過もまたこれらの要因がどのように職務機能に係わってきたかを示している。

経営過程論の管理概念に対する人間関係論等の業績や，その組織展開が「仕事の組織」と「人員の配置」を中心としてなされていることへの批判から，組織論的管理論に関する領域を「近代的組織論」として展開する理論の代表者がバーナード・サイモンである。これは，従来の技術的な組織論に替え，新しい行動科学（behavioral science）としての組織論であった。

バーナードの学説は，かつての組織の研究があまりに組織の表面的，皮相的な現象にのみ終始するとして彼自らは組織を構成する個人（individual）の性格研究を試みるのである。いわゆる従来の組織理論において位置づけられた人間が，物質的・非物質的要因のなかで主体的に行動する全人格的人間像・全人仮説（hypothesis of whole man）による経済人（economic man）として位置

づけられるのとは対照的な人間像に基づく理論展開をなした。彼は人間・個人の研究より出発し，心理的，社会的方法をも積極的に導入した独特の組織論を展開した。

バーナード理論の基本的特徴は管理職能の解明を目的として展開されているところにある。管理職能の働く場である協同体系・組織の分析組織成立の3要素は貢献意欲・目的・伝達過程組織と個人の係わり方にあり，組織活性化のメカニズムの分析，人間観の分析を誘因と貢献の理論を中心として展開した。バーナードの組織理論は，独自の人間観のもとに社会学的考察と有機体理論で企業の動態的側面を説明しようとしたのでありその功績は大きい。

理論の後継者サイモンは，トルーマン (F. F. Tallman) の心理学を採用，組織における人間の意思決定 (decision making) を問題とし，バーナードの組織理論をさらに精密に発展させることになるが，その主内容は組織における各個人による意思決定の過程に関する理論，組織における影響力の理論，組織的均衡の理論に集約されることになる。組織を情報の授受を媒介とする意思決定のシステムと考え，意思決定に影響を与える要因を検討していく。協同体系としての組織全体が，どのような条件のもとで個人動機と組織の提供する誘因との均衡（ないし準均衡）状態を実現するか，またどのような方法で均衡状態に到達できるのか，さらに均衡状態を変化させて新しい調和状態をつくりあげていくか。組織全体の内・外部環境への適応や組織の存続・発展の分析を試みている。

3　職務分掌と組織図

1　組織と組織構造

現実の組織の編成は，基本的には各企業の経営方針や戦略によって決定づけられるものであり，そこに普遍的な組織は存在しない。個々の企業では，創業経過，企業規模，業種業態，資本系列，取引関係，経営者気質，管理の知識，その他条件が重なって幾様にもその構造が変化している。また時代の

意識・価値観，経済構造といった生存領域の大きな制約もそこには働いている。

　ただし，一旦採用された組織はその変更が非常に困難となることも知っていなければならない。それぞれ人が，職務がそれに配置されてくるからである。目的に向けたコミュニケーションが維持され，構成員が高い意識をもっているとき，組織はその効力を発揮するが，これが得られない場合組織機能は硬直化していくことはあらゆる状況においてよく経験するところである。

2　組織化と組織図

　いかなる組織形態・構造を採用するかは，経営管理の機能性を発揮するためにも，効果的な運営を期待するためにも避け得ない課題である。組織は企業目的の遂行を最も良い成果を期待して職務分担と権限配分の具体的なパターンを定めたものである。もとより合理的管理の問題の追求は不可欠の要因でありその運営は統制・評価の対象とされる。

　組織は形成された時より職務権限の体系原則に組み込まれなければならないが，この具体的な"ワク組"を作ることを"組織化"といい，全体の枠組み・職務の配置・権限の流れを一覧化したものが"組織図"である。技術的には組織の有効性とその充足度の相乗効果が最大になるということが当面の課題であり，組織原則はこれに合理性を付与する。

　ここでは通常次の四つの機能を果たすことが期待されている。それは①企業内部の情報の流れを決定する，②意思決定のネットワークづくり，③企業内部の人々の知識蓄積を促進し，発想法を形づける，④人々を動機づけ，心理的なエネルギーをひきだす効果を果たさなければならないとされている（『現代経営学事典』日本経済新聞社）。最大限の組織効力を生み出すような組み合わせを考えねばならないが一方を強調すれば他方が犠牲になるというものではない。

4 組織の基本構造

1 基本組織

組織の指揮系統をタテ型・ヨコ型と表現すれば,「権限と責任」の公式化された伝達経路を示された権限機能を担当する課業(タテ)に,副次的に係わり合う支援的機能を担う課業(ヨコ)が付随した副次的に幾何学的構成図(基本型組織や派生型組織)ができ上がる。これが"ラインとスタッフ(line and staff)"の組織機構である。

2 補助組織

通常,職務遂行にしたがって,管理の知識(経営者職能)は開発され,組織機構はより実情に合わせて充実していく。この際,従来の公式化・規格化された構成図のみでは,特殊性のある課題,例えば緊急性・専門性・非日常性・機密性に即応して速やかな対応が取れない場合がある。この解決策として,"スタッフ制","委員会制","プロジェクトチーム制"等のいわゆる"補助的システム制度"が採用される。あらゆる事業体に適応が可能であり,かつ基本組織の規模・形態に比較的拘束されることの少ないこれらの制度は,今日,ほとんどの組織体において何らかの形で採用されている。

現在の主要組織形態では,トップの意思決定が末端まで徹底されるという組織の"命令一元性"原則を維持しながら,現状対応能力の最高度に発揮される"課業権限の分散化"を果たそうとする傾向にある。このことは換言すれば,各階層の専門化を維持しながら組織の系列的命令系統を維持しようとすることであるが,この両者の概念は基本的には相い容れない。命令系統を取るか組織機能を取るか,全体的組織系統図の規律維持と専門化確保の試みが組織の課題となっている。組織の大規模化は現代の複雑な社会機構への弾力的適応を欠くことになる。ために近代の組織機構は機能的にも分権化志向にある。一つの大きな本社機能を分散し,機敏な組織行動が取れる事業所単

位の独立は，国内活動のみではなく，海外で活動する組織において顕著に現れてくる。

5　職能別組織

1　部門管理組織

　経営規模が拡大すれば，どうしてもその組織構造は複雑化していくことになる。それに伴って内部の命令系統ラインも多数の階層を重ねることになる。このことはさらにまたその階層にも多数の事業部単位をもつことになりますます組織は複雑化の一途を辿って膨れ上がっていく。部門化とは，この弊害を避けるため，各階層・各課業の組織をそれぞれの職務内容によって単位化しようとすることである。通常，かかるグループ化の基準としては，職能，工程，時間，製品，地域，顧客等が掲げられている。

　その代表的存在として"職能部門制"がある。企業の組織区分に諸活動の職能（種類，性質）を導入し部門編成したものである。伝統的企業組織に採用され，例えば製造部，販売部，財務部という「部」制度であるが，さらに製造活動を対象にして資材部門，機械部門，組立部門とグループ化していくこともある。基幹部門に補助部を取り入れれば，ライン・アンド・スタッフ組織の形態となる。命令系統の一元化と専門制 (specialization) を組み合わせた形態であり，組織構成員の職能的知識，技能が最も尊重されるが，部門間の調整に弾力性を欠く。大きな本社に見られる集権的管理体制 (centralized management system) 的な職能部門制は，いわゆる伝統的組織形態であり，ややもすれば官僚的組織のもつ問題点を引き込むことになる。これからの機敏な企業の運営にあっては必ずしも適当な制度といえない。より環境適応性を問うならば権限委譲の徹底した分権管理体制 (decentralized management system) がより時代に即応するものとされている。これからは機動性のある企業運営が求められている。階層的に複雑化した縦割組織に対して横断的組織を導入する，いわゆる組織の動態化が問われる。"プロジェクト制"はそのひ

とつであり補助的システムとして有効である。時限的な制度を特徴とするが，既存の部門組織のなかから特定プロジェクト遂行のために専門家を動員し，目的遂行のため特権を付与されることもある。ために恒常的組織では期待できない効果をもつ。

2 事業部制組織

職能別組織とは対象的に"事業部制組織"では，企業内のある特定単位で部門化を行い，あたかも企業内企業のような独立した制度となる。製品別，地域別，顧客別で相互依存を断った一つの事業部組織を作り，独立採算制を導入し，他部門とも企業内で設定された利益を付して取引が行われる徹底した分権制度である。したがって，観念的独立ではこのシステムの目的を達成することはできない。事業部の利益が優先され，採算の合わない組織内取引は拒否できなければならないからである。この制度の採用は，組織内の各事業部は互いが競争相手となることを意味する。

職能別制では各職能を一単位とみなして，組織の全機能が動くようになっている。その命令系統は明瞭なラインとして把握することができる。強力な上からの命令ラインが維持できる機構である。ここでは中央コントロール・システムがその機能を総て担うことになる。これに対して事業部制組織では，各組織機構は基本的には独立している。独立した執行機関をもつというのが原則上のたてまえである。したがって，本社機能を担う中央執行部にあたる本部経営者は，オペレーショナル的な日常業務から解放されることになる。ここでは全体としての経営戦略，意思決定等グループとしてのより高次元の活動に本社機能の追求に専念することができることになる。この制度は，アメリカではすでに1920年代からデュポン社やゼネラルモーターズ社等により採用されている。わが国では高度成長期に松下電器産業株式会社が始めたことで有名となった。大規模企業で，末端機構の活性化，競争原理を導入した事業全体の活性化を目指した組織構造ということになるが，業種業態により

事業部制の採用には問題がでてくることも確かである。

6 マトリックス組織

　マトリックス（格子）の名称が示すように，縦横に命令系統が錯綜する組織構造である。単一命令組織のもつ弊害（限界）を克服するために生まれ出た制度であり，公式組織における複合管理形態としての特徴をもつ。これにより各々の職場のセクト主義，閉鎖性を排除すると同時に情報の共有性を進めいっそう動態的組織のもつメリットを推進しようとするものである。この組織の採用は企業における，それぞれのもつ専門知識を最大限生かそうとするが，ここでは縦・横の二つの権限の流れによるため命令の統一制は放棄されなければならない。逆にいえば単一思考の硬直性を，複数の基準を組み合わせることにより打開しようとするところにあるが命令の複雑性，重複による混乱は避けられない。またより基本的に，複合の命令系統が交差したとき個々に判断要素を残し，組織秩序の維持はどうしても問題として残る。

　しかしあえてこのマトリックス組織の採用を促進する理由の第一は情報化の進展がある。情報化社会はますます浸透し，顧客ニーズは多様化複雑化の一途を辿っている。企業は環境条件の不確実性のもとに活動を余儀なくされているといえる。これに対応するためには組織内部においても意思疎通が充分図られなければならない。従来の単一ライン命令形態による一元的情報処理組織ではもはやこの時代の養成に応えることができないからである。組織コミュニケーションの徹底が求められる。管理原則たる権限と責任の不明瞭さと組織構成員の帰属意識を克服しその専門知識が経営資源として大きな効果を発揮するとき，より大きな成果を得られることを自覚する必要がある。

　趨勢として組織構造そのものは，動態的傾向を強めていくことになる。そのマトリックスでは，変化・成長・複雑化に対応してますます自律的調整機能が尊重され，上下の階層的関係よりもむしろ，専門化の方向を深めながら緩やかな協調関係で相互結合していくことになる。分権化を図り，身軽にな

らなければならない。外的情報の収集，企業内情報の交換，動的なイノベーションを遂行する機能的組織の形成が求められる。

7 情報化の進展と組織機構

　現実の組織形態の形成は，原理的には各企業の経営方針や組織（経営）戦略によって決定づけられるものであるが，普遍的な組織形態は存在しない。いま高度情報化時代を背景により問題をグローバル化して受けとめなければならない。動態的組織構造の問われてきた理由の一つもそこにあった。情報の高度化が進めばますます企業間ネットワーク組織は進展する。外部（情報）組織との連携も考えなければならなくなる[2]。

　現代の企業はさまざまな生存環境要因の下で活動している。そこでは不測事態が発生する度その対応を考えるというかつての管理方式は通用しない。もっとも現実的に組織の運営に関し，完全な意味での不測事態の排除は不可能なことである。しかし，環境に適応した明確な目標の設定やその計画体系，責任・権限の体系，情報・コミュニケーション体系，経営資源の確保やその配分体系，指揮・動機づけ手法，組織・管理の統制手法の確立等は現代の企業に不可欠の管理的要因となってきている。経営者はこれらの要因を充分に考慮に入れた上で自己の経営に最も適応した組織化を達成しなければならない。これを誤ることは伝統的企業といえどもその存続は危ういものとなるからである。企業の速やかなリアクションがいつにもなく要求されるのであり，経営者はこれらの要因を充分に考慮に入れた上で自己の経営に最も適応した組織化を達成しなければならない。

　経営組織の構成は，企業が業務を執行していく上で最も重要な要因の一つであることに相違はない[3]。いかなる組織を構成するかは経営戦略上の問題である。情報化の進展とこれに対応した経営組織のあり方は，現在なされている組織構造の分析に方向性を付加してみなければならない。

　情報化社会の到来，経営環境の変化に伴い新しい経営課題が出現した。「情

報」概念の浸透が企業組織に与える影響はいかにあるのか，またどのように変化していくのかということである。組織の面においてまったく新たな局面というべき問題が起きてきた。かつての規模を誇る経営から，身軽な環境変化に速やかに対応できる組織への変革である。組織構造は，これまでの集権的ピラミッド型から，専門化を生かした分権的・水平分業型のネットワーク構造の採用となる。高度に進めば企業そのものの多角化戦略より，各事業部門を独立させることになる。ともかくも組織構造そのものは動態的傾向を強めるがそのマトリックスは情報化をバネとして，組織内コミュニケーションを徹底すべく重要性を深めていく機構であるが，外部情報とのコンタクトを含め独自な領域の確保と協調性は今後の課題となる。

注
1) 経済同友会では，1990年代への「日本的経営の課題」としてすでに組織変革の必要性を強調している。自律化し，専門化した組織ユニットが，「情報」を通じたネットワーク組織をくむのであり，「小さな本社」の少数のトップの戦略的意思決定によりネットワークが統合されるとしている（「1990年代の企業経営（Ⅱ）－新日本経営の創造－」経済同友会，1985年4月）。
2) 宮川公男教授は情報化の進展が与える企業経営へのインパクトを整理しているが，とりわけ経営組織への影響課題を，「企業内組織における諸職務とのおよびそれらの間の関係，それらを分担する従業員や彼らの間の関係，さらにそれらを構造化する組織」のあり方，また「組織における責任や権限の配分」，「組織内の人間の協同関係」として情報化のインパクトの影響を指摘する（『現代経営事典』）。
3) この問題に対して島田達己教授の労作「情報技術と経営組織」（『経営情報システム』日科技連，1991年参照）でケーススタディの結果を集約している。すでに述べてきたように組織は企業の複合的意思決定の産物であり，あらゆる要因のもとで形成される。「情報技術の経営組織への影響」「経営組織の情報技術への影響」と双方向性に焦点が合わされている。

第5章 部門管理

1 販売・マーケティング

1 マーケティング問題の発生とその概念の意義

　現代のマーケティングは，複雑なメカニズムで動いているがその理由の一つに社会経済的要因との連鎖がある。ここでは歴史的に問題となったポイントの推移を確かめてみることが，結果としてこの領域を概観するのに役立つ。

　マーケティング（marketing）の研究はアメリカにおいて発生した。その前史的研究である商業知識を別にしていうと，今世紀の初めから1929年の大恐慌に至る時代に提起された一連の機能的接近（functional approach），そして恐慌以後第2次世界大戦の終了に至る時期に発生した制度的接近（institutional approach），そしてその後生まれた一連の管理的接近（managerial approach）に識別することが可能であろう。とすれば，いわばマーケティングのもつ問題はすこぶるアメリカ的な現実を背景として発生・発展してきたものである。

　独立宣言（1771年）より南北戦争（1861-65年）に至るアメリカの発展の一つの要因は「西漸運動」（Westward Movement）によって特徴づけられることはすでに確かめた通りである。この戦争を契機として進められる北部の工業化政策は，やがて農業大国アメリカをして大工業国に躍進せしめた。確立されたアメリカ経済は，やがて第一次世界大戦後それが結実し，かつ高度化されるようになった。ここからマーケティング問題をほぐしていきたい。

2 生産志向とマーケティング活動

アメリカにおける経済成長はこのような工業資本主義の発達によって実現されるのであり,このことは具体的には,近代的工場制度の確立,大規模工場経営の躍進と相関連してマーケティングが問題となって特徴づけられる。

近代的工場から生み出される製品は当初順調に西漸運動の結果もたらされる広大な"消費市場"に吸収されていった。需要が供給を呑み込んだ,いわゆる"つくれば売れる"時代であった。製造業者は生産に専念し,流通機能は第三者たる中間商人,すなわち"卸売業者"や"小売業者"にまかせればよかった。

3 売り手市場から買い手市場へ

大陸横断鉄道の完成等交通網は急速に整備されていった。工場でつくられた製品を限りなく吸収した未開拓の市場もやがて商品の普及と共に偏狭化していかざるを得ない。市場の飽和状態が到来したのである。以後ここから商品の流通をめぐって新たな問題が提起されてくる。マーシャル (Leon Carroll Marschall) はこの事実を,すなわち1880年をもって一つの分岐点 (divide the period) として区別 (L. C. Marchall, *Business Administration*, 1921, p.256) しているが,産業の発展は,当然企業間競争の激化を生み,狭小化していく市場においてその販売の確保はとうてい無視できない問題となってきた。

企業は自社の製品を第三者にゆだねるのではなく,自ら市場に販売することを考えなければ生存競争に勝ち抜くことは難しくなってきたのである。このような時ショウ (A. W. Shaw) は「市場配給の諸問題」(Some problemes in market Distribution, 1912) を発表[1]している。

4 市場構造の変化とマーケティング

進む生産工程の合理化は当然大量生産に結びつかざるを得ない。アメリカ経済の発展を支えた代表的産業に自動車がある。継続的大量生産をベルトコ

ンベヤー・システム（conveyer system）を導入することによって成功させたのがヘンリー・フォードであり，自動車の連続製造にこの流れ作業方式を導入することにより生産の能率を飛躍的に増大させ，安価な大衆車として「T型車」を定着させた。"フォード・システム"とも呼ばれる彼のコンセプトは生産を徹底的に合理化し，消費者には低価格で，労働者には高賃金を提供することであった。したがってその製品は標準化され，一度購入すれば徹底した品質管理による部品の供給を受けることにより永続的にこの自動車を利用することができた。

しかし，テイラーの労働作業の合理化の限界を乗り越え，機械による耐久消費財の大量生産時代の幕開けとなったこの方式も，アメリカ資本主義の発展，市場対応に順応性を欠いた。国民が豊かになって行くにつれ，ステイタスのシンボルとして自動車が利用されたこと，趣向が広がり単一の黒色大衆車は個人的な個性の欲求に応じることができなくなったことが挙げられる。生産方式としては画期的であったものの販売市場における顧客の商品志向の変遷への対応に遅れたフォードはやがて競争企業たるジェネラルモータース（GM）にその首位の座を奪われることになる。

5 販売政策とマーケティング

生産者が信じた，価格が消費者の心をとらえ，企業自らも拘束された"原価切下げの努力"は一方的なものであった。"消費者ニーズの変化への対応"を忘れていた。同時に，新たな需要を喚起できない限り市場は飽和現象をきたす。一方的に作り続け，配給した市場は新たな欲望を満たす製品を開発できない限り，長期政策的には早晩限界に突き当たる。販売のための諸手段が検討された。モデルチェンジを行い，商品の差別化や卸問屋や小売店まで系列化したり，自らの専門店を設け販売チャネル確保の努力が続けられた。また消費者の購買意欲を駆り立てる広告・宣伝が販売活動の中心となり，また販売員の営業活動が精力的に展開されたのである。大量生産と大量販売は太

い流通パイプで結ばれ大手製造業者による販売競争は熾烈を極めた。わが国でも"消費は美徳"といわれ，需要喚起による生産活動政策が続けられた。

6 マーケティング戦略の台頭

　成熟市場を前提にして，企業の販売戦略を考えなければならない時代がやってきた。メディアは高度に成長し，消費者はその必要な情報を瞬時に手に入れることができるのである。過剰にあふれた商品と偏狭化した市場を対象として企業は競争していかなければならない。刻々と変わる環境情報を分析してその対応を立てなければならない。不確実性の高い環境変化に対応するための意思決定は，許される限りにおいてマーケティング活動要素たる商品構成（マーチャンダイジング）・流通・販売促進政策・価格等を組み合わせることである。ここにマーケティング・ミックス（marketing mix）の考えが出てくる。この組み合わせは規模・業種・業態・活動地域・顧客対象等さまざまな要因によって変わってくるため決して一様に定められるものではない。しかも常に変化を余儀なくされる。創造性をもった革新的精神によってはじめて効力を発揮する。経営戦略理論は活発にこの領域に展開された。生産産業による市場支配は，やがて流通産業にその座を譲っていった。また大型小売店の流通支配も台頭してきた。小売店の流通支配現象が顕現化してきたのである。

7 社会意識の成熟とマーケティング

1) 消費者保護とマーケティング

　マーケティングの問題が単に企業の段階に留まることなく社会の問題として注目されだしたのは，単に"売ればよい"という意識が問われはじめたことによる。コトラー（P. Kotler）やドラッカー（P. F. Drucker）の貢献も大きい。顧客を無視したかのような販売活動は企業の存続に逆の作用を及ぼすというのである。マーケティングは"顧客"を原点に考えるべきであり，この

ことの無視は企業にハイリスクをもたらすことになる。

　観点は異なるが，アメリカで製造物責任について定める法律が制定されたことはいっそうその社会性を強める要因ともなった（わが国では94年6月に制定，95年7月施行。なお容器リサイクル法は95年6月に制定，97年7月施行）。プロダクト・ライアビリティ（Product Liability）いわゆる「PL法」[2]とは，かつて製品の安全性の欠陥により生命・身体や物に被害を受けても被害側の消費者が製造者側の過失を証明しなければその損害賠償責任を問えなかった不備を補い，賠償・責任ルールを製品の製造者等へ遡及させたものである。かくてマーケティングの領域においても消費者保護をはじめ社会的意識を強く反映した展開（social marketing）が望まれるようになってきた。

　コトラーやレヴィー（S. J. Levy）によるソーシャル・マーケティングの考え方，すなわち単に企業の販売戦略上のマーケティングからその対象を社会全体の諸問題としてとらえようとする問題提起も定着してきている。

　2）環境保護とマーケティング

　人類の生存権をかけて環境保護の問題が意識されだしたのは1970年代に入ってのことである。ISO（国際標準化機構）が中心となって無制限な開発による環境破壊から地球環境保護を推進すべき行動指針の国際規格作りを急いでいるが，今後，この国際規格に適合しない企業は，資源の採取はもとより生産，販売あるいは貿易をも制限されるというものである。企業の基本活動領域においても，またそのマーケティング活動においてもこの問題は重大な意味をもつ。

　3）ソーシャル・マーケティング

　国民の生活のなかに企業の存在が深く係わり，生産・消費・文化・福祉が一体と考えなければならない時代が到来してきた。人類の文化創造に企業が大きく関与してきたとき，そのライフスタイルおよび社会構成における，企業の活動は単なる営利組織を超えた存在となる。

　ただこの問題に関しては精神的理念としては同調しながらも現実的に多く

の課題を残す。企業の販売政策の一環としての展開と社会的価値観念の延長としてのマーケティング活動のあり方,もしくはその接点としても概念上未解決の部分をもつ。社会意識の成熟とマーケティング活動の総合的理解を伴う。

2 生産・ロジスティクス

1 生産の概念と特徴

生産は狭義には物財を算出することであるが,広義には顧客の欲求する商品サービスを提供し,付加価値を生むことを意味し,今日では次第に広義の意に用いられてきている。現代では一面で顧客需要が多様化し画一的商品サービスが妥当しにくい反面,国際的に標準的に普及品の市場が拡大する可能性を秘めている。商品サービスの供給面からは,規模の利益により同一物の大量生産によるメリットは大きく,需要の多様化といかに調和させるかの課題があり,その対策としていくつかの動向がみられる。

第1は情報処理を援用した生産設備機械化の徹底である。NCI工作機械(数値制御を備えた工作機械),マシニング・センター(複数の工作を収納,必要に応じ自動的に交換)が多用され,産業用ロボットは加工,組立,包装,ことに汚染,危険作業に使用されている。搬送ではベルト・コンベア,無人搬送車,自動搬出入倉庫,ロボットが使用され,コンピュータ制御のCIM(生産),CAD(設計),CTA(検査)も普及している。

第2は多品種少量生産に伴う対応である。グループ・テクノロジー(類似性ある製品部品の一括生産),FMS(コンピュータで加工,組立の自動的切替),カンバン方式[3]など有名である。

第3はアウト・ソーシングの拡大である。わが国では従来,親・下請企業[4]による外注は進行し,専門技術を有する下請企業が部品を供給し親企業が組立て販売してきた。また設計,配送などの業務,企業の一部または生産の一部等,特定の専門業務を,専門企業からの調達に切替えたり委託したり,専

門の別会社に分離したりすることが進んでいる。

最近では物財生産を中心とした海外生産が進展し、専門技術などで外国企業からの導入や提携も増加している。経営資源やその結合の外注化は今後さらに進行するであろう。

第4に作業者の教育訓練が重視されてきたことである。わが国ではTQC[5]活動など、商品、作業内容の変更に対応するための教育訓練が盛んであり、わが国企業の商品における品質、納期、コスト等に及ぼした成果は大きい。アメリカ企業でも最近、多能工（複数技能の就業可能）教育が始められており、発展途上国では作業者の技能レベル向上が企業や国の発展に連なることになる。

2　物流の概念と機能

ロジスティクスは「物流」と訳され、本来、軍事での用語「兵站」で前線部隊への補給活動を意味した。今日では経済、経営面で、供給者から消費者に至るまでの顧客満足を充たし、合理的に実行する活動をいう。その機能、活動内容の概要を一覧で示すと表Ⅱ-5のようになる。企業のモノの流れに注目した活動が物流である。

企業における価値の増加は原料供給から製造、物流を経て生ずるが、その機能が必要とする情報は逆に、消費者の需要（購買活動）から各段階を遡って伝達される。したがって各段階では需要予測を立てて物流計画（売上、仕入、在庫の計画）を編成して業務を運営する。

企業のロジスティクス目標は顧客の満足する要求に応じるカストマー・サービスの提供と、物流機能を合理的に運用するという二面をもつ。

第1のカストマー・サービスは現在、企業戦略や競争戦略の重要な手段として、需要の増減に影響する。物流機能は注文を受け発送するだけに留まらない。顧客の要求する商品サービスの品質を保証し、最も効率的な配送コストで短い時間で提供できるかが要求される。

表Ⅱ-5 企業のロジスティクス概要

段 階	機 能	必要情報	主 な 業 務 内 容
原料供給	調　達 納　入	出　荷 仕　入 在　庫	物流計画，受注，仕入，在庫 荷役・包装，輸送，棚卸
製　造	原料調達 生産補助 配　送	販　売 生　産 在　庫 配　送	物流計画，購買，外注，検収 工場内運搬，部品，商品在庫 配送準備（包装，仕分け，荷役など） 輸送，棚卸
流　通	調　達	受　注 配　送 仕入・在庫	物流計画，配送準備，輸送 仕入，検収，在庫，棚卸
消　費	購　買 納　入	商品選択 受注・納入	注文，検収

　ことに成熟市場の市場サービスでは，この物流サービスの優劣が売上に反映し，要求する良いものを確実に早く安く届け得るシステム（情報を含む）の有無が問題となる。

　第2は物流の合理的運営では商品サービスの品質保全とトータル・コストの最小化である。品質保全では物流過程での欠陥・不良・汚染品，経過，陳腐化・旧型品の発生防止，品切れや売れ残り在庫の監視などの日常的な管理システムが必要となる。物流コストの最小化では輸送，荷役の直接費の節約のみでなく，品質保全による返品・再送等の発生防止，商品等の最大回転，最小在庫のための木目の細かい計画が求められる。物流業務のコンピュータ管理は今や不可欠となっている。

　物流業務の情報化は一面，需要予測，受注，生産，在庫，出荷，配送という全業務の，一貫した全体として整合性のとれた情報提供が日常的に求められる。他面，各段階・機能（購買，生産，倉庫，配送など）ごとにも詳細にわたる計画，実行，結果に関する情報が要求される。

最近では仕入業者や物流業者との間に，情報ネットワークを設置し，情報の共同化や発注・納入の迅速化を図っている企業も出現している。

3　R&D・技術

1　研究開発の特徴と管理

企業内で技術部門と一括される内容を分類し，その特徴と管理方法について概観してみよう。

第1は研究開発（リサーチ）部で，その研究内容は基礎研究（学問的な仮説や理論の形成，現象や事実につき新知識を得る研究）と応用研究（基礎研究の成果を利用しての実用化，実用化されているものの新応用方法，に関する可能性探求）に区分される。いずれも既存の研究にとらわれず独自の理論，実用可能性の発見である。

企業にとって直ちに商品化されるものでなく，長期的観点からの先端技術的な研究である。研究のアイディアや素材を求め情報収集，他研究，技術導入なども必要であろう。既存技術のブレーク・スルーを図る革新的技術の開発はいままで日本は弱いとされてきた。

この部門の管理は研究者の創意，個性を尊重し，できるだけ管理は委託し支援する方法がよい。研究テーマも研究者相互間で決定させ長期に探求させるよう，自主性を発揮できる管理が望まれる。不確実性と失敗・リスクの伴う研究であることに特徴がある。

第2は開発研究（ディベロップ）部で，新商品等の開発，商品群の拡大，改良，新機材の開発など，既存技術を応用する実用化のための短期・中期的なテーマ研究である[6]。

この開発研究部では市場動向等を学ぶ必要上，マーケティング部門とは緊密な交流を要する。また設計部，生産技術部とも交流を図り実用化に伴う商品の改良，拡大，新材料採用の技術情報の提供を受けるほか，企業外の力を借りることもある[7]。

この部門は管理は一見，研究開発部とは対照的な管理が求められる。研究テーマを明確にした進捗管理を行い，研究は広汎な情報を収集し，選択，集約する方法がとられる。研究者の適格は統合性，協調性，効率性などで，チームワークによる研究も必要である。この実用化研究は日本が得意とした分野である。

第3は設計技術で生産設計（効率的な商品設計）と設計技術（特定顧客，用途のための設計）に分かれる。前者は量産品等の生産前になされ，試作に基づき品質，コスト等を検討し，既存の生産環境下での最適な量産品設計を行う。

後者は受注生産につき顧客の要求に基づき，標準設計を修正するもので，一定の許容範囲内での変更である。現在では標準設計をCADによってグラフィック・ディスプレーで実施するのが通例である。

第4は生産技術でIE（インダストリアル・エンジニアリング）とも呼ばれ，生産の効率化，合理化の企画と実行である。新工場建設（建物設計，部門配置，エネルギー源と配管，倉庫，公害，環境など），設備・機会の導入とレイアウト，生産システム設計，QC等の改善提案の採用などがあげられる。

外国では現場作業者に支払う賃金のベースとなる，作業標準（作業の種類と動作），標準時間（各作業ごとの標準作業時間），賃率（作業を格付けし標準単位に対する支払い賃金）の設計もIEの業務である。

第5は技術管理で権利保護と情報収集に分類される。前者は工業所有権，著作権などの権利を出願，登録を受け排他的使用権を得る手続きを講じる。またノウハウを含む知的所有権について他企業に使用させる場合，技術供与契約を結び管理する。また権利などの侵害に対し必要な措置を講じる。

後者は自企業に関連する広汎な技術につき，国内外の情報収集のネットワークを敷き，常時，情報を収集，選別し必要と考える技術等の情報を開発研究部などに伝達する。また使用の便宜を図るため，情報の整理，分類などをして蓄積する。

4 労務・ヒューマンリソース

1 ヒューマンリソースの概要

ヒューマンリソース（resource）の問題は経営資源（ヒト・モノ・カネ・情報）のうち，最も大切なヒトに関する領域である。組織は目的達成のため編成されたものであるが，その効率的利用を達成するためにはどうしても「労働力の管理」が必要となる。従来「人事・労務」という概念で包括され，人材の採用，適所配置，教育，作業条件の整備等，その力を最大限に発揮させるためのあらゆる処方を指すが必ずしも統一的な定義[8]があるわけではない。ここではとくに人事・労務の諸問題として考えてみたい。

2 わが国の労務・人事管理

わが国では，労務・人事管理の近代化は戦後の民主化運動[9]のなかから始まった。この時期，アメリカ的労務・人事諸制度，例えば職務分析，職務給，TWI[10]，MTP，人事考課，労働組合との団体交渉制度，労働協約制度や人間関係管理の定型的諸制度，目標管理，組織開発などが導入された。もっともその後日本的経営論においても議論の対象となったものである大正中期から昭和初期にその基本的あり方が定まっていたとの見方もある。終身雇用，年功序列人事，年功賃金，生涯給制度，ボーナス制度，福利厚生，企業別組合等にみられる日本的労務慣行が築かれ，これらの融合の下に戦後の日本経済を支えた労務慣行制度が出来上がった。

3 現代労務管理の基本的内容

1) 労務管理の基本的内容

① 管理原則と労務管理：基本的管理原則の適用である。全体としての経営管理に整合性をもたせた労務関係においての方針・戦略・計画・組織・評定（監査）が対象とされる。

② 人事・労務情報：労働者の基本的情報（職務・従業員の配置・労働移動状況・労働条件・勤怠状況等）が集約され労務・人事管理の基本資料（準備作業）となる。

2) 従業員管理（狭義の人事管理）

① 雇用管理：求人・選考・採否決定・配置・異動・昇進・休離退職等が個々の労働者に対して考課される。

② 賃金管理：賃金管理・賃金体系・臨時給（ボーナス含む）・退職金・企業年金などの管理。

③ 作業条件管理：職務内容・労働時間・労働安全・衛生の管理。

④ 教育訓練・能力開発の管理：新入社員教育・階層別訓練・職能別訓練・自己啓発管理・組織開発等が労働力の質的向上のために適応される。

経営者（管理者，監督者）教育に関する訓練として戦後のわが国では，

T. W .I. (Training within Industry for supervisor),

M. T. P. (Management Training Program),

J. S. T. (Jinjiin Supervisory Traning),

T. S. T (Tokyoto Supervisor Training)，と呼ばれる各種の教育方法が導入された。これらの管理者用教育定型訓練はいずれも，現場の指揮，監督にあたる人々 (middle and lower management) を対象としたものであるが，T.W.I. はより監督者として，他は管理者用として用いられた。

⑤ モラール・モティベーション管理とリーダーシップ：精神的側面をもち，企業への忠誠心や帰属意識，勤労意欲や職場のコミュニケーション，人間関係の改善等が取り扱われる。

個別管理として：個人理解・OJT[11]・モティベーション。

集団管理として：職場モラール管理・チーム・ワークの形成・目標管理。

⑥ 企業福利厚生の管理：企業としての広義での労働者の作業条件，文化，健康，福利厚生施設が検討，管理される。

3) 広義労務管理の内容

広義の労務管理の内容としては経営の全体的レベルでの問題，例えば労使関係の安定化（労使関係管理）であるとか，定年決定，人員削減等や組織の活性化の問題までが対象となる。

4 人的資源重視と日本的経営

日本的経営の根元には人的資源の重視があるといわれている。一次ブーム的に扱われた「日本的経営」は，本質において多くの問題を未だ残している。確かに，日本の雇用形態，サラリーマン社会の特権といわれた終身雇用制，定期昇給，年功賃金ももはや不変のものと誰も思わなくなってきた。当然労働者も企業へのロイヤリティー意識を薄れさせている。企業は生活の手段という欧米的考えが浸透してきている。集団主義的に業務を遂行するより，個人の業績が大切になり，職場・家庭と結びついていた人的つながりも，職場の移動と共になくなってくる。ここに確実に，日本的経営は崩壊に向かうかの議論がある。

一方において，近年近隣の国々において「日本に学べ」の気風が出てきているのも注目に値する。日本の企業は不況においても人的資源を有効に活用し，労使協調的にこれを乗り切っていくというのである。

議論はさておき，経営教育，福利厚生，中高年対策などの人的資源重視の基本姿勢は日本的経営の大きな資産といえる。管理者や技術者の移転が日常化すれば，教育投資に企業採算（投資効果）が取れなくなることになる。

5 財務・コントロール

1 財務管理の概要

企業活動のために元入投下されている経済価値を資本というが，この資本の調達と運用を計画・統制していくことが"財務"の課題である。したがってここで財務管理の職能は，企業活動が最大効果を生み出すよう，資本に関

して計画をたて，調達し，運用することにある。ここでは資本調達の方法やタイミング，また市場の設定までを含み，資本の運用に関する意思決定，資本の循環過程における収益と費用の管理までが財務管理の主たる領域となる。

ところで，財務管理の主な関心領域は社会経済環境を背景に変遷しており，1930年代までは資本の調達（貸借対照表の貸方），1950年代前半までは予算や内部統制等企業の計数管理，50年代後半は資産（貸借対照表の借方），60年代以降は数式モデル等を用いた資本コストや企業評価，さらには70年代に入って，問題は多角化した事業の管理（とくに経営資源－投資資金－の配分）に移行し，プロダクト・ポートフォリオ・マネジメント（PPM：Product Portfolio Management，ボストン・コンサルティング・グループの開発した戦略計画手法のひとつで，この出現は企業の経営戦略理論を飛躍的に発展させることになった。単純には市場成長率と企業の市場における相対シェアーに関する理論であったが，領域を大きく拡大している）の理論との連携。75年代後半にはコンピュータ支援による管理技術（DSS－第Ⅰ部第6章参照）の導入もあり，多彩に，しかも精緻に研究されている。

2 資本の管理と利益の管理

1) 経営成果の統一目標としての総資本利益率

多彩に展開される財務管理領域であるが，基本活動にもどし，その成果を，「投下した資本」に対する「回収された資本」の差額としての「利潤」によって測定するとする。企業の努力は，この利潤の極大化を目指して営まれるということである。そこで，経営方針遂行のための「利益計画」を，総資本利益率で企業全体を包括的に見ようという考えである。

さて，ここでいう「総資本利益率」とは，企業における経営活動の指標として，投下資本の効率の測定を総収益と総費用との差額である期間純利益との関係から把握（資本，利益の概念としては，それぞれ総資本，経営資本，自己資本，資本金および営業利益，経常利益，当期純利益，未処分利益等が考えられる）

第5章　部門管理

しようとするものであり，資本が一定期間に運動した成果を示している。

　総資本利益率をもって企業全体の包括的成果の把握に役立てようとする考え方は，経営活動の成果，政策の統一目標としての総資本利益率が，基本的には二つの関連要素より構成されていることを示している。「売上高利益率」と「総資本回転率」がそれであり，両者もしくはそのどちらかの効率を追求することになる。この場合，売上高利益率はその内に総原価と売上高との関係比率である「売上高原価率」をもつことになる。このようにして総資本利益率を経営活動における資本効率の最終的目標数値とすることは，結果において，企業における資本と売上高と売上利益および総原価の相関関係の分析を行うということになってくる。

$$\text{総資本利益率（％）} = \frac{\text{利　益}}{\text{総資本}} \times 100$$

$$= \frac{\text{売上高（収益）} - \text{費用}}{\text{流動資産} + \text{固定資産} + \text{繰延資産}}$$

$$= \frac{\text{利　益}}{\text{売上高}} \times \frac{\text{売上高}}{\text{総資本}}$$

$$= \text{売上高利益率} \times \text{資本回転率}$$

2）収益の回収と資本の回収

　① **損益分岐点（CVP）の分析**：CVP分析（Cost-Volume-Profit analysis）や目標利益計画達成の考え方の基礎として損益分岐点の分析は有効である。営業の成果として，費用を超過する売上高（収益）を実現した時に初めて利益を獲得できる。損益分岐点（break‐even point）とは，損失から利益に変わる点（売上高＝収益）をいう。その分析には，当然売上高と費用の発生のしかたが係わってくる。

　② **費用の分解**：損益分岐点の算定は，一定売上のもとで発生する"費用"の性質が問題となる。このときの総費用を操業度との関連で"変動費"と"固定費"に分解する。

損益分岐点の算出公式

$$\text{損益分岐点の売上量} = \frac{\text{固定費総額}}{\text{製品の販売単価} - \dfrac{\text{変動費総額}}{\text{製品の販売量}}}$$

$$= \frac{\text{固定費総額}}{\text{製品の販売単価} - \text{製品単位当たり変動費}} = \frac{\text{固定費総額}}{\text{単位当たり限界利益}}$$

$$\text{損益分岐点の売上高} = \frac{\text{固定費総額}}{1 - \dfrac{\text{変動費総額}}{\text{売上高}}}$$

$$= \frac{\text{固定費総額}}{1 - \text{変動費率}}$$

$$\text{目標利益を上げる売上高} = \frac{\text{固定費総額} + \text{目標利益}}{1 - \text{変動費率}}$$

$$\text{売上高の目標資本利益率} = \frac{\text{固定費}}{1 - \left(\text{変動費率} + \dfrac{\text{目標資本利益率}}{100}\right)}$$

$$\text{安全余裕率} = \frac{\text{売上高} - \text{損益分岐点の売上高}}{\text{売上高}} \times 100$$

3) 資本回収点の分析

① **資本回収点**：資本回収点とは，総資本が売上高（収益）で回収できる点（売上高と総資本が一致する点）で，これが速ければ速いほど資本の効率的利用がよいということになる。この資本回収点に達する売上高のことを資本回収点の売上高という。また広義に資本回収点という場合には，売上高と資本（変動的資本と固定的資本）と資金の余裕ないし未回収の関係をいう。

② **資本の分解**：資本の分解とは，操業度との関連において，総資本を"変動的資本"（variable capital）と"固定的資本"（fixed capital）とに分解する。ここでいう総資本とは貸借対照表の総資産（＝資本）の関係から，源泉形態としての資本が運用形態としての資産に移項されるということになる。この場合，流動資産（1年以内に現金化）のなかに含まれる実質非流動資産を

峻別し固定資産としての処置をする必要がある。

③ 資本回収点の公式：

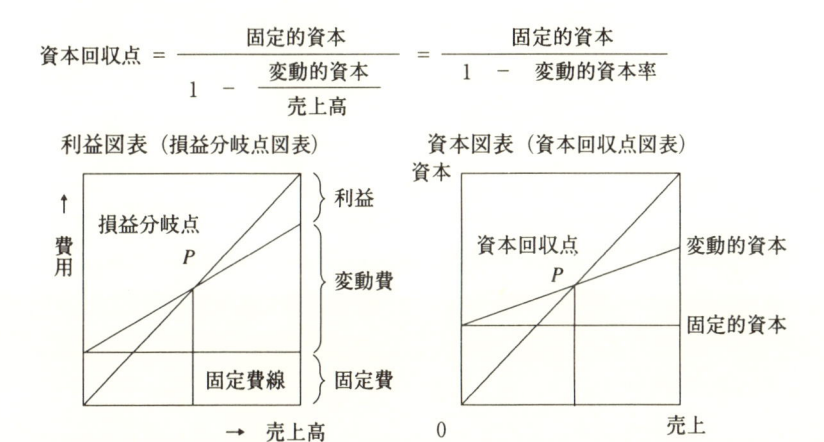

$$\text{資本回収点} = \frac{\text{固定的資本}}{1 - \dfrac{\text{変動的資本}}{\text{売上高}}} = \frac{\text{固定的資本}}{1 - \text{変動的資本率}}$$

利益図表（損益分岐点図表）　　　資本図表（資本回収点図表）

4）利益計画達成点の分析

① 利益計画達成点（目標利益率達成点）とは：これは総資本に対する利益率に目標利益を求め、これを達成するための売上高のことである。費用と資本と売上高をコントロールしながらこの数値に近づけることが管理要因となる。

⑤ 利益計画達成点の公式：利益計画達成点の公式は以下の通りであるが、グラフを用いて描くこともできる。

$$\text{利益計画達成点} = \frac{\text{固定費} + （\text{目標資本利益率} \times \text{固定的資本}）}{1 - \text{変動費率} - （\text{目標資本利益率} \times \text{変動的資本率}）}$$

6　通信・インフォメーション

1　情報化社会の進展と情報概念

経営活動の主要な資源として従来，「人」，「物質」，「エネルギー」の三要素

が挙げられた。ここに新たに「情報」概念が追加され,これを中心に社会全体がインターネットで結ばれる状況を指して「情報化社会」[12]と呼んでいる。その影響は政治,経済,文化はもとより一般家庭にまで浸透し,新たな世界を構築するに至っている。技術の開発に支えられ領域は無尽蔵に広がって行くが,産業社会への影響は最も顕著でありその対応は今日の企業の中枢問題となっている。

2　CALS（continuous acquisition lifecycle support）計画の推進

産業の領域でいち早くシステム的に軌道に乗せたのは金融,流通部門であるが,今日ではその企業内に留まっていた情報処理の範囲（コンピュータ・ネットワーク）が他企業との情報交換を含めて拡大され,いわゆる企業間ネットワークに進展してきている。現在産業の活性化と,国際競争力強化を目指し,マルチメディア時代の究極の品質の向上やコスト削減の手段とされるCALS[13]（生産・調達・運用支援統合情報システム）が日本でも実用化にむけてスタートしている。この概念はC（連続的な）,A（取得・獲得）,L（ライフサイクル）,S（支援）であり,調達側,供給側にとって製品やシステムの調達（契約,設計,製造,試験,納入）から運用・維持・廃業・再利用までの全サイクルにわたって品質の向上,経費の削減,リードタイムの短縮を目的とする,産業のトータル管理運動のことである。情報の共有や再利用が容易となることから産業活動や経済社会システムの効率化が促進され,海外企業との共同開発・部材調達も可能となる。いわば国際社会における産業のネットワーク化が一気に実現する構想といえる。

3　企業間ネットワークと情報社会

企業間での情報の交換が高度に進展するということの意味は,単に同一企業内（間）においてなされていた情報処理の範囲（当初は事務の合理化）が他企業との情報交換を含めて拡大（コンピュータ・ネットワーク）されてあ

たかも一つのシステムとして機能していくことである。情報のネットワークはその背景に巨大な資金を要求する。したがって本来国家政策の遂行等，巨大プロジェクトと結びつけて開発されたものが，技術の進歩や社会資本の充実を受けて社会一般の概念として浸透していったものといえよう。トータルとしての"インフラストラクチャーの整備"は不可欠の要因である。

この高度情報化社会への変革は，当然技術的進歩に裏打ちされたものである。超LSI（大規模集積回路）の開発に代表されるが，問題はそのニューメディア技術が一部の企業，一部の地域に集中的に利用されるのではなく今日では広く国民的レベルでの利用を前提にしていることにある。したがってパソコン等の端末機器のみならず，くまなくカバーされた通信網が個人的にもこれとのアクセスを可能にし，生活と密着した，"情報化ネットワーク社会"の完全な浸透を前提としての議論が進められることになる。

情報を媒体とした企業の活動においても，これに対応した組織活動が要請される。激化する競争社会・市場環境の変化への対応，また一方で要求されるディスクロジャー（情報公開の原則）理念の進展は国民生活を巻き込んで新たな局面を付与されてくることになる。企業間ネットワークはますますその機構を拡充していくなかで問題は深刻化してくる。

4　高度情報化社会の到来と企業経営

1960年代の「情報化社会」の始まりとされている第1次の概念では，いわゆる「第三世代コンピュータ」を念頭に置いて「問題提起的観念論」として構想が進められた。これに対し「高度情報化社会」は概念的にも根本的に異なって展開された。これは80年代に入って提唱されたものであり，情報の分散処理・ネックワーク化を念頭に置いた，初期の段階に対応するたらば「問題解決的実態論」の概念の推進であることにおいて基本的な違いがある。

今日各業界はこの高度情報化時代に対応して動いている。経営者意識のなかにでも情報の重要性が大きな比重を占めるようになってきた。最も顕著に

は最高意思決定者の判断が企業の運命を左右するようになってくる。情報を読みとる能力とそれを行動に生かすシステムが経営に要求されるようになってきた。ここで情報理論の課題は，経営における各階層の管理者の意思決定への支援が問題となってきたのである。企業の情報理論の確立に限定し総合的に取り上げるならばMIS[14]やDSS・MDSの確立であり，OA化の進展等が現実的対応をせまられることになる。

しかし今一方，企業経営においてはいかにしてこれに対応した"経営のシステム"を作り上げていくかという課題がかかってくる。ここでは文字通りソフト・ハードを問わずその導入が果たされなければならず，経営者の高度な管理技術とともに各専門分野の高度な知識の活用がなされる必要がある。

注

1) A. W. Shaw の論文 'Some problemes in market Distribution,' 1912 は，周知のようにマーケティング論に関する最も古い体系的記述とされているが，これは当時ハーバード大学経営学大学院の院長であったゲイ博士（Dr. Edwin Francis Gay, Dean of the Graduate School of Bussines Administration, Harvard University）の提案により1912年の『経済季報』（Quarterly Journal of Economics）8月号に発表されたのであり，さらに1915年第1章「企業活動の性格と関係」（The Nature and Relation of Business Activities）が加筆されハーバード大学出版部（Hervard University Press）より出版された。

2) 製造責任（Products Liability）：使用者がその商品を使用したことにより損傷や損害を受けた場合，使用者に商品と被害との因果関係を求めず（過失がなくとも）商品のメーカーや販売店に損害賠償を請求できる，消費者保護の制度である。

日本では以前，不法行為による損害賠償はあっても，供給者の過失を立証することは困難であったため，製造物責任法が成立，1995年7月から施行された。ことにアメリカでは消費者保護の観点からの取扱いが強く行われている。

3) カンバン方式：ジャスト・インタイム（JIT）ともいう。多品種少量生産の組立企業の最少在庫を保有する目的で，顧客需要に応じ製品組立から逆行程の半製品・部品組立，部品加工，材料加工に注文がなされ，そのニーズを「カンバン」といい前行程へ通告する役目をする。

下請けなど納入業者は親企業の必要時，必要現場に必要量を納入するシステムで，カンバンが注文の役割を果たす。外国では購入者と納入者とは納入ごとに事前に売買契約書を交わすのが商慣習であり，このように逆行程へのその都度の注文という方法は採用されない。

第5章　部門管理　169

4）下請取引：第Ⅰ部第1章（注2）参照。
5）TQCの活動：本来，品質管理・改善運動であったが，今では企業全体の業務改善運動として発展している。各部門の職場で従業員がQCグループを編成し，自己の業務の合理化，改善を図る活動で，わが国の中堅以上の企業ではほとんど導入している。
　　自己の業務を分析し問題点を摘出，その重要問題につき数値で改善目標を立て短期間で達成する計画を，グループで討議し立案する。その目標を達成すべく，日々解決法を討議し統計的手法で成果を管理する。
　　わが国企業で普及したTQCも，外国では企業環境，仕事の考え方などの相違で導入は難しく，むしろ個人単位のMBO（目標管理）に関心が移っている。
6）研究開発者の業績評価：企業内の研究であるため研究がプロジェクト化し，予算配分，実施計画，グループ編成など組織されてきている。とかく管理者は部門全体としてのプロジェクトを定め，予算や人員配置をすることになる。
　　各研究者には専門の研究分野があり，その有効活用を図るテーマに関心がある。しかし企業の目的に適うかは問題である。人選を慎重にし，能力に見合う研究機会を与え得ないと双方の損失となる。最近では特定テーマにつき請負う研究者も登場してきている。
　　基礎研究者などの評価につき国際的論文の発表数，特許など権利の取得数などで評価する方法もあるが，企業としては長期的な貢献度が問題であろう。
7）開発研究とマーケティング：開発研究は既存技術の実用化であるから，進展需要の動向を無視することはできない。そのためマーケティングとの緊密なコミュニケーションと円滑な人間関係が必要となる。
　　しかし開発研究はマーケティングの要請に従う研究であってはならない。既存技術とはいえ技術研究のなかから，独創的，特異的な技術が出現した例も大きい。マーケティングはとかく現存の需要に注目されがちだからである。
　　両者の自由な討議ができる定期的なコミュニケーションの場の設置が重要である。
8）労務管理の概念は，労使関係を中心として，労働条件や福利厚生を含む施策（狭義）を意味することもあれば，職場における労務関係の全般的諸事項，人事行政，教育訓練，人間関係管理を含めるもの（広義）を意味することもある。かつて人事管理と労務管理を区別して使ったが今日では明確な分け方をせずに用いることが多い。
9）労務・人事管理の展開：今日労働者の人権の確保は，いかなる場合でも最優先の課題であるが必ずしもこの思考はスムースに受け入れられたわけではない。社会民主主義思想の浸透と，企業内における労使交渉（労働運動）の成果といわなければならないが，今日においても組織は個々の問題を持って存続しているのであり，完全な意味での労働者の人権の確保はまだ時間がかかる。
①　産業革命を経てヨーロッパでは19世紀中頃までに，工場，鉱山では設備投資が進み，そこで雇用される労働者も相対的に大規模化していった。機械化の進展が熟練工から未熟練工へと移転していく中雇用も伸びたが労働力も豊富であった。就業規則や賃金支払い制度への考案などが行われていたものの労働条件は一方的，専制的に決定され，低賃金と過剰労働時間が押しつけられた。この状況はわが国でも明治20年頃から大正期にか

けてみられたものである。専制的人事・労務管理の時代といえる。

② イギリスで，チャーチズム運動（1830年）が展開され，労働者保護の工場法も制定され，また19世紀後期には一部熟練工の労働組合も出現してきた。これに対する配慮でもあるが近代的労務・人事管理への手始めといえる親権主義的思考に基づく労務・人事が芽生えてきた。工場委員会などの従業員代表制や厚生施設の充実につくした。わが国でも大正中期からいわゆる"家族主義的"といわれる管理形態が出現している。親権主義的労務・人事（温情主義）の出現である。

③ 第1次世界大戦の勃発は労働能率運動と産業民主主義の思考を助長し「近代労務・人事管理」へ大きく踏み出した。科学的管理の理念が定着し科学的合理主義に基づく計画的生産活動に寄与した。

10) TWI：1940年頃よりアメリカで用いられだした監督者用訓練教育であるが，戦時中急速な労働生産力増進が期待されるなかで，絶対的に不足していく労働者の速成教育の必要性からでてきたものである。ここでは，監督者が有すべき資格要件として，①仕事の知識，②責任についての知識，③作業指導を行う技能，④作業方法改善の技能，⑤能率の技能の五つをあげている。

11) OJT：OJTとは on-the-job-traning の略であり，仕事に即して上司が部下の職務に必要な能力（知識・技能）の向上，改善を目的として，日常の仕事のなかで計画的，合目的的，継続的，組織的に教育訓練を行おうとするものである。この考え方の特徴は，すべての管理者は，具体的な業務遂行の指揮監督を行うのみならず，業務遂行の過程で部下の能力をも向上させる責任をもった教育者としての職務を遂行することにもなる。欧米では企業内訓練の90％はこの方法で実施されているとするが，対照的に仕事を離れたところで行われる教育訓練をOff-the-job-traning, Off JTという。

12) わが国において「情報化社会」という概念が定式化しだしたのは，1960年代末のこととみてよいであろう。その後国の経済計画等においても頻繁に用いられるようになり社会用語として定着（ただし高度情報化社会という概念は80年代に入って）するに至った。

13) CALS：プログラムはアメリカの国防総省が調達する兵器システムの品質向上，経費削減，リードタイムの短縮を目的に実施されたが，現在では，米商務省を始めとする複数の省庁でも運用されている。多国籍企業から中小企業に至るまで，官公庁と取引のあるすべての業者は2000年までにこのプログラムに準拠することが義務づけられている。通産省は，95年4月から鉄鋼・電機・航空機・エンジニアリング・電力業界など大手企業数十社と協同で生産・調達・運用支援統合情報システム（CALS）の技術開発をスタートさせた。『現代用語の基礎知識』自由国民社，1996年版に紹介された。

14) 企業の経営にコンピュータが導入されるようになり，情報の管理という課題のもとにMISの問題が提起されてきた。とくに昭和42年に日本生産性本部の主催による訪米MIS使節団の報告書は，企業の情報化に関してわが国にブーム的な議論を引き起こした。しかし，この議論が概念的に先走り過ぎたものであると同時に周辺機器がこれに伴わず経営の実態にそぐわないものであったことから，立ち消えに終わってしまっている。

第Ⅲ部　国際化編（国際時代の企業経営）

第1章　日本企業のグローバリゼーション

1　国際化の意味と発展段階

　国際化とはモノ・カネ・情報，ヒトまた文化などで外国との交流が増大することであるが，現在の国際化は従来に比し著しく量，質共に進展しているところに特徴がある。経済・経営面で観察してみよう。

　日本経済は明治の開国以降，貿易を中心に外国との「相互依存」を強めてきたが，現在は資本，情報，技術，人の交流を含む国際分業へと質的に転換し，量的にも飛躍的に拡大した。また外国の商品等が消費者まで普及し，企業も海外事業を促進し何らかの形で外国との交流，関係をもつ等，「相互浸透」が急速に発展した。「世界と共に生きる」ばかりか，「世界経済の重要な推進役」ともなっているのである。

　このような国際化の急激な進展は80年代におけるGDP（国内総生産）の3倍に近い発展，ことに輸出が伸長して国際収支（国別の決済を総括したもので，旧形式では貿易，貿易外，移転の各収支の合計だったが，新形式では貿易・サービス，所得，移転各収支の合計，経常収支ともいう）の著しい黒字となり，世界一の債権国となった。このため85年のプラザ合意以降，「前川リポート」を指針とする経済政策の一大転換が図られてきた[1]。

　この転換は従来の輸出優先，生産重視から内需主導，輸入促進，サービス重視への革命的なものである。その結果，規制緩和，排他的商慣行の改善，国際分業などの自由化，国際化が急速に進められた。それは根本的に産業・就業構造の変革を求めるものである[2]。

第1章 日本企業のグローバリゼーション

企業による国際化の進展は段階を追って，その経営方針，戦略，組織，管理方法などのあり方を変更し状況に対応しなければならない。

企業の国際化段階モデルには種々の説がある。伝統的な発展段階説としてはリチャード・ロビンソンによる意思決定と組織形態からの6段階説（国内志向，輸出志向，国際的，多国籍，超国籍，脱国籍）がある。最近ではH. V. パールミュッターのEPRGモデル[3]，H. I. アンゾフの輸出，国際，多国籍区分（海外活動レベルで8段階区分）がある[4]。

本書では経営方針の観点から表Ⅲ-1のように，現実的な3段階モデルを提示し特徴を示した。各段階により経営の意思決定や管理のあり方が異なることに注目したい。

第1段階では経営の関心は主として国内の事業にあり，一定の優位性ある企業ノウハウに基づき効率性を高めて比較優位な商品サービスを提供し，一定の国内市場と利益を確保する[5]。貿易が行われるが，国内事業とほぼ同一の商品サービスを提供し，貿易部門など一部の人が海外取引に従事する国際化である。国内事業に付加した売上や利益の増加を狙うものである。

第2段階では国内事業と海外事業との両立を目指すものである。比較優位な商品サービス，経営ノウハウにより，有利な地点に海外拠点（支店，子会社，

表Ⅲ-1 企業の国際化3段階

段階	交流形態	業務の意思決定	主たる市場	主たる関心の経営資源	利益管理	管理の重点
1	貿易（輸出入）	本国	国内	モノ	本国中心，規模拡大の利益	効率性
2	海外事業（現地化）	本国，海外拠点の自主性と調整	国内と海外	各国の経営資源	本国，各海外拠点の最大利益	国際性
3	グローバル企業（世界的分業）	本国または地域本社（各拠点は一定目的内で自主性）	世界	世界の経営資源	世界的な最大利益	創造性と合理性

合弁会社等）を設置し，現地の経営資源も利用し海外事業を展開する。国内と海外拠点のそれぞれにおいて売上と利益を確保するものである。したがって現地の地域性，自主性が尊重される一方，本社，各海外拠点間のモノ，ヒト，カネ，情報などの交流が活発化し，国際的な管理意識を確立することが責務となる。

第3段階は国の内外を問わない世界を対象とした事業展開で，グローバル企業と呼ぶ。ボーダーレスな経済圏を前提とし，本社の統一的意思の下に世界的に有効な経営資源を活用する。海外拠点は一定の機能達成のために自主性が認められるものの，世界的観点からみた合理性により，位置づけられる。

優秀な人材，技術・情報を国籍を問わず求め，世界市場に適用できるノウハウや商品サービスを創造することが求められる。無国籍の頭脳集団，開発センター，共同研究など多様な創造形態が生じる。また世界的な情報，物流のネットワークを形成し，世界に所在する海外拠点との間で有機的な結合，媒介を実行し，創造，市場開発，経営資源の活用を図るシステムが生まれることも予想される。

世界を地域ブロック別に総括し，統合的な意思決定で事業を実施する企業も，域内でのボーダーレスな国際分業を目標とするのであれば，グローバル企業の一種といえよう。

2 日本企業の国際化状況

80年代のGDPは先進国において伸びは比較的順調であったが，日本の伸びはそれに倍するもの（為替レートも大幅な円高）となった。世界の「富」の15％以上（米国・EUは30％弱）を産出し世界経済の3極の1を占めるに至っている。量的拡大と共に質的な変化を80年代後半から遂げており，モノ，カネ，技術などに分けて国際化の進展状況を分析してみたい。

1 貿易の動向変化

　企業の海外進出を含む量的拡大は80年代,輸入を著しく超える輸出を生じた。その結果としての貿易黒字抑制政策は貿易構造の著しい変化を示してきている。従来の加工貿易型(原材料を輸入,加工して完成品を輸出)から水平分業型(製品の加工工程を分担)や製品差別化分業(製品の種類ごとに優位なものを分担)へ移行している。国際分業の深化を表すものであるが,企業内貿易(本国と海外拠点・子会社間,海外拠点,子会社間で製品部品を相互に有利に生産,貿易する)促進によるところが大きい。

　貿易の変化は輸入面で著しい。明治以降一貫して燃料・工業用原料を主としていたが,90年以来,製品・部品の輸入が総輸入の半分以上となった。他の先進国に比し鉱物資源が少ないとはいえ,製品部品輸入はさらに進展することが予想されるが一面,ブーメラン効果や空洞化現象が懸念される[6]。

　輸出品でもハイテク・高付加価値品の輸出,海外子会社等への輸出が増加している。また先進国輸出では優位性のある製品・部品の貿易が進み,それだけ木目の細かい国際分業が進展していることを示している。

　わが国の貿易相手国としてはアメリカが群を抜いて多く,食料・原料輸入と共に機械部品の輸出入も多く,分業の深化を示している。しかしながら地域別でみると今や北米と東南アジア(NIES,ASEAN,中国)とは輸出入共に貿易シェアが拮抗しており,いずれ東南アジアが抜くであろう。いずれにせよ日本のAPECへの依存は現在の70%以上の比率はさらに高まるであろう。

　世界の貿易構造をみると,先進国(人口で世界の15%)の貿易が70%弱を占め,そのうち70%が先進国間で行われていることは,先進国間の分業が進んでいることを表していよう。今後アジア地域の貿易が進展するにつれ,この比率は低下することが予想されるが,経済進展が一定水準で伸長することが貿易を活性化する条件となろう。

　EU内での域内貿易比率が60%を超えているのと共に,APECの同比率が75%を超えているのに注目される[7]。

2 海外投資の進展

海外投資は海外直接投資（企業が行う海外の自己または関連事業への投資，企業買収）と間接投資（内外の金融機関，機関投資家を通じて行う海外への短期資金，有価証券投資）とに分類される。

80年代当初，先進諸国中で低額の海外直接投資であったものが，今や1，2位を争う投資を実行するように急増した。増加の主な原因として，第一に貿易摩擦を回避し現地市場を確保する欧米先進国への投資，第二に豊富な労働力や市場開発を追求するアジア諸国への投資，第三にEUの市場統合をひかえての域内での拠点設置目的の投資，第四に将来進出を目論み米豪などでの不動産投資などがあげられる[8]。

近年はアジアの労働力をねらい，日本を含め先進国が本国輸出，第三国輸出を含む生産基地としての投資を促進している。

しかし，対日直接投資は桁違いに低額であり，外国企業にとって投資の魅力，環境，条件が整わないものと思われる。

海外間接投資は経常収支黒字を反映し大幅な流出が続いている。本来，利殖や安全を考慮し世界を流動する投資である。

わが国の海外直接投資先としては80年代以降，北米向け投資がほぼ半額を占めているが，近年，アジア向けが増加している。業種別でみると製造業が多いものの，全体の3割から4割に留まり，先進国の投資に比して未だ少ない状況である。

このことは日本の海外生産比率にも反映している。製造業全体としては，アメリカの20％超，ドイツの20％弱に比して未だ1桁台に留まっている。一部業種では欧米に近づいているが，大半の業種は1桁台の低率であり，今後のさらなる海外生産の進展が予想される。

世界の海外直接投資を概観してみよう。投資国としては北米，EU，日本の3極で85％に上る。投資累計ではアメリカが断然多いが，その半額以下に日本，イギリス，ドイツ，フランス，オランダが地位を占める。アジアのNIES

第1章　日本企業のグローバリゼーション　177

も投資を始めているが額としては未だ低額である。

　一方、投資受入国としては80年代、北米とEUが70％以上（この点で日本は投資一方の例外的存在）であったが、最近はEU、北米、東南アジアで80％を占める。ことに中国とASEANにおける伸びが大きく、東南アジアへの投資は当分続行するものと予想される。

　東南アジアにおける豊富で低廉な労働力の活用を目的に海外企業により直接投資がなされ、現地需要を賄う生産のみならず、本国向け輸出や第三国輸出が進展した。このような投資は東南アジア諸国の製造業を拡大し、雇用の増大や経済発展をもたらした。さらに労働生産性を向上させ、技術水準を高め生産品目の高度化が進展してきている。従来の労働集約財、ローテク品の生産、ノックダウン方式から、よりハイテク品、技術集約財、大量生産品に漸次移行している[9]。

　現在、直接投資の60％位はAPEC諸国間で投資と受入が実行されており、この地域での国際分業が量質共に拡大していることがうかがわれる。

3　技術交流の発展

　技術交流をしめすものとして通常、技術貿易（サービス貿易の一分野）がある。技術貿易は狭義には知的所有権の売買代金や使用料に関するものをいう。広義には技術移転、経営ノウハウ等の指導料、派遣料、サービス料を含む。外国からの収入を技術輸出、支出を輸入と呼ぶ。

　わが国の技術貿易は80年代に数倍に拡大し、ことに輸出の伸長率は大きい。しかしながら依然として入超であり均衡には未だしである。

　一部産業では出超であるが、電子・機械などで入超が続いている。アメリカは世界で唯一の出超（輸出が輸入の数倍）である。基礎・開発研究力の強さによるものと考えられる。

　ハイテク品輸出の拡張、知的所有権など技術輸出の拡大に対する必要は高まるであろう。先進国間での開発・貿易を促進するため、94年WTOが設立、

知的所有権に関する協定と機構が設けられた[10][11]。

すなわち技術革新が急速に進展し，今後ますます経済のソフト化が要請されるなか，工業所有権，著作権などの権利と共に，製造技術，実験データなどの「財産的情報」（トレード・シークレット）を国際的に保護する必要性が高まってきた。

ウルグァイ・ラウンドは，これを「知的所有権」として取り上げ，「知的所有権に関する協定」が成立した。今後は先進国間においてモノの交流，競争と共に，技術・情報の競争，提携の激化が予想される。しかし各国間に存在する権利保護の水準，方法，規制が異なるため，国際ルールをめぐる紛争処理の基準が確立することが期待される。

知的所有権は創造意欲を高め，創造までの時間やコストに報いるために，その保護は極めて重要である。同時にその権利を公開することにより技術の進展が促進されるとして保護し，公開して正当な対価を支払うことにより，広く使用されることが望ましい。

しかし現実には権利の取得には登録等を必要とし，そのため一定の公示が行われ秘密保持に完全を期し難く，取得の確定までに時間や費用を要する。したがって企業としては「財産的情報」（企業秘密，ノウハウ）として企業内で保持することも多い。またノウハウには製品の開発，実用化に関するものに留まらず，生産技術，営業や経営方法などの広汎な企業秘密を含むものである。

4 人間の国際交流と限界

国際化により人の往来が激しくなり80年代で3倍弱となり，今や出国日本人は1500万人を超え，入国外国人も400万人になっている。海外在留邦人，登録外国人共に80年代，1.5倍増加した。海外在留邦人は長期滞在者が増え永住者はほぼ一定している。登録外国人も永住・定住者はやや増加し，商用目的などの伸びが大きい。

登録外国人については「出入国管理および難民法（入管法という）」により目的別に在留，就労が規定されている。その概要を示すと表Ⅲ-2のようになる。永住・定住者を除く登録外国人は30万人程度で業務，留学・就学，短期滞在を含むその他で，ほぼ3分される。

　それにしても100万人を超す西欧諸国，数百万人といわれる米国に比し，日本の登録外国人は格段に少ない。それは未熟練（単純）労働者の数の差による。わが国では法令上，単純労働目的の在留，就労は禁止されている。

　その理由は，単純労働者の導入は雇用企業にとって労務やコスト面で利益があるにせよ，長期的に多くの問題を惹起するからである。日本人との協働を図るための職場環境の整備や労務管理が必要となる。社会的に就業者や家族の受入れ体制（住宅，教育施設，職業や生活の保障など）が求められ，失業時対策も重要である。以前は単純労働者受入れを実施していた欧米先進国も最近では受入れ禁止や抑制，帰国奨励に転じている。

　モノ，カネ等と異なりヒトの移住は容易でなく，ナショナリティを超えた人間の存在は現実的ではなかろう。むしろ多くの人々は可能な限り特定地域

表Ⅲ-2　外国人の在留，就労規則

分類	在留資格	就労	在留期間
1-1	外交，公用	資格目的の活動	特定期間
1-2	教授，芸術，宗教，報道	同上	3年, 1年, 6ヶ月
2-1	投資，経営，法律，会計事務	当該業務のみ	同上
	医療，研究，教育，芸術 人文知識，国際業務，企業内転勤 興業，技能	同上	1年, 6ヶ月
3-1	文化活動	禁止	同上
	短期滞在	同上	90日, 15日
4-1	留学	制限	1年, 6ヶ月
	就学，研修	同上	1年, 6ヶ月, 3ヶ月
	家族滞在	同上	3年, 1年, 6ヶ月 3ヶ月
5	特定活動	法務大臣の指定	
6	永住者，日本人の配偶者等 永住者の配偶者等，定住者，特定永住者	無制限	無制限

に定住し，同一のエスニック集団（共通の習俗，文化，言語，宗教，出身地をもつ集団）内での生活を望むものと考える[12]。

したがってヒトの移動よりもむしろ現地で産業を振興し，技術や資本の供与により産業の高度化を図ることが得策であろう。

人の交流が増加したといっても，出国日本人，入国外国人とも7割から8割は短期の観光目的となっている。短期滞在の資格で就労する外国人は不法就労外国人として取扱われる。また在留期限が消滅した「不法残留」の問題もある。先進諸外国に比し少ないものの増加する傾向がみられる[13]。

教育関係の在留者につき一言しよう。留学生（大学以上），就学生（高校生以下，各種学校生），研修生（公私機関からの招へいによる研修生）に3分類される。留学生は80年代を通し3倍以上の増加を示したが，当初の2000年に10万人という計画には到底及ばない。就学生は日本語学生を含め増加している。研修生は企業の招へいなどで技術習得を主とした交流が行われている。

これら教育関係の人々が日本で学習する意義は大きい。将来にわたる広い分野での国際的交流を可能にし，わが国の社会や文化を理解し紹介や伝播を図る機会となり，日本人学生等に対し異文化への接触や対応能力養成の場を提供する等，多くの利点があるからである。

とくに留学生の受入れは重要であるが，欧米先進国に比し規模は何分の1かに過ぎない。生活費の高い日本での留学は容易でなく，安い宿舎や食事などの提供を含めた官民学の協力した体制整備が求められる。大企業も自己のためのみでない，ドイツのような社会に役立つ留学生教育に力を貸すべきではなかろうか。

3　企業の国際分業理論

国際分業の理論としては17世紀以降，世界に覇権を有する国を主として種々の理論が，貿易がなぜ行われるのかを中心に考察されてきた[14]。

最近では先進国と発展途上国という産業構造を異にする国間での貿易とい

うより，S. リンダー仮説のように同一産業（商品）内での貿易，国際分業が進展しているという，産業内貿易（商品内分業）が問題となっている。マクロ的観点から産業内貿易の進展要因としては，所得水準向上による消費の多様化は国際的な市場と生産の拡大を求める。また生産品の多様化に加え工程ごとの複雑化に対応し一定の「規模の経済」（生産量の拡大，技術習得の伸長などによるコスト引下げ）を追求する。同一産業内，商品内，工程内で，より緻密な国際分業が進んでいる表れといえよう。

産業内貿易の進展を指すものとして産業内貿易指数が使用される。わが国の産業内貿易指数はEUやアメリカに比し相当の格差がある。その理由として日本の生産要素賦存（土地，物的資源）に偏りがあるといわれているが，国際分業の進展に伴い指数が今後大きくなることが予想される[15]。

産業内貿易の進展はミクロ的にみると企業内貿易の活発化でもある。企業内貿易とは企業内で商品，半製品，部品などを，本国・海外拠点，海外拠点間で実施することである。

企業内貿易を示す指標として未だ国際的に比較できるものはない。本来，その国の総貿易額に対する企業内貿易額であるが，わが国で全産業を網羅するような統計は存在しない。2節で述べた海外直接投資や海外生産比率が企業の海外進出進捗状況を表すものとして一般に使用される。

最近では，親会社（本国）と海外拠点との間の貿易，海外子会社間の貿易が企業内貿易の進展を表す指標として登場している。国際企業の総輸出入額に対する企業内輸出入額の割合は，日米とも40%から50%に達しており，企業内貿易が活発に行われていることをうかがわせる[16]。

しかし，この数字は二国間の貿易は表すことが可能であっても，第三国輸出など海外拠点間で実行されている企業内貿易は把握できるものでなく，全体像をみるよりは進展の傾向を知ることで満足すべきものであろう。

このように企業内で国際的に市場を作り出すプロセスをA. M. ラグマンは国際企業の「内部化理論」として提唱している。もしも世界が完全に競争的で

公正な自由貿易が実施されるのであれば，経営に関する知的ノウハウの自由な取引が行われ，自由に経営資源を確保し，世界各地の市場で商品サービスが提供されるはずである。しかし企業が国際的にまたがる内部市場を形成し企業内貿易を進める理由は何であろうか。

この内部化の理由につき，ラグマンはほとんどの商品は自由な貿易を妨げるような何らかの障害が存在し，この市場不完全性のために企業内貿易が生じると説く。すなわち国際企業が貿易，ライセンシング，海外直接投資を通して商品サービスを海外へ移転する際に，この不完全性が内部市場を創設・利用する動機として作用し，モノ，ヒトなどの移転のボトルネックを迂回しようとする。

この市場不完全には二つのタイプがあり，政府規制によって課せられる不完全性と，自然的に発生する不完全性が存在する。前者としては輸入関税，数量割当，貿易品に対する不利な扱い，外貨規制，移民法などと共に，独占，準独占企業の存在もあげられる。例えば高関税商品の場合，低関税で部品を輸入し現地生産を実施することがあげられる。

自然的に発生する不完全性には競争条件を妨げる取引コストと知識価格設定の困難性が存在する。取引コストでは国際企業にとって当初参入時に不利な買手の不確実性，品質管理，不確実・不完全な情報などがあげられる。これらをできるだけ避けるため，現地での流通販路や有利な経営資源などの確保を目的とする共同事業や事業の現地化を展開する。

最も内部化で重要なものは他社との差別化を図る「企業特殊的優位」の保護のため，企業内で特殊優位の知識を内部で専用する必要性である。技術，生産，営業，財務，経営上のノウハウは不確実の高い外部市場で売買するよりも，自企業の内部市場を利用することにより「特殊優位」を効果的にするからである。

すなわちノウハウの源泉である開発された知識もひとたび公表されれば無価値となり，知識を生みだしたコストの回収も困難となる。またその知識の

市場性が不明なため正当な評価を市場で求めることも不可能であり，開発した知識の権利は外部では管理不能となる。したがって企業は自ら開発した知識は専有し企業内の市場で使用しようとするのである。

注
1)『前川レポート』：83年以降，毎年数百億ドル以上の巨額の貿易黒字が長期化する予想のなかで，85年に首相の諮問機関「国際協調のための経済構造調整研究会」が設定され，86年に『提言』（座長を務めた故・日銀総裁の名をとり一般に『前川レポート』と呼ぶ）がなされた。この提言の趣旨は世界に公表され以降の日本経済の転換の指針となっている。輸出主導から内需主導の経済的移行が提唱され，住宅拡充，社会資本の整備，消費拡大，輸入促進，労働時間短縮，海外直接投資，金融自由化が掲げられ，さらに産業構造転換も示され政府の施策として承認されている。
2) 産業・就業構造の変革：87年に経済構造転換に関する「建議」（経済審議会）で将来展望が示された。従来の一次，二次，三次産業に代わり，一次，二次を統合した物財生産部門，三次を分割したネットワーク部門，知識・サービス部門の3部門とすべきとしている。各部門ともGDP，就業者ともほぼ3分の1になるべきで，ことに知識・サービス部門は労働集約型，知識集約型とも大幅な拡大が予想されている。この展望はその後も検討，確認されている。
3) EPRGモデル：Ethno-centric（本国中心主義でその意思決定で海外拠点を運営），Poly-centric（現地中心主義で現地事情を十分考慮して運営），Regio-centric（政治・経済・文化等の類似した国家群を一地域とし地域中心に運営），Geo-centric（世界全体をひとつの市場として各国・地域の資源を活用して運営）。経営者の方針から4段階に分けられ発展すると説く。
4) 多国籍企業：MNC（Multi-national Corporation）は1960年にD. リリエンソールにより使われ，国際的活動を行う企業の名称となった。しかし所有・経営権が複数国籍をもつことの非現実性から「超国家会社」「世界企業」という呼称もよく用いられる。

MNCの定義として第1は「本国以外で資産を保有し事業活動を営む企業」（国連など）第2は企業の全活動に占める海外活動との比率を販売額，生産高，資産額等で求め，一定額以上の企業をMNCという。第3はロビンソン，パールミュッターなどの経営者の意思決定方針に基づくもので，海外進出を志向する企業と定義する。本書もこの第3のアプローチによる。
5) 比較優位：この語は元来，経済用語であり，D. リカードが提唱した「比較優位説」が有名である。その原則は各国が国内でそれぞれ「比較優位」のある産業に特化して相手国に輸出をすれば，双方とも利益を得るということである。この語が経営用語としても使われ，今日では市場での競争相手との「比較優位」を確保，維持する意味となっている。

その優位を確保する源泉は，市場性のある商品サービスの開発，イメージの確立，特殊なノウハウ（技術，生産，販売，物流，経営など）の確保，有利な経営資源（モノ，カネ，ヒト，情報など）の取得などの総合的，複合的な所産である。優位性は売上高，マーケットシェアの伸長，利益の拡大，利益率の向上などにより測定される。

6）ブーメラン効果と空洞化現象：ブーメランはオーストラリア原住民の使用する，投げると手元へ戻る仕掛の狩猟用道具。このことから海外子会社で生産されたものが本国へ逆輸入されること。空洞化現象は80年代前半にアメリカ製造業で用いられた語。企業内貿易促進により国内企業の主要な仕事量が激減し大量の雇用減が生じた。しかしアメリカではサービス業拡大，イノベーションにより「再生」されている。

7）APEC（Asia Pacific Economic Corporation,アジア太平洋経済協力）：89年オーストラリアのホーク首相により「開かれた地域協力」を理念として，アジア太平洋諸国・地域によって構成する第1回閣僚会議（外務・貿易担当大臣）が開催された。94年現在では18カ国加入。91年の「ソウル宣言」で相互依存の進展，開かれた多角的貿易の推進，多様性の配慮等の基本原則が確立された。94年の「ボゴール宣言」では先進国では2010年まで，途上国では2020年までの貿易，投資の自由化目標が謳われた。

域内人口で世界の40％，GDPで55％，貿易で45％ぐらいのシェアを占める。因みにEUのそれぞれのシェアでは7％，35％，40％程度であり，規模ではAPECが上回る。しかしながらEUは市場統合が終了し，通貨統合，政治統合を目指しているのに対し，APECは単なる地域の経済協力であり国家連合等でないことに十分注意したい。

8）貿易摩擦：摩擦問題は特定国間または特定国と経済的国家群との間で貿易，産業で利害対立を生じ，政治・社会問題に発展した状態を指す。日米間では62年の繊維問題を端初に品目をかえて政治問題化し，輸出制限，自主規制等の対策が講じられてきた。現地産業の保護や日本国内の参入障壁の打破などを目的とする。また一方的な貿易制限措置はWTOで解決する手続きも始まった。

9）ノックダウン方式：本国等から半製品・部品を供給し現地で最終組立を行う生産方法をいう。発展途上国では現地で部品等の生産能力がない場合，完成品に比し輸入のほうが輸入障壁（高関税，輸入制限など）を避けやすい場合などに採用される。また先進国間でも輸入障壁や貿易摩擦を回避する目的でも，ノックダウン方式が行われる。

しかし現地からみると，この方式は付加価値が少なく技術移転によるメリットもなくて歓迎されず，長期的に継続される方法とはなり難い。発展途上国では技術水準を高めてより高度の部品の生産を意図する。また先進国ではローカルコンテンツ（欧米先進国で自国での付加価値を高めるため，完成品のうち自国での資材・部品などの調達を一定比率以上に高めることを義務づける制度）による規制もある。進出企業にとっても海外事業の拡大に伴い現地生産品の高度化を進める必要性が生まれる。

10）WTO（World Trade Organization, 世界貿易機関）：1948年来，GATT（The General Agreement on Tariff and Trade）の下で，高関税引下げ，自由貿易促進の施策や紛争処理が図られてきた。86年末から交渉の続いたウルグァイ・ラウンドの合意により95年からWTOに改組された。WTOは2年に1回の最高，閣僚会議の下に常設の理事

会,サービス理事会,知的所有権理事会,各種委員会が常設された。従来のモノ中心からサービスや知的所有権の分野に拡大されたこと,紛争処理の迅速化と手続きの整備,原則として発展途上国にも同一のルールが適用されることになった点が大きな特色である。

11) 知的所有権 (Intellectual Property Right):知的所有権は工業所有権(特許権,実用新案権,意匠権,半導体集積回路配置の利用権など),著作権(創造的な写真,図面,コンピュータ・プログラム等を含み,複製権・貸与権なども存在),営業標識権(商標権,商号権),トレード・シークレット(企業秘密である技術,営業ノウハウ)に大別される。前二者については,その創作者に独占権を与え保護すると共に,内容を公開し使用排他権と使用時の対価支払いを求める権利である。ノウハウは公開されず企業内,企業が認めた第三者が利用する企業秘密で,権利侵害の保護が弱い。サービス業やソフトウェアの知的所有権も重要性を増している。

12) ナショナリティと国際交流:ナショナリティ(狭義には国籍,広義には民族・国民性)は往々にして経済の国際化とコンフリクトを生じる。発展途上国へのMNCなどの強引な現地参入は地場産業や雇用の衰退・現地の社会・文化・環境の破壊を招くこともある。そのため国内産業保護目的の諸施策(関税・非関税障壁,MNC規制・税制や地場産業保護策など)が講じられる。先進国でも失業問題が深刻化すると,外国人労働者の排斥問題などが生じる。また所得格差の大きい国が隣接するとき難民問題の脅威が存在する。歴史的に形成されたエスニックや民族の差異は容易に同一化し得ないし,それが人類発展の原動力となるとも考えられる。

13) 不法就労外国人:就労資格がなく就労している外国人のことであるが,狭義には単純(未熟練)労働者である外国人(不法残留者を含む)をいう。厳しい摘発が行われ不法就労者の強制退去と共に,雇用主,斡旋者に罰則が適用される。しかし摘発者を数倍上回る不法就労者が存在するといわれる。問題は不法就労者はあるべからざる存在とみなされ,ますます無権利状態に置かれることである。低賃金,中間搾取,病気時の診療拒否,労災事故時の無救済などが発生する。人権保護の見地から不法就労であっても労働者の権利を守ることは先進国の義務ではなかろうか。

14) 貿易・国際分業理論の流れ:17世紀に近代国家が西欧で発達する頃,一国の力は国富(金銀または貿易収支の黒字)の増加によるという重商主義が登場する。その後産業革命の始まる18世紀後半,アダム・スミスは国富は生産力であり分業による効率化で達成できる。したがって世界で最も効率の良い商品の生産に特化するべきであるという,絶対的優位論を説く。その後D.リカードは二国間に比較生産費差があるが,その国として最優位な財の生産に特化することにより,世界で最も効率的になるという比較優位理論を発表し,約1世紀にわたり支配的理論となった。

　1919年,北欧のヘクシャー=オリーンは労働,資本の賦存量の相違が各財の優位性を決定するという,生産要素賦存説を公表した。しかし1950年前後,レオンチェフがアメリカ産業で賦存説を検証したところ,資本豊富なアメリカが労働集約的財をより多く輸出しているという「逆説」が示された。その後,貿易の諸理論が展開された。グルーベ

ル=メタ=バーノン等による研究開発の集約財が輸出されるというR＆D説。それを発展させて先進国と発展途上国との間で，プロダクト・ライフサイクルのずれがあることに着目したR.バーノンの説。さらに北欧のS.リンダーは所得水準の高い国で需要パターンの類似があり先進国間での貿易が活発化すると説く。生産費説から需要の類似による国際分業説に移行してきている。

15) 産業内貿易指数：グローベル・ロイドが1975年に初めて発表したという。指数は産業別に輸出と輸入との合算額から輸出・輸入差額を差引いた額を分子とし，輸出と輸入との合算額を分母として除したもの。1に近いほど産業内貿易が進展しているとされる。現在，アメリカは0.5（輸出入差が35％），日本は0.3（輸出入差80％）となっている。この数字は産業分類が粗くなるほど大きくなる傾向がある。

16) 企業内貿易の指数：80年代末に各国輸出入に占める本国と海外拠点との輸出入の割合が公表されたことがあった。その時はアメリカが輸出入とも20％前後，日本は輸入5％，輸出9％程度であった。最近では「96年ジェトロ白書」において日米の国際企業の親会社と海外子会社との間の輸出入，在日（米）外資系企業の親会社との間の輸出入について，輸出入比率と伸長率が示されている。海外事業を展開する企業を対象とするため輸出入比率は高く，米国で45％，日本で40％ほどを示しており，伸長率は景気を反映してかアメリカが継続して企業内貿易が伸びているのに対し，日本では年毎の浮沈がみられる。

第2章　国際企業の環境対応戦略

1　海外進出戦略

　いまや先進国の企業は市場，資源共に海外との係わりを強めており，その観点からは企業戦略の一環といえる。ことに物財生産を事業目的とする企業にとって，海外を考慮することは不可欠といえよう。しかしながら国内とは事業環境を異にする海外進出，ことに外国で事業を展開する場合には，独自の目的，戦略が必要となるのである。

1　進出目的と戦略思考
　本国との貿易段階から進展し海外で事業を開始する海外進出の目的は大別すると三つになる。第1は現地の需要拡大を目的とする市場志向型進出である。この型はさらに市場拡大型と貿易摩擦回避型に区分される。前者は現地の需要拡大を追求し，顧客サービスを強化するため現地事業（販売・生産拠点）を始めるものである。後者は相手国の輸入制限や禁止，貿易障害（関税・非関税）を回避するため，貿易の相手国で生産活動を展開するものである。
　第2は，進出先での有利な資源を活用するための資源活用型進出である。さらに発展途上国を主とする豊富な労働力を活用する生産基地型，優位な物的資源を現地で確保，加工を図る資材確保型，先進国を主とする情報，技術などの収集を図る情報拠点型，有利な資金の調達，運用をねらう資金拠点型，またEU，ASEANなど地域ブロックでの物流，情報などの有利な展開を図る交流拠点型などに分類されるが，まだ多様化が予想される。

第3は事業の多角化，異業種や新事業への参入を目的とする事業拡大型進出がある。単独進出のほか外国企業との提携や共同，企業買収による進出など，事業目的や進出形態など多種である。

海外進出に当たっては目的を明確にすることが重要である。しかし，このような企業の意思に基づく自主的動機と共に，他企業や進出国からの勧誘，奨励などに起因する受動的な要因，すなわち狭義の進出動機によるものも少なくない。この進出動機も有利なものとなり得るが，自主的な目的，戦略を設定して利用したとき，長期的に有効なものとなり得る[1]。

進出目的を決定する際に重要な戦略思考を述べてみたい。第1は企業の基本戦略に結びつくものである。その1は企業のもつ他との差別を図る特殊優位性の確認で，世界市場で競争可能な優位性を認識するものである。その2は，有利な経営資源の確保と徹底した合理化の追求であり，どの地域で達成できるのかの検討である。その3は合理的な投資とポートフォリオの思考であり，投資の収益性，回収性の計算と共にリスク対策が必要となる。

第2は進出先に関する考察である。その1は製品や事業のライフサイクルで，現地において進出する製品等がサイクル上，どこに位置するかの判断である。その位置により将来需要が予想され対策も異にする。経済的な需要予測（所得，人口，伸び，安定性など），産業別の需要動向と共に重視すべきである。

その2は輸出，現地生産，技術輸出（技術を供給し使用料を受領）のいずれを選択するかの問題である。短期的な有利性についての比較計算は存在する。しかし将来の需要予測（経済，産業，製品の予測計算に変動要素の加味）による中長期の選択が求められる[2]。

一般的には，市場規模の小さい国には輸出が，規模拡大が予想される国では現地生産が求められる。有利な経営資源の保有，自由貿易の認められる国へは現地生産，特殊優位性の価値が希薄なものは技術輸出が選ばれよう。

その3は企業内での国際分業を図るための進出先の位置づけである。市場

表Ⅲ-3 海外進出のステップ

分　類	内　容
1　海外戦略設定	① 進出を含む企業戦略（中期計画）設定 ② 進出の目的，戦略 ③ 進出，撤退の方針決定
2　進出，撤退の計画	① 複数候補地の測定，調査 ② フィージブル・スタディ（F/S） ③ 進出地の決定 ④ 撤退地の決定と方針
3　事業開始の準備	① 単独進出か合弁事業か ② 新規設定かM＆Aか ③ 人事労務対策（派遣者，現地人採用等） ④ マーケティング，物流対策 ⑤ 地元機関，住民との交流
4　現地法人の設立	① 設立の許認可，優遇申請 ② 設立の手続（計画，定款，出資，登記）

や経営資源の中長期予測を行い，その拠点の機能を明確にして販売戦略，他の拠点との関係から物流戦略も立てなければならない。

海外進出までのステップは表Ⅲ-3である。

2　進出と撤退の計画

進出の目的，方針が決定されると，進出地選定のため調査が行われる。国際企業では通常，複数の候補地を選び比較検討し決定される。

調査には予備調査と現地調査が存在する。予備調査は調査対象国や地方の情報収集が，官庁，公的機関，相手国機関，商社，国際的な企業，金融機関，コンサルタントなどを通じて行われる。項目は相手国等の政治，経済，法制，文化から市場状況，生産条件，外国企業に対する政府の施策，国民感情に及ぶ。ことにカントリー・リスクや，後述する貿易障害や外国企業の規制や実際の運用状況の調査は重要である[3]。

候補の国，地方が決定し，複数の進出候補地が選出されると，具体的に現地調査が行われる。市場状況，生産条件，進出形態などが詳細に比較調査されるが，ことにインフラストラクチャー（社会的施設）の調査は不可欠である[4]。

これらの調査で進出可能地が選出されるとフィージブル・スタディ（F/S）により，採算計算，項目別の優先度を付した実現可能性が検討される。このF/Sは経営者の最終決定判断のためと共に，投資の回収，妥当性を確かめる資料となる重要なものである[5]。

　国際企業では進出計画が決定すると同時に撤退計画も検討される。撤退には強制撤退と自主撤退とが存在する。

　強制撤退は現地国による事業の収用，企業の許容範囲を超えた現地化要求（経営権，極端な技術移転や現地調達など）によるものである。企業としてはやむを得ないものである。

　自主撤退は消極的撤退と積極的（戦略的）撤退がある。消極的撤退は当初計画の成績が不振で長期的に目的達成が不可能と予測される撤退である。現地の市場や経済の激変など外部要因もあるが，計画不備，経営や管理の失敗など内部要因によるものの方が多い。

　積極的撤退は現地事業としては予想通り業績をあげていても，世界戦略上，その販売や生産拠点を移転するものである。進出戦略の一環として検討が不可欠の事項となる。

　自主的撤退の場合には，撤退による現地の影響は少なくなく，とくに政治，社会問題となる。現地事業への転換，雇用の斡旋などの十分な準備と配慮が要求される。

3　進出形態と進出準備

　進出形態として取得形態と所有形態とが検討される。取得形態では新規設立と企業買収（M&A）が典型的である。

　新規設立の長所は自らの方針に基づき合理的な計画・運用を図り，雇用，取引先が選択できる等があり，短所は企業イメージ，事業開拓，雇用や技術確保を独自で行い，操業まで時間がかかることである。

　一方，M&Aの長所は既存の事業，市場，経営資源を全体として取得でき，

設立のための準備不要で直ちに操業可能である。短所は既存企業の慣行があり自社方針が徹底し難く，買収後に追加投資が必要となったり労使関係に円滑性を欠くことも生じる。

次の所有形態の典型的なものは単独所有と合弁事業である。

単独所有の長所として，本社の統一的世界戦略により経営権を掌握して運営でき，特殊優位のノウハウ専用が可能である。短所は総ての問題や開拓は自力で行いリスク分担が図れないこと，地元やナショナリズム対応の問題が残ることである。

一方，合弁事業（進出企業と現地との双方で出資し運営する）での長所は，地元やナショナリズムの反発をさけ現地協力を得た事業が可能となり，リスク分散が図れる。短所としては相手の意見を考慮するため本社の主導権が不明確となり，企業秘密の保持やパートナーとの利害調整が必要となることである。

進出計画や進出形態が決定されると，事業開始の準備に入る。合弁事業については後述するが，Ｍ＆Ａではインベストメント・バンカーズ等の専門家に依頼して対象を選定し買収価格の調査，鑑定や手続きが進められる。

単独進出や新規設立の場合でも，地元との交流や交渉，物件の選定や価格，建設条件などを専門のコンサルタントに依頼して進めると共に，責任をもってもらうのである。

進出が決定すると本社等からの派遣者を選抜し進出初期からの現地滞在が望まれる。操業以前に派遣者はまず現地の有能なスタッフを採用，教育し，現地スタッフを通し従業員の採用や訓練の準備を図る。またスタッフを通じて地元機関や地元との友好関係を図るための交流を行う。さらに本社からのスタッフ，取引先などの支援を得て，市場情報やチャネル状況，資材等の仕入チャネル，物流計画を立てて，操業に備えての準備を実施するのである。

2 世界市場のマーケティング

1 マーケティング戦略

　企業は特殊優位性を保有する商品サービスによって，世界市場に進出し優位な地位を確保することを目的とする。先進国企業にとって国内市場のシェア確保は最終目標ではない。世界の細分化市場において絶対的，相対的な地位を占めることが目標となる。

　そのため特殊優位性は本国において市場性を認められるばかりでなく，世界（ことに需要動向の類似する国）の需要に応じるものでなければならない。しかし需要の普遍性は抽象的なものでなく，ある国で優位性を認められた商品サービスが他の国へ移転するものである。

　しかし新市場での需要開拓にはその地域での特殊性のある需要動向，生活様式，風俗習慣，嗜好などが存在し，異なる商品サービスの欲求があり，特殊優位性の変容を強いられることになろう。「郷に入っては郷に従え」で進出地に適応したものに改造すべきか，特殊優位性のどこまでの変造を許容すべきかが問題となる。

　一般に特殊優位性こそが企業や商品イメージを形成しているもので，その変容については本国の統制は厳しい。むしろ商品サービスの種類，内容等は一貫した世界戦略と考えられている。したがって特殊優位のノウハウばかりでなくそれを具現化した商品サービスは本社の管理するところであり，その改造は本社の許可を必要とする。

　しかしながら，地域の多様性（Diversity）に対応するため，特殊優位性を害なわない小さな商品サービスの改造，種類の拡大は認められる。また販売手段となるマーケティング・ミックス（価格，販促，販売経路）ではイメージを傷つけないような多様性，自主性が認められる。ことに人的な営業面では現地の慣行を認めた方法が大幅に採用されるのが通例である。

2 マーケティング管理

　商品サービスの進出地での参入に当たっては専門家によるマーケット・リサーチが実行される。進出前後に統計的な需要予測，市場反応分析，消費者選好調査などにより商品，デザイン，品質，価格，販促等の妥当性を検討する資料とする。また消費財などではテスト・マーケティングもよく行われる[6]。

　価格の設定では市場や競合の状況，新製品か普及品か等を総合して決定する。一般に参入当初は所得水準の高い層に期待し，比較的高価格で市場開拓を進めるスキミング戦略（上澄み吸収）をとる。その後需要拡大につれ価格も低下するペネトレーション戦略（浸透）を採用する。

　普及品では世界一律価格の標準価格制，本国と輸出との二重価格制も存在したが，現在では本社で市場ごとに一定の価格ガイドラインを設け，現地で一定範囲内における価格設定の裁量を認める市場別差別価格制が一般的である。

　販促戦略ではプル（引込み）戦略とプッシュ（押し込み）戦略とで販売促進方法を異にするという。プルとは直接消費者に働きかけるもので，マスメディアや広告メッセージ等により需要拡大をねらうものである。プッシュとは販売チャネルを通して売り込むもので，営業力，顧客サービス，店頭サービス等を利用して売上拡張を図る。消費財と生産財との相違，営業力や投資力などにより種々の使用が組合わされて実施されている。しかし日本では有力な系列店は欧米先進国では余りない[7]。

　販売チャネルにつきどのような形を採用するかに関しては，現地のディストリビュータ（代理店）を利用するのか，自社の支店等を設立して直販方式とするのか，地域を分けて両者の併用で運営するのかの問題がある。代理店による販売の場合には契約を締結して行われるが，ことにある地域の独占販売権を付与するのかどうかは問題である。

　直販方式における営業職は欧米等では成果給（販売高に応じた報酬）が導入され，事前に企業と契約を結び成果給の方法につき合意をするのが通例である。代理店販売の場合にも所定の契約期間において契約の販売高を達成しな

いときは，次回の契約更新がされなかったり契約条件が不利になったりする。

外国では，売上高の達成と共に営業利益（売上高から直接費と自己部門費を控除した貢献利益）の確保も重視される。この責任は一般にプロダクト・マネジャー（PM）が負う。どのような組織形態を採るにせよ，PMは自己の所轄する商品ラインにおける売上高と営業利益につき，予算で合意された額を達成する義務を負う。

したがってPMは新製品開発，価格の設定，販売促進，さらに商品ごとの販売高につき関係各部門との調整の上，決定できる権限をもつ。また予算の達成につき関係部門への指示を含む影響力を行使する。商品のブランド管理も重要な業務である[8]。

3　合理性を追求する国際分業

1　ロジスティクスの国際戦略

世界的に発達した情報，物流機能は需要と供給との場所的，時間的な間隔を著しく縮小し，経済的には国境の壁を低くしつつある。このような状況において，企業は世界を一つ（または地域ブロック別）の市場，調達の場として考え，最も有利な国に購買，生産，在庫配送の拠点を設定し，必要とする市場への合理的な物流を実行する検討が世界戦略となる。これは産業や規模の大小を問わず，輸出，輸入共に考慮されねばならない。

市場とソーシング（供給）のタイプにはいくつかある。第1は本国・海外拠点間取引型である。従来は現地需要に対し本国からの製品部品供給が行われたが最近では本国の需要または生産のための海外拠点からの供給が増加している。企業内貿易の進展が主因である。

第2は現地供給型である。できるだけ現地需要は現地の供給で賄う方法で，現地市場の大きい国，現地調達率の要求が高い国で実行される。しかし現地供給には限界があろう[9]。

第3は国際間移動型で，現地からは第3国貿易と呼ぶものである。このタ

イプは従来，経営資源（ことに労働力）の有利な国で製品を生産させ直接，市場へ配送するものが多かった。しかし最近では複数国間で製品や部品を分担して生産するため，相互に部品等を供給しあう生産のための国際間移動も増加している。

　生産の国際分業のタイプにもいくつかある。第1は生産段階からみた分類で，垂直分業と水平分業に分かれる。垂直分業はある製品につき原材料，部品，半製品，完成品等の段階に分けある国で特定段階を分担する方法である。水平分業は商品種類別等で区別し，製品部品ごと，工程別に分担するものである。垂直分業は技術水準レベルを国ごとに固定化するものとして著しく減少している。

　第2は付加価値による分類で，技術の高低，価格の高低等で判断する。より知識集約的商品サービスは先進国が分担し，普及品，大量生産品は順次，発展途上国へ移行する。

　第3は生産方法からみた分類で分散生産型と集中生産型とがある。先進国等の需要の多様化は各国ごとの商品サービスを要求するように考えられる。しかし，「規模の経済」によるメリットは大きい。このメリット追求のため種々の方法が採用される[10]。

　製品に使用する部品を標準化して同一部品は同一拠点で生産し，類似する半製品等も有利な拠点で集中生産する。国際企業で調達する商品サービスは可能な限り一括して有利な国で行う。配送在庫も有利な地点を選んで拠点を設定する。

2　政府規制と優遇策

　合理的な物流システムを考察するとき最も問題となるのは，各国における制度，施策により自由な交流が阻害されることである。しかしながら現実には，完全自由化を実施する国はほとんどなく何らかの制約があるのが普通である。貿易，外国企業に対する規制の概観は表Ⅲ-4の通りである。

表Ⅲ-4 貿易,外国企業に対する規制

大分類	中分類	小　分　類　(例示)
貿易障害	関税障壁	高率関税,課税対象・範囲,非課税,免税点
	非関税障壁	輸入課徴金,追加関税,相殺関税,輸入制限 通関手続の繁雑,不透明,検疫
	広義の 貿易障害	輸出自主規制,不公正取引認定と報復措置,ダンピング認定 原産地規制,品質基準,為替管理,国内産業保護策
外国企業 の規制	事業制限	事業許認可,特別事業税,国内産業保護策,持株比率制限 独占禁止法
	取引制限	広告・宣伝規制,不公正取引の認定,品質検査・認可 国産品優先使用
	人事・労務	ビザ発給規制,現地人雇用義務,雇用均等(差別)
	物流関係	現地調達比率,輸送制限
	資金関係	送金制限,為替管理,強制的換金

　各国により採用される規制はさまざまであり,その方法は必ずしも一定した固定的なものでなく,その時々の国の状況により変化するものであることに注意したい。一般に自国産業の保護,国際収支対策の必要がある発展途上国のほうが規制が強い。また社会主義国では事業や大口取引につき個別の許認可が行われるのも珍しくない。
　発展途上国は以前,自国産業を保護し国際的大企業の影響を排除するための政策が講じられたことがあった。しかし現在では積極的に先進国の資本や技術を導入し自国の技術や所得水準を高め,雇用の拡大,経済の発展を期するようになっている。
　そのため外国企業誘致のための優遇策を採用する国も増加している。その優遇策には①関税の減免,②税金の優遇(法人・事業税,固定資産税),③用地の貸与,斡旋など,④人事・労務(派遣者のビザ発給,所得税減免,労働力斡旋,教育訓練の支援),⑤その他(物流,資金等の規制緩和,優遇など)が挙げられる。
　ことに発展途上国では一定の地域を限定して自由貿易や自由事業を認める

オフ・ショアー事業が東南アジアなどで発展した。外資や技術導入,外貨獲得により自国経済発展の端緒を開いたものといえよう[11]。

4 事業の現地化と運営

1 生産法人の設立と技術移転

海外で事業を展開するには現地で法人を設立する。目的により販売法人(倉庫,配送を含む)と生産法人に分類される。販売法人は仮に在庫機能を有していても投資額に限度があり,また移転もそれほど困難でない。生産法人設立は将来投資を含め相当多額を予想すべきであり,一たび設立すれば移転も容易でなく,そのため設立準備に時間を要する。

しかし進出企業にとって現地市場への対応,現地の経営資源活用による生産法人の利益は大きい。また現地からは技術向上,雇用拡大等から単なる販売法人より生産法人設立を歓迎するのはいうまでもない。

このような現地生産の開始は何らかの技術移転を伴う。この場合の対象技術は企業が現に生産している製品等を現地で量産化するもので,既存品に関する特許権,著作権,技術ノウハウの供与(生産技術を含む)が内容となる。

一般に限定された商品,部品の加工,組立,調合などについて,外国では図面,マニュアル,仕様書を付し,また生産の工程,設備,レイアウトの説明書も用意して技術供与が行われる。技術の守秘については特殊優位の部分につき,本国等からの輸入,本社派遣者による管理,仕事の分割管理等により対策を講じる[12]。

マニュアル等が交付されても,微妙な生産技術や作業スキルの問題がある。したがって技術移転では上記の技術資料の提供のほか,技術者の派遣(生産指導のため一定期間,一定数の技術者を派遣),研修員の受け入れ(契約製品,技術の習得のため,現地から技術者等を本国へ招へいして技術指導,訓練を実施する)が行われる。

これらの技術移転(供与)は一般に本国と現地法人(100%子会社を含む)と

の間で契約を締結し,対象商品,権利の供与,技術援助,供与の対価,契約期間等が明示され,技術移転が実施される。

2 事業の現地化

現地事業が順調に推移し生産や経営能力が向上するにつれて,現地のモラールを高め自主的運営を図るため,本社から現地に意思決定や権限を順次移行し,その範囲を拡大して行くのが通例である。最終的には世界戦略に係わる重要な意思決定を除き,現地の自主的運営に委せられるのが「現地化」である。この推移は時には現地からの「現地化要求」の形で現れることもある[13]。

現地化を経営資源別に内容と現地化の可能性を検討してみよう。

第1はヒトの現地化である。一般の従業員の現地化ではなく,経営者,管理者に現地の人が多数を占め,しかも主要ポストの現地化が問題となる。一般に現地派遣者は派遣,受入れ双方の制限により数に限りがあるが,本社との意思疎通,企業秘密保全等のため,主要ポストの現地化は進まない。欧米企業に比し日本企業に遅れの傾向がある[14]。

第2はモノの現地化でローカルコンテンツの例を含め,各国とも現地調達率を高める動きがある。国際企業の合理性から考えれば有利な国からの調達を求めたいところで,第三国経由など種々の工夫が求められよう。また現地で適当な部品等を調達できないこともある。事前の対策が必要である。

第3はカネの現地化である。現地へのカネの流入はあまり問題とならないが,カネの流出について発展途上国などで厳しい為替管理がなされる例は多い。また現地で留保した資金の他国移動が制限されることもあるので,事前の対策が検討されねばならない。

第4は技術・情報の現地化である。通常,発展途上国からの要求で,技術の最高管理者ポストに現地人を登用すること,技術移転の速度を早め,技術の高度化を進めることが問題となる。

企業の特殊優位にある技術・情報の確保をどのように図るべきであろうか。

短期的な対策は1で述べたところであるが、長期的にはより積極的な戦略を図らなければならない。技術移転の対象となった技術等は早晩、他企業や移転企業によって取得されるものと判断すべきである。これを恐れて技術移転をしないということになれば、世界市場を失うことにもなるので、より高度な技術開発、新製品発売を目指し、不断の研究開発が先進国企業には要請されるのである。

第5は最も困難な資本（所有）の現地化要求である。外国では最終決定権は出資者にあるが、合弁事業などの現地事業では、進出企業との出資の比率により経営の最終決定（ガバナンス）が決まることに注意したい。

現地事業の運営が順調に推移し、現地の事業遂行能力が完備するようになると、現地資本の参入要求や現地出資比率の増加が、現地の政府等または出資のパートナーから提示される。しかし、この問題は経営権に関係するため容易に現地化は実施できない。長期的には世界戦略を見極め、代替的な生産法人の設立、他国への移転などが考慮されなければならない[15]。

注
1) 進出動機：広義には目的、戦略を含むものであるが、狭義には他からの勧誘、奨励等に起因し海外進出に踏み切ることをいう。

タイプの第1は現地国の優遇策（貿易特区、誘致策など）の政策によるもので、情報源は種々ある。第2は親・下請関係や親子関係企業の場合、親企業の進出に追随するものである。なかには下請けや子会社が共同出資して海外進出をすることもある。第3は内外の取引先（納入先、仕入先など）や金融機関等の紹介による場合である。第4は経営者などの個人的な内外の知己、縁故などの紹介によるものである。

これらの要因は進出の手掛かりとして重要であるが、目的等が明確でないと事業が不振になると消極的撤退になり易い。

2) 輸出、海外生産、技術輸出の比較計算：A. M. ラグマン等によれば、輸出と海外生産との比較では本国のコスト（C）と輸出コスト（M）との加算と、現地生産コスト（K）と現地事業の追加コスト（A）との加算とを比較する。またCとMとの加算とKとD（企業の特殊優位性を損なうリスク）との加算を比較する。いずれもCとMが優位ならば輸出を選択する。

KとAがCとM、KとDと比較し、いずれもKとAが優位ならば海外生産を選択する。さらにKとDがKとAおよびCとMの双方に優位であれば技術輸出を選ぶ。この論は思

考として明解であるが，Dの算出は容易でない。
3) カントリー・リスク：この語は元来，相手国政府による不測の事態による全国的な損害発生の高い国をいう。その後，経済運営の失敗による政治，経済状況の著しい不安な国を含めている。また社会秩序の混乱や治安の悪化による個人や集団に対する暴行のリスクも無視し得ない。
4) インフラストラクチャー：産業基盤に属する土地の状況，輸送事情，水・エネルギー，通信施設，排水，環境保全などと，生活環境に属する住宅，住環境，福利，サービス施設，娯楽などに分かれる。これらの未整備は事業運営に支障を来たし，追加コストや投資を生じるが，全てを満足することは難しく一定基準を超えたものでの満足と，不備対策が重要となろう。
5) F/Sの採算計算：F/Sにより投資の額と操業後の採算が検討される。重要な前提条件（需要，主なコスト）に相違が存在するときはケースごとの計算も必要となる。投資は物的取得資産のみならず操業・開業費も含める。これらの投資が何年で回収されるかという，投資決定の判断資料となるのである。また合弁事業ではパートナー間の合意事項とし契約の重要部分を占める。
6) テスト・マーケティング：新市場展開や新製品発売時などに実施するもので，対象とする市場のなかで，その市場に類似したモデル地域を選定し，試験的に一定期間発売を行う。その結果により参入の可否，販売時の有効な販売価格，方法等を検討するもので，ことに外国企業の市場参入時に有効な手段と考えられる。
7) 系列店：メーカーが消費者に至る流通の各段階で自らの子会社等を設立して，自社商品の拡販と管理を図るもの。外国では消費者による商品選択の自由を阻害し，また競争品取扱禁止，再販価格厳守が独占禁止法に抵触するものとして認められない例もある。
8) ブランド（商標）管理：外国では社名よりブランド名の方が市場で重要視されることが多い。ひとたび成功したブランドは価値あるものとして売買の対象となり，社会的にも商標権として権利者の保護，不正使用の制裁が保証されている。新製品等の開発と同様，市場での有名なイメージづくりは重要なマーケティング戦略である。
9) 現地調達率：現地で生産するものの材料・部品の一定率を現地で調達することを義務づける規制。現地の雇用を拡大するため製品組立のみならず，材料部品の生産もできるだけ現地で実行し付加価値を高めようとする。欧米ではローカルコンテンツと呼び，各国ごとに調達率を定め外国企業の事業を制約している。
10) 規模の経済（エコノミー・オブ・スケール）：元来経用語で大量生産による固定費削減のメリットをいう。経営学ではさらに作業量の増加により作業者の習熟度向上による生産単位当たりコストの激減，また購入材料部品等の生産，取引コスト減による単位当たりコスト削減等により，固定費のみならず変動費も低減できると考える。
11) オフ・ショアー事業：本来は国の特定地域を指定し，自国の法律，規制をできるだけはずし自由に交易させるための外国企業による経営をいう。外国資本と技術導入により自国従業員の雇用，技術習得を目的とし，自国への販売は認めず専ら輸出のみ認められ，輸出特別区，経済特別区などと呼ばれていた。しかし現在では合弁事業等も多く出現し，

販売も外国に限らず国内販売も行われ，国内との交易も活発化する等，生産基地化したところも少なくない。

12) マニュアル：職務や一連の業務の内容，手続きを書類化したものである。外国では従業員の定着性に問題があり，トップダウン式に仕事が実行されるためマニュアルの重要性は予想以上のものがある。すなわち現地の管理者がマニュアルを読んで部下に伝達指導する方法であり，日本人派遣者は管理者の許可なしには勝手に現場作業者を指導できないからである。

13) 現地化要求：現地化の進展または即時達成を現地で要求するものである。現地化の推移が現地として満足，容認できる限り問題は生じない。現地の事業遂行能力が具備されているのに現地化が進展しない場合（本社の世界戦略上の問題か，現地への認識不足による問題か）は速やかな対策や説得が不可欠となる。現地化要求の難問はナショナリズムと結びつく要求である。事業遂行能力が不足している場合が多い。ねばり強い相互の利害を納得させるための努力が必要となろう。

14) 主要ポストの現地化：経営者，技術，財務などの最高管理者が問題となる。言語等に起因する本社との間や経営会議等における意思疎通の問題で，経営者に現地の人を登用することは欧米に比し進展しない。技術移転の目標は工場長のポストの現地化だと現地で認識しているが，現場事情の理解や現場技術の習得（現場主義）が求められるわが国企業では，欧米に比し管理者への登用が遅れがちとなる。

15) 現地出資比率：現地法人設立に当たり，進出企業（通常は単独）と現地側（単数か複数の出資者）との出資比率をどのように分担するかの問題がある。進出企業の単独出資（全額出資）もあるが，発展途上国では合弁事業などの共同出資を求められることも多い。その出資が進出企業にとって多数（50％超），半数（50％），少数（50％未満）かによりガバナンスや経営権の所在が異なってくる。単独出資であっても後で資本参加が強制されることもあり，その場合も出資比率の割合が問題となる。また出資のパートナーの都合や事業への魅力喪失で，現地の出資比率が低下することもある。

当初，技術供与のみで資本参加のない進出企業は，経営には参加せず供与技術の対価（使用料）を得るだけとなる。稀に現地から後で資本参加を求められることがある。

第3章 国際経営と日本的経営

1 環境に応じたマネジメント

　企業環境の状況により異なる戦略が採用されると同様に，組織の必要能力や形態も相違する。H. I. アンゾフは組織の対応能力として環境変化の遅い社会では変化への対応，効率志向が求められるに対し，変化の速い社会では変化への精通，マーケット志向が必要であると説く。さらに変化の不連続な社会では新しい変化の追求，環境の創造が求められる組織が要求されるとしている。

　「環境が異なれば有効な組織は異なる」という立場から，いろいろな観点からのコンティンジェンシー理論が研究されてきた。あらゆる環境に共通して有効な組織や人事を追求する管理論に対立するものである[1]。

　この理論の一つとして，ハーシー=ブランチャードの「SL理論（状況適合リーダーシップ論）」がある。組織の成熟度（目標への達成意識，自立，自信，責任性，教育訓練の高低）により適合すべきリーダーを異にすべきであるとする。成熟度の段階を4区分し，低い順から指示型リーダー，説得型リーダー，参加型リーダー，委任型リーダーが有効とされる。また成熟度の最も高い段階と最も低い段階とにおいて，人間関係より仕事志向リーダーが適合し，高低の中間段階では人間関係志向のリーダーが適合すると説く。

　このSL理論は国際企業のマネジメントにとって示唆に富むものである。すなわち，その国，地域の工業化状況，教育の普及度や水準，仕事に対する考え方や責任性などの状況によって異なったマネジメントが適応するものと考

える。もちろん，その状況は工業化などの変化により相違していくもので，固定的な管理は継続して妥当しないと考えるべきである。

国際企業において普遍的に通用するのは，出資者の多数が最終的な経営権（ガバナンス）を保有するという事実である。本社の単独出資（100％出資）の場合には，現地の事業運営は本社の意思決定によって，ほぼ実行されることになる。しかし合弁事業（進出企業と現地側との共同出資）の場合には，その出資形態によりガバナンスが明白に相違するのである。

本社の出資がマジョリティ（50％超）のときは本社がガバナンスを有し，ほぼ本社の意思決定に従い現地事業の運営ができる。すなわち100％出資と同様の効果を有する。

一方，本社の出資がマイノリティ（50％未満）のときには現地側が原則としてガバナンスを保有する。進出企業に技術移転などの利点があるため，通常の業務につき現地が運営するとは限らないが，方針，戦略など重要事項の決定に関する最終決定権は現地側にあることは否めない。場合によっては単なる配当請求権と一定の監査権をもつに過ぎないこともあり得る。対等出資（50％対50％）は円満な形態で双方が協調して完全な合意の下に事業を運営する方法である。一見理想的にみえるが，事業の進行につれ経営方針や意見の相違が表面化し，何ひとつ決定できないという「経営不在」となるおそれがある。

ガバナンス面からは進出企業の単独出資が望ましいと考えられるが，合弁事業の利点もあり，また進出国の出資比率制限もあり，進出企業が独自に決定できないことも多い。

次に国際企業の組織形態について概観してみよう。組織的形態も企業の規模や国際化の状況により異なり，以下は主な例示である。

第1の形態は，現地事業を本社の各組織（特定の工場，営業部など，または特定の機能別組織）の一部として所属させる方針である。現地事業の品目，機能，規模が限定されている場合に採用される。

第2の形態は国際事業部を置いて総括責任を負わせる方法である。国内の他の事業部，営業部などと同列でトップ・マネジメントと直結する。統一的な海外戦略，対策の迅速な決定が期待できる反面，製品事業部や機能別スタッフとの調整，またスタッフ機構の重複というおそれもある。

　第3の形態は製品ライン別（事業部制）組織である。市場が国際化してきた現在，国内と海外事業との一元化を図る利点は大きい。機能別スタッフ，国際事業部（地域別）との調整を図る目的でマトリックス組織も存在するが問題も多い。いずれにせよ企業規模がある程度拡大すると事業部制（顧客グループ別も含む）または分社制の採用は不可欠であろう。この組織に国内・海外を一元化した管理を担当させるのが通常の企業であろう[2]。

　第4の形態は地域ブロック別組織の導入である。海外事業が進展し世界的規模に拡大すると，市場や製品開発での対応が難しくなり，一元的マネジメントも困難となる。このような場合，地域ブロック別に専門スタッフ等を置き，できるだけ地域ブロック内で戦略，管理を実施するようにする。すなわち本社機能を分割するように，大幅に権限を移譲し自主的運営による分社的な効果を期待する。

　このように種々の形態があるが，企業の国際化状況に照らし，本社と現地との効果的なネットワークを念頭に最良と考える組織を選定し，弱点を補う対策を組み込むことであろう。

　本社が主導権を把握して海外事業を展開する場合，現地への権限移譲，すなわち現地化をどの程度認めるのか，意思決定の種類（内容）別に検討してみよう。

　新規投資，新市場，新製品開発，中長期計画のような戦略的な意思決定については，現地の権限は少なく多くは本社の集中管理するところとなる。

　戦略的意思決定に基づき，それを達成するための計画，組織の編成，経営資源の配分，スケジュール化などの管理的意思決定は，本社と現地との協議，本社のガイドラインに基づく実行という方法がとられる。

日常的な業務についての業務的意思決定は，多くが標準化されたルーティン・ジョブであるため現地側に委され，本社による監査が行われる。

以上のようにパターン化されるものの，現実にどの程度，現地化するかは現地の企業環境による。現地化を決定する二大要因は，本社の世界戦略と現地の「成熟度」とであるが，成熟度の増加に伴い通常の運営は現地に委されるのが普通である。

この段階では現地に一定の目標（例えばROI）達成を要求し，他は自主的運営に委せることも少なくない。しかしながら経営不振，異常事態が発生すると，自主性の撤回や縮小が行われたり，現地経営（管理）者の更迭も稀ではない。合弁事業のマイノリティ所有では，現地側の意思決定によるところが多いが，一定の業績達成の要求の下での自主的運営は国際的なマネジメント方法といえよう。

2　日本と外国の企業観

企業が市場経済下で，商品・サービスを提供する，自己責任に基づく独立採算の組織体である，という社会的存在につき否定するものはあるまい。しかしながら企業の果たすべき社会的な機能は一定の経済目的を達成する組織体なのか，より広汎にことに従業員の生活保障まで考慮すべき組織体なのかについて，欧米と日本とでは相当の相違が存在する。

日本では「企業は労使の運命共同体」（日経連のモットー）が表すように，企業の理想像として構成員・取引先を含めたグループの共同の生活の場と考える。したがって時代や環境の変化があっても，新しい事業を開発したりして企業を長く維持・存続させることに社会的な評価を得，意義を見いだす。

そのため経営者は企業の長期的な社会的信用を維持することを最優先する。したがって仮にも企業の体面をけがす結果が社会的に公表されると，経営者に非があるかどうかを問わず責任問題となるのである。しかし短期的に業績が低下しても責任はおろか理由の探求さえ行われていないのが大方の実状で

ある。

　一方，欧米など外国では企業とは一定の事業を計画，運営し，その成果を株主，経営者を始め関係者で分かち合う場であると考える。したがって事業を成功させることが最優先され，事業の多角化も目的を明確にして実行し，また事業の将来性に疑問あるときは閉鎖や解散するのも稀ではない。

　そのため経営者の責務は絶えず一定の業績達成に注がれる。経済情勢がどうであれ，業績達成が経営者の責任となるため，万策を講じ未達成の合理的な説明が求められる。また事業の拡大，閉鎖，転換などで，有利にM＆Aを実行することも経営者の評価になる。

　日本では企業の永続性を図るため，新学卒者など従業員を若いときから採用し，企業内で社風を学び可能な限り「終身雇用的」に「会社人間」として一企業で働くことが従来の理想とされてきた。企業が実務経験のない学卒新入社員の採用に血眼になるのは外国では見られない光景である。

　このように採用した新入社員はOJTを含めた社内教育で実務を習得する。また企業内労働市場を通じて，従業員の適職を求めて行く。したがって年功に応じた地位や待遇が一般的に妥当することになり，これが従来，企業への忠誠心を求める一大要因であった[3),4)]。

　従業員もできるだけ大企業または安定した企業に入社し，可能な限り同一企業に留まりたいという考えが大勢である。その企業内で仕事ばかりでなく教育，趣味，スポーツから人生観の習得まで，広汎な生活が営まれる。したがって転社（転職）は容易ではなく，社会的評価も高くない。

　一方外国では，企業は一定の仕事をして生活のための報酬を得る場であるというのが一般的な認識である。従業員は自己の職業または能力を生かす企業を求めて就職する。仕事以外に家庭，宗教，趣味，地域の生活があり，その優先度は国，個人により異なるものの，仕事と並立して存在する。むしろ人の生き甲斐は多く仕事以外にあるといえよう。

　したがって従業員は企業に就職するときには一定の職業，能力を保持して

いなければならない。先進国では学校や教育機関で専門知識の学習をしており，そこで専門職業を身につける。欧米では天職により社会に貢献するという宗教観も存在する[5]。

欧米では社会的な労働市場の発達もあり，転職は自己の能力向上の機会とさえ把えられている。職務や能力に応じた報酬であるため有能な人の転職が多い。さらに有能な人は若いうちから企業を興すのもアメリカなどで見られる傾向である。

日本では中小企業などで出資者が経営者である（オーナー経営）ときは出資者の決定権は強いが，上場企業などでは株主の存在感は薄く，ROIや配当に対する関心も低い。この主な原因は経営は構成員，取引先によって営まれるもので，株主は貢献の少ない外部者という意識であろう。

さらに株主構成を大企業だけとってみると，法人間の持合い（系列，関係企業，メインバンク系企業）が多く，70％が安定株主（株式の売買をしない株主）であるという。これらの企業はROIにはあまり関心がなく，余程のことでもない限り株主は企業の業績について関与することはないのである。

一方，欧米では規模のいかんを問わず，株主の期待に応え一定以上のROIや配当をもたらすことが経営者の責務となっている。そのため取締役会の構成，株主への配慮などで種々の工夫がなされている。「企業は出資者のもの」という思考の現れであろう。

アメリカでは個人株主が未だ50％以上のシェアを有し厳しい企業への監視がある。さらに近年，機関投資家の持株が増加し，企業に対する発言権を強めることが予想されている[6]。

わが国の企業を永続させ関係者という一定のグループ内での経営，取引を行う思考は，江戸時代からの長い歴史的な集団帰属的意識のなかで形成されたものといえよう。このことは相互信頼に基づく長期的なグループ内，系列内取引にも反映するのである。

一方，アメリカ等では経営は社会的に有能な人材を集め，有利な経営資源

表Ⅲ-5　日米と欧米との企業観

	日　本	ア　メ　リ　カ
企業観	生活の場（運命共同体）	仕事の場（事業追求集団）
企業の目的	企業体の存続，発展	利益の追求
投資の目的	長期的な利益	中短期的な最大利益
経営者の主な関心	企業構成員，系列，銀行	出資者
取締役会の構成	社内経営者が主	社外経営者が過半数
従業員の期待	生活の保障	適職と報酬
従業員の忠誠心	企業	職業（専門職）
取引関係	長期・継続的グループ内の取引	自由に選定し契約取引
人生観	集団帰属意識 仕事重視	個人主義的な思考 多元的（家族，宗教，地域等）

を広く活用しようとする。また取引では自由にものを求める機会を公平に与えるのが「フェアネス」であり，一定のグループ内取引は閉鎖的と映るのである。

　販売も購買も絶えず有利な相手先を見つけ，対等な両者が条件を合意して契約を締結し，それを確実に実行することが信用であると考える。それは担当者として企業への貢献であると共に，自己の清廉性を示すものである。日米の企業観などの比較を，参考までに掲載したのが上表である（表Ⅲ-5）。

3　意思決定にみる相違

　H. A. サイモンによれば，組織は目的の専門化（細分化）を通じて形成された意思決定の階層（ヒエラルヒー）であるとする。その意思決定をなすに当たり各段階に権限（オーソリティ）が配分され，他者の行為に対する影響力が行使できることになっている。

　外国では一般に意思決定につき，三つの種類に分類し，各種類ごとに意思決定に責任をもつ役割分担がされている。

　第1は戦略的意思決定であり，企業の潜在的な能力を具現化し，最適の事業を選択し一定のROI達成を目的とする。具体的内容としては企業の目標を設

定し，新事業や事業の拡大戦略，経営資源を有効利用する戦略，ポートフォリオ戦略と管理などである。

　第2は管理的意思決定であり，企業目標や戦略を最適に実行するための構造づくりを目的とする。内容としては組織の編成，保有する経営資源の有効活用と転換づくり，必要資源の企業外調達と企業内開発などになる。

　第3は日常業務的意思決定であり，所与の経営資源を最適に配分し実行を図ることを目的とする。具体的には日常業務の目標，必要とするアウトプットの決定と実行，有効で合理的なインプットの検討と実施などである。3種類の意思決定は役割分担が明確であり，往々にしてプランニングの責任者と結びつく。役割分担のマネジメントとして，通常，経営者（トップ・マネジメント），部門管理者（ミドル・マネジメント），監督者（ローアー・マネジメント），担当者（マネジャー，スペシャリスト，オフィサー等と呼ぶ）に分類される[7]。

　第1の戦略的意思決定はトップ・マネジメントが責任をもつのが外国の例である。その意思決定は往々，企業目標や企業戦略に関する中長期計画となって表現される。

　第2の管理的意思決定は通常，ミドル・マネジメントの所轄するところであり，部門戦略，組織編成，資源の配分や調達などの中長期計画で表される。

　第3の日常業務的意思決定は監督者（現業関係）や担当者によってなされる。それは日常業務の達成や経営資源の配分を目的とした実行計画で通常，予算（budjet）と呼ばれるものである。

　このような役割分担に基づき経営や管理が一般に遂行されるが，上位のマネジャーが下位のマネジャーに指示，説得などにより影響力を行使したり，逆に下位から上位への意見表明なども行われる。

　わが国の意思決定方式は上記の外国における方式とは相当異なるものがある。とくに大きな組織，企業になるほど，その傾向が強い。第1は意思決定の種類がそれほど明確でないことであり，第2は役割分担があいまいである

こと，第3は意思決定のプロセスがほとんど逆であるように見えるのである。

　外国での意思決定が戦略的，管理的，日常業務的と，トップ・マネジメントから順次，下位に伝達される方式であり，これをトップダウン方式と呼ぶならば，わが国の場合はボトムアップ方式と呼ばれる方式である。

　わが国の大組織においてはトップ・マネジメントが自ら責任をもって戦略的意思決定や中長期の戦略計画を作成し発表することはまれである。戦略的にせよ管理的にせよ，これらの計画はミドル・マネジメントが作成する。時には企画担当者が起案することもある。

　この起案された事項はその内容の重要性に従い，直接の上司から担当のトップ・マネジメント，さらに企業の最高責任者に至るまでの承認が求められる。その過程で却下，全面やり直し，修正などの決定があれば，再び起案者に差戻される。一般にこの方式や過程を「稟議」と呼んでいる[8]。

　大企業などではこの企画担当にミドル・マネジメントの課長が当たる場合が多い。課長は実務経験も長く専門に精通し，企業内の状況や人脈も知熟する地位にある。ここで戦略計画等を立案することは経営能力の養成とも考えられ，また経営者への「登竜門」ともいえるかもしれない。

　ここで簡単にボトムアップ型とトップダウン型との長所を比較してみよう。ボトムアップ型は第1に，計画が実務担当者により作成されるため，無理のない実行可能な企画がなされること，第2に実行する関係者と事前協議が生まれること，第3に実行前に多くの協議がされているため，実行は比較的容易に迅速に開始されること等が挙げられる。

　一方，トップダウン型は，第1に，広い豊富な情報，経験をもつトップ・マネジメントにより創造的，新奇な企画が可能なこと，第2に全企業的に合目的的，統一的な計画により各職階において明確な目標に基づく実行が期待されること，第3に企画から決定までに時間や手続きを要せず，機敏な戦略的な決定ができる等であろう。

　一般にボトムアップ型は企業目的や戦略が明確で安定した環境にある組織

で，効率的な実行計画を編成，実施するのに有利である。また，トップダウン型は企業環境に変化の多いとき，戦略的計画を迅速，弾力的に編成し実行するとき効果的な意思決定といえよう。

集団決定的な役割分担が明確でない日本の意思決定方式は，意思決定者や責任の所在があいまいになる問題点が存在する。

4　人事・労務管理のちがい

社会的に労働市場を求める外国と，わが国の中堅・大企業で採用している企業内労働市場を利用する，双方の思考の違いは人事・労務の管理を同一に論じられない主因となっている。わが国の中小企業では現実には企業内労働市場を形成していないにせよ，人事労務システムとしては日本的労働慣行に従っているのが大半といってよかろう。

アベグレンが1950年代，わが国の工場にみられる労働慣行として，終身雇用，年功序列（賃金），企業別労働組合の三つを挙げた。この慣行は当時に比べ現在は相当の修正を加えられつつあるが，依然として人事労務における基本的な慣行であることは否めない。以下，採用，人事評価，昇進，労働時間，待遇，教育などで具体的にみてみよう[9]。

企業内労働市場を考えるわが国ではできるだけ新学卒者を採用しようとする。その採用は特定の職務に従事することより企業に所属することに意味があり，したがって人事部が責任をもつ。中途採用についてはリクルート情報や機関は年々発展しているが，常備者の採用は欧米ほど活発ではない。ことにエグゼクティブ（経営者，高級の管理，専門者）や営業職，技術職を対象とする雇用あっせん機関は未発達であるが，社会的に通用する職務基準が不足しているためかもしれない。企業グループ内や縁故に頼っているのが実情であろう。

欧米先進国では労働市場が発達し，職階ごとの斡旋機関や情報が普及している。求人側は自己の保有する能力や技術・技能によって適職を求める。し

たがって求人は求職者の上司（ボス）が責任をもつ。エグゼクティブや営業職などの雇用に当たっては，求人企業と求職者とが雇用契約を締結する。労働組合員の場合は労働協約が適用され，何らかの契約（書面の合意）がないときは企業の作成する就業規程などに従うのはわが国と形式上は同じである[10]。

わが国の中堅企業や大企業で一般的にみられる，全従業員を対象とした定期的な評価制度は外国では稀である。この人事評価は毎年度の給料や賞与の支給額を決定するほか，対象者の昇格，異動，今後の教育など，企業内での将来のキャリアを検討する資料にも利用されている。

外国では採用時に合意された職務の完遂能力の有無が問題となる。採用後の一定期間（試用期間）内で上司が判断する。その後は職務上での相当の過失でも起こらねば評価の問題はない。ただ営業職のように一定期間内での業務評価の合意などがあるときは，期間終了後に評価がなされ報酬などに反映されることになる。

昇進，すなわち上位の資格，地位に位置づけることは，わが国では年功や経験などに基づく処遇として，上位者に空白が生じたときに下位者から選抜されるのが通例である。大企業等では昇進基準や試験制度を導入していることもある。しかし，外国では上位者に空白が生じたとき下位者を充当することは一般的ではない。能力などで適格者が存在しない場合は外部から求めるのである。

異動，すなわち他職務への配置替えや転勤は日本では当然のことと受け取られるばかりか，昇進などの過程とみなされることも多い。しかし外国では専門外職務への異動は稀であり，転職も配偶者の同意を得るなど容易でなく，単身赴任も例外的である。

勤務時間にも違いがある。有給休暇の消化は先進国では法令，労働組合などの規制もあり，義務づけられており，時間外勤務は管理者は別として，一般従業員には強制できるものではなく，また規制も厳しい。

給料賃金の外国での原則は「同一職務・同一報酬」である。どのような人

が仕事に従事しようと，職務が同じであれば同じ賃金が支払われるということである。わが国では従来の年功給の部分が減少し，職能給部分が過半を占めるといわれている。しかし配置替えの能力を推定する職能給は職務給とは全く異質なものといえる。また諸手当（通勤，家族，住宅，単身赴任など）の多いのもわが国の特徴である。

　給料などの支払形態として，わが国では経営者から現業職に至るまで常傭の場合，月給制が一般的となっている。営業職でも固定的月給制である。外国では経営者やエグゼクティブは年俸，通常の管理者，専門職，事務職が月給制，現業職は週給，営業職は成果給的月給が多い。

　給料賃金以外のフリンジ・ベネフィットも，外国では個人ごとに帰属するものが多いのに比し，わが国では従業員の全体やグループを対象とした福利厚生が多い[11]。

　外国企業では従来，職業教育は企業外で実施するもので企業内教育は直接の業務遂行に不可欠なものに限定されてきた。わが国でみられる集合教育（入社時，職階別，職務別など）は稀である。職務の担当者は一定の知識，技能，資格などを有する専門家であることが要請されるからである。例外的に管理者などを対象とした教育，現業職などの職務拡大教育が実施されるようになっ

表Ⅲ-6　日米の人事・労務管理

	日　本	ア　メ　リ　カ
雇用市場	企業（グループ）内市場	社会的な市場
企業の雇用目的	企業に役立つ人	職務を遂行できる人
雇用の主導者	人事部門	雇用部門の上司
新卒者の採用	定期的な社会的慣行	一般的でない
人事評価	定期的に実施	必要時に実施
昇進（上位者の充当）	下位者の昇進	例外的（外部から充当）
異動（配転，転勤）	当り前のこと	例外的
給料賃金	生活給と職能給	同一職務・同一賃金（職務給）
賞与	支給が通例	恩恵的なもの
福利厚生	企業内グループ支給も多い	給料の付加的給付
時間外勤務・有給休暇	融通的な運営	労働法令の厳格な運営
職業教育	企業内で実施	企業外で修得

てきている。

　表Ⅲ-6は日米の人事・労務管理についての特徴を比較したモデル表である。参考までに掲載する。

注
1) コンティンジェンシー理論（組織の条件適合理論）：この理論はまずイギリスのバーンズ＝ストーカーによる企業事例の共同研究の結果，安定的条件では機械的（官僚的）システムが，不安定な環境下では流動的，有機的組織が有効であると発表された。またウッドワードは量産システムでは機械的組織が，個別受注，装置産業では有機的組織が有効であるとした。

　その後アメリカに導入され，ローレンス＝ローシュが「条件理論」という語を普及させた。「分化と統合」の研究を通じ，安定した環境下で官僚的構造をとり，不安定な環境に対応するために有機的形態をとる。そして種々の環境要因に効果的に対処するために必要な特徴を究明することを，この理論の目的とした。（第Ⅱ部第3章「コンティンジェンシー理論と経営計画」参照)。

2) マトリックス組織（グリッド組織ともいう）：現地事業につき多元的に管理する方法である。例えばタテ軸に製品ライン別組織を，ヨコ軸に機能別または地域別組織の管理ネットを設け，現地事業はその合点としてタテ，ヨコの管理を受けるものである。

　この組織は一元的管理では不足する機能別スタッフの専門能力を補う，または地域の一元性との調整を図るためのもので，1970年代より国際企業などで多く採用されるようになった。

　しかし，管理目的を異にする二元的管理においていずれが最終責任を負うのか明白でなく，結局，現地において判断し責任を負うことにもなりかねない。また海外事業が拡大し利益管理も重視されると，両者の貢献度測定も困難を生じる。一元管理とし，いかに他部門の支援を得るのかの対策を考えることが，より有効と考える。（第Ⅱ部第3章3「経営組織の構成」参照)。

3) OJT (On the job training, 実地教育)：上司や先輩などから職務に従事している過程で受ける実務習得。わが国企業での一般的な企業教育。実践的で即応力が期待できるが，指導者の能力により相当の格差がつく。一定の Off JT（職務，職階別などの集合教育）や企業外の専門機関教育を折込む必要がある。またOJTの指導者教育，成果判定法なども事前に準備しないと効果がない。（第Ⅱ部第4章「ヒューマンリソース」参照)。

4) 企業内労働市場：先進国では社会的に求人と求職との情報交換が行われる場（公共ばかりでなく私的斡旋機関）があり，双方の条件が合致して雇用（就職）が決定する。これが一般的な労働市場で，社会的に広く人材を募集する方法である。

　わが国の新学卒者採用は企業内で人材を確保し，必要な職務に適応可能な人材を当てはめる方式である。企業環境が変化するなかで弾力的な人材管理ができ，必要時に余分

なコストが不要であり，従業員の雇用が保障される等の利点がある。しかし専門的能力の探求に弱く，他企業への転職時には適応力に欠けるという弱点もある。

5）欧米の天職意識：ヨーロッパのプロテスタント系では職業を通じ神に奉仕し社会に貢献するという意識がある。英語での calling は神のお召し，天職，職業の意があり，profession は信仰告白，忠誠心，専門職の意がある。「祈り」のみに限らず「職業」を通して神に仕えるべきことを示している。また「利益」はその職業による貢献を示すものと評価するキリスト教もある。

6）機関投資家：個人が直接企業に投資して利益配当を受けるのではなく，個人がある機関に投資し，その機関がまとめて企業に投資して利益配当を受け，投資した個人に還元するものである。機関投資家としては保険，年金，共済，投資信託などが存在する。わが国では上場企業において生命保険の占めるシェアが大きく，アメリカでは私的，公的年金の占めるシェアが多い。

　本来，機関投資家は利殖を求め経営権に参加しないものといわれてきたが，アメリカでは株主としてのシェア拡大，業績への関心増加に伴い，いずれ重要な株主発言力をもつものといわれている。わが国の機関投資家は安定株主，サイレント株主とみられている。

7）マネジャーの呼称：欧米ではマネジャーは「管理者」の意味で用いる。一定の部門や部課を管理する人たちばかりでなく，自ら一定の仕事を管理（計画，実行，評価）する人達にも用いる。一定の目的を責任をもって達成する人々の総称である。しかし，専ら他の人々の補助をするアシスタントやセクレタリー，現場の作業者とは明確に区分される。また組織や企業の方針，戦略などを決定する（目的を定める）人々は，通常ディレクターとして区別される。

8）稟議方式：ある程度の規模に達すると，日本の企業では「稟議」という社内決裁を求める特別の書式が用意される。一般に取締役以上，ことに「常務会」に提出されるような案件は稟議という方式に従わなければならない。

　決裁を求める稟議の内容は企業によって相当の相違がある。一般に当該案件に要する金額によって定めている例が多い。したがって広告や設備投資などから将来投資や他企業との提携まで広範囲で，一定金額を超える支出は総て含まれるため，大企業では相当多くの案件となる。ただし予算編成や人事事項は除外されるのが普通である。

　この稟議は起案者から上位の職階者の承認を得るためばかりでなく，横断的に関係する各部門との事前協議や内諾を求める過程も重要である。稟議の承認を有利にしたり実行段階での協力を求める効果がある。この過程を「根回し」といい，これを欠くと，実行段階で困難に当面したり，やり直しの破目に陥ることにもなる。

9）日本的労働慣行の実情：日本的慣行がどの程度に維持，修正されているかを概観してみる。

　第1の終身雇用は「終身」ではないが，求人，求職側としても依然，できるだけ長期の雇用を期待する思考は外国に比べて強い。実情は50歳代まで同一企業で勤務する（できる）人の数は少なくなる傾向で，また常備以外の勤務形態も増加している。しかし，

先進諸国に比し長期勤務者の割合は多く（ことに20年以上），管理職，営業職，専門職に多い。また長期雇用の期待は求職側に強く，転職になじまない風潮がある。

　第2の年功序列・賃金は二つの意味がある。年功または同一組織での勤続年数の長さにより，組織内の地位を定めるのが一義であり，その年数の長さにより賃金給料が上昇する（昇給）のが他の意である。前者の地位に関しては依然として年功または勤続年数を尊重するのが社会的な風潮とみられる。多くの中小企業でも常備者の中途採用では年功が重要な評価要素となっていることは否めない。競争の厳しい業界では年功より能力を優先する傾向は強くなっている。後者の賃金給料については相当の変化がみられる。30歳代前半までは年功がみられるものの，それ以降の年功による昇給は年々減少している傾向であり，40歳代後半からは昇給がなくなる例も増加している。

　第3の労働組合は先進諸国と全く編成を異にする。わが国では企業ごとに労働組合が結成されるのに対し，欧米では産業ごとに労働組合が編成される。したがって日本では全国レベルの上部団体はあっても，実際の労働条件は各企業の経営者と企業内労働組合とで交渉し協約を行う。一方，欧米では労働条件について産業を横断する労働組合の代表者と企業の経営者または経営者団体の代表との間で交渉し協約する。組合員はどの企業で勤務するにせよ，産業別労働組合として登録される。労働組合の影響力を示す組織化率は日米において20％を切るに至っているが，欧米では50％弱と影響力が強い。

10) 雇用契約：先進国などでは雇用時に求人側と求職側とが雇用条件を明白にして契約する。ことにエグゼクティブなど一定レベル以上の雇用者には個別的に契約を締結する。契約事項は職務（達成すべき課題，具体的目標，職務範囲，報告など），権限（組織上の地位，人材や賃金等の利用可能資源，裁量や指示，責任など），待遇（給与，休暇，フリンジ・ベネフィット，年金・退職金，教育など），契約問題（期限，禁止・守秘事項，解除，紛争解決法など）が盛り込まれ，時に詳細が定められる。

　外国では雇用時に双方の雇用条件が決定されるため，就業以降に条件を変更することは余りない。同一職務・同一賃金の思考もこの契約思考に基づく。

　労働組合員の場合には集団交渉に基づく労働協約が適用される。個別の契約も労働協約も存在しないときには企業の作成した就業規程等に従うが，労働条件として求人側に不利になるおそれがある。

11) フリンジ・ベネフィット：法定福利は医療，失業，年金など社会保険に関するもので制度の枠組みは先進国類似のものである。しかし個人，企業，公的機関の負担金や負担割合に差異がみられる。また保険の給付対象には保険種類ごとに各国間で相当の相違がある。わが国は医療給付が勝り，年金給付が劣っているといえよう。

　その他の福利厚生では食事支給，社品支給，法定福利の付加などが外国で一般にみられる。わが国のような企業主催の旅行，体育会，忘年会などは稀である。また企業内のスポーツ，文化クラブへの支援，会社所有の施設・クラブも外国では極めて限られている。

第4章　国際ビジネス概要

1　貿易業務と債権保全

　貿易の進展につきいくつかの段階がある。初めて貿易を行う段階から，最終的には自己が現地で拠点を設置し販売を実行するに至る段階である。
　第1の段階は間接貿易である。メーカー等の企業が貿易の専門知識も体制もなく，現地情報に乏しいときに貿易業者（商社）や取引企業（親会社など）に委託して輸出入を行う。貿易業者は専門商社と総合商社に区分される。前者は特定の商品や特定地域に限定して取引する。後者は可能な限り総ての商品を世界で取引することを志向する。それぞれに長短がある[1]。
　第2の段階は直接貿易の代理店販売である。直接貿易とは自己の責任で貿易業務を実施することで，貿易知識を有するスタッフを配置して貿易に関係する業者を選定，管理，調整する。この場合でも当初は現地の代理店を選定，契約して，現地での販売を委任する方式をとる。これを代理店販売（購買）という。
　代理店販売は情報不足の貿易者にとって，現地市場への円滑な参入を図り，または現地の有利な商品等を調達できるという利点がある。しかし，貿易者の専属店としての代理店を期待できず，自社の方針通りの活動を求め得ない。時には別個のブランドを開発し自らの事業を展開することもあり得る[2]。
　第3は自社の直接販売である。現地に販売（購買）の拠点を自ら設置し，自社で営業等を実行する方法である。
　直接販売は貿易者の意志疎通や情報収集などで市場と密着でき，マージン

やコストなどで利益が期待できる。しかし，市場規模により総て直接販売がよいわけでない。自社の販売ネットを独自に設定するため，相当の投資や人材を必要とし，販売いかんにより採算もとれないこともあり，リスクの大きいことも覚悟せねばなるまい。

次に貿易業務についての概略と国内との相違点を述べよう。貿易業務の流れについては表Ⅲ-7に示す通りである。主な特徴を列挙したい。

第1の売買契約は売主が物品を買主に引渡し，買主は物品代金を売主に支払う合意であるが，その所有権の移転時期および危険負担の時期につき国際的に方式が決まっている。海上貨物ではFOB（本船渡条件），CFR（運賃込条件），CIF（運賃保険料込条件）が一般的であり，航空貨物ではFCA（運送人渡条件）が適用される。この条件により船積指示，価格，運賃や保険料の負担などが異なってくる。

第2は通常の貿易取引では信用状（L/C）付きで，売主は自己振出の為替手形にL/Cを付して銀行で買取ってもらい代金の決済を受ける。船積み前に買主

表Ⅲ-7　貿易業務の流れ

当事者	区分	内容
売主 （輸出者）	交渉と契約	調査（市場，信用），交渉（引合い，申込，承認） 売買契約書の締結
	輸出準備	輸出承認の取得，信用状（L/C）の受領 貿易保険の付保，為替差損の回避策，輸出梱包
	船積み業務	船腹予約，船積書類作成（出荷案内，荷造明細） 損害保険(CIF等)，通関（保税地域搬入，検品，輸出許可） 船積完了，船積通知（買主宛）
	代金回収	船荷証券（B/L）受領，荷為替手形発行と買取依頼 輸出代金を銀行で受領，B/L引渡
買主 （輸入者）	交渉と契約	調査，交渉，売買契約書
	輸出準備	信用状の発行依頼（銀行宛），為替差損の回避策
	貨物受領 代金決済	船腹予約・損害保険(FOB等)，通関，船積書類到着通知 代金決済・B/Lと船積書類受領，B/L提示・貨物受領

は自己の取引銀行で信用状の開設を受け，売主の取引銀行に送付しなければならない。このように買主はL/Cの形で取引銀行に支払いの保証をしてもらい，売主は貨物の船積以降にL/Cに基づき輸出代金が受領できるのである[3]。

　第3は貨物や代金のリスクを保証する保険の存在である。貨物の輸送，工事に関する損害保険と代金，為替，手形，海外事業に関する貿易保険とに大別される。

　第4は海外取引に付き物の為替相場の変動に伴う損失の回避策である。契約での取引通貨の決定や先物予約（為替銀行と予約し一定期間内での為替取引を固定した先物相場で実行する）によるヘッジが一般的な方法として採用されている。

　第5は船積み業務，すなわち保税地域への搬入，通関手続き，本船積み込み（積卸し）などの業務の一切は専門業者に委託して行ってもらう。その免許を有する海貨業者や航空貨物代理店がその任に当たる。

　第6は海上輸送時の船荷証券（B/L）は単なる貨物の受領証に留まらず，有価証券としての性格をもつことである[4]。

　企業内貿易では問題がないが，貿易取引では輸出者・輸入者間の信用をいかに確保するかは重要な問題である。一般に実施されている債権保全の方策を列挙しておこう。

　第1は貿易先の信用調査を取引銀行か商業興信所等を通して実施し，疑点をなくす。

　第2は明解な契約書を作成し，受渡や支払いの時期，条件などを定め履行を確実にする。

　第3は契約を開始するに当たり契約履行保証として一定の保証金，前受金を受領する。

　第4は契約は信用状付き取引とし，信用度の高い信用状を要求し受領する。

　第5は取引の内容に応じ利用できる貿易保険（損害保険は当然のこと）を検討し付保をする。

第6は継続取引先でも一度に多額の取引はできるだけ避け，また信用調査も定期的に実行する。

　第7に有利な紛争解決法（裁判，仲裁，斡旋など）も検討しておく，等である。

2　海外事業と合弁事業

　海外で自企業の現地法人を設けて事業を運営することを事業の現地化という。事業の現地化にもいくつかの段階がある。

　ある地域で販売，購買，物流，生産などの事業を開始するときには駐在員（連絡）事務所を設けるのが普通である。現地での一般的情報の収集，市場や資源の調査，代理店などとの連絡調整，生産・物流拠点の選定や活動準備などが実施される。ことに半恒久的施設の設置を予定するには駐在員事務所を設け事前調査をするのは不可欠であろう。

　現地市場での販売がある程度拡大すると，直接販売を意図し販売拠点（販売法人）を置き，迅速な供給やサービスを行う。販売機能と共に代理店等への物流機能も有する。現地での独立採算が問題となる。

　企業が生産・供給目的で現地化を進める方法として，二つの形態がある。一つは現地の企業と技術提携をして商品等を生産させる，委託生産である。技術の比較優位性が希薄になった商品等につき実行される方法である。技術の使用許諾，供与を行い販売高や生産高に応じた使用料を獲得する。

　他の方法は自己で生産拠点（生産法人）を設置し，現地需要を賄うほか第3国輸出も考慮される。生産法人を設定し生産を開始することは何らかの技術供与（移転）を伴う。現地の技術能力の向上に応じてノックダウン方式から順次，高度な技術の製品，部品の組立，加工へ移行する[5]。

　先進国企業では技術開発を目的とする技術，情報センターの設置が行われる。自企業で設ける場合，他企業・機関との共同設立，種々の企業間の技術提携など多様化してきている[6]。

さらに企業の国際事業が大規模になると、世界をいくつかのブロックに分け、そのブロック別に地域本社を設置し、地域内の運営の自主性を図ろうとする。

企業が現地に生産法人を設置する形態についてはすでに述べたように、取得形態として、単独所有（100％進出企業の出資）と合弁事業（進出形態と現地側との共同出資）がある。さらに合弁事業についてはマジョリティ、マイノリティ、対等（50％ずつ）の形態があり、その形態により企業のガバナンスや経営権に大きな差異が生じることは既述の通りである。

発展途上国での事業展開の場合には所有形態につき、進出企業が自由に選択できるものではなく、合弁事業を要求されることも少なくない。したがってまず現地に良きパートナーを得ることが合弁事業成功の鍵となる。

通常、パートナーは代理店、仕入先、技術提携先など取引関係にあった人で信頼のおける人が選ばれる例が多い。しかし、長期的に合弁事業を継続するのが目的であるから、広く一定の適格性をもつ人を選択することが求められる[7]。

パートナーとのビジネス上での信頼関係を築くためにいくつかの必要条件がある。

第1は事業開始前に徹底して新事業の構想につき討議し、疑問点を十分にただし合意の上、計画が作成されねばならない。

第2は中長期の計画を具体的数字により表し、出資の見返り予想も立てなければならない（F／Sなど）。

第3はパートナーの主要な役割分担を事前に協議し取り決めることも重要である。それは事業への参加意識に影響を与える[8]。

第4は対等出資の場合に双方のパートナーの意見が不一致のときの解決方法である。事前合意がないと「経営不在」にもなる。

第5はパートナーの決定すべき事項も協議し明確にする。単なる法令事項に留まらない。合弁事業では経営者の人選、計画の承認、重要な投資と金融

(増資など)，配当や利益処分の事前協議など広い事項に及ぶ。

　合弁事業など現地事業を円滑に運営するポイントを列挙し説明を加えたい。

　第1は現地派遣者が現地で信頼を得て業務に専念できることである。派遣者は現地からみれば企業の代表者であり，事業の経営者である。会話能力，指導力，適応性，協調性などが必要条件となる。またできるだけ長期滞在することも信頼を得る方法となる。同時に派遣する本国の十分な支援が必須となる[9]。

　第2は有能な現地の管理者，専門家などの定着性を高めることである。これらの人は発展途上国では人数が限定されるが，現地の人々を管理し意志疎通を図るためには不可欠である。日本的な終身雇用の慣習ではない企業の誘因（待遇，能力向上，地位向上，日本の魅力等）により定着性を高めなければならない。

　第3は合弁事業においてはパートナーとの良き関係を絶えず図ることである。共同事業の円滑な運営，地元社会の協力，市場確保など重要な役割を有するためである。頻繁な会合により経営方針の確認，情報交換のほか相互理解を深めることが重要である。本国への招待により本国の経営方針，社会や文化に対しより理解を深めることも有意義である。

　第4は現地人主義の人事体制をできるだけ早く確立することである。派遣者は順次少数にしモラール向上のため現地の人にポストを与えるようにする。労働条件や待遇につき現地の慣行に従うばかりでなく，採用，評価，昇進など現地管理者の意見を十分尊重する。

　第5は現地社会への貢献を念頭に，現地社会にとけ込む努力が必要である。このため量産化された技術を積極的に移転すること，能力に応じより高度の技術移転を進めることである。また物品の調達などできるだけ現地で行い現地の国産化率を向上することも大切である。さらに現地で得た利益は性急に本国等へ引揚げずに，できるだけ現地に再投資を図る等の配慮が要請されよう。

3 国際ビジネスの諸契約

1 国際契約の一般原則

　自由主義社会においては契約自由の原則に基づき，原則として取引は自由に相手を選定し，取引の内容，方法等を自由に双方の合意により約束することができる。一たび書面にて合意した契約は，契約通り当事者が責任をもって履行する義務を負うべきという意識は国内より強い。

　しかし，問題が発生したとき国内のように信頼関係に頼るわけにはいかないので，事前にリスク発生時の解決方法も含め双方で十分な取り決めを要する[10]。

　自由にできる契約であるが，国際契約につき種類別にある程度の類型化が慣習的に作成されてきているので，以下それについて述べることにしたい。

　まず国際契約の一般的な構成と，契約に共通する取引一般事項につき，表Ⅲ-8に示し，一般事項の簡単な説明を加えたい。

　不可抗力発生時には契約当事者は責任を負わないこと，当事者の知った秘密保持が規定される。国際契約では一定の契約期間を設定し，期間満了時に自動継続しない（更改を除く）のが通例である。期間中に一定の用件（ことに

表Ⅲ-8　国際的契約の構成と一般事項

構　成	項　　　　目
前　文	① 当事者名　② 事業の本拠地 ③ 契約年月日　④ 契約締結地 ⑤ 契約の目的
本　文	（契約種類別に異なる）
一般事項	① 不可抗力　② 秘密厳守 ③ 契約期間（発効，満了，更改） ④ 契約解除　⑤ 準拠法 ⑥ 紛争処理　⑦ 使用国語（本文） ⑧ 完全な合意
末　尾	① 年月日　② 合意者双方のサイン

契約違反）が発生したときの契約解除は必須の規定である[11]。

契約の解釈や裁判所の適用法令を定めるのが準拠法であり，紛争が解決しないときの定めが紛争処理規定で，裁判，調停，仲裁等があるが，一般に仲裁がよいとされる。契約などの使用言語を定め，契約以外の抵触する合意，議事録などを無効にするのが「完全な合意」規定である。

2 国際売買契約（Sales Contract, Purchase Contract）

売買契約の趣旨についてはすでに貿易業務で述べたが，国内と異なり必ず書面にて取引一件ごとに双方の合意（署名）がある契約書を作成し保有しなければならない。

契約の本文に折り込まれる事項は明確な表示のある商品名，品質，規格，数量（単位と総数量），契約総額（単価，通貨，総額）であり，商品には見本を添付することも多い。梱包，荷造り方法，荷印も契約される[12]。

受渡や保険条件は既述のとおり，船積みか航空便による一定方式のいずれかを選択し，運送手続，納期などを合意する。代金決済については信用状の発行の有無，欠品や不完全品の取扱い，保証金や前払金の有無，支払完了までの処分権保留，不測事態の値上げなど問題になる。

その他にクレーム（納期，品質，梱包など）の処理，発送前・到着後の検査なども検討される。

3 販売代理店契約（Distributorship Agreement）

現地で代理店により販売を実施する場合には，選定した代理店と事前に一般的な契約を締結する。技術移転や合弁事業を行うときにも販売行為を伴うため，代理店契約を結ぶことになる。

契約本文に盛る第1は取扱い商品である。列挙して別表で限定する。特定して双方の営業上の問題発生を少なくする。第2は代理店の取扱いできるテリトリーも特定する。第3にそのテリトリー内で独占販売権を付与するか，

非独占販売権を付与するかの戦略的な問題がある。契約期間を限定し状況に応じた対応が必要であるが，独占から非独占への転換は慎重を要する。「競争品取扱い禁止」条項を設けることもあるが，契約期間中のみ有効であるばかりか，先進国などでは独占禁止法の規制対象にもなる。

第4は代理店の義務である。最低購入量の保証は通例であり，供給価格やリベートに反映させたり，未達成の場合には契約期間の不更改や契約の解除に及ぶこともある。また継続的販売商品などにつき，価格，引渡し，支払いなど規定する例もあるが一般的ではなく，一件ごとに売買契約を結ぶのが普通である。代理店とはいえ，小売価格などの「再販価格指示」条項を折込むことは独禁法に抵触する。販売促進義務として在庫の充実，十分なサービスの提供，その他の販売促進，報告義務がうたわれる。

第5は供給者の義務で，品質保証，運送・梱包，販売促進の支援，製造物責任などが規定される[13]。

第6は先進国で重視されるブランド（商標）管理に係わる，商標権の使用許諾とその使用料の支払い取り決めである。使用料は通常，取扱商品の販売高に一定率を乗じる方法により計算される。また商標権や商品に含まれる知的所有権につき，他企業が使用しているときの報告義務もみられる。（Trademark Agreement を別に契約する例も多い。）

4 技術供与契約（Licensing Agreement）

企業が海外で生産を開始するとき，何らかの技術を現地側に供与するため技術供与契約を締結する。

契約本文で載せる第1は対象商品・技術（特許権，著作権，ノウハウ等）を限定することで，別表で定めることも多い。第2は実施権の限定であり，独占権か非独占権であるか，製造，販売，使用のいずれかまたは併用か，テリトリーの地域などである。生産や販売の過程で生じる改良技術などの権利の帰属を定めることも重要である。

第3は技術援助の実施方法である。資料の提供（技術の内容，生産の方法，設備の内容など），技術者の派遣（目的，人数，期間など），研修員の受入れ（目的，人数，期間など）が取り決められ，付表として内容，方法，スケジュール等が記載される。

第4は技術供与の対価に関するものである。一時金（ノウハウ料，頭金ともいう），実施料（ロイヤリティ），技術などの資料代，技術者の派遣，研修員受入れに伴う費用負担などがある。実施料計算の基礎となる，販売高や生産高の計算方法も必要である[14]。

第5は対価の支払方法である。計算期間（年ごと，半年ごとなど），支払時期，支払通貨，計算の報告，記録保持等が定められる。

5 合弁事業基本契約書（Jointventure Agreement）

合弁事業の開始に当たり，進出企業と現地側との間で事業の基本契約書が取り交わされる。その内容は現地の商法等で規定される定款（企業の遵守すべき運営に関する自律法）の外にも多くの事項が盛り込まれる。

わが国の会社法と同様，最少限（定款の絶対的記載事項），企業名，本店の住所，目的，資本，運営機関（株主総会，取締役会，業務執行役員，監査役），決算が定められなければならない。定款には他にどのような定め（任意的記載事項）をしてもよいが，記載した以上は企業の内外で遵守する強制力をもつ。これに対して基本契約書にはパートナー間の内部での権利義務を定めるものである。

基本契約書では運営機関につきより詳細に，それぞれの役員人数，各パートナーの推薦する役員と人数，給与など報酬の決め方等を決め，事後に問題の起こらぬようにする。また運営機関の開催時期と頻度，パートナー（出資者）の参加も取り決める。

パートナーの役割分担も前述に従って記載される。また権利義務（配当や利益の請求，損失の負担，出資や減資の方法，競争の制限や禁止など）が通常，盛り

込まれ，ことに増資の払込については慎重な配慮を要する[15]。

　中長期計画や予算，業務報告の時期や繁度も折込まれるほか，重要な投資，企業や事業の買収，譲渡などは項目をあげてパートナーの協議事項とする。代理店や部品等の購入先の選定，資金の調達方法なども協議事項とすることもある。ただしあまり日常的な運営面まで立ち入ると，取締役会や業務執行の経営者を束縛し，経営の機動性を失うことになる。

4　国際ファイナンスの特徴

　出資者を重視する外国企業や，異なる国籍をもつパートナーで組織する合弁事業では，投下資本に対する利益（ROI）が企業の最も重要な指標となる。そのための売上拡大，付加価値の増大，コストや費用の低減，資産の圧縮のための計画編成や，管理組織の方法が考察されている。

　国際企業では事業の成果は連結財務諸表（本国，各拠点間の財務諸表から，相互間の資本，債権，債務，収入，損益を消去し，単一組織体として作成される決算書）によって示され，その対策が立てられる。国際間での特徴的なファイナンスを紹介しよう。

　第1は有利な国・地域への利益の集中である。税制上の利点，自由な資金移動，為替や経済的に安定しているところに，形式上の本社などを設定する。そこに配当，資産の売買益，ライセンスやサービスの提供料などを集中する。しかし不適正となると利益移転国で問題となる。

　第2は租税節約（タックス・ヘブン）である。法人税や事業税などで低額の税率，優遇税制，非課税，税務監査の緩やかさ等が認められる国・地域への利益の移転である。しかし先進国では最近，租税回避国・地域への移転に厳しい監査をする動きもある。

　第3は企業内貿易において振替価格を調整する方法である。税金の高い国への輸出は高価格で輸出し，輸出国では利益・税金は増加するが輸入国では大幅に利益・税金が減少し，企業全体として税引後利益が調整前に比し減少

することになる。このようにして利益最大化が実行される。

　次に効率的な資金の調達・運用が行われるが，いくつかの例を上げてみよう。キャッシュ・フローに余裕のある海外拠点から，資金を必要とする拠点へ増資や貸付の名目で移動し，内部調達を図ることができる。長期資金の調達では世界的観点から，安定通貨で資金コストの有利な外国債（外国通貨建て社債），転換債（一定条件下で株式に転換できる社債），無担保債等を発行する。また公的機関による優遇貸付を利用することもある。

　短期借入では欧米でみられるオーバードラフト（一定の信用枠内で必要時，必要額の借入れ）やCP（無担保の単名手形）の利用，わが国のような企業間信用の活用もある。また国などの有利な貿易金融を有効に利用する方法もある。

　国際企業では種々のリスクがあるが，金銭に関するものとしてクレジット（信用）関係，租税関係，為替変動関係などのエクスポージャー（リスク可能性のある状況）がある。いずれも常時，正確な情報源を得てリスクの兆候を察知し早目の対策を立てることにあろう。しかし，為替レート（異なる通貨間の交換比率）は時として予想困難なことがあり，この対策は特別に考えねばならない。

　国際取引では契約時点と決済時点との間に時間間隔があるため為替変動により見込額より損益が発生したり，また現地保有資産や負債の評価損益が生じたりする[16]。

　このため一般に実行されている対策として，先物為替予約の制度がある。為替銀行との間で将来の一定期間内に一定金額の外貨を，一定の先物レート（普通は銀行が定める）で売買することを約定するものである。このことにより契約時に一定の為替レートが決定し，採算の見込みが立てられることになる。

　大企業などでは種々の対策が講じられている。スクエア維持（特定外貨の債権，債務を平衡にする），そのための外貨の売買（債権・債務のマリー）も行われ，ネッティング（取引先間の債権・債務の相殺），リーズ・アンド・ラグズ（弱い通貨を支払い，強い通貨を残す）なども実行される。できるだけ強い通貨または本社

通貨での支払条件を折込む，売買契約を促進することも重要な対策である（円建契約など）。

注
1) 総合商社：総ての商品を世界を対象として貿易を実施する貿易業者である。わが国や韓国などでことに発達し，その最大規模商社は総ての産業のなかでも世界のトップに立った巨大企業である。世界的に取引拠点を設け情報網を敷く。取引先の開拓，紹介などと共に有利な物流も斡旋し貿易者に代わって金融，在庫，サービス等を代行する。
　　このように全く貿易経験のない貿易者が広く取引先を求め，物流，金融，サービス等の情報を得たり，貿易に関する業務代行を依頼できる便利な存在である。しかし商品等の専門知識，技術には限界があり，取引先の選定や交渉，アフターサービス等で十分な機能を果たせない恨みがある。また大規模商社の場合，貿易者の主張が受入れにくいおそれもある。
2) 専属店：わが国でみられる特定メーカーの専属店（系列店）は外国では稀である。代理店は自主的経営を図るため，消費者の需要が期待できる有利な商品等を取扱うことで消費者の多様な需要に答えるのである。また欧米では代理店契約などで「競争品取扱禁止」や「再販価格の指示」の条項を設けることは，公平な競争を害なうものとして独禁法の禁止対象となる。
3) 信用状（Letter of Credit）：船積み商品の代金を買主の取引銀行が代わって支払う保証状であり，貿易の安全や，拡大に大きな役割を果たしている。信用状の特徴は契約の商品取引とは別個の書類取引であること，信用状と要求する一定の書類の呈示があれば引換えに為替手形を銀行が引受け代金を支払うこと，銀行は文書面で信用状と提示書類との一致を確認する形式審査でよく実質審査を行う義務はない。
　　当事者間の紛争を防ぐための様式や文言等について「信用状統一規則」という国際的な慣習に基づくルールがある。
4) 船荷証券（Bill of Lading）：船会社が貨物の船積時に発行するもので，運送契約の証拠証券として貨物引換証であると共に，第三者に裏書譲渡できる有価証券である。通常は荷為替取引時にB/Lは売主から銀行に移転し，買手は売手の裏書きある手形を引受け，代金支払によりB/Lを取得し貨物を引取る。
　　航空貨物運送状や海上運送状は単なる貨物の受領証で流通性はない。
5) 第三国輸出：現地生産の従来一般的な目的は現地市場の需要を賄うことにあった。しかし情報，物流の著しい発展と自由貿易の進展に伴い，有利な資源（ことに労働力）を求め特定国・地域で生産を実行する傾向が顕著になってきた。ボーダーレスに有利な地点で生産・供給する動きである。
　　アジア地域を生産基地として第三国へ輸出する企業内貿易は，日米欧を始めとする国際企業で進展しているが，この傾向は継続，促進されるであろう。さらにアジア諸国で物品，商品の生産を分担するため諸国間で行う第三国貿易も活発化しつつある。

6) 企業間の技術提携：以前は技術供与者（ライセンサー）が一定の技術を技術受領者（ライセンシー）に移転する技術提携がほとんどで，技術先進企業が一方的に技術後発企業に供与する技術提携であった。

しかし，最近では先進企業が相互にクロスライセンス（相互に特定の技術を提供しあう提携）も進展し，また特定のテーマについての技術の相互交換，共同研究，研究機関の共同設立などが出現してきている。しかも異なるテーマにつき異なる企業（往々にして競合企業）と技術提携を実行する例も増加している。従来の特定企業間の提携にとらわれず，テーマごとに提携先を選定する方法である。

7) パートナーの適格性：個人的に信頼があっても長期の経営のなかで自己の能力を超えた事業に疑念を抱き，利殖に強い関心を示す例も少なくない。そこで求められる適格性として，第1に目的，意欲の明確な事業家または企業，第2に産業界での一定の実績，第3は社会的および地元で築かれた評価，第4に国際的感覚の保持などが求められる。

良きパートナーを得るためには，事前に徹底したビジネスの討議がされ，基本的な合意を得ることが，またパートナー間の信頼関係を築くことにもなるのである。

8) パートナーとの役割分担：出資形態により異なるが一般に，次の分担がみられる。進出企業は製品や技術の開発，マーケティング戦略，特殊優位のノウハウの管理，その他世界戦略上で必要な業務を分担する。一方の現地側パートナーは労働力の確保，人的な営業活動，現地の公的機関，地元との交渉などである。物的資源の確保，資金の供給・支援，販売や購買のチャンネルなどの分担をきめることもある。

9) 現地派遣者の支援：派遣者が現地で安心して十分な活躍ができるかどうかが，現地事業成功の大きな鍵を握っている。派遣者への支援の第1は派遣前教育であり，語学研修，国際感覚の習得，国際ビジネスの教育，派遣地域事情の学習が主である。最近は派遣者の家族研修も実施されるようになってきた。

第2は人事，福利厚生面の支援である。計画性のある派遣，帰国後の地位や処遇の考慮が重要である。また現地の困難さを考慮した報酬，わが国と異なる医療，住居，教育や家族関係などで十分配慮する必要がある。今後は企業の総ての人が派遣者となる前提で制度を考えるべきである。

第3は本社と現地との意思疎通の円滑化で現地の権限の明確化，管理部署の明文化，適切で迅速な本社の意思決定，必要最小限の報告の要求，本社の経営者・管理者の現地理解などが要請されるのである。

10) 契約上のリスク防止対策：社会主義や一部の発展途上国では国家など公権力により，契約の認可や修正が求められる。一般に契約目的や内容が法律に抵触するもの，当事国の商慣習や良俗に反するものは無効となる。法律上認められていない法人，未成年者など無能力者と行う取引は，取り消されたり無効になることは国内と共通の原則である。

紛争解決については当事者の合意がまず優先される。それが存在しないとき契約締結国などの法律（準拠法）が適用されるが，当事者間の合意ほど有効に働かない。

11) 不可抗力の規定：戦争，内乱，ストライキ，地震，火災，輸入禁止等，当事者の支配が及ばないとき，当事者が契約不履行の責任を負わなくてもよいという条項が不可抗力

の規定である。
　この規定を盛り込まないと思わぬ損害を受けることになり，損害保険や貿易保険でも不可抗力に因る損害は補填されないことが多い。
12）売買契約の商品表示：消費財などの在庫品（既製品）は事前に，材質，規格，仕様，成分，原産地，包装等を検討して見本品を製作し，それに基づき貿易が行われる。
　生産財などの受注品でも一般に，詳細な図面に基づき各構成ごとの材質，規格，仕様などが事前に討議，決定されて売買される。プラントの建設工事などもこれに準ずるが，発展途上国などではターン・キー・ベース（プラントが完成し運転可能な状態での引渡し）の契約がある。この場合でも見取図，図面，モデルのプラントが明示される。
13）製造責任（Products Liability）：第Ⅱ部第5章（注2）参照。
14）実施料（ロイヤリティ）：契約製品の売上高または生産高に対し一定率（数％）をライセンサーに支払うものである。しかし売上等が一定額に達しないときはミニマム・ロイヤリティの定めもある。実施料は一般に一定年数を経て，契約製品（技術）を評価し直すときに料率も改訂することが多い。売上の増加に伴う低減ロイヤリティも検討される。一般にライセンサーの通貨を基準に考えられる。
15）増資の払込：双方のパートナーが事業を拡大するため増資に合意するかどうかも問題である。事前に十分納得できる計画書を作成し，実現可能な採算と配当が説明できなければならない。その場合でも一方のパートナーが金融上，賛成するとは限らない。
　しかし最終的に経営権を有するパートナーの意向により増資を決行することもある。何も規定がなければ株式会社の原則により，引受不能パートナーは自己割当分を第三者に譲渡し払込させることもできるため，予期しないパートナーの出現もあり得る。
　このことを避けるため，引受不能分を先ず企業に譲渡し企業が他のパートナーなど適当な出資者を求める先買権や，引受不能分だけ出資比率を減少する希薄化が織り込まれる。
16）為替変動の損益：世界の貿易はドル建て（ドルで契約・決済）が多い。円高ドル安になるとき，輸出では円での受取り額が少なくなるため為替差損が発生する。一方，輸入では円の決済（支払）額が少なくなるため為替差益が発生する。また円安ドル高になると反対に，輸出で為替差益が，輸入で為替差損が発生する。
　アメリカで資産や負債を有している時，円高ドル安になるとドルで換算した資産は評価減が生じ，負債は減少する。円安ドル高では反対に，資産は増加し負債は増える。
　輸出代金の入金は外貨で売主の外貨預金口座に入金させることもあれば，銀行に買取りを依頼して円貨で売主の取引銀行（当座勘定）に入金することもできる。輸入代金は通常，売主の振出した為替手形を買主が引受け，為替銀行経由で取立依頼のきた代金支払いを外貨で行い，商品を引取ることになっている。

参考・引用・紹介文献一覧

(辞書・重複文献等は巻末とし,ほぼ取扱「章」順としたが,本文中で紹介した文献は掲載していない)

日本経済新聞社編『ゼミナール　日本経済入門』日本経済新聞社,1985年～。
伊藤元重『ゼミナール　国際経済入門』日本経済新聞社,1989年～。
日本経済新聞社編『ゼミナール　現代企業入門』日本経済新聞社,1990年～。
岸本・小沢『いま日本経済が面白い』有斐閣新書,1989年。
西川潤『世界経済入門』岩波書店,1988年。
堺屋太一『知価革命』PHP研究所,1985年。
岡村正人『企業金融論』ミネルヴァ書房,1961年。
藤芳誠一編著『経営学』「図説経済学体系 10」学文社,1972年。
牛尾真造『図説経営学』雄渾社,1962年。
田島壮幸『ドイツ経営学の成立』森山書店,1973年。
鈴木英壽『ドイツ経営学の方法』森山書店,1959年。
海道ノブチカ・深山明編著『ドイツ経営経済学の基調』中央経済社,1994年。
永田誠『現代経営経済学史』森山書店,1995年。
吉田和夫『ドイツ経営経済学』森山書店,1982年。
アルバッハ・ハックス・コッホ・リュッケ・ザーベル,栗山・中原訳『現代ドイツ経営学』千倉書房,1987年。
海道進・吉田和夫編著『ドイツ経営経済学史』ミネルヴァ書房,1968年。
雲嶋良雄『経営管理学の生成』同文舘,1964年。
工藤達男『経営管理論の史的展開』学文社,1976年。
高宮晋編『現代経営学の系譜』日本経営出版会,1969年。
Daniel A. Wren, *The Evolution of Management Thought*, 1987. 車戸実監訳『現代管理思想』(上) マグローヒル,1982年。
Harold Underwood Faulkner, *American Economic History*, 1924. ハロルド.U.フォークナー著,小原啓士訳『アメリカ経済史』(上),至誠堂,1968年。
Alfred D. Chandler, Jr., *The Visible Hand*, Havard Univ. Press 1977. 鳥羽欽一郎・小林袈裟治訳『経営者の時代』上,下,東洋経済新報社,1979年。
Claude S. George, Jr., *The History of Management Thought*, 1968. 菅谷重平訳『経営思想史』同文舘,1971年。
降旗武彦『経営管理過程論の新展開』日本生産性本部,1970年。

二神恭一『戦略経営と経営政策』中央経済社，1984年。
伊丹敬之『経営戦略の論理』日本経済新聞社，1984年。
井上薫『企業目標の基礎論理』千倉書房，1981年。
Richard M. Cyert and James C. March, *A Behevioral Theory of the Firm*, Prentice-Hall, 1963. 松田・井上訳『企業の行動理論』ダイヤモンド社，1967年。
河野豊弘『経営戦略の解明』ダイヤモンド社，1974年。
石井・奥村他『経営戦略』有斐閣，1985年。
C. I. Barnard, *The Functions of the Executive*, Cambridge, 1938. 田杉競監訳『経営者の役割』ダイヤモンド社，1956年。
H. Igor Ansoff, *Strategic Management*, Macmillan, 1979. 中村元一訳『戦略経営論』産業能率短大出版部，1980年。
H. Igor Ansoff, *The New Corporate Strategy*, Wiley, 1988. 中村元一・黒田哲彦訳『最新・戦略経営』産能大出版部，1990年。
唐澤和義『企業組織と環境変化』慶応通信，1984年。
Thomas J. Peters and Robert H. Waterman, Jr., *In Search of Excellence*, Harper and Row, 1982. 大前研一訳『エクセレント・カンパニー』講談社，1983年。
Michael E. Porter, *Competitive Strategy*, A Division of Macmillan Publishing Co., Inc., 1980. 土岐坤・中辻萬治・服部照夫訳『競争の戦略』ダイヤモンド社，1982年。*Competitive Strategy*, The Free Press, 1980. 土岐・中辻・服部訳『競争戦略』ダイヤモンド社，1989年。
James R. Gardner, Robert Rachlin and H. W. Allen Sweeny, *Handbook of Strategic Planning*, J. Wiley & Sons, 1986. 土岐・中辻・小野寺・伊藤訳『戦略計画ハンドブック』ダイヤモンド社，1988年。
Joseph Alois Schumpeter, *Theorie der Wirtschaftlichen Entwicklung*, 1912. 塩野谷裕一・中山伊知朗・東畑精一訳『経済発展の理論』岩波書店，1977年。
Charls Wiseman, *Strategy and Computers: Information Systems as Competitive Weapons*, Dow Jones-Irwin, 1985. 土屋守章・辻新六訳『戦略的情報システム』ダイヤモンド社，1989年。
井手正介・高橋文朗『ビジネス・ゼミナール企業財務入門』日本経済新聞社，1992年。
Edgar H. Schain, *Organizational Culture and Leaderschip*, Jossey-Bass Inc., 1985. 清水紀彦・浜田幸雄訳『組織文化とリーダーシップ』ダイヤモンド社，1989年。
奥田宏『企業買収』岩波新書，1990年。
梅沢正『企業文化の革新と創造』有斐閣選書，1990年。
田岡信夫『最新ランチェスター応用戦略』ビジネス社，1982年。

T. S. Bateman & C. P. Zeithaml, *Management-Function and Strategy*, IRWIN, 1990.

C. A. Montogomery & M. E. Porter, *Strategy-Seeking and Securing Competitive Advantage*, Harvard Business Review Book, 1991.

R. D. Hisriche, M. P. Peter, *Enterprenurship-Strategy, Developing and Manageing a new Enterprise*, IRWIN, 1992.

Jerry B. Poa, *A Intoroduction the American Business Enterprise*, IRWIN, 1989.

東京銀行・金融研究会編『企業金融の入門』とりい書房，1995年。

R. A. G. Monks & N. Minow, *Corporate Governance*, Blackwell Publishers, 1995.

山城章・森本三男編著『入門経営学』実教出版，1981年。

高柳暁『現代経営管理論』同文舘，1984年。

阪柳豊秋『現代経営学（組織論的接近）』中央経済社，1987年。

高宮晋『経営組織の展開』ダイヤモンド社，1987年。

高宮晋『経営組織論』ダイヤモンド社，1987年。

岡本康雄『現代の経営組織』日本経済新聞社，1976年。

松本和良『組織構造の理論』学文社，1973年。

R. Likert, *The Human Organization: Its Management and Value*, 1967. 三隅二不二訳『組織の行動科学』ダイヤモンド社，1968年。

宮川公男編著『経営情報システム』中央経済社，1994年。

松末千尋『情報システム革命』日本経済新聞社，1994年。

深野宏之『戦略的経営における情報管理と事務管理』工業調査会，1992年。

宮下幸一『情報管理の基礎（改訂版）』同文舘，1993年。

奥田・加藤『情報化時代の経営管理』同文舘，1992年。

山下・寺本・山口『現代情報管理要論』同友館，1994年。

涌田宏昭『オフィス・オートメーション』白桃書房，1980年。

涌田宏昭『経営情報科学の展開』中央経済社，1989年。

涌田宏昭『コンピュータ科学と経営情報』白桃書房，1977年。

前川良博編『経営情報管理』「経営工学シリーズ」日本規格協会，1981年。

小島敏宏『新経営情報システム論』白桃書房，1986年。

工藤市兵衛他『経営情報教科書』同友館，1988年。

三浦信『マーケッティングの構造』ミネルヴァ書房，1971年。

人見勝人監著『生産システム論』同文舘，1990年。

小川英次編『生産管理』中央経済社，1985年。

玉木欽也『戦略的生産システム』白桃書房，1996年。

安保哲夫編著『日本的経営・生産システムとアメリカ』ミネルヴァ書房，1995年。

浦川卓也『市場創造の研究開発マネージメント』ダイヤモンド社，1996年。
大阪市立大学・明石・藤田編『日本企業の研究開発システム』東京大学出版会，1995年。
原崎勇治『全員参加の研究開発マネージメント』日刊工業新聞社，1995年。
池田哲郎『情報システムへの道』同文舘，1979年。
中辻卯一・大橋昭一『情報化社会と企業経営』中央経済社，1988年。
島田達巳・高原康彦『経営情報システム』日科技連出版社，1993年。
通商産業省『通商白書』各年版。
経済企画庁編『経済白書』各年版。
経済企画庁編『世界経済白書』各年版。
中小企業庁編『中小企業白書』各年版。
科学技術庁編『科学技術白書』各年版。
総理府統計局編『国際統計要覧』各年版。
日本貿易振興会『ジェトロ白書』貿易編・投資編，各年版。
経済同友会『企業白書』各年版。
経済企画庁・総理府統計局『21世紀への基本戦略』東洋経済新報社，1987年。
根本孝，諸上茂登編著『国際経営の進化』学文社，1994年。
Robert B. Reich, *The Work of Nations*, Alfled A Knopf Inc., 1991. 中谷厳訳『The Work of Nations』ダイヤモンド社，1991年。
J. D. Daniels, L. H. Radebaugeh, *International Business*, Addison Wesley Publishing Corp., 1989.
Richard Mead, *International Management-Cross Cultural Dimensions*, Blackwell, 1994.
日本興業銀行・国際投資情報部編『海外・現地生産に挑む』ダイヤモンド社，1984年。
竹田志郎編著『国際経営論』中央経済社，1994年。
Richard D. Robinson, *Internationalization of business*, Holt, Rinehart and Winston, 1984. 入江猪太郎監訳『基本・国際経営戦略論』文眞堂，1990年。
日本在外企業協会編『現地雇用マネジャーの育成，登用』1990年。
A. M. Rugman & R. M. Hodgettes, *International Business-A Strategic Management Approach*, McGraw-Hill, Inc., 1995.
T. S. Bateman & C. P. Zeithaml, *Management-Function and Strategy*, IRWIN, 1990.
R. M. Hoogetts & F. Luthans, *International*, McGraw-Hill, Inc., 1994.
加護野忠男，野中郁次郎，榊原清則，奥村昭博『日米企業の経営比較』日本経済新聞社，1993年。
津田眞澂『人事労務管理』ミネルヴァ書房，1983年。
岩田龍子『日本的経営の編成原理』文眞堂，1977年。

James C. Abegglen, *The Japanese Factory. Aspects of its Social Organization*, Free Press, 1958. 占部都美監訳『日本の経営』ダイヤモンド社, 1958年。

尾高邦雄『日本的経営』中公新書, 1984年。

William G. Ouchi, *Theory Z-How American business can meet the Japanese challenge*, Addison-Wesly Publishing Co., 1981. 徳山三郎監訳『セオリーZ』CBSソニー出版, 1981年。

Peter F. Drucker, *The Practice of manegement*, Harper & Brothers Publishers, 1954. 野田一夫監修訳『現代の経営（上）（下）』ダイヤモンド社, 1987年。

P. F. Drucker, *The New Realities*, Harper & Row, 1989. 上田惇生・佐々木美智男訳『新しい現実』ダイヤモンド社, 1989年。

P. F. Drucker, *Management in a Time of Change*, Truman Talley Books/Dutton, 1995. 上田・佐々木・田丸訳『未来への決断』ダイヤモンド社, 1995年。

Alan M. Rugman, *The Economics of Internal markets*, Croom Helm, 1981. 江夏健一・中島潤・有沢孝義・藤沢武史訳『多国籍企業と内部化理論』ミネルヴァ書房, 1983年。

労働省『労働白書』各年版。

Institute of Technology, *Made in America*, The MIT Press, 1989. MIT産業生産性調査委員会・依田直也訳『Made in America』草思社, 1990年。

D. Hellriegel & J. W. Stearns, *Management*, Addison-Wesley Publishing Co., 1993.

D. J. Rachman, *Business Today*, McGraw-Hill, Inc., 1993.

D. A. De Cezo & S. P. Robbins, *Human Resource Management*, John Wily & Sons Inc., 1996.

Alan M. Rugman, Donald J. Lecraw, Laurence D. Booth, *International Business-Firm and Environment*, McGraw-Hill, 1985. 中島・安室・江夏監修, 多国籍企業研訳『インターナショナル・ビジネス・企業・環境（上）（下）』マグローヒル, 1987年。

山崎清・竹田志郎『テキストブック・国際経営』有斐閣ブックス, 1994年。

土井輝生編『国際契約ハンドブック』同文舘, 1990年。

沢田寿夫編『新国際取引ハンドブック』有斐閣, 1990年。

浜谷源蔵『最新・貿易実務』同文舘, 1996年。

新堀総編『ビジネス・セミナール』日本経済新聞社, 1992年。

伊丹・加護野編著『ゼミナール 経営学入門』日本経済新聞社, 1989年〜。

伊丹・加護野・伊藤編『日本の企業システム』①〜④, 有斐閣, 1993年。

高宮晋編『体系・経営学辞典』ダイヤモンド社, 1965年。

藻利重隆責任編集『経営学辞典』東洋経済新報社, 1967年。

大阪市立大学経済研究所編『経済学辞典』岩波書店, 1965年。

神戸大学経営学研究室編『経営学大辞典』中央経済社，1988年。
神戸大学会計学研究室編『会計学辞典』同文舘，1955年。
吉田・大橋編著『基本経営学用語辞典』同文舘，1994年。
占部都美編『経営学辞典』中央経済社，1980年。
小林・土屋・宮川編『現代経営事典』日本経済新聞社，1986年。
自由国民社編『現代用語の基礎知識』1996年版。
小川・北野・後藤・高柳・村田『経営学の基礎知識』有斐閣，1973年。
後藤・小林・土屋・宮川『経営学を学ぶ』有斐閣，1971年。
日本経済新聞社編『現代経営学ガイド』日本経済新聞社，1987年。
日本経済新聞社編『続・現代経営学ガイド』日本経済新聞社，1989年。
河合・雲英・岡田・山田『新商業教育論』多賀出版，1991年。
熊田喜三男編著『情報時代の社会・経営』学文社，1995年。
浜本泰編著『経営学総論』大阪経済大学生活協同組合，各年度。
工藤秀幸『経営の知識』日本経済新聞社，1990年。
村松司叙『現代経営学総論』中央経済社，1993年。
森本三男『経営学入門』中央経済社，1982年。
占部都美『経営学入門』中央経済社，1978年。
秦春夫『情報学序説』中央美術研究所，1992年。
土屋守章『現代経営学入門』新世社，1994年。
高橋浩夫・大山泰一郎『現代企業経営学』同文舘，1995年。
辻節雄『関西系総合商社』晃洋書房，1992年。
津田昇『総合商社－その機能と本質』能率短大出版部，1975年。
山中豊国『総合商社－その発展と理論』文真堂，1989年。
竹内昭夫『新・国際経営学』同文舘，1993年。
竹内昭夫『新経営学』時潮社，1989年。
浜本泰・稲福善男・田中宏『ステップ学習・経営学の基本問題』同文舘，1996年。

索　引

あ

アージリス, C.　81, 125
アーノルド, H.　74
ROI (E)　105, 113, 121, 205, 207, 227
ASEAN　22, 175, 177, 187
アベグレン, J.　59, 211
アルバート, H.　51
アンゾフ, H. I.　94, 97, 114, 115, 173, 202
EU加盟諸国　16, 22
EDPS　130
イールズ, R.　84
異業種交流　60
石門心学　53
意思決定　10, 22, 37, 50, 52, 64, 86, 87, 90, 96,
　　　114, 115, 116, 118, 119, 124, 127, 128, 130,
　　　138, 141, 142, 143, 145, 152, 162, 167, 173,
　　　174, 198, 203, 204, 205, 208, 209, 210, 211
委託生産　220
インセンティブ・システム　119, 120
インフラストラクチャー（社会的施設）　89,
　　　191, 200
ウイスラー, W.　84
ウイリアムソン, O. E.　85
ウェバー, M.　30, 140
ウルリッヒ, H.　51
APEC　22, 175, 177, 184
エグゼクティブ　211, 212, 213
SIS　86
SL理論　202
エスニック集団　180
X理論・Y理論　82
エマーソン, H.　74
MIS (Management Information System)
　　　86, 87, 168
M&A (Mergerand Acquisition)　23, 60,
　　　99, 103, 189, 190, 191, 206
OJT　160, 170, 206, 214
オドンネル, C.　79
オフ・ショアー事業　197, 200

か

カーペンター, C.　74
海外進出　10, 15, 16, 17, 21, 22, 130, 175, 181,
　　　187, 188, 189
科学的管理法 (Scientific Management)　56,
　　　63, 75, 76, 80, 120, 128
課業　63, 75, 76, 77, 123, 143, 144
学際的アプローチ (interdisciplinary approach)
　　　59
家族主義的経営　13
ガバナンス　86, 112, 113, 114, 199, 203, 221
株式会社　17, 18, 31, 34, 36, 37, 40, 62, 65, 66,
　　　69, 70, 85, 113, 128
株主総会　37, 109, 110, 113, 135, 226
カルテル　19, 40, 41, 42
ガルブレイス, J. K.　85
為替レート　15, 174, 228
環境適応　97, 117, 129, 136, 139, 144
ガント, H. L.　75
カンバン方式 (JIT)　60, 154, 168
管理原則　77, 123, 124, 125, 128, 136, 139,
　　　146, 159
規格　12, 13, 14, 78, 143, 153, 224
機関投資家　176, 216
企業内貿易　181, 186
企業内労働市場　206, 211, 214
企業別労働組合　211, 216
技術移転　16, 177, 190, 197, 198, 199, 203,
　　　222, 224
規模の利益（経済）　12, 13, 42, 195, 200
協同組合　34, 35, 38, 39, 49
キルシュ, W.　51
ギルブレス, F. B.　75
勤労意欲　73, 75, 79, 81, 160
グーテンベルク, E.　50, 51
クーンツ, H. D.　64, 79 -
経営過程論　79, 83, 140
経営環境　88, 89, 117, 147
経営資源　95, 98, 100, 102, 116, 117, 136, 146,
　　　147, 155, 159, 162, 173, 174, 182, 188, 189,

190, 195, 197, 198, 204, 207, 209
経営者革命論　84
経営者の社会的責任　58, 59, 85, 112, 121
経済人（economic man）　140
研究開発（R&D）　100, 104, 114, 157, 158, 199
権限　111, 112, 122, 125, 136, 139, 142, 143, 146, 147, 194, 198, 204, 208
現地化要求　190, 198, 199, 201
現地調達率（ローカル・コンテンツ）　194, 198, 200
公企業　33, 34, 35, 38, 49
合資会社　17, 18, 29, 34, 35, 36
公式組織（formal organization）　80, 146
行動科学（behavioral science）　81, 83, 124, 140
高度情報化社会　167
高付加価値品（付加価値）　12, 14, 17, 154, 175, 195, 227
合弁事業　23, 189, 191, 199, 203, 205, 220, 221, 222, 224, 226, 227
合名会社　17, 18, 34, 35, 36
ゴードン, R. A.　84
国際化段階モデル　173
国際企業　60, 181, 182, 187, 189, 190, 195, 198, 202, 203, 227, 228
国際分業　172, 174, 175, 177, 180, 181, 188, 194, 195
コッホ, H.　51
コトラー, P.　152
コミュニケーション　123, 136, 137, 140, 142, 146, 147, 148, 160
コモンズ, J. R.　84
コングロマリット　114
コンツェルン　19, 40, 41, 42
コンティンジェンシー理論　86, 88, 129, 130, 131, 137, 202, 214

さ

サイモン, H. A.　83, 125, 140, 141, 208
先物為替予約　219, 228
産業革命　21, 29, 73, 74
産業合理化運動　49
産業社会化運動　49
産業心理学　79, 81

産業内貿易　181, 186
産業の空洞化現象　130
産業ロボット　14
参入障壁　100
CI　96, 105
CEO　111, 113, 121
シェライバー, R.　51
時間研究（time study）　76
私企業　33, 34, 35, 38, 49, 56
事業の現地化　182, 197, 220
事業部制　145, 204
資本回収点　164, 165
社内（企業内）教育　206, 213
シャンツ, G.　51
終身雇用（制）　23, 59, 60, 159, 161, 206, 211, 215, 222
集団主義的経営　13
重役制度　37
熟練の移転（transfer of skill）　74
シュマーレンバッハ, E.　48
商科大学設立運動　47
常務会　110, 120
情報ネットワーク社会　89, 167
ショー, A. W.　150
ジョーンズ, E.　75, 79
職階（別）　210, 211, 213
職務給　159, 213
新規設立　189, 190, 191
新経営者論　57, 68
人事管理　79, 81, 159, 160
新製品開発　194, 204
人的資源論（人間資源論）　82
信頼関係　221, 223
信用状（L/C）　218, 229
スキミング戦略　195
生産技術　16, 157, 158, 178, 197
西漸運動（Westward Movement）　61, 149, 150
石油ショック　12, 15
設計技術　158
ゼロサム・ゲーム　15
先端技術　21, 101, 106, 107, 157
専門経営者（professional manager）　37, 58, 62, 65, 66, 67, 68, 70, 71, 79 ,85, 96, 135
戦略的経営計画　115, 116, 129

総合商社　19, 217, 229
組織文化　117
租税節約（タックス・ヘブン）　227
租税特別処置法　13
損益分岐点　163, 164, 165

た

第三セクター方式　38
タウン, H. R.　74
多国籍企業　173, 183
ダットン, H. P.　75, 79
WTO　177, 184
単純労働者　179
地域産業　21
知的所有権　158, 177, 178, 185, 225
チャーチ, A. H.　74
チャンドラー, A. D. Jr.　22, 115
中国　22, 175, 177
中小企業　18, 20, 21, 39, 101, 207, 211
直接貿易　54, 217
TQC　60, 155, 169
TWI　159, 160
ディスクロジャー　167
テイラー, F. W.　62, 63, 74, 75, 76, 77, 120, 123, 125, 151
撤退　104, 189, 190
動機づけ　79, 81, 82, 126, 127, 142, 147
動作研究 (motion study)　75
統制　39, 41, 78, 82, 86, 119, 120, 122, 123, 124, 126, 127, 128, 131, 132, 133, 136, 138, 142, 147, 161, 162, 163
特殊的優位　95, 100, 101, 182, 192
トップ・マネジメント　116, 129, 134, 135, 136, 204, 209, 210
トラスト　19, 39, 40, 41, 42, 43
ドラッカー, P. F.　84, 85, 153
トルーマン, F. F.　141

な

流れ作業　14, 77, 151
ナショナリズム　191
ニックリッシュ, H.　56, 48
日本的経営論　11, 59, 60, 159
日本貿易会　19
人間関係論　57, 79, 80, 81, 83, 140

年功序列（制）　23, 60, 159, 211, 213, 216
ノウハウ　12, 21, 95, 101, 158, 173, 174, 177, 178, 182, 191, 197, 225, 226

は

バーナード, C. I.　83, 136, 140, 141
バーナム, J.　84, 134
ハーバード学派　79, 80
バーリ, A. A.　62, 69, 70, 84
パールミュッター, H. V.　173
ハイネン, E.　51
ハズバーグ, F.　81
パチオリ, L.　45
ハルセイ, F.　74
PL法 (Product Liability)　86, 153, 168
PPM　102, 103, 107
非公式組織 (informal organization)　80
ファヨール, H.　46, 79, 123, 124, 125, 137, 140
フィードラー, F. E.　129
ブーメラン効果　175
フォーティズム　78
フォード, H.　77, 78, 151
フォレット, M. P.　72, 80
複合管理形態　146
不在所有者 (absentee ownerschip)　66
船荷証券 (B/L)　219, 229
プラザ合意　15, 16, 172
フリンジ・ベネフィット　213, 216
プロダクト・ライフサイクル　103
ベブレン, T.　71, 84
ペンローズ, E. T.　85
貿易障壁　187, 189, 196
奉仕機関の原理 (principle of service instrument)　77
ホーソン実験 (Hawthorne experiments)　80
ポーター, M. E.　99
ポートフォリオ　102, 103, 162, 188, 209
ボーモル, W. J.　85
ホワイト, P.　63

ま

マーシャル, L. C.　150
前川リポート　146

マクレガー, D.　81
マズロー, A. H.　81
マトリックス　146, 148, 204, 214
マニュファクチャー（manufacture）　27
マリス, R. L.　85
ミーンズ, G. C.　62, 69, 70, 84
ミッチェル, W. C.　84
ミュンスターベルク, H.　79
ムーニー, L.　79
メイーヨー, G. E.　57, 80
メトカーフ, H. C.　74, 134
モートン, M. S. S.　87

や

有限会社　17, 18, 34, 35, 36
予算　118, 119, 120, 131, 135, 162, 194, 209, 227
予算編成　118, 119, 132, 133
欲求5段階説　82

ら

ラーナー, D.　69
リーガー, W.　49
リーダーシップ　80, 82, 84, 98, 99, 129, 134, 160, 201
リッカート, R.　81
稟議　210, 215
リンダー仮説　181
レヴィー, S. J.　154
レスリスバーガー, F.　79
連結財務諸表　217
ロイヤリティ　136, 161, 226, 231
労働装備率　13
ローシュ, J. W.　129, 214
ローレンス, P. R.　129, 214
ロジスティクス　154, 155, 156, 194
ロビンソン, R.　173

著者紹介

竹内昭夫（たけうち・あきお）

1931年東京都生まれ。東京大学法学部卒。
現　在　名古屋外国語大学現代国際学部名誉教授。
　　　　奈良県立商科大学名誉教授。
経　歴　富士電気（株），ウェラ化粧品代表取締役歴任。
著　書　『実践，国際プロ経営者入門』（マネジメント社），
　　　　『成功する転職学』（講談社），『国際経営学』（時潮社）
　　　　『新・国際経営学』（同文舘），その他。

稲福善男（いなふく・よしお）

1944年徳島県生まれ。大阪経済大学大学院博士課程修了。
現　在　名古屋外国語大学現代国際学部教授。
　　　　阪南大学・大阪経済大学講師兼任。
経　歴　大蔵省造幣局・大阪商工会議所・大阪府人材セミナー・
　　　　大阪府工業協会等嘱託講師（「原価計算」「簿記」
　　　　「財務諸表」「経営分析」等担当）歴任。
著　書　『情報時代の社会・経営』（共著‐学文社）
　　　　『経営学の基本問題』（編著‐同文舘），その他。
　　　　『国際会計論』（共著‐創成社）
　　　　『現代経営学の基本問題』（共著‐ミネルヴァ書房）

経営学総論——国際化時代の理論と現状分析　　　　◎検印省略

1997年5月15日	第一版第一刷発行
2006年4月20日	第一版第四刷発行
2008年5月15日	第二版第一刷発行
2010年4月30日	第二版第二刷発行

著　者　竹内　昭夫
　　　　稲福　善男

発行者　田　中　千津子　　〒153-0064 東京都目黒区下目黒3-6-1
　　　　　　　　　　　　　　電　話　03 (3715) 1501代
発行所　㈱学文社　　　　　　F A X　03 (3715) 2012
　　　　　　　　　　　　　　振　替　00130-9-98842

ⓒ A. Takeuchi, Y. Inafuku 1997　　　印刷所　メディカ・ビーシー
乱丁・落丁の場合は本社でお取替します
定価はカバー，売上カードに表示

ISBN978-4-7620-1849-7

著者序文

　なぜ自殺をとりあげるのか。同僚たちは私にこう言う。あなたはこれまでに社会的現実のさまざまな重要な部分を対象にして，その構造的特徴，体制変動とそれへの反応について，いくつかの著書を出している。確かにそれらは社会の土台部分ではないとしても，重要な研究領域である。ところが自殺となると，たぶん，あなたのこれまでの研究や分析とはあまりつながりのない，まったく別なテーマではないか，と。

　このような問いかけに対して，私は読者や同僚たちや，また私自身にも，ここで答えておきたい。それには少なくともしばしの熟慮が必要である。確かに，自己破壊現象とその研究に対する私の思い入れは，個人的にも客観的にも，いくつかの動機からきている。それを順を追ってあげてみる。

　第1の動機は，あえていえば感傷的なものである。死，とくに自殺死は，ほぼ例外なく，近しい人びとにとって悲劇である。とくに，たとえば子どもの自殺のようなきわめて劇的な場面では，その死は他人の心をも揺さぶる。私自身，幼い弟と妹の世話に疲れて自殺を遂げた少女の話や，作家で私の友人であるイェジ・コシンスキがニューヨーク市で自殺した報せには，心がひどく乱された。私が自己破壊の源を探る道に引きずりこまれたのは，これらの事件から衝撃を受けたからだと思う。

　第2の動機は，いわば性格的なものである。学問的人気と社会的意義が釣り合わないようなこの特殊な問題に私が誘い込まれたのは，私自身の性格特性と関係している。私はその性分から，戦後ポーランドの変革の失敗面よりも成功面に光を当てがちな社会科学の主流から当然に取り残された諸問題を，研究してみる気になったのである。社会的不平等と若者の人生障壁，社会解体と国家機構の機能障害といった，私が経験的調査研究で探求した諸問題は，私のこの天邪鬼的な関心をよく示している。

もっと悪いことに，誘惑に駆られて公的な禁に反して進めば進むほど，それらの問題点がますます明瞭になってきた。そしてそれがそのまま私に自殺現象に対する関心を抱かせることになった。カフカの作品に出てくるような14ヵ月にわたる強制失業の後，私は1973年にポーランド中央統計局人口部門に落ち着いた。ここは社会構成（自殺の社会構成も含めて）の研究にたいへん適した職場だった。自殺現象の情報は内務省管轄下の警察統計ファイルから拾い集めることが可能であった。しかし期待に反して，内務省は私がそのファイルに近づくのを禁じた。その言い分は文書でこう述べてあった。「自殺行為の情報を広めることは国家利益を損なうことになる。詳細は公表されず，今後もされない」と。「いつかあとでみてやるぞ」と私は内心反発し，次なる挑戦を決意した。内務省データを使えないなら，代わりに中央統計局の死亡統計を調べようと決心したのだ。実際のところそのデータに接近するのは，苦痛というほどではないまでも，困難な仕事であった。しかし以前の私にはそれも禁じられていたのだった。……中央統計局の統計データは，その後長年，私の非常に貴重な情報源となった（本書で指摘しているように，中央統計局のデータは，乏しい不完全な警察の自殺統計よりも数段優れていた）。

次の，私が自己破壊行動に関心をもった第3の理由も，やはり心理的なものである。私が先にあげた動機が，一般にはポジティヴとされている性格特性（好奇心，粘り強さ，一貫性）に発しているのに対して，ここでいま述べようとしているのは，世間では低くみられている動機，つまり虚栄心である。だが私はそれを隠そうとは思わない。要するに，私のこれまでの研究のなかで，国際学界で最大の称賛を得たのは，社会の統合と崩壊の指標としての自殺の研究だったのだ。私はこの主題での研究成果を世界十数ヵ国で発表してきたし，ソルボンヌでも私の講義は2度と期待できないような大成功を収めた。だから私は告白する。自己破壊現象を分析しようと思った私の動機のひとつは，虚栄心であると。この現象の分析は，私にとって自己満足の源泉なのである。

もちろん，伝統として引き継がれてきた古典的な分析的諸前提，すなわち当

該問題の理論的方法論的前景をなしているすべての先行研究も，私の自殺研究で重要な役割を演じている。

初期の自殺研究に理論的な刺激を与えたのは，社会学の本流のなかで出された問題提起だった。100年前の1897年に，エミール・デュルケームはその著書『自殺論』において，社会統合と社会崩壊が，その社会に住む人びとの自殺に反映されているという見方を提起した。自殺率が高ければそれだけ社会は崩壊しており，逆に自殺率が低ければそれだけ社会は強く統合されていて，良好な状態にある，という見方である。

私にとってこの見方はたいへん魅力的に思えた。それはたんなる社会の部分要素だけにとどまらない社会全体の分析に道を開き，自殺を構成要素であると同時に研究の出発点でもあるとみて，総合的把握のための鍵を私に与えてくれた。

私はこのような見方から現代のポーランド社会を分析しようという誘惑に駆られた。すべては70年代後半に始まった。ちょうどその頃私は（外部から強いられて）中央統計局で働いていた。以前の禍が転じて，突如，福となった。私の職場は一定の方法論に立ってグローバルな研究を遂行する機会を与えてくれた。少なくとも理論的にはそうだった。そのほかに私が必要としたのは，粘り強さ，一貫性，勇敢な突進，つまり先にあげた私の持ち前の性格特性だけだった。

自殺を社会状態の指標とする私の研究は，ポーランド社会の2つの大変革の時期に跨っている。ひとつは戦後の変革で，経済の国有化，急速な都市化，工業化，地域間人口移動で特徴づけられる。もうひとつは「連帯」による体制変革で，国有を私有に，指令経済を市場経済に置き換え，ポーランドの経済と社会に根本的な変化を推し進めた。

社会学者がいう「大変動症候群」（経済，政治，とくに社会を含めた複合的総体の変動）を例証したこれら2つの変革は，いずれもさまざまな社会的反応を引き起こしたが，それらはすべてがすべて，好ましい反応ばかりではなかっ

た。

　自殺死亡率，とくに社会主義建設期，「連帯」革命期，90年代変革期におけるその傾向は，デュルケームの社会理論の妥当性をみごとに証明した。

　私はまず70年代中葉に，受け入れがたい新たな諸状況に対する人間の反応の，連続性と変動性について論じた。これは1951年から1973年の間のポーランド（および諸外国）における自殺を分析したものであり，1975年に『社会病理学の諸問題』で著した。次に1980年には『自己破壊・自殺・アルコール中毒・薬物濫用』を著して，私は逸脱行動からみた戦後変革の分析を締めくくった。

　本書では，近年における自殺死のグローバルな研究を提示するとともに，過去50年間における自己破壊行動の類似性と相違性を示している。

　自己破壊現象に対する私の尽きせぬ関心の最後の理由は，方法論的なものである。これにはちょっと説明がいる。先に自殺研究への「感傷的」な動機を述べたとき，私は自殺死を個人的事件として扱う自分の立場をほのめかした。つまり私はそれを個人的悲劇とみたのだ（この見方は私だけのものではない）。ウィンストン・チャーチルはかつて，1人の死は悲劇だが，数千人の死は統計数字であると語った。ではなぜ私は1人ひとりの事例研究よりも統計的分析を好んでするのか。その理由は私の社会学者としてのアイデンティティにあり，理論的一般化を正当化してくれるような，大きな規模のグループの代表サンプル調査による研究の方がいいと思っているからである。

　事故や偶発事件は分析を誘う刺激となるかもしれない。実際ふつうはそうである。しかし私の関心からいえば，その分析はその事故や事件の構造的，社会的状況を指し示すものでなければならない。私の研究対象は，これまで常に，変動する社会的現実のなかで人びとの態度と行動をかたどるさまざまな社会諸部分の複合的総体としての，現代ポーランド社会なのである。

目　次

著者序文　1

I　自殺観の時代差と地域差 …………………………………………7
自殺に関する諸説―「自殺する者としない者」―　7
自殺を犯した者への罰則　12
自殺研究への現代的アプローチ　18
自殺現象の調査と分析の方法　26

II　自殺の社会学的理論 ………………………………………………37
自殺の類型論　38
自殺・対・殺人　45
社会病理学　52
社会統制の逆機能状態としての社会病理　55

III　ポーランドにおける自殺の頻度・傾向・地域分布 …………65
自殺頻度の国際比較　65
ポーランドにおける自殺の傾向と動態：1951～2000年　73
自殺の地域分布：都市部と農村部　75
自殺の地域的偏差　84

IV　自殺者の年齢別・性別・既未婚別特徴 ………………………91
若年者の自殺企図　92
自殺者の年齢別特徴　102

自殺者の性別特徴　　104
　　　自殺者の婚姻関係　　111

Ⅴ　自殺の職業別分布　　117
　　理論的・方法論的前提　　117
　　1970年代　　124
　　1980年代：「連帯」現象　　134
　　1990年代　　138

Ⅵ　閉鎖的環境下の自殺：軍隊と監獄　　147
　　軍隊内の自殺　　148
　　監獄内の自殺　　153

結　　論　　165

　訳者あとがき　　169
　索　　引　　173

I　自殺観の時代差と地域差

　生はもっとも大切な究極の価値であり，死はその対極にある。死との接触がたとえ間接的であったとしても，それは恐怖を呼び起こし，多くの社会では死はタブー（禁忌）となっている。にもかかわらず，死は人間事象をもっとも強力に規制するものであり，想像力を揺さぶる。誰かが死ぬと，それによって自分自身の願望，失望，希望が形づくられるものだ。

自殺に関する諸説─「自殺する者としない者」─

　死の影は，私たちの生のなかに浸透している。生のあらゆる場面に，死の諸要素が存在している。生ある者は，まだ直接的に死を経験していなくても，子どものときから死を恐れている。エピクロスによれば，「したがって，死はあらゆる悪魔のなかでもっとも恐ろしいものではあるが，それは私たちにとって何物でもない。なぜなら生があるときには死は存在せず，死があるときには生は存在しないからである」[1]。

　しかしながら，私たちは生きているなかで，悲しみ，涙，嘆きといった，死に対する他者の反応を経験している。日々の生活，実際の経験，医学，歴史記録は，私たちに，死は繰り返すことのできない敗北であり，最終的な失敗だというイメージを植えつけてきた。「死は失敗であり，不運である。なぜなら，精神と身体の機能と関連するあらゆる価値から，最終的に身を引くことになるからである。死を不運として規定することは，生そのものを至福として規定す

ることの裏返しである」[(2)]。

　死を選ぶ人にとって，生はどれほど耐えがたいものであり，生きていくことにどれほど希望がないのだろうか。安堵を約束してくれる死は，苦痛を終わらせるだけでなく，欲求や努力や熱望や希望をも終わらせる。それは一体，どのようなことなのか。人は最終的に自分の後ろのドアを閉じる前に，どんな問題と向き合うこととなるのか，またその問題にどれだけ深く関わることになるのか。生を絶つ決意はあるとき突然起こるものなのか，それとも何週間，何ヵ月，何年もかけて出てくるものなのだろうか。自殺研究者たちの指摘によれば，後者のケースがより一般的だという。まず，おそらく生を絶てば安堵がもたらされうる。確かに多くの人はそう思うにちがいない。「自殺を考えることは，大いに慰めとなる。多くの人にとって，そう思うことで夜はよく眠ることができるだろう」[(3)]。しかし，多くの人たちがこのように思うことがあっても，人にとってもっとも重い最終的な決断に至るのは，少数にすぎない。このような死は，突然になされるものだろうか。医学的な意味ではまさにそうである。しかしそれに先立って，内なる世界でしだいに死に向かう過程と，外なる世界からしだいに引退していく過程が，進んでいたのではなかったか。この点をヤン・シチェパンスキが次のように描き出している。「死は生理的，心理的，社会的な諸次元をもっている。…死に至る過程は，活動の低下，活動のあきらめ，疲労と落胆への屈服を意味する。…希望と幻想は，これからまだ期待できることがたくさんあるという信念を燃え立たせる助けをする。希望や幻想は死の使者の真の姿を隠蔽し，人に幸福感を抱かしつづけ，諦念の気持ちを和らげてくれるのだ」[(4)]。

　しかし，幻想がもはや消え去り，幸運の機会など望めそうになく，生きていくことが悲惨と失望の連続だとわかったら，いったいどうなるのか。そのようなばあい，今も大昔も，多くの人にとって自殺が救いとして現れる。死はすなわち力なのだ。

　ルシウス・セネカが述べたように，「運命が共通善を不平に分配し，生まれ

ながらに平等な権利を有する人びとのなかの一部の者が他の者の奴隷になるよう運命づけられてしまっているなかで,みんなが平等に分かちあえるものは,死だけである。死は未踏の境界線であり,それを越えた者はもはや決して他者の命令に従うことはない。死の瞬間には誰も制限を受けることはない。死は万人にあまねく開かれた入口なのだ」[5]。

　自殺は,古代から人びとの関心を捉えてきた。もっとも古い文献では,自殺現象を倫理的,価値論的な観点から論じている[6]。精神医学的,心理学的,社会学的なアプローチが現れるのは,もっと時代が下ってからのことである[7]。

　民族誌学や社会学の研究が明らかにしているように,自殺に対する態度は,未開社会ではかなり多様であった。仲間が自己破壊行動をするのを認めるか否かは,環境や時代によって,種族間で異なっていた。アフリカのマサイ族は,意図的に死のうとする者がいれば,それを止めようとしていた。それをうまく止めることができたら,助けられた者は助けた者に贈物（ふつうは牛一頭）を与えることになっていた。トロブリアンド島民は別な対応をしていた。彼らは,伝統的な社会的価値を顕著に破った者には自殺を強要するという,複雑な儀式をもっていた。このばあいには,自殺は名誉ある解決策であり,死後に破戒者の名誉を回復し,悪人とされた者に一定の安らぎを与えるものであった。したがって,ここでは,自殺は掟を円滑に機能させる手段であり,その指示器であった[8]。

　共同体によっては,夫を亡くした妻が夫の墓前で儀式として自殺することが,強制的な慣行となっているところもあった。この慣行は,民族誌家や社会学者や宗教学者たちによって記述されている。そのような儀式についての鮮やかな描写（たとえば古代トラキア人の埋葬式に伴う勝負や決闘といった壮大な葬儀など[9]）を読むと,そのような自殺がどの程度「自発的」であったのか,どの程度それが共同体から強いられたものだったのかと,考えたくなる。文献ではふつう,共同体からのこの圧力は,死んだ夫とともにその妻も火葬されるという,サティーとよばれる慣習によるものとされている。ここで明らかなのは,

焼死を受け入れることは，共同体のモーレス（習律）への服従を意味していたということである。この規範を受け入れずに生き続ける寡婦は，共同体内で村八分に遭い，ごく近い親族からさえ排斥される危険にさらされつづけ，種族の者たちは，彼女がいること自体が不幸や災難のもとになると信じきっていた[10]。おもにインドでみられたこの自己破壊の形態（サティー）は，19世紀まで法で禁じられてはいなかった。しかしこんにちでも，寡婦の儀式的な焼身自殺は，まだ起こることがある。

　老齢からくる苦情や不快から逃れるための自殺が，ゲルマン人や他の種族で行われていたという資料がある[11]。老いた者や疲れきった者が，「…豪華で美味な食事をとった後，断崖から海へ身を投じることによって，穏やかに人生の幕を下ろす」のである[12]。

　興味あることに，このような行動はいまでも続いているのだ。その社会の慣行に従って，生きていることが近くの人たちにとって不必要で迷惑になるようなばあいには，老人はみずからの命を絶った。この慣行は現在も見出せる。少なくとも南太平洋のティコピア島民たちの間ではそうである。

　古代人は，自己破壊行動に関して，かなり多様な考えをもっていた。アリストテレスは躊躇することなく自殺を非難した。彼は，自殺は国家に対する犯罪であり，臆病な行いであると信じていた。ソクラテスは，自殺は原則として容認できないが，例外が必要なばあいもあると考えた。プラトンはこの考えをさらに進めて，自殺は許容できないという一般原則に対して例外的扱いをかなり柔軟に設けることによって，その厳格性を緩めた。国家権力によって容認されたり示唆されたばあい，本人が未曾有な苦難や乗り切れない神の命令に悩みぬいているばあい，また，自殺がこのうえない不運や不幸の不名誉から個人を救うことになるばあいには，人は自殺に訴えることが許されるというのだ。

　エピクロスとその学派は，神は人間の問題に介入しないと考えた。人間は自由であり，自分自身の喜びのために生きるものであり，それゆえ，もし生が喜びや楽しみを与えなければ，生の放棄を決断するのも自由だ，というのである。

ストア学派は，生か死かを選択する自由は，人間の自由における主要な必要条件であると信じていた。それゆえ彼らは，苦痛や病弱から逃れるためにするかぎりでは，自己破壊は認められると考えた。ストア学派は，「生に満足しない者は死の自由がある」をモットーとした。キニク学派（犬儒学派）は，ギリシアの知識人たちと同じように，自殺を実際に礼賛した。

　ギリシアの法制度は，自殺を法的に罰すべき罪とみなした。アテネの法律では，自殺を試みた者はその手を切断され，別々に埋められることになっていた。テーベでは，自殺者は埋葬される権利を拒否された。もっとも，文献や文学作品をみるかぎり，これらの法的制裁がギリシア社会で厳格に遵守されていたわけではなかった。

　古代ローマではどうだったかというと，個人が特定の不幸な状況にあるばあいには，自己破壊行動は許容できると，広く信じられていた。セネカは，自殺は，耐えることも避けることもできない苦しみ，とくに老いの苦しみに対する，究極的な防御策だと論じた。言い換えると，死への跳躍は，生のもっとも重い衝撃に対する防御となるのだ。カトー，エピクテトス，そしてマルクス・アウレリウスたちも，自殺の決意に寛容な考え方を擁護した。エピクテトスがいうには，「生があなたに喜びを与えるかぎり生きなさい。もし生という名のゲームが喜びを与えなくなったら，立ち去りなさい。もし，とどまるのなら，不平を言ってはならない」[13]。

　このような見地はローマの法制度のなかに反映されていた。そこでは自殺一般を禁ずる規定はなく，たとえば，自殺が脱走行為とみなされる兵士や，死後に資産が没収される犯罪者のような例外的事情にだけ，法的規定は限定されていたのである。

　ティベリウスの時代には，自殺による死は，死刑を宣告された者にとっての選択肢であった。彼らは，処刑される者とは異なり，埋葬される権利をもち，法的に認められた遺書を残すことができた。[14]

　初期のキリスト教徒たちは，自殺を含めて，死に対して手段的な考え方をし

ていた。もし自殺が人を現世の誘惑から解放し，永遠の生を約束するものであるならば，それは望ましいものでありえた。威厳ある方法で死ぬ能力が，支配的な価値とされていた時代のことである。極端なばあいには自己破壊をも導く厳格な禁欲主義，永遠の救いを保証する殉死への願望は，初期キリスト教徒の価値体系のなかで非常に高い位置におかれていた。カルタゴの司教だったドナトゥスが設立した教派では，8世紀ごろまで自殺がなされていたが，その自殺行為は彼らの思想を極端な形で表わした。ドナトゥス教徒たちは，拷問による死を煽ったり，何百人も崖から身を投げて——聖アウグスティヌスの記述によれば[15]——断崖を真っ赤な血で染めたりして，異教の寺院を冒瀆した。おそらく，このような節度を欠いた狂信的な出来事があって，自殺が厳しく非難宣告されるようになった。ちなみに，聖アウグスティヌスは後に，自殺問題に関する教会の最高権威者になった。その立場は十戒に由来し，第五戒の詭弁的推論によっている。それによれば，自分を殺すことは人間を殺すことであり，したがって自殺は殺人に相当する。

　人間は自殺の思想を本能的に（神によって授けられた本能によって）拒否するものだと想定されていた。これによれば，自殺は神と人間の法に反する罪であり，したがって教会法や世俗の法律によって糾弾され処罰されなければならない。つまり「みずからの命を絶つ者は不道徳かつ反社会的である」[16]。

　5世紀には，自殺は不純な近視眼的行為（永遠の不幸を宣告された者が現世の不幸から逃避する形式）だという見方が支配的だった。聖トマス・アクィナスによると，自己破壊は人間の自然の性向に反し，神の法に背くことである。つまり，人間は生と死に関する唯一の決定者である神に属しているのだ。

自殺を犯した者への罰則

　まったく別な話になるが，自殺を犯した者への処罰，死体の処分と家族の処遇という問題がある。当初，教会の聖典は，自殺者に対する世俗的処罰につい

て何も述べていなかった。聖アウグスティヌスは，自殺者は有罪を宣告されると言明したが，処罰に関しては言及しなかった。後になって再燃した自殺者に対する厳しい非難は，敵の遺骸を冒瀆する異教徒の行為を，強く想起させるものがある。

　自殺に対する非難と自殺者に対する死後の処罰は，キリスト教に特有のものではない。そのようなことは，他の宗教でも訓示されている。たとえば，紀元後の1世紀に，ローマ軍に敗れた指揮官ヨセフス・フラウィウスは，隊の部下（あらゆる状況を考慮すると彼らは自殺をしかねなかった）に向かって次のように語った。自殺は，人に魂を授け，その身体から無理に魂をむしりとることのない神と自然に対する犯罪だ，と。

　タルムードも同様に自殺を非難し，自殺したユダヤ人の埋葬儀式を禁止する。イスラム法はそれに劣らず自殺を強く非難する。マホメットは，人が死ぬのは神が人を自分のもとに差し招くときだと説いている。人は忍耐と気高さをもって神の招きを待たなければならず，それに遅れても早すぎてもいけない。自殺は神の法の冒瀆であり，したがって，それは非難されるべきで，かつもっとも厳しく処罰されるべきなのだ。

　17世紀のロシアでは，ラスコーリニコフ団と呼ばれる宗派が結成された。この宗派の成員たちは，生き埋め，餓死，そして焼身による集団自殺を行った。18世紀にはロシア正教会のなかに，去勢者団と呼ばれる宗派が現れた。この宗派はロシアで生れ，その後ルーマニアまで広まった。去勢者たちは，しばしば自殺による死で終わることになる過酷な自己切断（自傷）を行っていた。この行為は教会と国家の双方から厳しく非難され，宗派の成員は生前も死後も迫害された。

　452年，アルル（現在フランス）での教会会議において，自殺に対する正式な禁止が初めて定められた（最初は使用人に対してのみ適用）[17]。それからおよそ100年たった563年，プラガ（現在ポルトガル）の教会会議は，自殺者からカトリック式埋葬の権利と聖餐を剥奪し，除名することを命じた（教会法XV）。

彼らの資産は没収され，また遺体は（ときには）処刑されることとなった。しかし，最初，教会権威は殺人に評決を下すのと同じように，死者を裁判にかけていたようだ。

　自殺者の遺体に対する死後の処刑は，地域的な慣習に合わせて行われた。ボルドーでは遺体を逆さに吊るし，アブヴィルでは町中を引き回し，リールでは男性の自殺者は吊るされ女性は火あぶりにされた。自殺前に精神障害があったと証明されても，酌量の事情とはみなされなかった。

　1670年にルイ14世が導入した刑法は，自殺者に対する死後の処罰を非常に精確に規定していた。遺体は牛馬の端綱につなげられて市中を引き回され，その後吊るされるかゴミの山に投げ捨てられた。死者の資産は没収された。自殺者が貴族のばあいには，その館は壊され樹木は切り倒されることとされた。

　イギリスでは，10世紀の国王至上法において，自殺者は窃盗者や犯罪者と同じ罪人に分類された。1823年になるまで，自殺者の遺体を釘付けにし，大通りぞいに引き回すことが，法に定められていた。自殺を行った者は犯罪者や反逆者とみなされていた。それゆえその遺体は死後に処刑されるべきであり，生前の資産は没収されるべきだとされていた。

　チューリッヒでは，遺体の処刑は，もっと身の毛もよだつ手の込んだもので，それはどんな方法で自殺したかに応じて行われた。遺体を四つ裂きにし，それぞれの肉片を異なる方向に投棄する，等々である。

　ロシアやスペインやアメリカの法律も，同じように厳しかった。アメリカの法律は比較的最近の1881年に定められたが，それでも自殺を罰していた[18]。自殺未遂も罰せられ，2年以下の禁固か200ドルの罰金，あるいはその両方が科された。最近まで，ほとんどの刑法は自殺未遂に対する罰則を定めていた。

　基本的な法制改革が導入されたのは，18世紀になってからのことである。プロイセンでは1751年に自殺に対する罰則はすべて廃止された。フリードリヒ2世が出した布告により，それ以降自殺者は墓地に埋葬されることとなった。1878年にはフリードリヒ・ウィルヘルム3世が自殺に対するあらゆる処罰を禁

止する布告を発した。バイエルンでは1813年に，自殺に罰を科すことを止めた。フランスでは，フランス革命最中の1791年に，自殺に対する罰則が廃止された。イタリアでは1931年に自殺行為の有罪化が撤廃され，イギリス（もっとも長く実施されていた）でもついにそれが1961年になって廃止された。

19世紀末まで義務付けられていた教会法では，自殺は破門処分の対象となる犯罪とみなされ，死後の宗教儀式を受ける権利を喪失した。「みずからの手によって命を絶つことは，キリスト教による埋葬の拒否によって罰せられる。しかし，もし違反者が傷を負っただけの場合には，教会の公式行事から外されることとする」(教会法1240, 1241, 1350)。

自殺に対する世俗的な罰則は，地域共同体が課すものにせよ教会が執行するものにせよ，実際にはより軽くなっていった。自殺はなにか本質的に忌まわしい許せぬ悪事だとみられつづけているものの，死後の処罰はいまでは稀になっている。

第２ヴァチカン公会議（1960年代中頃，教皇ヨハネ13世に始まり，教皇パウロ６世で終わった）は，自殺の世俗的な処罰には何も言及していないが，「殺人，集団殺戮，中絶，安楽死，自殺といった，生そのものに対する打撃…これらは，そしてそれに類似する行いはすべて，不名誉である…」と述べている[19]。

1980年代初頭以降義務的とされてきた教会法の規程には，自殺は明記されていないが，罪悪の幅広い分類のなかの一部とされている。すなわち，自殺は「他の罪人と同じく，キリスト教信者の道徳的義憤に服しないかぎり，埋葬を許されることはない。もし彼らが死ぬ前に後悔の気持ちを表さないなら，教会での葬儀の権利を剝奪されるべきである」[20]。

しかし，1990年代の終わり頃にはこの「道徳的義憤」は当然視されなくなっていた。「…それは，儀式に沿った埋葬を拒否することに対する反発からも醸しだされたものだろう。…信者の一部による公的な義憤の申し立てのリスクよりも，理解ある哀れみ深い人間的対応の欠如のほうが，教会を傷つけることになる。…教会は誰からも目を背けてはならない」[21]。

それでもやはり『カトリック教会教理問答書』には，次のように記されている。「自殺は生を維持し延長するという人間の自然な志向を否定するものだ。…自殺は生ける神の愛に反する。…自殺は道徳の法と相容れない」[22]。

ある特別な状況のもとでは自殺は容認されないとしても，その罪の重さは軽減される。「重度の精神障害，審判の恐怖や不安，苦悩や苦痛は，自殺者の責任を軽減するだろう。みずからの命を絶った者に対する永遠の救いに，希望を失ってはならない」[23]。

自殺は，なにか邪なものとみなされていたし，いまでもそうである。人は誰も自殺をする資格はないというのだ。つまり人間は「事物の絶対的な決定者ではなく意図的な判定者でもないからだ。とくに生についてはそうである。…ある特殊な心理的，文化的，社会的要因に促されて，人が生命維持という人間本来の性向に根本的に反する行為を犯し，そのために個人の責任はあまり問われず，あるいはまったく不問にされるようなこともあろうが，それでも自殺は深く道徳を欠いた行為である。なぜなら，それは自愛の拒否であり，自分の近隣，自分が属するさまざまなコミュニティ，さらには社会全体に対する正義と愛の責任を，回避することにほかならないからだ」[24]。

20世紀を過ぎたこんにちでは，自己破壊はもはや法的に罰せられることはない。処罰の対象となるのは，第三者による幇助か，被害者救命活動の不履行だけである。

1997年に議会を通過したポーランドの刑法は，それ以前の1932年と1969年のものと同様に，自殺行為を罰していない[25]。唯一の例外は，任務中の兵士である。具体的な例として，自殺企図（そして意図的な自傷行為）は，兵役義務の回避の企てとして扱われる。

他方，1930年代や60年代のばあいと同様に，自殺幇助は処罰される。「当人から依頼されて同情心からその本人を殺害した者には，6ヵ月から5年の禁固を科すものとする」[26]。

この場合，処罰の根拠は，殺人を幇助した，あるいは死の危機にある人の救

助を拒否したという点からの，自殺解釈による。この法的規定は，それが正当かどうかという議論の余地は残っているにせよ，こんにち，ヨーロッパのすべての国で施行されている。近年は，安楽死，つまり尊厳ある良い死に方の権利をめぐって，一般誌や学術誌やメディアなどで広く論議が繰り広げられてきている。

もちろん，法律が変わり，自殺がもはや処罰の対象ではなくなったからといって，それが個人的な問題，つまり社会的な評価とは無関係な問題だということにはならない。自己破壊はけっして信仰の基本教義（そして教会法）とは相容れないとして，教会や世俗的権威が自殺を非難した時代が何世紀も続いて，現代の人びとの態度と意見もそれによって象られてきた。

1970年代後半にイェジ・クワシュニエフスキとアンジェイ・コイデルがワルシャワの住民からの標本抽出で実施した意見調査[27]は，自殺は道徳的観点とはむしろ無関係に，逸脱行動の一形態とみなされていることを明らかにした。自殺は他の逸脱行動と比べて，感情的にとくに非難されてもいないし，容認されてもいない。自殺は，強く是認されてもいないし，強く拒否されてもいないのだ。それは，逃亡犯や妊娠中絶を支持する類の贔屓の感情とともに，社会的寛容の枠内にある（中絶に対する寛容は自殺に対するそれよりも遥かに大きいが）。

自殺に対する態度は言葉だけで表現されるものではなく，また他者の行為だけにかかわるものでもない。自殺観は，回答者自身のこととなると，かなり違うものでありうるし，実際ふつうは違うものなのだ。多くの集団は，その成員の自殺の事実を隠し，その代わりに他の死因を述べたてる。自殺者の家族は，個人が残した手紙を破棄したり，虚偽の説明をしたりして，なんとかうまく真実を隠そうとする。そのようなことはすべて，自殺を罪深い不名誉なこと，あるいは非難に値する恥ずべきこととみなすような，文化的遺制があるからである。そして，遺体の冒瀆行為はこんにちでは歴史の影に眠っているとはいえ，宗教的儀式によって自殺者を埋葬することは，まだきわめてむずかしい。親族

たちが物質的制裁に晒されることはもはやない（個人の資産ないし遺産は没収されない）とはいえ，家族はまだ倫理的，文化的制裁を甘受しなければならない。少なくとも，親族は差別され，スティグマ化されるのである。「見ろよ，あれが自殺者の家族だよ」「彼女が首吊り自殺した男の妻だよ」「入水自殺した人の子と遊んではいけません」（「家族崩壊の社会的帰結」調査で集めた話をそのまま引用）[28]。したがって，自殺の統計は不正確で「疑わしい」。ケースによっては，不慮の事故（たとえば交通事故や労働災害）として分類されてしまうのである。

　もちろん，自殺行動は社会的に容認されるとか，道徳的に無関心なものとみなされるなどと想定するのは，ひどく短絡的であろう。それは，19世紀的自殺観の対極を意味しよう。現代のどの社会でも，自殺は孤立的な行為でもなければ，狂気の表現でもない。精神障害が自殺を引き起こすことはきわめて稀であることは，調査研究が示している。毎日，世界中で，何千人もが自殺で死亡し，その10倍もの人びとが自殺を企図しているのだ。自己攻撃行動は，その国の経済的・社会的状態と，自殺者の社会的特性とに関係している。社会はそのような行為を無関心に遣り過ごすことはできない。なぜならそれは，社会的に受け入れられている価値と規範—そのなかでも生の持続延長と維持は高く位置づけられている—に反するからである。最後になるが，社会学者にとって，自殺行為の頻度は社会崩壊を有意に示す指標であり，効率的な対応策の必要を追求する議論へと続く。いかにして自殺を防ぐのか。これはもっともやっかいな社会的ディレンマのひとつである。

自殺研究への現代的アプローチ

　自殺とその構造および動態，さらに自己破壊行動の決定因に関する研究は，19世紀に始まり20世紀に引き継がれている。哲学，神学，社会学，心理学，医学，犯罪学や犯罪捜査学など，さまざまな個別科学がこの研究分野に参入して

いる。

　現代の自殺研究者の関心は，自殺現象の数多くのさまざまな諸側面に向けられている。この問題にどうアプローチするか，理論的一般化のためにどんな方法を選択するかという点で違いがあるのは，自殺を決意させる動因に関して，さまざまな学派間でアプローチが異なることを示している[29]。自殺は，臨床的な事例として，価値論の問題として，あるいは社会的な現象として扱われている。

　どんな理論的，方法論的前提が採用されているかによって，次のような分析方針を区別できよう。
 1．哲学的－神学的
 2．臨床的
 　a．生理病理学的
 　b．精神医学的
 3．心理学的
 4．社会学的

　哲学的－神学的アプローチは長い歴史的伝統をもっている。チェスワフ・ツェキエラによると，「自殺の本質に関する古今の哲学的・神学的アプローチは，人間存在の存在論的根拠，生を辞する随意性，とくに自殺行為の倫理的評価を論じている」[30]。つまりこれは古代哲学者たちの哲学的考察を継続するとともに，より直接的にはカント，ショーペンハウアー，ニーチェ，カミュ，サルトルらの議論へとつながっている。ポーランドの著者たちが中心的に論じてきた問題は，自殺する人間の権利についてであった。現代人は，生きる法的義務を負っていない。彼らは自分の意志で死んでもよい。しかし同時に，他者の生を救う責務を負っている（たとえその人自身の意志に反しても）。本来，人びとを死から救うという倫理的・法的義務は，自殺のばあいでも，身体的免疫性を根源的に破るものだという見方に拠っている。それは末期患者のばあいでも同様である。彼らに「尊厳ある良い死」の権利はない。あれやこれやの倫理

的・法的な自殺論の諸側面は，それぞれ，きわめて解決困難な，しかしきわめて明瞭な問題に触れているのだ。

1997年に通過したポーランド共和国憲法は，すべての市民に対して，生命保護の権利を保障している（ただし自然死は除く）。それは安楽死を禁じているが，しかし自殺（および中絶）を咎めてはいない。将来はおそらく，この問題領域で新しい概念と解決策が練り上げられていくだろう。

臨床的アプローチは，自己破壊行動の規定要因を，個人の異常気質や機能障害のなかに見いだそうとする。

そのなかで生理病理学的アプローチは，19世紀に登場してその後20世紀の前半に広く普及した。その支持者たちは，人間の自己破壊のすべては生体的および生理的な諸要因の集成で決まると考えた。彼らは，ロンブローゾ学派に触発されて，気質から自殺のタイプを分類し，あるいは自殺を異常生理と関連づけようとした。

とくに月経は，女性を，自殺を含めて無鉄砲な感情的行動へと向かわせるものと考えられた（しかしこれは意外な主張だ。なぜなら，自殺統計では男性の自殺のほうが女性よりも十数倍も多いのだから）。

このような理論は実証的な根拠を欠いており，その結論は体系的ないし方法論的に十全な臨床調査をふまえたものではなかった。

たとえば双子に関する調査などは，自殺行動がもともと遺伝によるものだという見解を，まったく支持していない。ここでヴィクトル・グジヴォ＝ドンブロフスキによる研究を振り返ってみる価値がある[31]。この研究は1925年から1932年にかけて，1,003人の自殺者（直接対象集団）と自殺以外で急死した1,004人（比較対象集団）について法医学局で実施され，自殺者が特別な器質性欠陥や生理的状態や健康障害を持っていたといえるかどうか，またどの程度そういえるのか，ということを確定しようとした。この点に関するこの研究やその後の研究[32]から得られた知見は，そのような要因が自己破壊を決定する可能性はないことを示した。もし仮に病理的な変異が観察されたとしても（実際

そういうばあいもあるのだが），それはせいぜい自己破壊行動の誘因であって，決定因ではない[33]。

　一方の精神医学的アプローチに特徴的な考え方は2つある。ひとつは，自殺は精神障害であり，病理的な「死への飛跳」に導く生体的な不安の危機が顕在化したものとみる考え方である[34]。もうひとつは，自殺が明確な精神病や精神異常の徴候を伴った病理的素地をもっているケースは，そう多くはないという考え方である。病的で憎悪に満ちた緊張の重圧のなかにおかれれば，正常な人間でも自殺することがありうるのだ。

　この考えをもっとも首尾一貫して主張してきたのは，エルヴィン・ステンゲルである。彼はこう述べている。「意識的動因だけでは自殺行為を説明できない。なぜなら，感情的ストレスに自殺で応える者はごく僅かだからである。少数の例外はあるにせよ，そのような状況が個人を自殺へと向かわせたり，多数の人にとって耐えられないということは，一般にはない。人を自殺へと駆り立てるのは，内的な自殺衝動である。ストレスに自殺行動で応える傾向のある人びととは，そもそも自殺傾向をもった人たちなのだといえよう」[35]。

　この問題に関する実証的研究は，精神異常と自殺の間には関係がないことを示しているが，同時にそれは，少なくとも大多数の事例において，自己破壊行動と一定の社会心理的，環境的要因との間に関連があることを指摘している[36]。この点は，1960年代に行われたフランスの専門機関（パリのベルナール・ウィダル病院救命センターやリヨンの緊急救命センター）の研究結果も，確証しているようにみえる。その後長年にわたってロサンゼルスやウーチで行われた自殺の臨床的・心理学的研究からは，自殺人口は当該地域ないし当該国の一般人口とくらべてこれといった特徴的な違いはないこと，違いがあるとすれば（いつもあるわけでないが）前者の方が論理的・合理的に考えられた平均値の点で若干後者を上回っていることが，明らかにされている[37]。

　心理学的アプローチによる自殺研究は，精神医学的アプローチと非常に似ている。そのため多くの文献では，2つのアプローチを区別せず，精神医学的・

心理学的臨床研究という学問領域のなかの不可分のアプローチとみなされている[38]。

　心理学と精神分析学の理論的枠組内では，自殺は異常なものとされていない。多くのばあい，自殺はフロイトの衝動論に修正を加えて解釈されている[39]。フロイトによれば，人間の基本的な衝動は，生の本能と死の本能である。前者は性的衝動の形をとり，それは受動と攻撃という現れかたをして，分裂と破壊へと導く。自殺は攻撃の特殊なケースであり，原初の無機的な世界への帰還の形をとる。生あるものはすべて死をもって終焉するのだから，自殺は自然の現象であり，生と死のバランスが消えたことの現れなのだ。

　自殺は劣等感の埋め合わせをする。とくにごく親しい人，最愛の人との関係においてそうである。愛されない人，生になんの希望も見いだせない人は，とりわけ自殺傾向がある。これは1918年のウィーンでの精神分析学会大会で出された結論であった。

　カール・メニンガーは，自殺はフロイトの衝動論でいうサド・マゾヒズム的コンプレックスの発現だと述べた[40]。自殺は（完全なものであれ，不完全なものであれ），禁欲主義，殉教，不節制，自己切断（自傷），等々といった自己破壊の，ひとつの表現である。

　自殺において，建設的性向と破壊的性向のバランスは後者の方向に傾く。エリザベス・キルパトリックは自殺の3つの基本的原因を指摘している[41]。社会的孤立，希望の喪失，肉体的および精神的苦痛である。自殺の潜在意識的動機を分析してきた他の研究者たちは，すべての人間，とくに希望を欠いた人びとが，自己破壊的な考えの傾向をもっていることを見出している。こうした考えを共有することによって，そして実際にみずからの命を絶つことによって，人は他者の自殺を誘発する。その意味で自殺傾向は伝染する。ときには自殺は殺人からの逃避という役割を果たす。この自殺観によれば，ヒトラーの自殺は，彼の強迫的な権力欲と名声欲によってもたらされたものであり，結婚後に彼が自殺死したのは，独裁者をその死後に母なるものの原型（太母）と一体化させ

I 自殺観の時代差と地域差 23

るという想定での儀式であったといえる[42]。

　グジヴォ＝ドンブロフスキとマンチャルスキが率先したポーランドの自殺研究は，しだいに精神医学の方向か，あるいはそれほどでもないが環境決定論の方向へと進んだ[43]。これらのアプローチによって自殺は純粋に大都市的な現象とみなされ，社会学的アプローチからも深層心理学的アプローチからも，ますます距離をおくようになっている。自殺に関する出版物の大部分は，自殺者の統計データを編集したものにすぎない。筆者たちは自殺に関する総合的把握を提示するよりも，むしろ特定の機関（病院や精神医療センター）からの情報をただ記述することに専念している。概念的把握としては，正常人なら自分で自分の命を絶つはずはないから自殺者は病気なのだといった，受けのいい，いわゆる常識的見解に沿ったかたちで，自殺の概念化がなされている。「なぜ」という問いに対しては精神錯乱とか自殺素因をもつ個人的特性とかから説明するこのような見解は，ジャーナリスティックな刊行物のなかによくみられる。

　たとえば前述したヤヌシュ・チャピンスキの説は，こうした理由づけの典型である。彼はこう述べている。自殺は「生きる意志の喪失の結果であって，運命によるものではなく，自殺者自身に由来するものである。大多数の人間は生きようという強い意志をもっているが，一部の少数の人たちはこの意志が弱い。強い意志は病気やアルコールや薬物で壊されることもあろうが，個人的な困難や劇的な出来事で損なわれることはない。いままでのところ，生きる意志の薄弱さを治す術は見つかっていない」[44]。なにか秘密じみた不明瞭な「生きる意志」なるものが人間精神に本来備わっているとして，そこから自殺に言及したとしても，ほとんど説明にならない。たとえばなぜ兵士や囚人や失業者に他の人たちよりも自己破壊的傾向があるのかは，これでは説明できない（この点については後で詳しく論じる）。仮に「生きる意志」なるものの存在を受け入れたとしても，若い補充兵のほうがそうでない者よりもそれを欠いているなどとは推測しがたい。失業者は自殺死にもっとも頻繁に襲われている人びとの部類に入っているとはいえ[45]，失業が生きる意志を欠く者に対して，他の者よりも

苦痛を多く与えることなど，実際にありうるだろうか。なにかよくわからない「生きる意志」が存在するという見地は，未知なるものを未知なるものによって説明することの，古典的な例である。

したがって，自殺研究に携わる若い世代の研究者たちが，たとえば先に引用した文章のような立場に対して批判的であるのは，もっともなことである。彼らはこう主張する。「極度な脅威や屈辱を受けて『生きる意志』を喪失してしまう過激な例は，ひとつの重要な一般的真理を示している。すなわちその真理とは，生きる意志はどの程度にせよ—ヤヌシュ・チャピンスキがいうように—たんに『私たちの内にある』のではなく，その喪失は—単純明快ではないにせよ—個人の社会的，政治的，経済的生活条件に由来する，ということである」[46]。

これよりも早く，イェジ・シャツキはポーランド知識人の政治的態度を評価したさい，集合的な行動を人間性の欠陥から説明するのは無理だとして，こう述べている。「…この現象をその結果に照らして評価し，その理由を性格的欠陥からしか探らないとしたら，…なにも理解したことにはならない」[47]。

社会学には，古典的に，個人的事実の分析からより大きな集合的現象を推定することに対して抵抗感があるが，だからといって，自己破壊現象の説明に対して心理科学が果たしてきた重要な貢献を疑うわけにはいかない。

ズノメナ・プウジェクやズイスワフ・ビゾンやタデウシュ・パンクフらの研究は，この問題に関する複合的情報の貴重な素材源であり，また同時に一般的省察（とくに自殺未遂に関して）への道を提供している[48]。

自殺発生状況を特徴づけるさい，それを環境からの否定的な刺激と特定の個人的性質との相互作用とみる文献も現れている。その意味するところは，一般的には，強烈な外からの刺激が自殺者の無力さや弱さとぶつかるという点にある[49]。

研究者たちはますます，自殺をそれ独自の具体的な複数決定因からなる，きわめて複合的な現象としてとらえ，分析するようになってきている。通常，研

究者たち，少なくとも信頼性と妥当性のある調査研究から一般化を図ろうとする研究者たちは，自殺を社会学的角度から解釈するのを好む。興味深いことに，犯罪学を含めて他の多くの学問分野の研究者たちが，（程度の差はあれ）このアプローチを取り入れている。

ブルノン・ホウィストはこう述べている。すなわち，「多数の心理学者がいま注目しているのは，多くの状況下で以前は鬱状態や自己攻撃が出てこなかった点である。…したがって，実際に変わっているのは，現代社会の成員の精神的反応ではなく，むしろ個人に攻撃を加える社会的状況のほうだ，という仮説を立ててよい」[50]。

自殺のもっとも重要でもっとも興味深い研究は（ポーランドでも国外でも），通常，社会学的解釈を採用している。それはきっと，社会学的解釈がこの問題を，より広い文脈のなかで，ここでは社会，経済，政治の大変革の時代状況とのかかわりで，説明するからである。

自己破壊行動の研究への社会学的アプローチは，個人からではなく，社会から出発する。つまりそれは自殺行為を，社会的決定因との絡みで分析する。言い換えると，人間個人は所与の社会の一部なのだから，自殺の源泉を探るには，その社会の機能的混乱に目を向けなければならない。別な言い方をすれば，社会現象としての自殺は，自殺者の人格崩壊の発現としてではなく，社会崩壊の結果としてみなければならない。しかしそうはいっても，自殺行動の基底にある個人的動機を無視していいというわけではない。ここで言いたいのは，関心の焦点を個人行動から，個人行動を集合的に規定する作用，つまり自殺を予防あるいは助長する社会環境へと移すべきだ，という点につきる。そのような作用の状態は，社会の緊密度や安定度の揺れを示す，明快で測定可能な標識で知ることができる。

本書は，まさに，このような分析を試みる。これは先例のない試みではなく[51]，また—現代ポーランド社会における秩序と変動の諸々の動きを考えると—，たぶん最後の試みともならないだろう。社会学者にとって，社会の統合状

態をもっとも敏感に示す指標を分析する機会は[52]，たまらないほど魅惑的である。

自殺現象の調査と分析の方法

　本書で採用されている調査と分析と理論的一般化の方法は，デュルケーム学派によって発展させられた古典的，伝統的な方法である。しかしそれは，こんにち適用されている唯一可能な社会学的調査研究の方法ではない。自殺研究には２つの基本的な方法がある。そのひとつは統計にもとづく社会学的分析であり，それによって自殺現象の範囲，構造，変動傾向や，その他この現象の性質と社会的決定因の説明に役立つような有意な実体的諸特徴を，明らかにしようとするものである。もうひとつは自殺の個人的原因を捉えようとするもので，自殺者が残した文書（手紙，メモ，日記），親しかった人たちの話や回想，あるいは（自殺未遂のばあいには）その未遂者との面接聴取を分析する。

　ひとつめの方法の利点は広く認められている。世界保健機構や国際自殺予防協会に国際的な問題分析のための基本データを提供しているのは，この方法である。しかしこの方法は，非常に手間隙がかかる。この方法を使うとなると，多くの種類のデータを長年かけて体系的に集める必要がある。また，資料は十分厳密に扱わなければならず，そして信頼性のあるものでなければならない。もし不適当な指標が使われれば，分類がいい加減になったり，不当なデータ推定のエラーが出てきたりして，研究報告書の価値はすっかり損なわれてしまいかねない。

　おそらくこのことが，２つめの分析方法が好まれる理由のひとつである。しかし，自殺現象の社会学的記述においては，この分析方法はどちらかといえば副次的な価値しかない。

　自殺者が残した文書資料に情報価値があるかどうかは，議論の余地がある。そのような資料は，ふつう断片的で，さらに悪いことにはわざと歪められてい

ることがあるため，あまりあてにできない。家族は，自殺行動の経緯がわかるような文書を，ふつうは破棄してしまう。同じことは家族の話や回想についてもいえる。その話や回想は，自殺があったという事実によって，すでに歪んでしまっているからである。

　ポーランドの統計データと国際統計データは，自殺を誘発すると想定される諸要因，つまり家族問題，身近な人間関係の問題，疾病，職場の問題，学校の問題，アルコール濫用等々について，それぞれ別々な統計表を載せている。しかしこれらのカテゴリーを使って自殺原因の類型化を図っても，あるいは少なくとも自殺原因の納得いくような一覧表を作ろうとしても，無駄に終わるだろう。一般化を図るさいには非常に慎重であらねばならない。なぜなら，第1に，文化の違いで自殺の情報源も一様でなく，第2に，先進社会ほど自己破壊への個人的動機が多様化しているからである。私たちが，ある個人に自殺を決意させたことに「責任を負う」単一の特定原因を正確に取り出せるかどうかは，大いに疑わしい。通常，自己破壊の理由としてあげられるものはひとつではなく，諸原因は鎖のように連なってひとつの全体をなしており，そのなかでどの環がどんな作用をするのかは自殺者自身にもわからない。言い換えると，個人を自己破壊へと向かわせるのはある独特な状況的症候群であり，確定して分類できるような単一の原因ではない。さらに，そのような分類をしてみたところで，それは方法論的に受け入れがたい。警察統計で（また大多数の心理学的，犯罪学的研究でも）「自殺の原因」とされているのは，実際には警察官の見方を映し出したものであって，確かな典拠として使えるような代物ではない。[53]

　自殺未遂者からの面接聴取は，この方法の欠点を克服するのに役立たないだろう。逆にそれはさらなる欠陥を付け加えることになろう。なぜなら，そんなことをしても収集した情報の信頼性を高めることにならないだけでなく，情報源の違いから歪みをさらに増幅させることになりかねないからである。控えめにいっても，自殺未遂から完遂自殺をどの程度推定できるかは疑わしい[54]。

　第1に，完遂自殺と自殺未遂は質的にまったく別物であるから，そのような

推定は包括的分析にそぐわない。たとえ，自殺完遂者と自殺未遂者の人口属性的な特徴をごく大雑把に比較するだけでも，一般化には十分慎重でなければならないことがわかる。未遂で終わる者は女性のほうが数倍も多く，完遂する者は男性のほうが数倍も多いのだ。自殺企図の率がもっとも高いのは青少年（15～19歳）で，一方，自殺完遂の率がもっとも高いのは壮年層である。

第2に，警察と医療機関はすべての自殺企図の報告義務を負っているが，実際にはその統計データは代表的でないごく少数の事例しかとりあげていない。調査の権限をもっている者でも，専門的訓練を受けた面接者でも，自殺企図に関して完全で信頼性ある情報を保証することできない。したがって，家族や医師が自殺企図を隠蔽するのを法的に厳しく取り締まったとしても，より信頼性の高い情報が集められるようになるとは期待しがたい。そのようなことをしてもまったく効果がないだろう。なぜならそれは，幾世紀にもわたって発達してきた倫理的，慣習的態度からかけ離れた，マリア・オッソフスカの言葉でいえば「道徳的な感覚と整合しない」規制を課すことになるからである（この点についてはまた後で論ずる）[55]。

第3に，自殺未遂も自殺完遂も社会的不適応や孤立や孤独から生ずる同じ部類の逸脱的態度の現れだという仮説を受け入れたとしても[56]，それで問題が解決されるわけではない。決定因が同一だったり類似していたりしても，自己破壊行動はまったく異なる態度や自殺動機の形をとって現れうるのだ。

完遂自殺の支配的な動機は，周囲との接触をすべて断ちたいという願望（死への意志）である。その対極にあるのが示威的自殺である。すなわち周囲との接触を求め，あるいは周囲からのなんらかの反応を求め，そのためにする自殺である。前者のばあいには最大限確実で効果的な自殺の方法（たいていは首吊り）がとられ，後者のばあいには死のリスクがもっとも小さい方法（薬理学的な手段）が選ばれる。もちろん実際には，自殺を手段として図ったのに，結果的に死に至るばあいも多い。逆に，死のうと思って自殺を図ったのに，（方法がよくわからなくて）未遂で終わるばあいもある。しかしこれらは稀なケース

であり，そのほとんどが青少年のばあいである。それゆえ，あえて単純化して結論を出せば，この点で2つのタイプの動機と態度が作用しているといえよう。すなわち，ひとつのタイプでは自殺の企図者はまだ周囲からの助けを期待し，もうひとつのタイプでは，彼・彼女はもはや何も期待しておらず，なんの接触も理解も求めず，周囲とのすべての絆を切断してしまうのだ。

以上のような理由から，私は，自分の考察対象として比較的に同質的なグループを選択した。すなわち私は，完遂自殺に関して，統計記述的資料にもとづいた自殺現象の分析をしていき，そしてほかでなされた自殺企図の研究からの情報で，その資料を補完していくことにする。

国際統計は通常自殺死を載せているから，国際比較をすれば，完遂自殺に関する資料の分析に役立つ議論をもっと進めることができる。

このばあい，中央統計局による人口の自然動態に関するデータが，基本的な資料として役立つだろう。このデータは，まず，一般に行われている疾病，外傷，死亡に関する国際分類をもとに編集された，原因別死亡の項目のなかから探しだすことができる。そこでは，病気，外傷，死因が，国際的な分類にもとづいて編集されている。私はこれまで，関連する国際比較のための統計分析にも，（できるかぎり）触れてきた。もちろん，上記の資料は，自殺の包括的な分析（とくに死因の究明）のためには，限られたデータしか提供しない。この資料は，自殺の背景に関するデータをあまり含んでいないからである（この資料が提供するものは自殺の方法についてであって，情報としてはたいして重要なものではない）。しかし，過去45年にわたる自殺の規模と構成に関してポーランドで利用可能なまとまった情報源は，これしかないのである[57]（それでも時期を区切って比較することは必ずしもできないのだが）。言い換えると，データの定義は（警察官の助けを得て）医師が書いた死亡証明書を基にしていて，社会学者の求めにそっているわけではないので，その使える範囲は狭いのだ。利用可能な情報の範囲と構成は，官僚機構の求め（つまり官庁統計の求め）に従っているのであって，学術研究の求めに従っているわけではない。こ

れは新しい問題ではなく，すでにデュルケームも指摘していた[58]。もうひとつよく知られた統計的情報源の限界は，それが不完全だということである。先に述べた慣習や倫理からの理由で，自殺死の全部が登録されるわけではないからである。もちろん，自殺で死んだばあいには，未遂で終わったばあいよりも，その事実を隠すことはむずかしい。それを隠しきる唯一の可能な方法は，医者と警察官を欺き，「不慮の事故」という項目で自殺死を登録させることだろう。しかしこれは滅多にはない。このことは自殺でいちばん多くとられる手段をみれば明らかである。たいていのばあい（80％以上），自殺死といえば首吊りによる死を意味する[59]。これは，普通，不慮の事故としては通らない。他の方法，たとえば殺人で死んだなどとすることは，家族にとって受け入れがたい方法である。なぜなら，そんなことをしたらその家族はもっと不快な状況に置かれることになり，周囲からだけでなく（自殺のばあいのように），法的にも厳しく罰せられることになるからだ。それでもやはり，探知されず登録もされない自殺事例が一定数あり，それが自殺の統計像をある程度歪めているとみなければならない。

　もっとも信頼でき，私がもっとも重宝しているこれらの情報源のほかに，私はさらに，軍隊と監獄における自殺環境の研究[60]や，体制転換下の地域社会における自殺現象の研究からも情報を集めることにする[61]。ただし，それらの情報源を用いるのは，それが信頼でき，そして一般化に耐えうる方法論的な質をもっているばあいだけである。

　もちろん，いくらそうしたところで，100％正確な論述を提示することは無理である。実証的な発見や，その分析にもとづいて定式化された諸連関や，観察された規則性に，偏りが出てしまう危険は避けられない。しかし，必要に迫られて，問題の存在や頻度をおおよそでしか標示していない諸指標に頼らざるをえないような社会分析や社会研究では，こうした危険は付き物である[62]。指標とは，当該現象の強度や存在を，おおよその形で示してくれる特徴や事実のことである。そのいい例が，犯罪率の指標としてある種の犯罪に対する判決の

数を使うとか，人口中における病気の広がりの指標として医療統計に記録された病気の数を使うとかというばあいである。このことはさまざまな形態の自己破壊，とくに自殺について当てはまる。したがって，私が本書で提示する多くの結論も，諸指標に頼っている関連諸研究にみられるのと同様の歪みの危険を，負っているのである。

注
⑴　ディオゲネス・ラエルティオス『ギリシア哲学者列伝』（ロンドン，1915年，469頁）。
⑵　J. シチェパンスキ『人間の問題』（ワルシャワ，1978年，186頁）。
⑶　F. ニーチェ『悦ばしき知識』（ポーランド語版，ワルシャワ，1973年，116頁）。
⑷　J. シチェパンスキ（前出，190頁）。
⑸　L. A. セネカ『対話』（ポーランド語版，ワルシャワ，1989年，441頁）。
⑹　私は，善／悪というカテゴリーにとらわれない評価の重要性を強調するために，価値論的観点と倫理的観点を区別している。通常は，これら2つの概念は互換的に使用されている。
⑺　E. デュルケーム『自殺論——社会学的研究』（第4版，パリ，1973年，377頁）を参照。
⑻　B. マリノフスキー『未開社会における犯罪と慣習』（ロンドン，1932年）を参照。
⑼　J. ローゼン-プシェヴォルスカ「トラキア人の宗教」（Z. ポニャトフスキ編『宗教史概説』ワルシャワ，1964年，378-379頁）を参照。
⑽　N. テタス『生きる価値』（ポーランド語版，ワルシャワ，1975年，10頁）を参照。
⑾　N. テタス（前出，17頁）に引用されていたものを参照。
⑿　B. ホウィスト『自殺——偶然か必然か』（ワルシャワ，1983年，39頁）。
⒀　エピクテトス『語録』（ポーランド語版，ワルシャワ，1961年，353-354頁）を参照。
⒁　古代ギリシアとローマの自殺について，おもに依拠している情報源は，C. ムーア『自殺についての総合的研究』（ロンドン，1750年）である。
⒂　聖アウグスティヌス『神の国』（G. E. マッククラッケン訳，ケンブリッジ，マサチューセッツ，1966年）。
⒃　E. デュルケーム『自殺論』（前出，377頁）。
⒄　中世と現代における自殺について，おもに依拠したのは，E. デュルケーム『自殺論』；『教会百科事典』第6巻（ワルシャワ，1905年）；『カトリック百科事典』第1巻（ルブリン，1973年）；第2巻（ルブリン，1976年）；J. ヘイスティングス編

『宗教と倫理百科事典』（ニューヨーク，1908年）である。
(18) ギャリソン『ローマ法とフランス法における自殺』（トゥールーズ，1883年）を参照。
(19) 「現代世界における教会の司祭基本規程—〈悦びと不安〉」『第二ヴァチカン公会議—基本規程，布告，宣言』（J. ガブリツキ司教・E. フロルコフスキ神父編，ポーランド語版，ポズナン，1968年，557-558頁）。
(20) 『教会法典』（ポーランド語版，ポズナン，1984年，教会法1184，473頁）。
(21) W. フリニエヴィッチ「法と赦免」（『一般週刊』1997年，第22号）。
(22) 『カトリック教会教理問答集』（ポズナン，1994年，518頁）。
(23) 同上。
(24) 『人間の生の価値と不可侵性に関する「パウロ2世の回勅」』（ワルシャワ，1995年，97頁，123-124頁）。
(25) この規定は，立法過程を通過した後，1998年1月1日に施行される運びとなった。
(26) 1969年の刑法第150条，さらに1932年の刑法第228条も参照。
(27) J. クワシュニエフスキ・A. コイデル「逸脱現象と逸脱行動に対するワルシャワ市民」（『社会学研究』1979年，第1号）；CBOS「若者について—価値，規範，準拠集団」調査報告（ワルシャワ，1996年11月を参照）。
(28) この研究については，すでに論じたことがある。たとえば，『若者の生活における障壁』（ワルシャワ，1986年）。
(29) E. C. カフ・G. C. P. ペイン編『社会学の視点』（ロンドン，1984年）所収の「社会学的視点と研究の戦略」；J. M. アトキンソン『自殺の発見』（ロンドン，1978年）；A. シエマシュコ『寛容の限界—逸脱行動の諸理論』（ワルシャワ，1993年）を参照。
(30) C. ツェキエラ『自殺未遂の誘因と動因—心理学的研究』（ワルシャワ，1975年，26頁）。ポーランドにおいて，問題のこの側面をとくに法的な観点から論じるものとしては，C. J. アイデルマン『現代の自殺—心理学的考察』（ワルシャワ，1934年）；T. シュヴァグリク「自殺と宗教的埋葬」（『聖書と礼拝』1961年，第5号），T. スリプコ「現代の論壇における直接的自殺と間接的自殺の概念」（『哲学年報』1964年，第12号），『自殺の倫理的問題』（ワルシャワ，1970年）がある。B. ホウィストは，彼の著書『自殺』のなかで，問題の哲学的および神学的側面について論じている。
(31) W. グジヴォ＝ドンブロフスキ「ワルシャワの自殺：1921年－1930年」（『雑誌』1932年，第1-2号を参照）。
(32) たとえばフランスで1960年代に行われた研究がある。A. ゴルセー・N. ジムバッカ『自殺に関する研究』（パリ，1968年）。最近のものは，1989〜1990年と1994年にウーチの労働医学研究所急性中毒診療室で行われた。また，M. チジェフスキ・K.

ローサ「変革期における自殺―事実と解釈」(『文化と社会』1996年，第2号）も参照。

㉝　K. ローサ『自殺企図―社会学的特徴』(ウーチ，1996年）を参照。

㉞　F. アチル-デルマ『自殺の病理心理学』(パリ，1932年)，H. シュテルツナー『200自殺事例の分析―自殺志向と結びついた精神異常の予想学に向けて』(ベルリン，1906年）を参照。

㉟　E. ステンゲル『自殺と自殺未遂』(ミドルセックス，1964年)。

㊱　たとえば，E. ロビンスほか「自殺意志の伝達」(『アメリカ精神医学雑誌』1959年，第8号）を参照。

㊲　A. ゴルセー・N. ジムバッカ『研究』(前出)，M. チジェフスキ・K. ローサ『自殺』(前出）を参照。

㊳　C. ツェキエラ『病因学』(前出）を参照。B. ホウィストはその著書『自殺論』(前出）で異なったアプローチを提示している。

㊴　S. フロイト『快楽原則の彼岸』(ポーランド語版，ワルシャワ，1976年，21-89頁)；S. フロイト『悲哀とメランコリー』(ロンドン，1957年）を参照。

㊵　K. A. メニンガー『おのれに背くもの』(ニューヨーク，1938年）を参照。

㊶　E. キルパトリック「自殺の精神分析的理解」(『アメリカ精神医学雑誌』1948年，第1号）を参照。

㊷　J. A. メルロー『自殺と集団自殺』(ニューヨーク，1962年）を参照。

㊸　J. コツル・J. ブコフスキ・W. トレンダク「生態学的危機地域における自殺」(ポーランド精神衛生協会「自殺学コンファレンス」提出論文集，ウーチ，1995年11月24-25日）を参照。

㊹　J. チャピンスキ「自殺―個人的悲劇か政治的問題か」(『共和国』1994年5月18日)。

㊺　Ⅴ章を参照。

㊻　M. チジェフスキ・K. ローサ『自殺』(前出，128頁)。

㊼　J. シャツキ「ポーランドにおける〈聖職者の裏切り〉について」(『観念の歴史記述およびその他の諸研究のジレンマ』ワルシャワ，1991年，406頁)。

㊽　とくに，T. コストジェヴァ・K. ミヤウ・T. パンクフ・Z. プウジェク・Z. ヴィルク「クラクフ市における自殺未遂：1962年，1966年，1967年，1969年」(『ポーランド精神医学』1972年，第16巻第3号）および Z. プウジェク『自殺の心理学的側面』(ワルシャワ，1972年）を参照。

㊾　M. ススウオフスカ・D. シュトムプカ「青年の自殺行為に関する試論」(『教育心理学』1968年，第5号）を参照。

㊿　B. ホウィスト『自殺』(前出，99頁)。

(51)　M. ヤロシュ『自己破壊・自殺・アルコール中毒・薬物濫用』(ワルシャワ，1980年）を参照。

⑸2 このことについて詳しくは，M. ヤロシュ「ポーランドにおける社会崩壊指標としての自殺」(『社会指標研究』1985年，第16号)．

⑸3 事実ではなく，もし意見に言及しないのならば，事情は異なってくる．

⑸4 このような議論の方法として，たとえば，クラクフ地区メンタルヘルス診療所が行った自殺研究（注48を参照）がある．しかしながら，自殺未遂を参照して，自殺者全体の数を推定することは，理論的にも，また実証的データの点からも正当化されえない．自殺未遂から自殺全体を正確に推定することができるのは，ごくまれな例外的なことである．それは，特別な更生機関において可能になる．先述したフランスにあるパリのベルナール-ヴィダル病院更生センターとリヨンの毒物病理・救急サービスセンターにおいて，そのような研究が行われた．これらの機関は，一般的に，非常に深刻な自殺事例を扱うため，患者の生存（あるいは死亡）は，患者の意志よりも，医師の能力により依存することになる．このような特別な事例において，完遂自殺と自殺未遂を比較研究すること，そして2つの集団についての議論を統合することが可能になるし，正当化されうる研究であるように思える．

⑸5 M. オッソフスカ「新たな刑罰規定の草案に関する一般的考察」(論文集『人間，道徳，科学について』ワルシャワ，1983年，498頁)．

⑸6 この問題に関しては（すべての学術分野の自殺研究について），J. ジェイコブズ『青年期の自殺』（ニューヨーク，1971年）；M. L. ファーバー『自殺の理論』（ニューヨーク，1968年）；G. レスター・D. レスター『自殺』（ニュージャージー，1971年）を参照．また，E. デュルケム『自殺論』も参照．この問題に関するデュルケム理論は，以下の研究のなかで展開されている．E. S. シュニードマン編『自己破壊について』（ニューヨーク，1967年）；E. S. シュニードマン・N. L. ファーブロウ「完遂自殺と自殺未遂の統計的比較」(E. S. シュニードマン・N. L. ファーブロウ編『孤独な魂の叫び』ニューヨーク，1961年)．また，A. ゴルセー・N. ジンバッカ『エチュード』；B. ホウィスト『自殺』；M. ヤロシュ『自己破壊』（いずれも前出)．

⑸7 病気，外傷，死因といった国際的分類にしたがって，分類を修正する．

⑸8 ポーランドの戦前の統計は（ヨーロッパのなかでも優れた統計のひとつである)，ここでは肯定的な例外である．

⑸9 警察統計によると，自殺者の87.7%が首吊りで死亡しており（男性の83.6%，女性では69.1%)，数十年にわたって，同様の割合が記録されてきた．

⑹0 たとえば，T. コラルチク「一時拘留者と服役囚の自殺未遂」(『贖罪と犯罪学』1987年，第12-13号)を参照．

⑹1 M. ヤロシュ・J. クラフチク「地域社会における社会解体の諸徴候」(M. ヤロシュ編『民営化における外国資本』ワルシャワ，1996年，所収)を参照．

⑹2 これらの係数は，多くのばあい，10万人当たりの割合で，ときに100人当たり（社会-職業的カテゴリー）あるいは1,000人当たり（服役囚）の割合で，全人口に

対する当該集団の割合を定める。

Ⅱ　自殺の社会学的理論

　自殺による死は，個人をそれぞれに打ちのめすが，それはまた，特定の社会的次元および明確な社会的根源と決定因をもっている。

　自殺の社会学理論は，孤独，社会からの孤立，家族や職場でのストレスに満ちたさまざまな出来事，当たり前と思っていた社会的価値体系の崩壊といった，自殺を決意するに至った当人の特有な個人的動機を無視するわけではないが，社会学的説明が焦点を置くのは，大多数の自殺事例に共通する諸特徴，その決定因の探求である。人が自殺するのには本人自身も多少は意識している理由があり，その理由は多様であり，しかも多かれ少なかれ相互に絡み合っている。個人の事例でも自殺行為の直接的な原因を指摘することはむずかしく，どんな事例でもその原因を社会一般に帰して推論することはできない。したがって個々人がそれぞれ別々にその人自身の個人的動機で自殺に走るとすれば，個々の自殺に共通する決定因を特定するのは，たしかに容易ではない。にもかかわらず自殺は社会現象である。それは自己破壊的行為の一形態で，なかでも自殺死はとくに目立った部類をなしている。なぜ人は自分の命を絶とうとするのかはまだわからないとしても，少なくとも自殺行為の共通した要因やその社会的脈絡を解きほぐすことはできるし，またそうしなければならない。また，「なぜ同じ集団に属していながら，ある人は自殺をするのに他の人はしないのか」[1]を私たちはまだ説明できないとしても，自殺傾向を醸成する共通要因，すなわちある特定の社会状況のもとで自殺の危険性を増大させる要因を見いだす努力は，するにあたいする。そうすることによってはじめて，自殺研究への

社会学的アプローチのための理論的かつ方法論的前提が得られるのだ。

このアプローチを展開したのはデュルケーム学派である。エミール・デュルケームはその古典的著作『自殺論』のなかで，自殺は社会的現象であり，自殺者の準拠集団の特質とその人が暮らす社会の型によって大きく決定される，と論じている。自己破壊は，宗教的，道徳的，法的，あるいは経済的な性質の他の人間行動や出来事と同じように，それが現出する社会的現実から切り離して分析されるべきではない。またそれを，拡散した，活性のない人間行動とみなすべきでもない。デュルケームはこう述べている。「個人の身体的・心理的素質によっても物理的環境の性質によっても説明することのできない特有の自殺傾向が，それぞれの社会集団に存在することが明らかにされた。その結果，消去法により，自殺傾向が必然的に社会的原因に根ざすものでなければならず，それ自体がひとつの集合的現象をかたちづくるものでなければならない」[2]と。

自殺の類型論

自殺が自己破壊的な個人的素質から生じるのではなく，自殺者が属する社会集団の脈絡と当人が暮らす社会の特徴によって大きく規定されるという理論的前提を受け入れたとしても，すべての自殺が同じタイプに属するというわけではない。

デュルケームは，自殺とその社会的決定因を分析するにあたって，自殺を4つの基本的な類型に分けた。

1. 自己本位的自殺。これは，個人と集団や共同体との結びつきが弱いことから生じる。
2. 集団本位的自殺。これは，周囲への過度な包絡，集団の目標，関心，期待への過剰な自己同一化から生じる。過剰な社会化の結果ともいえる。
3. アノミー的自殺。これは，社会秩序の崩壊，社会の機能障害，つまり個人の行動に対する社会の統制や刺激が十分でないような状況を表現して

いる。自殺率の増加はこのような機能障害の結果（そして指標）である。
 4．宿命的自殺。この類型は個人的な状況と関連する。悲劇的な状況に陥った人，直接的な，あるいは長期的な希望を閉ざされてしまった人にみられる自殺である。

　自己本位的自殺は，ふつう，文明の進歩がしばしば強い孤立感を随伴しているような現代消費社会の否定的な副産物とみなされる。これは「孤独な群集」の悲劇である。自殺を決意させるのはとくにこの疎外形態である。もっとも，このばあいにも，その決意の解釈は社会学的なアノミー論にかなり傾斜している。自己本位的自殺は，つねにアノミー的自殺でもあり，そのすべての特徴（以下で論じていく）を備えている。

　自殺の最後の類型は，おそらく，たんに整序と対称の必要から含められただけのものであって，デュルケーム自身も，彼の後継者たちも，この類型を詳しく述べていない。

　宿命的自殺は，純粋に理論的なカテゴリーではない。この類型の自殺をする可能性があるのは，出口も希望も塞がれた，耐えられない生活状況に囚われたと思い込んでいる人たちだ。デュルケームはこの類型を記述するさい，自分の運命から逃れられない奴隷を例にあげた。20世紀という時代は，新たな例を登場させた（それは現在にも引き継がれている）。その主要な例は，ナチズムや共産主義などの，全体主義体制のなかの囚人たちである。強制収容所では自殺が比較的稀にしか起こらないという事実があるが[3]，だからといってこの自殺類型の妥当性が否定されることにはならない。そのよい例が，戒厳令発布後のポーランドにおける自殺数の急増である。もちろん，この現象をアノミー論の枠組で分析することもできる。つまりそれをアノミー的自殺と分類することも可能である。

　死の間際にいる病人や忍耐の限度を超えた苦しみのなかにいる人が，みずから望んで自殺するばあいも，宿命的自殺の一形態とみなされる。

　最後に，この自殺類型のなかには，宗派団体の成員による集団自殺も含まれ

る。この傾向は20世紀末の第4半期に目立って増加した。しかし，その死が実際に宿命的自殺なのかどうかについては，議論の余地がある。

最近の集団自殺（1997年4月にカリフォルニアで起きた）は宗教セクト「天国の門」のメンバー39人によるものであるが，それは，近代技術と，まもなく突然この世が超自然的な力で終焉するという末世信仰との衝突の，否定的な諸結果に関する激論を，多くの国で呼び起こした。宗教セクトのメンバーは大部分が主として教育水準の低い（そして「おかしな知性」をもつ）人たちだという通俗的な理解とは異なり，「天国の門」信者仲間の自殺者は教育水準の高い人たちだった（インターネットを使いこなす技術ももっていた）。しかし，教育水準が高くても，彼らはヘール・ボップ彗星の出現をみて，それを自分たちの生の第1段階としての現世の終焉を告げるものだと解釈したのだった。

1993年にある山村で集団自殺した53人のヴェトナム人も，自分に死を課すことではじめて天国に行けると信じていた。

同じ年にテキサスで，「ブランチ・ダビディアン」のメンバーが少なくとも70人，集団自殺（集団焼死）を遂げ，その1年後には，「太陽寺院」のメンバー53人が，スイスとカナダで同様の運命を選択した。

最大規模で，これまでにもっとも壮観な集団自殺は，ガイアナでの「人民寺院」のそれである。914人という，この教団のほとんど全員にあたるメンバーが，そこで死んだ。この自己破壊行為を誘発したのは，「他所からの敵意ある」部外者が村の破壊と教団の解体をたくらんでいるという，（架空の）信念だった。その後の調査によると，自殺者の皆が皆，自分の自由意志で死を選んだわけではなかった。多くの者は，躊躇する者を殺す目的で結成された一団によって，命を絶つことを強制されたのだった。

この事件は1978年に起こった。このような規模で，このような壮絶な状況でなされた自殺は，これが史上初めてのことだったのだろうか。歴史的な資料によると，そうではなかった。1963年に発掘された死海沿岸の古代都市マサダの遺跡で，ガイアナの出来事を想起させるような，960体の自殺死体がみつかっ

た。マサダの自殺は，ローマ人による征服が差し迫っていたことによって引き起こされた。ローマ人は，ヘロデ王（ヘロデ・アグリッパ1世）の強固な要塞を包囲していたのだ。そのとき，マサダの住人たちは，集団自殺に訴えたのだった。10名が躊躇する者たちを殺す役を課された。その前に，まず父親たちが自分の家族のメンバーを殺した。生き残ったのは5人の子どもと2人の女性だけだった。ガイアナのばあいと同じように，この殺戮の状況は一見するとまったく特異なものであるが，そのきっかけは真の恐るべき敵からの攻撃であった。したがって，マサダの民たるユダヤ人の死は，国民的，宗教的，文化的な共有価値を守るためになされた，一種の集団本位的自殺だったと解釈されなければならない。ふつうは宿命的自殺と分類されるような宗教セクトの集団自殺でさえ，多くの明白な集団本位的特徴ももっている。

　古典的文献のなかで集団本位的自殺の事例としてあげられているのは，未開社会における老人の自発的な死や，寡婦が亡夫の遺留物と一緒に火を浴びて焼死自殺するサティーという慣行である。

　どちらの儀礼も，まだあちこちで散発的に行われているが，いまではほぼ廃れてしまっている。しかし，自己破壊が儀礼として行われるのは未開社会だけだというわけではない。逆に，宗教セクトの集団自殺のほかに，敗戦の知らせに反応した自殺（たとえば日本が降伏したと聞いた後の日本将校の切腹自殺）とか，全体主義体制と闘う仏教僧や英雄的活動家による反抗の象徴としての焼身自殺も，このカテゴリーに含められよう。神風特攻隊機の突撃やハマスのテロリストによる自爆攻撃も，敵の破壊と同時に自己の破壊をもめざしていた。

　集団本位的自殺の根底には，集合的な社会的・道徳的規範に対する過度の自己同一化がある。まさにこのことが，集団本位的自殺の価値論的独自性を明確にし，これらの規範に対する不適応と拒否の表れとしてのアノミー的自殺と区別される点である。

　デュルケームの集団本位的自殺概念には，当然，イスラム系テロリストの自爆攻撃も含まれる。その目的が敵とみなす人びとをできるだけ多く殺すことに

あり，その人びとの国を混乱に陥れること（究極的には抹消すること）に向けられているからである。

　この種の最初の自殺のひとつは1994年にイスラエルで起こった攻撃である。それはアブラハムの洞窟（ここはイスラム教徒とユダヤ教徒の双方にとっての聖地）で祈っていた29人のパレスチナ人が殺されたことへの復讐であった。それ以来イスラエル人（さらにはユダヤ人一般）は年齢や性別にかかわりなく絶滅すべき敵とみなされ，市場やカフェテリアや街頭にいる一般市民が，パレスチナ・テロリストの攻撃目標にされている。アメリカ人に対してもそうである。それはニューヨークの世界貿易センターに対する2001年9月11日のテロリスト攻撃に表れている。死者数千というこの悲劇の規模の大きさと，「敵性」の民衆と国家に対するこのような攻撃（自然発生的なのか計画的なのかを問わず）がいつどこで起こるか予測がつかないことを目の当たりにして，自爆テロ攻撃という現象を理論的にも再考せざるをえない。なぜならこの攻撃は，殺すという意図でなされるからであり，殺すことが彼らの究極目標だからだ。したがって自殺は不可避的で名誉ある犠牲行為なのだ。

　それゆえ，テロリストの自爆攻撃は，デュルケムの集団本位的自殺の定義にあてはまる。しかしそれは特殊な歪んだ特徴から，単なる自殺以上のものになっている。つまりそれは大量殺人でもあるのだ（この点がその最大の特徴だといえよう）。

　アノミー的自殺は自己破壊概念の中心的カテゴリーである。それはまさしくアノミー論の主題中の主題だからである。この理論を定式化したのはエミール・デュルケムであり，そのもっともよく知られた後継者（ないし理論的共同信奉者）はロバート・K・マートンである。この2人は「アノミー」という用語を使って，社会構造ないし文化の不統合，あるいは両者間の不統合の状態を明示している。この意味で逸脱は異常な人間的特質や性向の徴候なのではなく，社会文化構造における具体的な緊張の結果なのである。ある特定の社会集団で逸脱的（とくに攻撃的および自己攻撃的）行動類型の発生率が上がるのは，

「…そこに属する人間が特有の生物学的傾向を具えているからではなく，彼らがみずから身を置く社会状況に正常に反応しているからである」[4]。

自己破壊行動を促す社会学的変数とは，自殺者の社会－人口的（そして地位的）特性と，自殺者がある社会のある場所での生活で陥ってしまった状況とを意味する。生活条件は，それがもっとも悲惨なばあいでも，それが自己破壊的傾向の引き金になるのは，そのような生活条件が有害で不公平だと思われたとき，つまり現存の自然な事態を悪化させると思われたときにほかならない。

一般的には[5]，アノミーは「文化的な規範や目標と，集団成員がそれに準じて行動する社会的に構造化された可能性との間」[6]の厳しい矛盾状態としてみることができる。その意味で，個人的経験は「あれやこれやの社会的な規定と文化的な制裁を伴った状況の枠組みのなかに否応なしに嵌めこまれている。…社会はある種の秩序と，個人の集合的生活を限定づける時間的空間的な共有の準拠システムを，打ち立てる」[7]。

社会学理論からみるにせよ社会的現実からみるにせよ，アノミーは社会統制の弛緩に随伴する。社会秩序が安定しているときには社会統制が個人の期待，目標，願望の水準を規制する。社会変動（政治的，経済的，文化的）が大規模に起こっているときには，それ以前に機能していた社会生活上の規範が価値を失い，アノミーが現れる。人びとの感情は混乱し，倫理的・法律的規範の綱の上でバランスを取りながら，その線を以前よりも頻繁に越えるようになる。ゲームの規則はかつての明確さを失い，あるいはまったく不公平なものに低落する。規範のこの混乱と弛緩の状態は，個人の気持ち（自殺の決意を含めて）に反映されるが，それはまた集合意識の状態でもある。

社会学的な自殺理論は，たしかにいまでは初期の言説がいくぶん古臭くなっていたり，新しい世代の研究者や執筆者によって修正され発展させられていたりしているとはいえ，いまなお社会行動に関して知的刺激に富むすばらしい情報源であることにかわりはない。

自殺の類型論それ自体はあまり明瞭ではなく，その対称性は幻影的である。

先に示した自殺の各類型は相互に排他的でない。デュルケームもマートンも，ときとして現実を歪めて自分の論理に合わせているきらいがある[8]。したがって，この類型論を無批判に受け入れるのは，むしろ危険であろう。とくに社会生活の研究者にとってはそうである。デュルケーム理論に批判的な立場をとる人たち[9]は，その理論のあれこれの方法論的欠陥を指摘してきた。

しかしおもしろいことに，デュルケーム社会学を厳しく否定する人も，次のようなデュルケームの方法を使うことは許している。それは「研究対象とする文化現象の社会的根源を探りだし，さまざまな形態の『虚偽意識』の現実的本質を明るみに出す」[10]という方法である。デュルケームの弟子だったモーリス・アルヴァックスは，彼の師が研究対象とした諸関係のいくつかは擬似的関係だったと述べている。たとえば，宗教，家族関係，社会職業構造，学歴，社会経済的地位といった変数は，実際には都市的ないし農村的生活様式，すなわち自殺現象の基本的説明変数の関数だというのである。長年この主張は疑われずにきた。すなわち，自殺はもともと都市的な現象だとみなされてきた。この主張に疑問が投げかけられるようになったのは，やっと最近のことである。

1950年代にアメリカでウィディッヒ・W・シュレーダーとJ・アラン・ビーグルが行った社会学的研究や，私自身がポーランドで行った過去25年間の動態研究では，自殺率の都市と農村の差はいまでは静態的にも動態的にもなくなっている（こんにちではむしろ重点は農村人口のほうに移っている）ことが明らかになっている[11]。この点は後で別途論じる。

ジャック・P・ギッブズとウォルター・T・マーティンの地位統合という概念は，デュルケーム理論を発展させようとするもうひとつの試みである[12]。彼らの研究方針によれば，攻撃的および自己攻撃的行動をもたらす要因が2つある。共同体内での個人の役割葛藤と，地位の非一貫性である。アンドリュー・F・ヘンリーとジェームズ・F・ショートによれば，攻撃と自己攻撃は同一次元の両極端に位置するものである[13]。一方が増加すれば，他方が減少する。攻撃を外に向ける（殺人）か，内に向ける（自殺）かの違いである。他者に対す

る攻撃の率が高い階層や社会では，自殺の率は低く，またその逆も真である。だがこの主張は，部分的には実証されているものの，かなり議論の余地がある。

自殺・対・殺人

　見方によっては，自殺と殺人は，病死や老衰死と対比させてひとくくりにすれば，同等の現象である。「私たちは3つの門のうちのひとつを通って人生から去っていく。ひとつめはひじょうに広く開かれた門で，病気の門である。2つめはそれほど広くはないが，老齢の門である。3つめは，暗闇に包まれた，血に濡れた，日に日に広がっている門であり，それは突然死の門，おもには自殺死の門である」[14]。

　もし自殺と殺人を，一方が自分に向けた攻撃形態で他方が他者に向けた攻撃形態だとみなすならば，両方とも同じ逸脱行動に属することになる。しかし同時にそれらはまったく異なる行動形態であり，倫理的，道徳的，法律的意味では別々に分類され別々に位置づけられる。ではどんな規準でそれぞれの有害性と私たちの評価の妥当性を測るべきか。倫理的かつ法律的観点からすれば，攻撃的行動は自己攻撃的行動よりも有害であり容認できないとされる。この観点は，社会が発達させた規範体系と，それによる道徳的，倫理的，法律的制裁を表現している。しかし，この現象の広がりとその増加傾向から事態を捉えるならば，まったく異なる結論に達するにちがいない。とりわけ，現代社会におけるこれら2つの行動に関する量的な統計資料を吟味していくと，そうなる。

　もし，ある現象の社会的有害性をそれの増加率から判断しようとすれば，自殺が絶対数（それも無視できないが）だけでなく率の点でも増加していることで混乱してしまう。国連の推計によると，世界中で毎日およそ2,500～3,000人がみずから命を絶っている（自殺未遂の数はその数倍になる）。自殺の動態と社会構成のなかでの自殺の位置を表す数値は，自己破壊行動の広がりをより正確に示す指標である。その統計から得られるデータをみていくと，殺人は一連

の有害で逆機能的な行動のなかでもっとも極端でもっとも危険なものであり，自殺はそれに対して逆で，それほど危険でも撹乱的でもない行動に属するという，私たちが従来抱いていた見解を修正しなければならなくなる。そのような見解は，これら2つの行動形態の社会的結果についてごく単純な統計分析をしただけでも，もはや支持できないことがわかる。

まず出発点としてポーランドにおける死亡率をとりあげてみると，死因として自殺が殺人よりも数倍多いことがわかる。それはとくに，絶対数によってではなく，それよりもずっと正確な指標となる人口10万人当たりの比率によって較べてみると，はっきりわかる。もちろんその数値は死者の年齢で分布が異なるが，それによって比率や影響が左右されることはない。

表Ⅱ-1のデータは，これら2つの死因が増えてきたこと，そしてとりわけ自殺が突出していることを示している。

過去45年間，自殺による死亡は，つねに殺人による死亡をはるかに上回ってきた。そして，殺人の比率が急増し自殺の比率は漸増しているにもかかわらず，両者間の比率は驚くほど一定に保たれてきた。

自殺死は，殺人死を大幅に上回っており，殺人数が減少ないし比較的少数でとどまっているのに対して，自殺数は明らかに増加してきた。

私たちがいまここで観察しているのは時系列的傾向であって，個々の年における当該現象の比率を標示している細かなデータではない。これらのデータの

表Ⅱ-1　ポーランドにおける完遂自殺と殺人

(1980～2000年)

年	自殺数	10万人当たりの自殺者	殺人*	10万人当たりの殺人
1980	4,495	12.6	589	1.6
1985	4,945	13.2	671	1.8
1990	4,970	13.0	730	1.9
1995	5,499	14.2	1,134	1.9
2000	5,841	15.1	800	2.1

＊死因審問によって確定された殺人。
出所：中央統計局。

妥当性は，情報源の信頼性に大きくかかっている。

したがって，次の点を念頭に置く必要がある。すなわち，医療資料による死亡統計は自殺と殺人のデータが比較できることで利用価値があり（ポーランドの分析でも国際比較の分析でも一般にそうしている），殺人統計は警察や検察の事件ファイルといった別な情報源からも入手することができる，という点である。しかし，これら2つの情報源から得られるデータの間には，多くの不一致が存在する。母集団が同じでないからである。死亡統計は所与の年における殺人の数を含めているのに対して，その同じ年の警察と検察の統計はそれ以前の年に起きた殺人を含めている可能性がある（通常そうである）。というのは，法的手続きがその年の内に終わらないために，次年の統計に繰り越されてしまうからである。たとえば戦後の統計は，戦中の占領下で起こった犯罪を含めている。

これら2つの情報源の有用性を評価すると，次のようにいえる。すなわち，扱う問題の性質からいって，殺人を分析するさいには警察と検察の統計のほうがより信頼でき，自殺を分析するさいには医療統計データのほうが信頼できる。もちろん，人口当たりの自殺死と殺人死の比率を比較するばあいには，情報源をひとつに限定しなければならない。実質的な理由と比較の可能性を考えて，私はポーランドと国際機関の統計局から得られるデータを使って分析していく。そう決めたのは，この2つの情報源からのデータの間には有意な違いはなく，かりに違いがあったとしてもそれは当該現象の数や比率に影響しないと想定したからでもある[15]。

さて，ある所与の現象の頻度とその変動傾向がそれの有害性を測るいい尺度だと想定すれば，現時点では自殺のほうが殺人よりもはるかに撹乱的な現象だと結論づけざるをえない。殺人率が自殺率をはるかに上回るのは，次の表にみる5つの国だけである。

死亡原因としての自殺の比率と動態を示すデータは，理論的議論と実践的議論の両方の出発点として役立つだろう。

表Ⅱ-2　殺人率が自殺率を上回る国

（人口10万人当たり）

国	年	殺人率	自殺率
アルバニア	1998	17.4	4.4
コロンビア	1994	73.0	3.2
メキシコ	1995	17.2	3.2
プエルト・リコ	1992	23.8	8.8
エル・サルバドル	1993	45.7	7.9

出所：『世界保健統計年報1996年』WHO，1998年；『人口年鑑1999年』国連，2001年。

　理論的議論，とくにアングロサクソン系の研究や文献で提起されているそれは，自殺数と殺人数は反比例の関係にあるという仮説に立脚している。

　この観点は，ひとつの社会の時系列的な比較と，複数の異なる国の共時的な比較の両方に適用される。ここで問題としている仮説は，怖れに対する人間の反応の観察から出てくる。戦時中に自殺率が激減することは，よく知られた事実である（戦時統計の不正確さを考慮に入れてもこの傾向は確証される）。

　ポーランドでは，第2次世界大戦中，とくにナチス占領期間がそのよい例である。死がありふれた日常的な経験となっているような極限状況のなかでは，人は生きつづけることに懸命にならざるをえない。人びとは，自分自身の生存が危険にさらされているなかで，自分自身の生と他者たちの生を守るために必死になった。生のために必死になることは，人間的価値の勝利のために必死になることを意味した。監獄で，強制収容所で，そして旧ソ連の強制労働収容所で，人びとの生を支えたのはそれだった。「アウシュヴィッツにおけるもっとも簡潔な抵抗スローガンは，『俺たちは奴らを出し抜いてやる』であった。簡単にいえば，俺たちは生き延びようとしなければならない…という意味であった」[16]。

　この問題を社会学的に論じるなかで，アンナ・パヴェウチンスカは，囚人のコミュニティが強く統合されている事実に注目した。彼らはそこに統合されることによって，収容所システムの人間剥奪的効果（道徳的な死）と究極的な退去（身体的な死）とに抗することができた。後者，つまり身体的な死が自殺に

よるということは，ごく稀にしかなかった。こうした事実をみると，集団やコミュニティや社会の統合をもたらす一要因としての，共有された価値体系の役割について熟考を促される。とりわけ社会統合（その度合いは価値体系の力，価値体系の受容度の強さ，その内的一貫性の如何による）の物差しとしての自殺現象に関して，そうである。長年の危機，突然の社会変動，それに関連した倫理的・道徳的規範の弛緩は，統合を弱める。他方，戦争，敵の攻撃，占領などの脅威は，統合を強める。そしてそのようなときに，殺人率は高くなり，自殺率は低くなる。

自殺数と殺人数は逆相関しているという説については，社会学者の間で100年以上も議論されてきた[17]。分析的議論にせよ総合的議論にせよ，その出発点は特定の一国の状況（時間的分析）か，多数の異なる国ぐにの状況（空間的分析）かである。

この説にしたがえば，殺人率が高い社会は自殺率が低いはずであり，またその逆も真である。この説はアメリカで，ヘンリーとショートが確証した。彼らの結論はおもに人口統計に拠っていた[18]。

表Ⅱ-3をみてみよう。ここにあげられているのは，世界40ヵ国（比較可能なデータを公表している）の殺人と自殺のデータである。その国ぐにはおおまかに3つの異なるグループに分けることができる。ひとつは自殺死の数が殺人の数を大きく上回っている国ぐにで，最大のグループをなしている。これに属するのはオーストラリア，オーストリア，ブルガリア，クロアチア，チェコ，デンマーク，フィンランド，フランス，スペイン，オランダ，日本，リトアニア，ルクセンブルク，ドイツ，ノルウェー，ポーランド，ポルトガル，スイス，スウェーデン，ハンガリー，イギリス，イタリアである。

2つめのグループは自殺がそれほど多くない国ぐにで，ギリシャ，カザフスタン，キルギスタン，イスラエル，カナダ，アメリカがこれに属する。アメリカでは少なくともこの40年間，自殺率と殺人率が低水準で推移してきた。

3つめはこの表と前表のなかではっきりと目立つグループで，それに属する

表Ⅱ-3　殺人率と自殺率

(人口10万人当たり)

国	年	殺人	自殺
アルバニア	1998	17.4	4.4
アルメニア	1999	2.6	1.8
オーストラリア	1997	1.7	14.5
オーストリア	1999	0.8	19.0
アゼルバイジャン	1999	4.7	0.7
ベラルーシ	1999	11.1	33.5
ブルガリア	1999	2.9	15.9
クロアチア	1999	2.8	21.7
チェコ	1999	1.5	15.7
デンマーク	1996	1.1	17.0
エストニア	1999	16.1	33.2
フィンランド	1998	2.4	23.8
フランス	1997	0.9	19.0
ギリシャ	1998	1.4	3.8
スペイン	1997	0.9	8.6
オランダ	1997	1.3	10.1
イスラエル	1997	0.5	6.5
日本	1997	0.6	18.6
カナダ	1997	1.4	12.3
カザフスタン	1999	16.4	26.8
キルギスタン	1999	7.0	11.5
リトアニア	1999	8.0	42.0
ルクセンブルク	1997	0.7	19.2
ラトビア	1999	12.7	31.4
メキシコ	1995	17.2	3.2
ドイツ	1998	0.9	14.2
ノルウェー	1997	0.9	12.1
ポーランド	1999	2.8*	14.9
ポルトガル	1998	1.3	5.6
ロシア	1998	22.9	35.3
スロベニア	1999	1.5	29.7
アメリカ	1998	6.6	11.3
スイス	1996	1.1	20.2
スウェーデン	1996	1.2	14.2
トルクメニスタン	1998	6.9	8.4
ウクライナ	1999	12.5	28.8
ウズベキスタン	1999	3.3	6.8
ハンガリー	1999	2.9	33.1
イギリス	1998	0.7	7.4
イタリア	1997	1.3	8.2

＊1995年。
出所：『人口年鑑1999年』国連，2001年；『ポーランド共和国統計年鑑2001年』中央統計局，ワルシャワ。

国はアルバニア，プエルト・リコ，コロンビア，エル・サルバドル，メキシコである。ここでは自殺よりも殺人のほうが頻度が高い。コロンビアでは殺人率が自殺率の20倍近くも高い。エル・サルバドルではおよそ5倍，メキシコでは約7倍である。メキシコではこの関係が「恒久的」に続いており，過去50年間ほとんど変わっていない。

残りの2つの国，つまりラトビアとロシアの状況は判然としない。2つの現象の傾向を比較するための，信頼できるデータが公表されていないからである。

この2つのタイプの自己破壊行動の間に関連があると推定していいものかどうか，もしいいとしたらどの程度まで推定することができるのかは，未解決の問題である。以下では観察対象諸国の人口からいくつかの部分を取り出して，前掲の国際統計によってこの関連を追究してみることにする。

このデータから得られる線形相関係数では，自殺率と殺人率との間には（線形の）関連は認められない（r＝20.245）。さらに，こんなに多くの国をとりあげて相関係数を計算してその関連を求めるのは，合理的でないだろう。そもそも，このデータはきわめて異質なものを含んでいる。所得と生活水準，工業化の水準と動態，経営管理とリーダーシップの様式，文化体系とそれに関連した倫理的・法的制裁，さらに宗教や人種の違い等々に関して，データのなかの国ぐにはまちまちなのである[19]。

しかし，もし部分的な共分散の値[20]が正である国ぐにを省いた後，形式的統計的観点から分析対象の国ぐにを順位づけして並べてみれば，残りの国ぐには予想された関連を示すだろう。オーストラリア，ブルガリア，チェコ，デンマーク，フィンランド，フランス，日本，ルクセンブルク，メキシコ，ポーランド，アメリカ，スイス，スウェーデンがそれである。この国ぐにでの相関係数は－.732で，自殺率と殺人率の間にかなり強い線形相関があることがわかる。一方が増加すれば，他方が減少するという関係である。

しかし，上記の統計的相関は，ダイナミックな経済成長といった，自己破壊行動の増加を促すと一般に考えられる要因が，これらの国ぐにに共通して存在

するということを基本的前提とした上での，形式的推論から出てくる。自殺と殺人が逆相関するという仮説を検証するためには，政治的，経済的，社会的変動諸要因との絡みでこれらの行動の動態に注目しながら，対象諸国の人口を長期間かつ包括的に分析していくことが必要であろう。これらの諸要因が自殺と殺人の頻度と割合に強く影響を与えることは，疑いない。

ポーランドにおける自殺と殺人との統計的割合とその変化を分析してみると，両者の間に関連があることがわかる。しかし，だからといって，どの国でも，あるいは大多数の国ぐにでも，自殺率と殺人率の間に普遍的な関連があると，一般化していいだろうか。これは普遍的な規則だろうか，それとも当該国の特殊な性質からくるものなのか。この問題について私がこれまでに集めた情報からすると，答えは後者にありそうだ。

社会病理学

自殺は逸脱行動の一形態であり，社会解体あるいは社会病理のひとつである[21]。自殺は人間的，文化的，社会的な価値体系に対する打撃である。どの社会にも，否定的で有害だとみられている現象が存在し，そのような見方は，程度の差はあれ，およそ普遍的に受け入れられている。どの社会も，どんな行動は正常でどんな行動は逸脱的かを定めた，その社会のなかで通用する原則と規範の体系をもっている。社会規範は，少なくとも2通りの捉え方がありえよう。それは，第1に，所与の行動の必要に対する内発的な信念として理解されるばあいであり，第2に，法的，倫理的，道徳的規範体系から発して，外側から個人に対して課せられた，やっていいことと悪いことのセットとして理解されるばあいである[22]。いうまでもなく人間行動はこれら両者から統制されているが，本書においては，社会的に通用している倫理的，道徳的，法的規範の外的体系と整合しているかどうかを検討することを一義的とし，そしてその整合性と不整合性の可能性については，ただ間接的に言及するだけにする。

パヴェル・リビツキが述べているように,「あらゆる文化は,…善と悪の概念を有している。…それらの概念は,道徳的に善とされていることを実行することを命じ,悪とみなされていることを行うのを禁じている。すなわち,善と悪の概念は,混沌とした人間の営為に形を与えてそれを正しい道にのせる力を発揮し,人間活動の偉大な調整装置としての働きをする。…この調整装置はさまざまな形をとって現れる。すなわち,普遍的道徳規範(言い換えると普遍的なものとして受容されている規範),宗教的制裁規範,道徳的内容と絡んだ法律的規範,要するに善くて正しいと社会がみなしている行動を受け入れ,不正で好ましくないとみなされる行動を受け入れないという,いわゆる習律(モーレス)などである」[23]。もちろん,これらの社会規範の完全な内面化などというのは抽象的モデルのことであって,実際には程度の問題である。いずれにせよ,社会的調和が存在するのは,個人の価値体系と社会の価値体系が一致しているときである。

否定的行動が増えているとしたら,社会的に通用してきた命令と禁止の体系が崩れてきて,個人と社会をつなぐ絆が深刻な事態になっていると推論してよい。言い換えれば,社会的逸脱の増加傾向は,社会の構造的撹乱の徴候である。

否定的とみなされる社会行動の原因と結果を研究する社会病理学も,社会学の一分野である。それは,エミール・デュルケームの社会崩壊論(自殺率を指標とした)と,社会解体論を社会学の不可分な一部とするウィリアム・トマスとフロリアン・ズナニエツキの理論的貢献とを土台とした,社会学的モデルに反映されている。

「社会崩壊」(「社会病理」とも呼ばれる)の概念は,人口移動や工業化や都市化といった諸過程の経験の一般化をめざした実証的諸観察のなかで開発されたものだが,この研究分野の先駆者であるトマスとズナニエツキは,社会崩壊はある時ある場所で突然起こって,工業化以前の調和状態をぶち壊すわけではないと考えていた。ズナニエツキによれば,社会崩壊はある時代のある社会に限られた孤立的な現象ではなく,どんな時代のどんな場所でもみられるという。

なぜなら社会規範の違反の具体的な例は，どんな時代にもこの世のどんな場所にもみられるからだというのだ[24]。

社会病理学に特化したポーランドの最初の本は，1969年に出版されたアダム・ポドグレツキの『社会生活の病理学』である。そして，ポーランドの統計資料にもとづいて社会崩壊の過程を分析した最初の出版物は，私の編集で1975年に出た『社会病理学の諸問題』である。

社会病理（あるいは社会解体）の概念は，非常に批判的な眼でみられてきた（とくに1950代から60年代にかけて）。「解体」という用語を理論的範疇として使うことにもっとも強く反駁したのは，マーシャル・B・クリナードである。クリナードはこの用語を，曖昧（「概念的常套句」）で，主観的な，そして極度に無意味な代物だと考えた。彼によれば，その概念は，かつては社会秩序が存在していたのに対して，後の社会ではそれが崩れて否定的，病理的社会状況になっているといった，ユートピア的想定から出ている。ところが現にいま存在する社会は，競合する諸規範が高度に組織化されているシステムであって，その諸規範の多様性が社会を弱体化させるどころか強化する傾向をもっているのだ，という。「社会病理」とか「社会崩壊」とかというラベルを貼られた諸現象が発現しても，それが社会の基礎的価値を脅かすとは限らない。社会解体は邪悪の権化とみなされているが，それには実質的な根拠はなく，ただある社会階級やそのメンバーが彼らの価値観にもとづいてそうみているだけのことなのだ，というのである[25]。

社会病理学的アプローチは，これまで長い間，繰り返し，再評価を受けてきた。そして1980年代と90年代には，この分野の研究はかなり進展してきた。

「社会病理」（あるいは「社会解体」）の名のもとに，少なくとも次のような傾向と概念があげられよう。

1．文化的逸脱の概念。この概念は，文化が科学技術の進歩と調和しながら順調に発展するような，組織された（バランスがとれた正常な）社会が存在するという前提にもとづいている。

正統的な規範・価値体系に反する人間行動が何らかの下位文化によって容認されているような社会は，この概念によれば，解体社会あるいは病理社会とみなされる。

　この概念はまた，下位文化論や，出自が異なる文化間の葛藤，あるいは容認できない行動の定義づけを根本的に異にする諸文化の体系といった，文化的逸脱の理論を包摂している。これに関連した概念は，社会崩壊の同義語とされる文化遅滞の理論である。この理論は1950年代にアメリカの社会学と犯罪学のなかに登場してきたが，それよりも後になって発展することとなった[26]。

　2．ひとつは工業化以前の社会に特徴的な価値，もうひとつは高度に発達した現代社会に支配的な価値というように，異なる社会体系から発した社会的価値間の葛藤状態としての，社会解体の概念。

　3．個人間の紐帯が崩壊した状態としての社会病理の概念。ここでは，個人間の関係が壊れてしまっているために，基本的な集合的課題を実現できなくなっている状態を問題にしている[27]。

　ここで付け加えておかなければならないのは，この理論をさらなる議論の枠組として採用することには大きな問題がある，ということである。この理論はたしかに社会的役割の逆機能，地位特性間の不一致，一定の態度や行動に対する拒否傾向をもたらす諸要因を探求する道を開いているが，同時にまた，それらの分析にとっての誤った前提を作りだしているのだ。さまざまなインフォーマル集団，とくにフェアリスの議論で中心的に扱われている非行集団は，相互紐帯の弛緩よりもむしろ強化を示している。これらの集団では，「個人間の関係は高度に機能的であり，彼らの行動は効果的に営まれていて，それは組織集団のモデルとなりうるほどである」[28]。

社会統制の逆機能状態としての社会病理

　現存の社会規範が誰の目にも明確で社会的に容認されており，そしてその規

範を犯す行動をとれば社会的制裁が待っているばあいには，システムは円滑に機能する。価値と規範のシステムが社会統制システムによって規制されていない（あるいは効果的に規制されていない）と弛緩したものとなり，それが社会崩壊の徴候となる(29)。

「社会統制」という用語は社会崩壊現象に関連づけられ，かつてデュルケームの自殺分析のなかで論じられた。この用語が最初に登場したのは19世紀と20世紀の転換期で，エミール・デュルケーム『自殺論』（1897年）とエドワード・A・ロス『社会統制論』（1901年）においてであった。その後，社会統制は，ある特定の社会状況と人間行動の決定要因とみなされてきた(30)。

こんにち，「社会統制」という用語の一般的な意味は，社会が受容されている規範体系にそぐわない行動を規制し，潜在的な非社会的行動を抑止することによって，個人行動に影響を及ぼすメカニズムのことである(31)。

社会解体理論によると，社会統制の源は，個人や集団が熱望を抱いていてもその実現がままならないようなばあいに生ずる，動機づけの緊張のなかにある。この問題に関してもっとも卓越した権威であるマートンは，デュルケームのアノミー概念（社会規範の相対的な衰退を意味する）から緊張の概念を引き出し，個人（ないし社会集団）がみずからの文化的目標達成の欲求を社会的に受容されている手段で充足できないような状況として，その緊張概念を捉えている。彼がそこで言及しているのは，諸々の欲求が刺激されるのにそれらを満たす現実的な見通しがまったくない，社会の変動期に特徴的な状況（それは現代諸社会の多くに現れている状況でもある）のことである。理論家のなかには，この文脈で「動機づけの緊張」という用語を使うのは不適切だと考え，その代わりに「剝奪」という用語を使ったほうがいいという者もいる(32)。その意味するところは絶対的な意味での剝奪（生存手段の欠如といった）というよりも，他者や他の社会層との比較における相対的剝奪である。

社会病理をこのように把握することへの批判は，（一般的には）次の点にある。すなわち，それを検証することが非常に困難であり，とくに個人行動だけ

でなく集合行動にも言及しようとするばあいにそうである，という点にある。確かに，この理論から，何が剥奪症候群の第1原因，つまり否定的行動を最初に誘発した要因なのか，そして何がその結果なのか，という問いの答を引き出すのはむずかしい。しかし，結果から原因を語るのはどんなばあいにも非常に困難なのであり，とくに社会過程を分析対象としているばあいにはそうである。社会崩壊は複雑な諸原因とそれらの諸結果との間の多層的な相互作用によって特徴づけられる。そしてこのことは，以下でとりあげる社会崩壊の研究から学びうる課題なのである。

　現代の社会病理概念は，上述した異なる諸概念のさまざまな要素，とくに社会統制理論と剥奪症候群に関する概念要素を組み合わせたものである。

　「社会病理」は，こんにちでは社会の調和が撹乱した状態を意味している。この状態は，社会の紐帯と規範体系・価値体系の弱体化と，社会統制メカニズムの逆機能によって特徴づけられている。

　経済，社会，政治，文化がバランスを欠いた発展をして（いわゆる社会変動症候群），既存の社会秩序の調和が崩れると，社会は解体する。社会の秩序と規範がしっかりしていて，人びとが受容している諸価値が調和しているばあいには，社会諸制度は円滑に機能し，社会化の過程は撹乱されることはない。しかしこれは現実世界に属するものではなく，あくまで理念的，理論的な範疇である。そしてまた，「社会病理」という用語は，静態的な事態というよりも段階的な現象，つまり社会規範の違反事例が増加して個人的・集団的行動を規制する諸制度が全般的に分解していく過程を指している。

　否定的な社会行動の増加率は，社会的な禁止命令の体系が効力を失って，社会的紐帯が弛緩したことの徴候である。こうして社会解体が進むと，こんどは社会の機能に構造的障害が現れてくる。

　「社会解体」の用語のもとに包含される諸現象は，さまざまに分類されうる。「反逆」「逸脱」「非行」などの行動，すなわち一般に受容されている社会体系に適合せず，広く受容されている根本的な社会的価値と矛盾する行動が，この

範疇に含まれる。このような行動をとる人びとに対する社会的不承認は，社会的制裁の体系（慣習的および法的に承認されている）に表現されている。その制裁の厳しさは，基本的に，破られた規範が社会のなかでどれだけ重要なものであるか，つまり，罰せられるべき行動がどれだけ現存の文化体系や法秩序に対する脅威とみなされるか，言い換えると，どの程度その行動が重要な体系的諸価値にそむいているか，そしてまたその広がりと規模がどの程度のものなのかによる。

しかし，社会的に受容された現存の規範と価値に反する個人や集団の態度と行動が，すべてこれで説明できるわけではない。社会解体の徴候は，経済的，社会的，政治的諸制度のなかにも見いだしうる。「"悪い人間"が"悪い行動"を起こすというよりも，むしろ，…一定の制度，一定の組織体が，その構造や地位と役割の配置を通して，社会的に否定的な行動を誘発し発生させる」[33]ということが，しばしばあるのだ。

法を犯した人間とか倫理的，慣習的規範をいちじるしく破った人間を処罰する体系が不備であることは，まさしく，社会病理の展開を促す制度的諸要因のひとつである。ここでいうその不備とは，逸脱行動に対する制裁が，過度に厳格だったり，十分練られていなかったり，適切さを欠いていることである。特定の集団の個々人に「逸脱者」や犯罪者の烙印を押すような社会的，とくに法的制裁は，彼らがますますそれらしい役割や行動をとっていくことを促してしまう。この現象は二次的逸脱と呼ばれるが，それをもっともよく例示しているのは，突っ張る若者[34]，とくに解体家族で育った若者たち[35]の行動である。

社会病理は，社会的に受容された価値体系に合致しない諸現象を内包する総称的な概念だとすれば，それはさまざまな個人，集団，制度の基本的行動を包含することになる。あえて包括的な問題解決を望まなければ，それはとりあえず以下のように分類することができよう。

1. 犯罪：生命（殺人）や健康に対する犯罪，微罪（窃盗，侵入盗），経済犯罪や事務犯罪や銀行犯罪など組織的・投機的犯罪。この部類には若者

(少年少女，青年男女）の犯罪も含まれる。
2．家族解体行動：家族に対する犯罪や扶養義務の放棄，青少年の徘徊と不適応，家族の分裂と孤児の増加。
3．自己破壊：アルコール依存，薬物依存，自殺やその他の形態の自己攻撃。
4．法制の機能障害（法的規制と経済的社会的ニーズとのミスマッチ，法律そのものの不備）と行政の機能障害（無能力，個別主義，私的利益の追求）による制度的な社会病理。

社会病理の経験的研究は，急激な変革期には社会解体が増大するという，（さきにあげた著書の執筆者たちが定式化した）規則性を確証してきた。社会解体論は，第2次世界大戦後の1940年代末から50年代にかけての大変革や，その半世紀後に脱社会主義諸国に体制的経済的変容をもたらした大変動という，ヨーロッパの急激な体制変革に随伴する社会的不適応の諸過程の分析によく適している。社会解体に関する代表的な全国規模の調査研究によれば[36]，社会－経済の成長（独立変数）と社会の解体（従属変数）は関連している。一方が増えれば，他方も増えるのだ。

1970年代から80年代へ移る時期を対象とした私自身の研究と分析では，経済・社会発展の，つまり多数の構成要素からなる過程の，いくつかの要素を選んでそこに焦点を当て，それを一群の指標として定義づけた。この研究からは多くの発見が得られ，社会解体に大きく関連するのは空間移動という変数であり，工業化の水準はそれとあまり関連していないことがわかった。これに対して，それぞれの指標の独自の効果の強さは，まったく目立っていない。分析した諸要素のそれぞれは，社会－経済成長という全体を構成する一要素にすぎない。これら構成要素の指標はすべて，同一のグローバルなマクロ的社会過程の機能を表示するものとみなしてよい。たとえば，一定の指標で測られる教育の機会や文化への参加は，多くの逆な社会現象と負の相関を示す。文化変数（独立変数）は逸脱（従属変数）と逆相関の関係にある。政治・経済状況が異なる数多くの場面でこの問題を追究してみても，その相関関係は一定している[37]。

マクロな経済社会の変革とそれに関連した社会意識の変容は，社会のミクロ構造の機能（または逆機能）に影響を及ぼし，当該現象間で媒介変数の地位を占める。若い世代の正常な発達と社会化を阻害する，家族というミクロ構造の解体が，ここでとくに重要な問題となる。

ここで論じている独立変数群と従属変数群の相互作用は，決して単純ではなく，また直接的でもない。私たちがいまここで扱っているのは，媒介諸変数が重要な役割を果たしている異なる現象間の，因果関係の連鎖なのだ。それらの媒介変数は，個人や集団における意識や価値体系や願望や態度の変容と変形を含んでいる[38]。これらの変化はとくに大規模な経済社会変革の時期に激化する。1970年代，80年代，90年代のポーランド社会は，（すでに論じた）アノミーと剥奪の古典的理論の有効性を立証している。

1990年代の経験は，そこにいくらかの変更を加えると，体制変革に随伴して不適応現象が起こるのは，一定のメカニズムなのだということを示している。どの脱共産主義国でもこの現象は，新しい政治秩序と社会的期待によって表明された価値と，社会の多数者における期待はずれの苛立ちとの間の，深い溝に根ざしている。1992〜1997年の間，この溝から大衆抗議やストライキが展開した。それは，労働者たちが受け入れ，勝ちとった「正常な」市場経済が，彼らのきつい労働に報いるのを拒み，彼らの職場を「取り潰して」いる状況に対して，なんの支援もないなかで現れている，認知的不協和のもうひとつの典型例の存在を示している。ユリウシュ・ガルダフスキによると，労働者たちは，「経済全体と他の企業（とくに他の産業部門や他の地域にある企業）を評価するときと，自分たちの工場を評価するときとでは，異なる基準を使っていた。彼らは，他の企業は民営化する必要があると考え，しかし同時に，自分の職場は民営化すべきでないと固く信じこんでいた」[39]。もっとも受け入れがたかったのは，従業員の生活境遇は彼ら自身の自己責任に帰せられるべきで，もはや国家によって保障されるものではない，という考え方であった。すべてのことが正常になるはずではなかったのか。西欧と同じようになるのではなかったの

か。民衆の夢や反対勢力の指導者たちの主張では、人びとが尊厳ある豊かな生活を送れるべきであった。ボヘンスキはこう述べている。「この間に、自由、ポーランド、民主主義、自立、人権、すなわち資本主義以外の崇高な諸価値については、語られることがなかった。…人びとがこの『正常』をしだいに経験するにつれて、不遇、貧困、無力の気持ち、つまり自分の自然的権利と人格的尊厳を剥ぎ取られたという気持ちが膨れ上がった」[40]。新しい政治階級を代表する人たちからすれば、ばかげた社会的に有害な諸行為が塊となって現れただけの、人の一生の間に幾度か起こるような出来事でもあった。突然に人びとは社会的な拠り所を根こそぎ失い、過去も将来の希望もなくなった。このような否応なしの悪化のメカニズムが、新しい状況への適応不能とあいまって、多くの構造の解体を促進し、社会の広範な部分で逸脱行動（自己破壊行動を含む）の増加をもたらした。

したがって、自殺率は、さまざまな社会層の反応（行動や態度）を示すだけでなく、社会変動の過程を妨害あるいは促進する多くのさまざまな要因をも明るみに出す。それゆえ、社会学の最重要課題が経済、政治、社会の諸過程の分析にあるとすれば、こんにちのポーランド社会研究者が中心的問題とすべきは、社会変動、すなわちそれが上から押し付けられ統制されたものだとしても、必然的に下からの過程を多数誘発してくるような社会変動でなければならない。大変動の時代は、「…制度、規範と様式、社会構造、動機づけ、闘争、すなわち実質的に社会生活のあらゆる要素」に影響を及ぼす[41]。そのような変動の指標のひとつである自殺は、変動過程に付加的な側光を放ち、新たな、より完全な見通しに立って体制変動を垣間見る可能性を提供してくれる。

注
(1) A. ポドグレツキ『社会生活の病理学』（ワルシャワ、1969年、142頁）。
(2) E. デュルケーム『自殺論―社会学的研究』（J. A. スポルディング・G. シムプソン訳、グレンコウ、1958年）。
(3) 「自殺・対・殺人」の節を参照。

(4) R. K. マートン『社会理論と社会構造』（ニューヨーク，1961年，186頁）。
(5) これは，アノミーについての多くの定義のひとつにすぎない（A. シエマシュコ『寛容の限界―逸脱行動の諸理論』（ワルシャワ，1993年）を参照）。
(6) R. K. マートン『社会理論と社会構造』（前出，216頁）。
(7) A. マンテリス『社会理論における現実の多様性』（ワルシャワ，1997年，53頁）。
(8) とくに，J. D. ダグラス『自殺の社会的意味』（プリンストン，1970年）；J. M. アトキンソン『自殺の発見』（ロンドン，1978年）を参照。
(9) A. シエマシュコ『寛容の限界』（前出）を参照。
(10) A. ワリツキ『S. ブジョゾフスキ―思想の方法』（ワルシャワ，1977年，313頁），また，J. シャツキ「序論　ポーランド社会学小史」（J. シャツキ編『ポーランド社会学の100年』ワルシャワ，1995年，65頁）。
(11) W. W. シュレーダー・J. A. ビーグル「自殺：農村社会の事例」（『農村社会学』1953年，第18巻），さらに J. P. ギッブズ・W. T. マーティン『地位の統合と自殺』（ユージン，オレゴン，1964年）；J. P. ギッブズ「自殺」（R. K. マートン・R. A. ニスベット編『現代の社会問題』ニューヨーク，1961年，244頁）；M. ヤロシュ「自殺とその社会的決定因」（『社会学研究』1977年，第3号）；M. ヤロシュ「農村における社会解体の社会学的・統計学的研究」（『第9回ヨーロッパ農村社会学研究会議集』コルドバ，1979年）を参照。
(12) J. P. ギッブズ・W. T. マーティン『地位の統合』（前出）；J. P. ギッブズ「犯罪学における理論構築の方法論」（R. F. マイアー編『犯罪学の理論モデル』ベヴァリー・ヒルズ，1985年）を参照。
(13) A. F. ヘンリー・J. F. ショート Jr.『自殺と殺人』（グレンコウ，1954年）を参照。
(14) B. ホウィスト「ポーランドにおける自殺の構造と動態：1962-1976年」（『犯罪・刑法・刑務所研究』1977年，第7巻，294頁）で引用されている。
(15) このことについてより詳しくは，M. ヤロシュ『自己破壊・自殺・アルコール中毒・薬物濫用』（ワルシャワ，1980年，68頁以下）を参照。
(16) A. パヴェウチンスカ『価値と暴力―アウシュヴィッツをめぐる社会学的アプローチの概要』（ワルシャワ，1995年，121頁）。また，Z. バウマン『近代とホロコースト』（イサカ，1989年）；S. クラエウスキ「文化としてのアウシュビッツ」（『ミドラシュ』1997年）を参照。
(17) 誰が最初にこの仮説を定式化したのかということを特定することはむずかしい。E. デュルケーム（『自殺論』パリ，1987年を参照）は，この考えを提示したとして，多くの研究者の名前をあげている。そこに含まれるのは，A. M. ゲリー『フランスの道徳統計に関する論考』（パリ，1893年），カゾヴィエユ『自殺，道徳的疎外，人身犯罪―それらの相互関係』（パリ，1840年）Cazauvieilh (*Du suicide de l'alienation mentale et des crime contre les personnes, compares dans leurs rapports reciproques*, Paris 1840)，E. フェルリ『殺人―自殺』（トリノ，1895年，この本は

多数の版を重ねた）である。最近の研究に関していえば、アングロ・サクソン系の多くの出版物が注目に値する。たとえば、A. F. ヘンリー・J. F. ショート Jr.『自殺と殺人』（前出）であり、また A. ポドグレツキ『社会生活の病理学』（前出）や M. ヤロシュ『自己破壊』（前出）も参照。

⑱　A. F. ヘンリー・J. F. ショート Jr.『自殺と殺人』（前出）を参照。
⑲　多くの研究者たちは、これらの違いが、攻撃性や自己攻撃性の強度に影響を与えると信じている。
⑳　この違いは、変数の値と計算方法の違いによって生じたものである（$(x-\bar{x})(y-\bar{y})$）。
㉑　社会解体、社会病理、逆機能、不統合、そして逸脱（肯定的および否定的）といった用語の区別を議論するために、これまで多くの注意が払われている。しかしながら、本書では、それらの微妙な違いを検討することが重要だとは考えない。それゆえ、私は、以上の語を互換的に使用していきたい。現在考察している現象を概念的にもっとも的確に言い表す用語は、「逸脱」であると考える。容認されている社会文化的規範から逸れること、あるいはそれに反することとして理解されるものである。言い換えるなら、「否定的な逸脱」である。
㉒　S. ノヴァク「社会規範の概念」（『道徳と社会―マリア・オソフスカ記念論集』ワルシャワ、1969年、139-141頁）を参照。
㉓　P. リビツキ『世界の社会構造』（ワルシャワ、1979年、436-437頁）。
㉔　F. ズナニエツキ「方法論の覚書」（W. I. トマス・F. ズナニエツキ『ヨーロッパとアメリカにおけるポーランド農民』ニューヨーク、1927年、第1巻）。
㉕　M. B. クリナード『逸脱行動の社会学』（ニューヨーク、1957年）を参照。
㉖　W. オグバーン『社会変動』（ニューヨーク、1922年）；M. A. エリオット・F. E. メリル『社会不統合』（ニューヨーク、1961年）；A. シエマシュコ『寛容の限界』（前出）；J. シャツキ「序論　ポーランド社会学小史」（前出）を参照。
㉗　R. E. L. フェアリス『社会解体』（ニューヨーク、1948年）。
㉘　K. ツィギエルスカ「諸理論の概観」（A. ポドグレツキ編『社会病理学論集』ワルシャワ、1976年、90頁）。
㉙　この問題についてより詳しくは、R. R. コーンハウザー『非行の社会的要因』（シカゴ―ロンドン、1978年）を参照。
㉚　さらに、J. シャツキ『社会学思想史』（ワルシャワ、1984年）；同「序論　ポーランド社会学小史」（前出）を参照。
㉛　とくに、J. クワスニエフスキ「社会病理学の存在論的位置」（A. コイデル・J. クワスニエフスキ編『自律と統制の間』ワルシャワ、1992年）；A. コッソフスカ『社会統制の機能―犯罪学的分析』（ワルシャワ、1992年）；M. ヤロシュ『社会的不平等』（ワルシャワ、1984年）
㉜　とくに、D. J. ブラック『法の行為』（ニューヨーク、1976年）を参照。

㉝　A. ポドグレツキ「組織活動の病理学」(『社会病理学論集』前出, 180頁)；M. ヤロシュ「経済犯罪要因としての企業の逆機能」(『ヨーロッパ犯罪学』1990年, 第3巻) も参照。

㉞　A. シエマシュコ『若者の逸脱行動』(ワルシャワ, 1987年)；J. クワスニエフスキ『逸脱行動の社会統制』(ワルシャワ, 1989年)；『自律と統制の間』(前出) を参照。

㉟　H. マレフスカ－ペイレ (A. フィルコフスカ－マンキエヴィッツァと協力)『少年非行—社会的経済的諸要因』(ワルシャワ, 1973年)；M. ヤロシュ『家族解体と社会解体』(ワルシャワ, 1987年) を参照。

㊱　M. ヤロシュ『家族解体の諸問題—決定要因と社会的帰結』(ワルシャワ, 1979年) を参照。

㊲　M. ヤロシュ・J. クラフチク「自殺と犯罪—その社会的徴候」(M. ヤロシュ編『地方別にみたポーランド経済の私有化』ワルシャワ, 1995年)；M. ヤロシュ・J. クラフチク「地域社会における社会解体の諸徴候」(M. ヤロシュ編『私有化における外国資本』ワルシャワ, 1996年, 所収) を参照。

㊳　A. ヤブウオフスカ・B. ゴトフスキ編『変動期における若者』(ワルシャワ, 1997年)；A. チトコフ『社会生活とストレス—ポーランドの経験』(ワルシャワ, 1993年) を参照。

㊴　J. ガルダフスキ(『限定された受容—市場と民主主義に対する労働者の態度』ワルシャワ, 1996年, 208頁) を参照。この点に関してさらに M. ヤロシュ編『従業員会社』(ワルシャワ, 1996年) も参照。

㊵　J. ボヘンスキ「Miss S の裏切り」(『選挙新聞』1992年9月5－6日)。

㊶　J. クルピンスカ「序論」(K. コネツキ・J. クルピンスカ編『経済における社会変動』ウーチ, 1994年, 7頁)。

III ポーランドにおける自殺の頻度・傾向・地域分布

　自殺は，それが社会の産物だということから，社会学の文献や社会調査研究のなかでずいぶんとりあげられている。実際，人間行動とその社会的基盤に関する一般的真理の定式化に弾みをつけたのは自殺の分析であったし，また現に，自殺は社会の統合と条件を表すもっとも重要な指標のひとつとされている。

　自己破壊行動は，その自殺者が属していた社会層の特性や，彼・彼女が暮らしていた環境と社会の型によって，大きく規定される。したがって，ポーランドにおける自殺の具体的特徴を的確に把握しようとするならば，まずはポーランドの自殺を他の国ぐにのそれと比較してみるとよい。

自殺頻度の国際比較

　ポーランドと諸外国の統計局が集めた完遂自殺の頻度に関するデータを，共通の分類基準でまとめて分析してみよう[1]。このデータは，もちろん，数量的なデータである。統計データの信頼性（表面に現れない自殺の「隠れた数字」が含まれていない）とその限界（統計には未遂で終わったものは記録されていない）に関して留保をつけねばならないとしても，この統計数字は，とくに国際比較を考えるならば，自殺現象の規模，構成，傾向を推測するうえで，もっとも信頼度の高い資料だといえる。

　過去1世紀にわたって，ほとんどすべての国で，自殺完遂者の数は，明瞭に，揺れをみせながらも持続的に増加してきた。90年代後半の時点で自殺死がもっ

とも少なかったのはアルバニアとルクセンブルクで，もっとも多かったのはロシアだった。しかし，絶対数だけではあまり実際の特徴を描けないので，人口10万人当たりの自殺者数でみると（この方がはるかに正確な観察ができる），それがもっとも高いのは42.0を記録するリトアニアで，その対極にくるのは0.7のアゼルバイジャンである。ここで40ヵ国[2]における自己破壊行動の統計数字をとりあげて，それらの国ぐにの間の自殺率の高さの類似性と相違性を観察してみよう。

表Ⅲ-1の数字から，これらの国ぐにを自殺率の高低からおおまかに3つのグループに分けることができる。

第1グループは自殺率がもっとも低い国ぐに（0.7～8.6）で，アゼルバイジャン，アルバニア，アルメニア，メキシコ，ギリシャ，イスラエル，スペイン，ウズベキスタン，トルクメニスタン，イギリス，ポルトガル，イタリアである。

第2グループは自殺率が中間的な国ぐに（10.1～18.6）で，オランダ，アメリカ，キルギスタン，ノルウェー，カナダ，ドイツ，スウェーデン，オーストラリア，ポーランド，チェコ，ブルガリア，デンマーク，日本である。

第3グループは自殺率がもっとも高い国ぐに（19.0～42.0）で，リトアニア，ロシア，ベラルーシ，エストニア，ハンガリー，ラトヴィア，スロヴェニア，ウクライナ，カザフスタン，フィンランド，クロアチア，スイス，ルクセンブルク，フランス，オーストリアである。

自殺率の国別の類似と相違について推論をめぐらすには，社会的，政治的，文化的，経済的諸変数の詳細な分析が不可欠である。上に掲げた国ぐにのグループ分けは，自殺率の大小で任意に行った形式的なものにすぎず，そこからは因果的説明は引き出しえない。

しかしたぶん，自殺をもたらす諸要因を確定するための，なんらかの仮説的な手がかりはあるはずだ。

自殺が1年のなかの季節のリズムに左右されているとか[3]，その国の気候の

III　ポーランドにおける自殺の頻度・傾向・地域分布　67

表III-1　世界諸国における完遂自殺

(1996〜1999年)

国　名	年	自殺者数	人口10万人当たり自殺者数
アルバニア	1998	165	4.4
アルメニア	1999	67	1.8
オーストラリア	1997	2,646	14.3
オーストリア	1999	1,555	19.0
アゼルバイジャン	1999	54	0.7
ベラルーシ	1999	3,408	33.5
ブルガリア	1999	1,307	15.9
クロアチア	1999	989	21.7
チェコ	1999	1,610	15.7
デンマーク	1996	892	17.0
エストニア	1999	469	33.2
フィンランド	1998	1,228	23.8
フランス	1997	11,139	19.0
ギリシャ	1998	403	3.8
スペイン	1997	3,373	8.6
オランダ	1997	1,570	10.1
イスラエル	1997	379	6.5
日本	1997	23,502	18.6
カナダ	1997	3,681	12.3
カザフスタン	1999	4,004	26.8
キルギスタン	1999	559	11.5
リトアニア	1999	1,552	42.0
ルクセンブルク	1997	81	19.2
ラトヴィア	1999	764	31.4
メキシコ	1995	2,892	3.2
ドイツ	1998	11,654	14.2
ノルウェー	1997	533	12.1
ポーランド	1999	3,967	14.9
ポルトガル	1998	556	5.6
ロシア	1998	51,770	35.3
スロヴェニア	1999	590	29.7
アメリカ	1998	30,575	11.3
スイス	1996	1,431	20.2
スウェーデン	1996	1,253	14.2
トルクメニスタン	1998	406	8.4
ウクライナ	1999	14,452	28.8
ウズベキスタン	1999	1,620	6.8
ハンガリー	1999	3,328	33.1
イギリス	1998	4,389	7.4
イタリア	1997	4,694	8.2

出所：『人口年鑑1999年』国連，2001年；『ポーランド共和国統計年鑑2001年』中央統計局，ワルシャワ。

違いで差が出てくるなどということでは，あまり問題の説明にはならない。これらの自然環境要因は自殺に関係していそうになく，あまり研究されてもいない。

　では，文化的変数，とりわけ価値論的変数についてはどうか。それは確かに自殺行動の発生を減少させたり増加させたりするといえるか。答はイエスであるが，それが自殺の促進要因のひとつであって，主要な原因ではないという限りにおいてイエスなのだ。

　自殺の決意は多数の変数が絡み合って生じてくる。本書の中心主題は，自殺は社会学的に決定されるという点にあるのだが，だからといって社会学的要因だけが自己破壊行動に関係しているというわけではない。周知のように，この分野の古典的研究では，自殺者の世界観が多かれ少なかれ自殺を運命づける要因でありうると指摘されている。自殺の原因論の研究は，宗教の影響——通常それは民族絡みであるが——に注目してきた。このアプローチは英米系の研究者たちに特徴的である。彼らは自殺行動が民族によって異なることに注目してきた。

　エミール・デュルケームはその著書『自殺論』のなかで，プロテスタントの自殺頻度はカトリックよりも高く，これに対してユダヤ人の自殺はきわめて稀だと指摘している。このパターンは極めて明瞭で安定している。しかしそれは近年かなり疑わしくなっている。第1に，ユダヤ人の場合，宗教，あるいはむしろ離散生活が，彼らの自殺の歯止めとなっていた。そのうえ，独立の欠如，虐殺，ホロコーストは，疑いもなく命の尊さの意識をさらに高めた。「彼ら」（エジプト人，十字軍，ナチス，アラブ人）の迫害にもかかわらずなんとしても生き抜いていくこと，これがおそらく自己破壊を抑止するもっとも強力な動機をなしてきた。宗教はこの動機を支えるものではあるが，もっとも重要な自殺抑止要因というわけではない。この点はいまイスラエルで自殺率があきらかに上昇している（といってもまだ低水準ではあるが）ことから，見て取れる。他のどの地域でもそうであるように，自殺数を高めているのは移民たちである。しかも驚くべきことに，自殺数をおもに高めているのはロシアからの移民では

なく，イスラエル全体のなかでもっとも厳格な正統的宗教グループのひとつをなしている，エチオピアからの新移民である。

　伝統的なポーランドのカトリック教は，疑いなく自己破壊行動の抑止要因ではあるのだが，自殺を完全に阻止しているわけではない[4]。なぜなら，ポーランドでの自殺死者比率は過去45年余に280％も上昇しているからだ。また，同じポーランド人カトリック信者でも，オーストラリア，スウェーデン，デンマーク，スイス，アメリカ，フランスなど異国に住む者の方が，母国に住む者よりもずっと多く自殺してしまうのは，どうしてか。

　他の国ぐにに関する自殺統計の分析も，やはりあいまいな結論にしか導かない。どうしてもその統計数値からは，キリスト教が自殺を有意に減らす作用をしているとはいえないのだ。それはせいぜい間接的な要因として作用するだけなのである。他の宗教においては，自殺の抑止機能があるかどうかさえ不明である[5]。

　2001年9月11日に起こって世界の注目をひいた自爆テロは，まったく別な話である。第1に，あれが集団本位的自殺だったのか，それとも（さきに論じたような）むしろ大量殺戮だったのかは，かなり疑わしい。第2に，このような自己破壊行動と宗教（イスラム教）との関連はかなり不明瞭である。これら一連の事件から窺えるのは，自爆テロの増加はいくつかの状況要因に発している（イスラエルの領土支配やアメリカの経済的軍事的支配を恥と感じて闘争を挑む，といった）という点である。

　実際には，異なる国ぐにの間の自殺率の類似や相違の根底にあるのは，宗教というよりも，むしろ性・年齢や地位や状況といった変数，とくに多様な諸要因の全体的な組み合わせから推定される変数である。

　しかし，特定の国ぐにでは，一定の諸条件と偶発状況が重なって逸脱的，自殺発生的行動に関わる状況を決定しているようにみえる。その諸条件は，全体としてみれば，いわゆる脱共産主義諸国に比較的共通しているとみられる。いま分析している情報は短期的なものであって，今後の揺れや流れがここでの特

徴を変えてしまうかもしれないことを念頭に置いた上で，これらの国ぐにを一括りにまとめることとする。

　脱共産主義諸国における人口10万人当たりの自殺死者数を『1999年国連人口統計年報』と『2001年ポーランド共和国統計年鑑』から多い順にあげると，リトアニア42.0，ロシア35.3，ベラルーシ33.5，エストニア33.2，ハンガリー33.1，ラトヴィア31.4，スロヴェニア29.7，ウクライナ28.8，カザフスタン26.8，クロアチア21.7，チェコ15.7，ポーランド14.9となる（なおフィンランドが23.8）。

　その数がもっとも多いのは脱ソヴィエト諸国（ウクライナとカザフスタンを除いて）である。少なくとも過去数十年にわたって自殺大国だったハンガリーは，ロシア，ベラルーシ，エストニアの後に続く。他方，自殺がもっとも少ない国はポーランドとチェコである。

　ハンガリーが自殺大国であることに関しては，これまでに科学的あるいはそれに近い分析が数多くなされてきたが，この現象に対して信頼できる説得力ある説明に，私はまだ出くわしていない。錯綜していてよく理解できない多くの要因が重なりあって，ハンガリーはいまなお非常に高い自殺死亡率を保っている。旧ユーゴスラヴィア諸国の数字を一見すると，そこでも比較的高い自殺率が目に留まるが，国際的に登録された統計データに載っているのはクロアチアとスロヴェニアだけなので，意味ある一般化を図るのは無理である。

　いちばん興味を引かれるのは，一方の側にロシア，リトアニア，ラトヴィア，エストニア，他方の側にチェコとポーランドがあって，両者間に自己破壊率のきわめて大きな差があることである。とくにポーランドではそれが低い。たしかにカザフスタンやウクライナやベラルーシはこの点での位置があまりはっきりしないが，しかしこれらの国ぐにもやはり自殺率が高いグループに属する。では，ロシア人は他の諸国民にくらべて自殺傾向が強いのだろうか。ソヴィエト帝国が崩壊したとき，新たな展開を始めた国ぐにのなかでロシア人の状況は劇的に悪化した。昨日までの「兄貴分」は，今日ではしばしば脱占領者，2級

Ⅲ　ポーランドにおける自殺の頻度・傾向・地域分布　71

市民として扱われている。もちろんこれは自殺の可能性を高めている。しかし，それはまだ，利用可能な統計データの枠内では証明できていないひとつの仮説にすぎない。

したがって私は，適切なデータがないために，脱ソヴィエト帝国の国ぐにの間でなぜ自己破壊行動のパターンに違いがあるのかを，分析できないもどかしさを感じる。しかし私は，なぜポーランドで相対的に自殺率が低いかの説明なら，してみることができる。

ポーランドにおけるその規定的な要因は，おそらく，第2次世界大戦後の社会主義的変革が，他の国ぐにとくらべて明らかに異なる特徴をもっていた点にある。ステファン・キシエレフスキが述べているように，「ポーランドでは，ソ連の衛星国となっても，ソヴィエト化に対する有効な防御壁としての精神的アイデンティティを維持する努力が，陰ながら続けられた。……さまざまな要因がこれに寄与した。農村的構造が存続し，それによって保ち続けられた貴族の伝統的愛国精神，カトリック教とカトリック教会の力，功利的というよりも国民的な動機に促された労働者の蜂起，体制批判的知識人グループの献身的活動，といった要因がそれである」[6]。

概してポーランドにおけるいわゆる社会主義建設は，抵抗に遭いながら緩慢にしか進まず，他の国ぐににくらべて既存の構造や価値はあまり破壊されなかった。

事実関係と歴史分析に照らして，「国民がロシア化ないしはソヴィエト化されたという見解は，根拠がない（「ソヴィエト化」という言葉を，ポーランドの伝統とポーランド的国民精神とは無縁な価値に国民が順応するという意味で使うならば）」[7]。私たちは「連帯」が果たした歴史的成果に正当な評価を与えなければならないが，「連帯」はけっして「ブラックホール」から，つまり，ひとりの占有者の手でうまく統治されている国から，突然出現したわけではない。ヘンリク・スワベクが述べているように，「ポーランド人が自分自身を自力で救い出しえたのは，取り巻く地理的条件に恵まれていること，国家がほぼ

単一民族でできていること，戦後40年間ヨーロッパで出生率がもっとも高かったこと，国民的アイデンティティが維持され補強されていたことがあったからであるが，これらをすべて過大評価するわけにはいかない」[8]。

ポーランドの工業化は，いわゆる社会主義圏の他の国ぐにとは対照的に，農業の所有構造も農業経営の既存形態も侵食しなかった[9]。それは一定の職人層も市場から払拭しなかった。またそれは，カトリック教会も教会の位階的組織も破壊しなかった（それを弱体化しようという清算的な試みが数多くなされたにもかかわらず）。ポーランドでは，全体主義的形態のスターリン主義は事実上1956年に終焉し，それゆえそれが行われた時期は脱ソ連諸国よりもはるかに短かった。ポーランドは世界に対して，他の共産主義（ないし現存社会主義）諸国よりもはるかに大きく開かれていた。とくに科学や文化の分野でそうだった。ここから，「社会主義圏の中の陽気な兵舎」[10]というポーランドの冗談めいたイメージが生まれた。

さらにまた，ポーランドは，系統性や持続性や一貫性に欠けてはいたが，比較的早く（1990年以前）から経済改革にとりかかった。その結果，脱国有化，市場経済の導入，「バルツェロヴィッチ・プラン」が，他の国ぐにの同様な変革の試みにくらべて，小さなショックで成功裏に進んだ。たしかにそれに随伴する諸現象とともに，社会的コストが深刻な問題になった（貧困化，失業，不適応，増大するフラストレーション）。しかし私見では，他の脱共産主義諸国の社会はポーランドとは根本的に異なる条件下で，はるかに大きな問題を抱えねばならなかった。少なくとも自殺という，社会の状態を知るリトマス紙から社会的コストを計るならば，そういえる[11]。

以上の諸点から，ポーランドは，最良とはいえないにせよ，旧共産圏の他の国ぐにくらべて相対的に良好な地位にあるといえる。ポーランドの自殺率は決して低いとはいえないが，旧共産圏の他の国ぐによりは低い。この結論は2000年の自殺率の分析からも，またさらに，1951年から2000年にいたる期間の自殺傾向とその動態の分析からも支持される。

警察統計によると[12]，2000年の自殺完遂者は5,841人だった。これは人口10万人当たりで15.1人の割合になる。その性別や年齢別の構成は数十年にわたってほぼ変わっていない（男性の自殺者は女性の5倍に相当し，自殺者の多数は中年層である）[13]。

ポーランドの自殺率は，自殺死亡者の世界統計のなかで中間的なランクにある（より正確にいえば中の下のランク）。しかしこの現象を静態的にではなく，傾向的，動態的にみるならば，まったく異なった特徴が浮かび上がってくる。以下，その特徴をみていく。

ポーランドにおける自殺の傾向と動態：1951〜2000年

自殺行動の頻度と社会構成のなかでのその分布を分析しようとするならば，静態的な特徴の把握をさておいて，傾向的な特徴に眼を向けねばならない。それゆえこれからは自殺の動態分析に移ることとして，過去50年間における完遂自殺の全面的な統計データを検討しなければならない。

先に示唆したように，自殺傾向を4つの側面に分けてみることができる。

1．総人口に対する自殺率の増大。
2．農村部における自殺数の急速な増加。
3．自殺全体に占める若年層の自殺率の増加。
4．自殺者の職業構成の変化。

上記の傾向のうち第1にあげた点，つまり国全体の自殺率の全般的増勢は，表Ⅲ-2にみてとれる。

この全般的な増勢は非常にはっきりと表れている。それは絶対件数にも相対件数にも映し出されている。もっとも，絶対件数は自殺を測定するのにあまり正確な尺度ではない。この点から，たとえばポーランドでの自殺数が1951年から2000年までの間に4倍も跳ね上がったなどというのは，粗っぽい短絡的ないい方である。自殺は社会構成のなかで現れる社会現象であるから，社会構成と

表Ⅲ-2　ポーランドにおける自殺完遂者

(1951〜2000年)

年	自殺件数	人口10万人当たり自殺者数
1951	1,310	5.1
1955	1,561	5.7
1960	2,374	8.0
1970	3,661	11.2
1979	4,498	12.7
1980	4,495	12.6
1981	3,261	9.0
1985	4,945	13.2
1990	4,970	13.0
1991	5,316	13.9
1995	5,499	14.2
1996	5,446	14.1
1997	5,025	13.0
1998	5,072	13.1
1999	5,778	14.9
2000	5,841	15.1

出所：中央統計局。

の関連で相対化して把握されねばならない。つまり，もしポーランドの人口が過去50年間に1,500万人近くも増えたとしたら（1951年に2,550万人だった人口は2001年には約3,900万人になった），自殺者の数もそれにともなって増えて当然である。この間に自殺は絶対数でみれば4.5倍近く増えたが，人口当たりでみれば約3倍増えただけである。その増加率は平坦ではない。自殺統計数値は50年代と60年代に急上昇し，70年代には緩やかになり，81年まで波動し，81年には35％も急落した。この急落はおそらく「連帯」に託された希望と革命的状況に起因する。人びとは生きることに意味を見出そうとして，生命を絶つかわりに，「奴ら」に対する闘いを挑んだのだ。

自殺率が81年に3分の1以上も低下したというこの驚くべき事態は，大きな社会的実験でもあり，現実に自殺が社会の統合度と条件を示すもっとも敏感な尺度であることを証明している[14]。

戒厳令下の1982年以降の時期になると、自殺率はまた急上昇した。デュルケームの自殺理論の妥当性がまたここで証明された。

1994〜97年になると、自己破壊行動は絶対数でも相対比でも安定し、やや減少気味になっている。もしこの傾向がなにか一時的な事件によって後戻りさせられることなく持続していくとすれば、ポーランドにおける自殺は西欧諸国並みに安定化していくとみられた。高度に発展した産業社会では、急発展を遂げつつある国ぐによりも、自殺傾向は安定しているという事実があったからである。ところが近年のポーランドの発展のなかで、次のような事態が起こったのだ。経済成長の鈍化に伴って失業率と貧困が増大し、人びとの間で不公平感が高まり、状況の改善への希望が失われ、結果として「変革から取り残された」人びとが増えたのである。こうした事態が全体として自殺行動の確率を高める状況症候群を作り出した。1997年以降、ポーランドでは自殺率の新たな増加がみてとれる。

自殺の地域分布：都市部と農村部

ポーランドの自殺構成の分析における重要な点のひとつは、農村と小都市での自殺数の増加である。それゆえこれから、都市部対農村部という、居住地域の違いから自殺構成を観察してみよう。

1995年時点でみると、都市部より農村部のほうがおよそ40%も自殺が多かった。ところが1951年にはこの関係はほぼ逆であった。1970年代後半になると、都市部と農村部とでは自殺統計からみるかぎり均衡してきて、1978年までには両者は自殺率の点でほぼ同じ水準にいたった（両者ともそれぞれ約50%）[15]。この間都市人口は増え、1951年には約40%だったのが1978年には60%になった。都市人口の比率がこのように高まったのに、自殺の比率は都市部と農村部ではぼ変わらなかったのである。単純化していうと、1951年には都市人口は40%で都市部の自殺の比率は50%だったが、1978年には都市人口は60%になったのに

表Ⅲ-3　都市部・農村部別にみた人口10万人当たり自殺完遂者数

(1951～2000年)

年	全体	都市部	農村部
1951	5.1	7.2	3.8
1955	5.7	7.6	4.2
1960	8.0	10.3	5.8
1970	11.2	12.4	10.0
1979	12.7	12.1	13.5
1980	12.6	12.1	13.3
1981	9.0	8.9	9.3
1985	13.2	12.8	13.8
1990	13.0	11.4	15.7
1991	13.9	12.2	16.7
1995	14.2	12.4	17.2
1996	14.1	12.2	17.2
1997	13.0	11.3	15.8
1998	13.1	11.6	15.5
1999	14.9	13.3	17.5
2000	15.1	13.9	17.1

出所：中央統計局。

自殺の比率は50％のままだった。1970年代中葉以降，都市人口における自殺が相対的に減り，農村人口におけるそれが相対的に増えてきたのだ。自殺統計上，1978年以降は農村部が優位に立ち（表Ⅲ-3），その傾向は90年代になってもっとはっきりと表れている。都市農村間の静態分析からも，時系列的な動態分析からも，この点は確認される（図Ⅲ-1）。

　国民全体で自殺率が増えていることはすでに述べたが，その増加に強く寄与しているのは農村部での自殺なのだ。2000年時点でみると，人口10万人当たりの自殺件数は，都市部では13.9であるのに対して，農村部では17.1にのぼる。国民全体における10万人当たりの自殺件数が15.1であることを考えるならば，ポーランドにおける自殺の増加に寄与しているのは都市部ではなく，農村部だという点を見過ごすわけにいかない。

　これは経験的事実であって，断片的な予備的研究から得られたものではなく，

図Ⅲ-1　都市部・農村部別にみた人口10万人当たり自殺完遂者数の変動
（1951～95年）

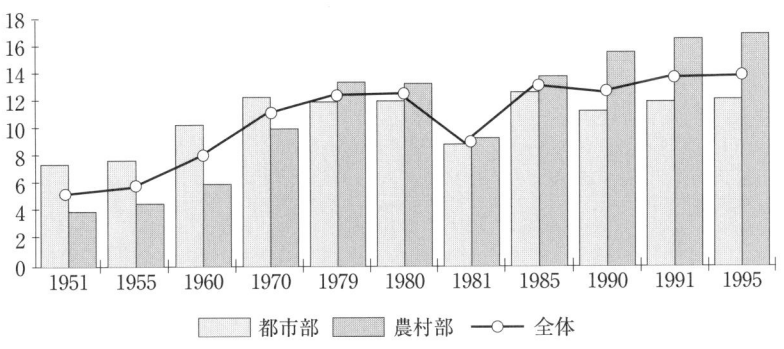

都市部　　農村部　—○— 全体

出所：中央統計局。

1951年から2000年にいたるまでの資料にもとづいた詳細な分析によって裏付けられている。しかしこの分析から浮かび上がった自殺の地域分布のパターンは，理論的にはやっかいな問題を呈しているようにみえる。つまりそれは，デュルケームの古典的自殺理論に反するのか，それとも適っているのかという問題である。この点をさらに論じていこう。

　居住地域，つまり人が帰属するコミュニティが都市部か農村部かの違いが，自殺行動の強力な規定因だとみられている。自己破壊に関する研究は，自殺は地方よりも都市で多く発生する（大都市ほど自殺率が高い）としている。このパターンは経験的な裏付けを得ており，自殺がすぐれて都市的な現象であり，都市的生活様式の否定的な産物であるという見方が，広く一般に受け入れられてさえいる。この見方は，自殺は都市に典型的な現象だという想定によく適った理論的前提から出ている。しかし真実は事実のなかにある。理論に反する事実でも，もっとも堅実に正当化された思い込みより重みがある。「研究者のなかには，すでに採用された仮説を後生大事に守ろうとする姿勢をとる人たちがいるが，そのような態度をとると否定的なデータが出てきたとき，それを無視してしまいかねない。したがって研究者は客観的な立場に立って，自分の仮説はたんに一時的なものであって万遍に検証される必要があることを，深く心に

留めておかなければならない」[16]。これがとくに当てはまるのは，新しい問題が提起され，その状況の正確な把握が有効な予防的措置の出発点となるような，診断的な社会研究においてであり，自殺はまさしくそのような問題なのだ。

　自殺率の増加に寄与しているのは都市ではない（少なくとも都市で目立っているわけではない）。このことは明白である。言い換えると，経験的データは，自己破壊はすぐれて都市的な不幸事だという主張を確証していないだけでなく，逆に農村的環境が都市的環境よりも自殺を多く発生させていることを明示している。少なくとも現代のポーランドではそうである。

　いまなお広く採用されている自殺に対する社会学的アプローチは，都市の方を強調しがちである。デュルケームのアノミー論もトーマスとズナニエッキの社会解体論も，都市社会の方が解体が進んでいること，家族近隣の紐帯が弱まっていること，（農村に比べて）社会統制のシステムが実効性を欠いていること，という点を根拠にして，都市での自殺の多さを説明している。初期の経験的研究は，統計的社会学の研究も含めて，この考えを支持した。この一般的な説明パターンに対する例外はごく稀であった。そしてその例外が主として見いだせたのは50年代のアメリカで，ミシガン州の農村部における自殺率は同州の都市部におけるそれの2倍も高かった[17]。当時この特徴的な自殺傾向に対して特別な関心が向けられた。19世紀と20世紀前半の自殺はすぐれて都市的な問題であったが，アメリカでは都市農村間のその差は縮小して，1950年頃にはほぼゼロになった。1904～1913年には人口10万人当たりの自殺率の都市対農村の比率は18対12だったが，1950年頃にはその差は非常に小さくなり，11.9対10.6になった[18]。この新しい傾向に促されて，ジャック・P・ギッブスは農村居住者の自殺数増加という予測を打ち出した[19]。

　この予測は旧ユーゴスラヴィアである程度確証され[20]，私自身の研究からはポーランドで完全に確証された[21]。しかし，農村部における自殺率のこの増加傾向は，なにか深い社会学的根拠から出てきているものなのか，それとも他の未知の撹乱要因によってもたらされているものなのか。考えられる第1の答は，

自殺発見の可能性にかかわる。周知のようにこの問題は大きな関心の的になっているが，自殺発見の可能性が高まったという事実が自殺率の都市農村間の差を変えてきたことを証明するものは，何もない。第2の仮説は，都市では農村よりも医師の水準が高く医療サービスも整っているから，自殺企図者が手当てを受けて助かる見込みが大きい，という点にある。しかし，もっとも多くとられている自己破壊の方法が首吊りだということを考えるならば[22]，自殺者の救助や救済の多寡を前提とする説明は現実的でない。この仮説もまた放棄せざるをえない。統計上の誤算のせいにするのも，きわめて無理がある。私たちが出した結論は，ポーランドの全国サンプル（5,000以上の事例）の徹底した統計分析にもとづいているからだ。もちろん，考えうる解釈の全域がすべて検討されつくしたわけではない。しかし，私たちはあらかじめ十分な注意を払ってもなお，都市農村間の自殺率の縮小が社会学的に説明されうると主張できるだけの，強固な根拠をもっている。この結論の実証的根拠はすでに示した。社会学的観点からすれば，この点はおそらくそれほど論議を必要としない。私たちの主張は，社会学的な自殺理論に異を唱えるものではなく，むしろそれを実際に強化するものである。私たちの結論は，以前のパターンが新たな特殊的条件の下で具体化されているとみるからである。かつて都市で自殺行動の増加をもたらしていた一連の要因が，一定の変容を経て現在の農村社会に再現しているのだ。すなわち家族，近隣関係，地域社会の紐帯の弱体化，それにともなう孤立感と孤独感の増大と社会崩壊過程の進行である。言い換えると，社会学の古典が指摘した逸脱の源は，いまなお変わっていないのである。

　一般的にいって，私たちがいま眼にしているのは，不断に起きる不適応，社会的フラストレーション，逸脱行動（自殺行動も含めて）をともなった，劇的変動の事例である（これらの事象がもっとも顕著に表れたのは大変革の始まりに続く最初の数年であった）。言い換えると，私たちがこんにち農村で目撃しているのは，かつて都市で自殺を増大させていた要因と，まさしく同一のものにほかならない。

歴史的にみると，この基底にある状況症候群はポーランドで2度現れた。1度目は大戦後の体制変革期で，2度目は「連帯」の出現，円卓会議，そしてバルツェロヴィッチが始めた経済改革の時期である。

　1度目の大変革は，急速な国有化，工業化，都市化，そして人口の地域移動を意味する。この移動は第2次世界大戦後における国境線の変更によってもたらされたが，原因はそれだけではない。地域移動はまた，工業化，とくにその初期段階とも非常に強く関係していた。戦後ポーランドにおいて地域移動がいかに大きく進んだかは，その数字によく表れている。1951～1976年の間に2,800万人以上もの人びとが居住地を移したのである(23)。これを平均すると年間110万人が動いたことになる。

　1950年代と60年代における地域移動全体の約3分の1は農村部から都市部への移動で，4分の1がその逆方向，つまり都市部から農村部への移動だった。1970年頃になるとこの差はほぼ均されて（30％の水準で），その後は地域移動の比率はしだいに低下し，90年代になると西欧諸国よりもむしろ低くなった。これは失業の地域分布に好ましくない結果をもたらした(24)。

　地域移動は逸脱行動のよく知られた伝統的な（おそらく些細な）促進要因である(25)。逸脱行動に対する地域移動の影響をつぶさにみるならば，これら2つの要因間に関係がありそうだということが，理論的にも裏付けられよう。地域移動は地域社会への適応のむずかしさ，地域社会での統合の弱さ，そして結果的に新来者の孤立感という意味を含んでいる。そして実際，ポーランドでも世界中のどの国でも，自殺数は移動（とくに地域移動）と相関しているという研究結果が出されている。アメリカでは，移民や州間の移動者の自殺率は，同一地域に永住している者よりも高い。自殺率は社会階級間の移動の多さに比例して高くなる。この点は農村部の自殺者構成によく表れている。1982年まで，つまり戦後変革の全期間において，農村部の自殺の多さに決定的に寄与していたのは土着の農民ではなくて，地域社会とふだんあまりつながりをもたない移住者であった(26)。これは社会学理論に適っており，この人たちは自己破壊を含め

て逸脱行動への「宿命」を大きく負っていたのだ。

　他方，90年代に起きたポーランドでの2度目の大変革は，政治的，経済的，社会的再構築の独特な過程をともなって進んだが，同時にそれは農村での自殺を増加させた。この時期には移動労働者ばかりでなく（この時期の農村の自殺はおもに彼らによるものではなくなっていた），閉鎖された国営農場の従業員，つまり新たな職業的役割に対してなんら用意もなかった社会的敗者が自殺に走ったのである。このような人びとが貧困に打ちひしがれ，逸脱し，自己破壊に傾いたのは，よく理解できる。しかし，なぜ「土着」の農民や畜産家の自殺率が上がったのかは，よく理解できない[27]。だがここでまた社会学理論が助け舟を出してくれる。（採算の悪い巨大国営企業の従業員は別として）ほかにどんな社会階層が，突如否応なしに市場経済の規則，かつて慣れ親しんでいたものより不利で曖昧で見通しの立たない規則の下に，放り出されただろうか。

　農村に住んでいるか都市に住んでいるかで，すべてが説明できるわけではない。経験的社会調査研究によれば，問題なのは居住地域が都市か農村かということだけではなく，その規模の大小も重要なのだ。自殺死は概して，たんに「町」でというよりも，「巨大都市」のなかで起きていると想定されよう[28]。

　ところが，私自身の分析によれば，巨大都市の自殺率はしだいに低下してきたのに，小都市ではむしろ確実に増えてきた。

　90年代にはこの過程がもっとはっきりした形をとるようになった。小都市と大都市をくらべると，自殺は小都市でのほうが頻繁に起きるようになったのだ。

　表Ⅲ-4から，自己破壊行動が中小都市で増え，大都市や巨大都市で減る傾向が，明瞭にみてとれる。

　もっと厳密に観察するために人口10万人当たりの自殺率をみるならば，この関係はさらにはっきりとわかる（表Ⅲ-5参照）。

　完遂自殺の比率は，居住地域の規模に反比例している。村落でもっとも高く，小都市でそれよりもやや低く，中小都市ではもっと低く，大都市，とりわけ人口20万以上の巨大都市ではもっとも低い。

表Ⅲ-4　地域人口規模別にみた自殺完遂者数

(1990～2000年)

年	村落	小都市 (人口1万人未満)	中都市 (人口1万人以上 5万人未満)	大都市 (人口5万人以上)	巨大都市 (人口20万人以上)	不明
1990	1,495	242	603	1,369	705	5
1991	1,661	282	704	1,502	764	10
1992	2,156	295	992	2,000	1,018	10
1993	2,277	363	958	1,962	1,030	9
1994	2,340	345	934	1,915	972	4
1995	2,405	328	897	1,846	1,022	9
1996	2,317	315	889	1,801	937	12
1997	2,371	320	979	1,930	1,042	14
1998	2,298	349	945	1,900	968	10
1999	2,068	294	881	1,444	721	8
2000	2,133	336	861	1,605	778	12
2001	2,130	313	849	1,666	761	13

出所：警察本部と中央統計局の統計記録。

表Ⅲ-5　地域人口規模別にみた人口10万人当たり自殺完遂者数

(2000～2001年)

年	全体	村落	小都市 (人口1万人未満)	中都市 (人口1万人以上 5万人未満)	大都市 (人口5万人以上)	巨大都市 (人口20万人以上)
2000	12.8	14.5	14.0	12.5	10.8	9.2
2001	12.9	14.4	13.4	12.3	11.3	9.1

出所：警察本部と中央統計局の統計記録。

　この事実を解釈するには，多くの異なった糸を手繰り寄せなければならない。第1に，自殺の頻度が都市部から農村部に移ってきたことに関して，以前に分析した一連の仮説に立ち返ってみる必要がある。居住地域の規模は付加的な媒介変数として作用しているかもしれないのだ。第2に，自己破壊行動は，多数の異なった諸要因が相互に絡み合って引き起こされるということを，思い出す必要がある。つまり，地域という要因は，個人属性要因や自殺者のパーソナリティ要因（抵抗力の弱さ，まだ溶け込めていない新しい環境への適応能力の低

さ，等々）と絡み合あっているのだ[29]。

　しかしひとつの個別要因については別途とりあげて述べておく必要がある。それは失業である。失業は「大多数のポーランド人にとってまったく新しい経験である。なぜなら戦前の失業を自分自身の経験や周囲の見聞から知っているのは，いまでは高齢者だけだからだ」[30]。90年代に失業がかなり多発したのは，農村や小都市であった。国営農場や町で唯一の大規模工場が閉鎖されると，多数の人びとがしばしば貧困の奈落に突き落とされた。都市の規模が大きいところでは，新しい仕事を見つけられる機会が多かった。大都市には「内職」の機会もあったし，ほかの人たちとともに状況に適応していきやすかった。そこにはいつも逃げ道がある（それを経験が教えてくれる）。最悪の自殺発生要因は，仕事の欠如そのものではなく，職を失うことへの予想である[31]。

　もうひとつの別な問題に私はここで触れておきたい。それは上昇移動の過程である。その頻度と方向は自殺行動の構成，とくに若年層の自殺行動への傾向に関係している。

　いまここで私が述べているのは，経済的社会的不平等のために異なる環境から抜け出る機会が閉ざされている点（とくに若年者の場合）についてである。この問題はけっして2度目の社会的大変革に限られたことではない。

　戦後の社会主義的工業化は，政治的，経済的，社会的に多くの欠陥があったけれども，少なくともひとつの疑いえない長所をもっていた。誰もが教育を受ける機会を得て，少なくとも一部の若年世代には上昇移動の道が開かれたのだ。非識字者が一掃されると[32]，階級や階層による差異は目立たなくなった（これを示すのは，社会的出自にかかわりなく初等教育よりも高い学歴水準をもつ者の比率が向上したことである）。しかしそれは社会主義的工業化の第1期に関してのみいえることであって，60年代中葉以降は社会構造がまたふたたび閉鎖的になりだした。たとえば親の地位の継承にみられる社会構造の新しい固定化傾向が，進みだしたのである。

　金銭，権力，威信をもたらす社会的地位が変化するたびに，人びとの行動を

かたどる強力な情念が沸き起こってくる。望んだ地位を達成できないと，憤慨や欲求不満が生じてくる。望みが高ければ高いほど，それが強くなる。社会政策・教育政策の目標である機会の平等が，ますます幻影になってきて，これが若者たちのなかに失望を育み，その失望はスローガンと現実とのずれが大きくなればなるほど，広がり深まった[33]。これが多くの社会的な態度と行動，つまり一方では望ましい変化を焦る革命的行動，他方では逸脱へと走る（自己破壊を含めて）行動への，道を敷いた。

　1990年代における経済的社会的不平等の進行は，当然ながらこの不適応過程を抑止することはできなかった（経験的調査結果はむしろ不適応の増加を示している）。しかし時がたつにつれて，人びとは，経済的に効率がよく，しかも誰もが受け入れうるシステム内の新しい透明なゲームのルールに馴染むようになり，それとともに失意と究極の終末，すなわち生からの引退は，少なくともそれ以前よりは深刻でなくなった。とりわけ，ゲームの新ルールに容易に適応する若年世代がそうである。ところが90年代も末に近づくと，自殺者構成の「若返り」とでも呼べるような傾向が観察されるようになった。ちなみにこれと同じ傾向が他の多くの国ぐにでもみられ，現代世界最大の社会的ジレンマのひとつとしての様相を呈している（この点については次章で詳しく分析する）。

自殺の地域的偏差

　社会変革は経済的には疑いなく利点をもたらしたが，同時に社会構造，家族役割，位階序列を切り崩し，多くの職業の地位と威信を低下させた（労働市場の状況を反映して）。

　先に分析した自殺率の都市から地方への変化は，主として社会変革の初期段階に起こったといえる。しかし自殺率を県単位で比較すると，自殺者構成の違いがじつにはっきりとみてとれる。

　一般に，各県の自殺者総数と県内の都市／農村比率からみると，県と県の間

には明らかな差がみられる。1996年時点でみると、自殺率がもっとも低かったのはジェシュフ県の8.6（都市6.4，農村10.2）で、もっとも高かったのはザーモシチ県の22.4（都市20.1，農村23.4）だった。

農村部で自殺率がもっとも低かったのはワルシャワ県（5.4）で、これに近い自殺率が記録されたのはカトヴィッツェ県（8.0）とルブリン県（9.7）だった。都市部でそれがもっとも高かったのはザーモシチ県（20.1）で、それよりやや低かったのはスウプスク県（19.5），シチェチン県（18.9），シエドルツェ県（18.6）だった。農村部で自殺率がもっとも高かったのは、ヘウム県（25.7），ザーモシチ県（23.4），シチェチン県（22.9），ゴジュフ県（21.7），ウオムジャ県（21.0），シエドルツェ県（21.0）である。

これらの数値は一定のパターンを示しているといえる。ごくわずかな例外を除いて、都市部の自殺率は農村部よりも明らかに低い。これが逆になっているのは、都市といっても中小規模のものしかない小さな県だけである。所与の県内で自殺率に差異をもたらしているひとつの共通要因を指摘するのはむずかしい。しかしひとつはっきりしていることがある。すなわち、自殺率がとくに高いのは、社会問題・生活問題が非常に深刻な地域、とりわけ労働市場の状況が厳しく、あるいは地域発展の見通しが立たないような地域である。このような地域は自殺がもっとも発生しがちである（ちなみにそのような地域における1996年の自殺率は19.7〜23.8だった）[34]。ザーモシチ県，シチェチン県，シエドルツェ県，スウプスク県，ビアウィストック県がこれにあたる。これらの県にはひとつの支配的な共通点がある。すなわち、これらの県には、適切な資料がないためその特性を正確に言い当てることはできないが、ひとつの自殺発生の状況要因群がみられるのだ。

ザーモシチ県の重要な要因は、そこが農業地域だということである。そこでは銀行からの貸付がなく、野菜，ビート，果物，たばこ，ホップなどの生産に対する需要もないため、農業はリスクを負っている。

シチェチン県には、「対ドイツ」脅威感や見通しの欠如などによる不安感と

いう，伝統的な「国境沿い症候群」がある。

シエドルツェ県とオストロウェンカ県は社会構成のなかで貧農が圧倒的に多い。彼らはかつてワルシャワ首都圏に仕事の場があったが，今では失業している。その結果，農業人口の過剰化，貧困，失業の多発という事態が生じている。

さきに述べたように，スウプスク県は失業率が全国でいちばん高く，失業が攻撃的および自己攻撃的行動への非常に強力な刺激剤となっている。スウプスク県はかつて国営農場が非常に多かった地域にある。その国営農場が突然閉鎖になったとき，自殺率が急上昇した[35]。

ヘウム県は人口構成上の特徴はないが，住民の高齢化が進み，経済は混乱状態にあって投資がひどく低迷し，希望をもてない状況にある。ここはいわゆる「東部地帯症候群」のもっとも典型的な特徴をそなえている。

これらの対極に自殺率がもっとも低い県がある。その率が8.6から9.6の範囲にある地域で，カトヴィッツェ，グタニスク，ポズナニ，ヴロツワフ，ワルシャワがそれである。これらの県には（いずれも大都市だということのほかに）2つの共通点がある。経済活動が活発であることと，地元権威筋に対する強い社会的圧力（主として労働組合による）が存在することである。

この状況は相対的に強い安定感と地域への一体感をもたらし，その結果自己破壊行動へのリスクは低くなっている[36]。

以前になされた現地調査をふまえてこの問題をもっと深く分析すれば，ここでの検討をかなり充実したものにできるだろうが，当面はそのような分析を可能にするだけの信頼できる情報が不十分である。それゆえここでは，自殺率が全国平均から明らかに隔たった地域における，自殺発生状況のもっとも特徴的な点を指摘するだけにとどまらざるをえない。

注

(1) ポーランドの自殺統計は1951年以来，国際分類基準（現行）に沿って記録されている。

⑵　該当する統計を公表している国ぐにをとりあげた。
⑶　B. ホウィスト『自殺―偶然か必然か』（ワルシャワ，1983年）と M. ヤロシュ「ポーランドにおける自殺」（『東西比較研究評論』パリ，1978年，第 4 号）を参照。
⑷　K. ダルチェフスカ「ポーランド人の社会意識における宗教と育児」（『宗教学評論』1994年，第 3 号）を参照。
⑸　J. J. スモリチ「ヨーロ＝モスリム的パースペクティヴからみた国民・国家・少数民族」（A. カプチアク・L. コルポロヴィッチ・A. ティシュカ編『文化間コミュニケーション―接近と印象』ワルシャワ，1995年）を参照。
⑹　S. キシエレフスキ『無検閲』（ワルシャワ，1983年，164頁）。
⑺　H. スワベク『1944年–1989年の間の自伝に表れた知識人の自画像』（ワルシャワ，1987年，198頁）。
⑻　スワベク（前出，200-201頁）。
⑼　国営農場と少数の生産協同組合を入れても，この状態は変わらなかった。
⑽　ブラト・オクヂャヴァに帰せられるこのジョークは，当時ヨーロッパでもっともよく知られ語られたジョークのひとつだった。
⑾　付言すると，現存の社会主義政治体制を維持したまま市場経済を導入している国ぐにで自殺率が高まっている（この事実は国際統計にはほとんど出ていないが）。たとえば，1997年，自殺の急増に直面してヴェトナム政府は国立社会人文科学センターの社会学研究所（ハノイ）に研究費を出して，この問題の研究を委託した。
⑿　中央統計局の統計データはまだ使えないので，私の分析では警察統計の最新データ（2000年）を使うことにする。職業に関する90年代のデータ（Ⅴ章参照）も警察統計に拠っている。中央統計局は80年代末に職業関連のデータを載せなくなったからである。
⒀　Ⅳ章を参照。
⒁　さらに詳しくはⅤ章で述べる。
⒂　M. ヤロシュ『自己破壊・自殺・アルコール中毒・薬物濫用』（ワルシャワ，1980年，149頁）。
⒃　S. ジエムスキ『優れた診断に関する諸問題』（ワルシャワ，1973年，224頁）。
⒄　この点に関するより詳しい情報は，P. センズベリ・B. バラクラフ『自殺率の格差』（ロンドン，1968年）と W. ブリード「白人男性における職業移動と自殺」（『アメリカ社会学評論』1963年，28頁）をみよ。また，J. J. ギップス・W. T. マーチン『地位統合と自殺』（オレゴン，1964年）も参照。
⒅　W. W. シュレーダー・J. A. ビーグル「自殺―農村におけるその高率の実例」（『農村社会学』1953年）およびギップス・マーチン（前出）を参照。
⒆　J. P. ギップス「自殺」（R. K. マートン・R. A. ニスベット編『現代の社会問題』ニューヨーク，1961年，244頁）を参照。
⒇　J. スパヂエル-ジニッチ『ヴォイヴォヂナにおける自殺』（ベオグラード，1966

⑳　年）を参照。
㉑　私は最初にこれらの発見を公刊したのは70年代末から80年代初頭の時期である。M. ヤロシュ「農村における社会解体の社会学的・統計学的研究」（『第9回ヨーロッパ農村社会学研究会議報告集』コルドバ，1979年），「逸脱行動の環境要因」（『現代の農村』1981年，第1号），『自己破壊』（前出）を参照。
㉒　自殺の約80％は過去も現在も首吊りによるものである（性別によって10％強のずれがあるが）。
㉓　これらの数字は移動者の数には照応していない。ひとりが幾度も移動している可能性があるからである。
㉔　理論的には，雇用のタイプによって地域労働移動の適切な経済的社会的機構ができていれば，危険度がもっとも高い地方での自殺を減少させることができよう。
㉕　ポーランド語による次の諸文献を参照。A. ポドグレツキ『社会生活の病理学』（ワルシャワ，1969年）；M. ヤロシュ編『社会病理学の諸問題』（ワルシャワ，1975年）；M. ヤロシュ『自己破壊』（前出）；M. ヤロシュ『家族解体の諸問題——決定要因と社会的帰結』（前出）；A. ポドグレツキ編『社会病理学の諸問題』（ワルシャワ，1976年）；J. ヤシンスキ編『ポーランドにおける社会的不適応と犯罪の諸問題』（ワルシャワ，1978年）；M. コザク・M. マルチェフスキ「社会発展と犯罪率の関係」（A. ラタイチャク編『ヴィエルコポルスカ地方における生命と健康に対する犯罪』ポズナン，1986年）；A. コイデル・J. クワシニエフスキ編『自律と統制の間』（ワルシャワ，1992年）；A. シエマシュコ『寛容の限界——逸脱行動の諸理論』（ワルシャワ，1993年）。
㉖　Ⅴ章参照。
㉗　この点についてもっと詳しくはⅤ章を参照。
㉘　実際，この問題を研究してきた人たちはみなこの見解を抱いている。
㉙　Ⅰ章およびⅡ章を参照。
㉚　I. レシュケ『ポーランドにおける自殺者のステレオタイプと自殺に関する意見』（ワルシャワ，1995年，136頁）。
㉛　この点に関してより詳しくは，M. ヤロシュ・J. クラフチク「社会病理の諸現象」（M. ヤロシュ編『経済の私有化——地域からのアプローチ』ワルシャワ，1995年）；M. ヤロシュ・J. クラフチク「地域社会における社会解体の諸徴候」（M. ヤロシュ編『民営化における外国資本』ワルシャワ，1996年）。
㉜　非識字者率は1932年時点で22.6％（男性17.7％，女性27.1％）だった（国勢調査に拠る）。
㉝　この点に関してさらに詳しくは，M. ヤロシュ『社会的不平等』（ワルシャワ，1984年）；M. ヤロシュ『若者生活の諸障壁』（ワルシャワ，1986年）；M. ヤロシュ『家族解体と社会解体』（ワルシャワ，1987年）をみよ。
㉞　これらの郡の自殺率は相対的に安定している（増加傾向にはあるが）。

⑶5 経済変革による影響の諸形態については，とくにW. ヤクービク編『経済変革の回顧』（ワルシャワ，1997年）をみよ。
⑶6 W. ワゴジンスキ「社会経済変革下における自殺の地域偏差について」（『統計情報』1997年，第9号）を参照。

Ⅳ　自殺者の年齢別・性別・既未婚別特徴

　自殺者の典型は，性別でいえば男性，年齢でいえば40歳代，居住地でいえば村落や小都市の居住者，職業でいえばブルーカラー労働者か失業者，婚姻上の地位でいえば最近配偶者と死別または離別した人たちである。

　ところが世間では，自殺者の典型は若年者や子どもであるかのように報じられている。1997年4月には，教師に根拠なく叱られて自殺した10代の少年の話が，ラジオやテレビや新聞で報じられた。

　1996年には数人の子どもの自殺（うち1人は死亡，他は救助された）の話に世間はショックを受けた。この子どもたちは，母親の死のあとまもなく，貧しくて親としての義務を果たせそうもない失業中の父親の負担を軽減する最良の道として，自殺を選んだという。

　私自身，過重な責任に堪えられなくなって自ら命を絶った15歳の少女の事件に，ひどく心を揺さぶられたことがあるのを覚えている。彼女の学級担任の教員の話だと，この年端もいかない女の子は，独りで2人の小さな妹たちの面倒をみていた（父親が獄中にあり，母親は飲んだくれで売春をしていた）。この教員によると，彼女は「類稀ないい性格をもった子で，よくもあんな泥沼にこんな美しい花が咲いたものだと，不思議がられていた。……あの子はほんとうに辛抱強かった……が，それだけでは生き続けられなかった。」そして「残りの子どもたちを助けだし，彼らに過重な責任負担をかけることなく，……あまりに重い役割からこの年端のいかない子どもたちを自由にしてやる」ためには，少なくとも何かがなされねばならないという[1]。

この見解は，（それを確証するのは困難だが）世評が形作られていくメカニズムをよく示している。つまり，世間の人びとは，毎年自分の手で命を断っている数千の人たちの客観的な統計よりも，1人の自殺ドラマのほうに強く印象付けられるのだ。

客観的な統計をみると，成人や高齢者にくらべて，青少年の自殺者はずっと少ない。自殺者の分布を純統計的に分析してみると，14歳から16歳までの若者の自殺はきわめて稀であることがわかる。その確率は100分の1である。もちろん，だからといってこの数値を軽くみてはいけない。あとで若者の自殺を詳しく分析するが，まずは若年者の間での自殺未遂の問題を論じておきたい。

若年者の自殺企図

私はこれまで，自殺の企てを，それ自体別途に扱うべき独自の問題としては，とりあげてこなかった。すでに述べたように，それの発見の度合も企図者の社会人口構成も異なる行動を，一緒くたに扱ってはいけない。さらに，未遂を企図した自殺と完遂目的の自殺とがまったく異なる動機（前者は周囲とつながりをもちたいという願望から，後者は周囲との関係をすっかり断ちたいという願望から）によって引き起こされることを考えるならば，両者を一緒くたにして分析してしまうと，現実的，経験的な実体を歪めて描いてしまう危険がある。

ここで自殺企図を論ずるに当たって，私はあえて，「行為者が直接あるいは間接に自らに課したあらゆる場合の死」[2]というデュルケームの自殺定義をふまえながら，自己破壊行動の多様性に言及する。それには多くの重要な理由がある。理由のひとつは，自殺企図と自殺完遂は多くの共通点をもち密接に関連しあっているのに，従来の調査方針はたいていこの事実を無視し，この2つのタイプの行動の間に存在あるいは共存する差異にもっぱら眼を向けてきたことにある。

おそらくこの2つの現象に共通する基本な点は，あらゆる自己破壊行動は社

会の産物だという，社会決定論にある。自殺行為が行為者の死にいたるかいたらないか，行為者のもともとの意図が何であるのか，ということにかかわりなく，自殺は社会的不適応と社会的孤立の表れである。通例，自己破壊行動は，家族や職場や社会からの疎外の表れであって，それは本人が望む特定の社会的役割への道が塞がれているときに現出する[3]。人間が社会に存在するということは，他の人たちと協同関係にあることを意味するが，もし他の人たちとの社会的，情感的な結びつきがほぐれてしまったら，人格の発達は危うくなり，極端な場合には生物として存在することもむずかしくなり，あるいは不可能にさえなる。研究結果によれば[4]，自殺者は他者と協力したり，接触を作ったり，助け合いや友人関係をもつのがきわめて下手な人たちである。さらに，このように適切な社会関係を欠き社会的疎外のなかに置かれていると，状況的な自殺発生症候群が形成されてくる。この症候群のなかで，あきらめや引きこもりや自己破壊が優勢になって，生きる努力の防壁を乗り越えてしまうような強力な傾向が支配的となる。場合によってはこの傾向は持続的で，蓄積されていき，自殺企図の反復となって表われる。ブルノン・ホウィストは次のように述べている。「自殺は1回きりの悲劇的自己絶滅ではなく，一連の，ときには長年にわたる，思念と行為の相互作用のなかで起こる。それゆえここに『自殺行動』という用語を導入する。その用語の意味するところは，自殺は，予期され願望された事態として，すなわち目標として，人の意識にのぼったときに引き起こされる一連の反応なのであり，……この願望は最初の自殺企図，すなわち，終局的目標を自らの絶命とする一連の行動の，最初の試みを引き起こす。一連の自殺行動のこの段階のことが，一般に自殺企図と呼ばれている。死で終わる自殺行為は自殺行動の最終段階であり，完遂自殺と呼ばれる」[5]。

　企図で始まる行為を一方の極に置き，死で終わる行為を他方の極に置いて，自殺行動を一種の連続体として定義するこの立場は，必ずしも皆から支持されているわけではない。しかしこの定義はあきらかに数多くの自殺事例にあてはまる。それは経験的調査研究からの発見[6]や，自殺による死者の2人に1人は

過去に自殺企図をしているという多くの資料からの情報で，証明されているからである。その企図は，死のうという一貫した意図の表れだったのか，それとも当初は死のうなどとは思っていなかったのか。それはわからない。しかし，いずれにせよ，これは社会的不適応の兆候なのだから，真剣に考察するに値する。若年者ほどその数が多いとなれば，問題はそれだけ深刻なのだ。

　自殺企図がどれだけ起きているかは，わからない。先に述べたように，医療記録も警察記録も，この点に関する信頼できる情報を欠いているからである。利用可能な統計資料に出ているのは，未遂に終わった自殺企図のわずかな断片的情報だけであり，その数字は完遂された自殺よりもずっと少ない。しかし現実の比率はその逆である。自殺ホットラインの創設者エハド・ヴァラッチの推定によると，死に至らないで終わった自己攻撃行為のうち，記録されているのはわずかに約4分の1だという[7]。ヤツェク・ヴチウルカは，ポズナニの救急サービスで集められた情報から，自殺企図のうち完遂されたのは10分の1だと述べている[8]。自殺完遂の自殺企図に対する実際の割合は，おそらく1対10である（WHOの推定では1対15である）。

　少年少女の自殺は殊に危険である。ポーランドでもその他の大多数の国ぐにでも，自己攻撃的傾向が高まっており，それがますます低年齢化してきている。しかも，この年齢層において自殺企図が未遂に終わるのは，死そのものを目的にしているわけではないからだけでなく，成人に比べて自殺の仕方に馴れていないからである。若年者が実際に自殺をしようとするとき，その自己攻撃行動は，どうやれば死ねるかに関する，その人の経験や知識に沿っている。若年者が自殺を遂げることができるかどうかは，とくに薬物を使用する場合にみてとれる。使用量が少なすぎたり，調合が間違ったりすると，期待通りあるいは意図通りには死ねず，せいぜい中毒になるだけだろう。もっと年齢を重ね，「人間的で納得のいく」人生を送れる希望をまったく失うと，自殺志願者はもっとも効果的に死ねる方法に頼るようになる。これは本書で集めたデータからもみてとれる。

若者の自殺はますます大きな問題となっており，社会政策にかかわる人びとの大きな関心事となってきている。これはポーランドだけの問題ではなく，1990年代には世界中の新聞雑誌，ラジオ，テレビで，絶えず取り上げられてきた問題である。

若者の自殺行為に関する私たちの分析は，数千人の少年少女を対象とした調査のデータ（70年代中葉に収集[9]）に拠っている。このデータは，機能障害家族の子どもたち[10]と，一般家庭の生徒たちから無作為で抽出したサンプルとを対象にして，複合指標によって収集された。つまりこのデータは2つの異なるグループを含んでおり，したがって私たちはそれらが比較可能であるかどうかを判断しておかなければならない。私としては，「正常」な在学生徒のグループを機能障害家族の少年少女に対する準統制集団として扱うならば，このような分析は可能であるし正当であると考える。もちろん，そこでできる比較分析は，2つのグループにみられる自殺行動の構成，頻度，傾向の比較といった程度の，ごく粗いものでしかありえないが[11]。

ひとつの重要な点は，若い自殺者の社会的出自からの分析である。

少年少女はまだ職業に就いていないと考えられるから，社会構成のなかにおける彼・彼女の位置は親の社会的職業的地位によって規定される。経験的調査データからみて，はたして自己破壊行動は社会的文化的に規定されているといえるか。出自の違いによって少年少女の自殺に差異がみられるだろうか。

私たちの分析結果からすると，これら2つの問いに対する答は，イエスである。社会的出自による自殺傾向の違いが，統計的に有意で社会的に重要な差から，はっきりとみとめられる。親の社会的地位が，子どもの自殺行動の頻度と有意に相関しているのである。

自殺行動の頻度は社会的職業的階層によって異なる。自殺者の社会的職業的構成をみると，多かれ少なかれ自殺が発生しやすい職業階層が存在する[12]。労働者階級出自の子どもたち，とくに不熟練労働者の子どもたちは自殺企図の割合がもっとも大きく，これに対して農民出自の子どもたちはそれがもっとも小

さい。専門職出自の子どもたちのそれは，調査対象者全体の平均値とほぼ同水準である。労働者階級出自の子どもたちの自殺率は，ポーランド人就業者の職業構成のなかで労働者階級が占める割合とくらべて数倍も高く，逆に農民出自の子どもたちの自殺率が低いのは，農民層がポーランド人就業者一般のなかに占める割合が小さいことと対応している[13]。

このような観察はいわゆる「正常」な家族の少年少女についてであるが，解体家族出の少年少女のデータをみると，労働者階級の父母をもつ子どもたちのなかにとくにそのような者が多いこと，そしてその自殺がサンプル全体の80%に上っていることがわかる。ここでいう解体家族とは，離婚や別居によってアル中や家庭内犯罪など，少なくとも一方の親が病理行動をとっているような家族を指す。1975年に「家族崩壊の社会的帰結」という研究プロジェクトのなかで，そのような家族の全国サンプル調査が実施された。その大多数は労働者階級の家族だった（全サンプルの3分の2以上）。したがって，このサンプルのなかで労働者階級の子どもたちの自殺率が高く観察されても，それを一般化してしまうのは正しくない。より深い考察を必要とするのは，機能障害をもつ労働者家族の人びとのなかに逸脱行動（自己攻撃行動を含めて）がより頻繁に起きているという点である。

第1の人口変数，つまり性別でみると，自殺企図の男女差は，正常家族でも解体家族でも同様に見出せる。自殺を企図した生徒学生の男女比は，全国サンプルの正常家族では約1対3で女子のほうが多く，機能障害家族でもそれは1対1.5でやはり女子のほうが多い。他の調査結果をみても男子より女子のほうがその頻度が高いことが示されており，これは明らかにより一般的な傾向を反映している[14]。しかしこの男女比は，完遂自殺の統計をみると逆になっている。つまり5対1で男子のほうが多いのである。しかし注意しなければならないのは，ここで私たちが分析対象としている「正常」家族の生徒においては，自殺企図が死亡にまでいたったのは12%強で，この自殺「成功」率は女子よりも男子のほうがはるかに高いという点である。男子の場合，自殺完遂と自殺未遂の

比率は1対4だったが，女子の場合は1対15だった。

解体家族の少年少女で自殺した者の場合で男女差が比較的小さいのは，むしろ驚きである。自殺を企図した者のなかで男女差が小さいといっても，学校の種類によってはそれが逆転している。職業高校や普通高校で学ぶ若者のなかでも，調査対象の生徒全体のなかでも，自殺企図者は女子の割合のほうがやや大きい。他方，小中学生や訓練校生のなかでは，女子よりも男子のほうが多く自己破壊行為をしている（表Ⅳ-1を参照）。これは，自己攻撃行為で自らを死に追いやるのはたいてい男子だという，観察結果に照応しているといえる。

表Ⅳ-1 性別・学校の種類別にみた機能障害家族の生徒における自殺企図

(%)

性 別	全 体	小中学校	訓 練 校	職業高校，普通高校
合 計	8.5	5.4	17.5	12.1
男 子	7.5	7.2	19.1	8.1
女 子	10.9	4.7	15.9	14.5

注）年齢8～18歳，時期1975年。サンプル総数1,772人。
出所：ヤロシュ『家族解体の諸問題—その決定要因と社会的帰結』1979年。

男子のほうが一般に自己攻撃の傾向を強くもっているという点からの説明は，もちろん，ひとつの見方にすぎない。他にも多くの解釈がありうる。そのうちもっとも興味をひくのは，自己攻撃行動と他者攻撃行動とはおそらく負の相関関係にある，という解釈である。つまりこのどちらかの行動が多くなれば，他方は少なくなる，という関係である。他者攻撃行動が女子に多くみとめられることは，先の仮説で示した関係を反映したものだといえるだろう。これがいまのところ唯一の可能な解釈だが，はたしてこれが妥当であるかどうかは，今後の研究を待つことになろう。

第2の仮説は，調査対象グループがどんな特殊具体的な状況のなかにあるか，そしてその状況を当該グループがどう認知しているかということと関係しており，私のみるところ，このほうがもっと実質的な仮説である[15]。家族が機能障

害を起こしているとき，好ましからざるタイプの行動（自己攻撃行動を含めて）が生ずる確率が高まるが，それはそのような行動を個人レベルで決定するわけではない。同じような家族環境で生きていながら，ある若者は非行に走り他の若者はそうしないのはなぜか。これはまだ解決されていない問題である。性の違いは少年少女の状況認知と反応タイプを有意に左右する変数のひとつである。貧困，親のアル中，離婚や離別は，深刻な情緒的トラウマの原因となり，男子にも女子にも激しいフラストレーションを引き起こす。ポーランドでも他の国ぐにでも観察されるように，女子よりも男子のほうが病理行動に走りやすいという性別の差異は，多くの異なった病原的状況要因が積み重なるきわめて劇的な条件下では，顕著に縮小する。ここにはおそらく2つの重要な点が包含されている。ひとつは，家族生活が重要な意味をもっているのにそれが分裂して，挫折感や心の傷に苛まれるという点である。女子は多分男子よりもこれを鋭く感じる[16]。2つ目は，自殺を企図する少年少女の特徴として，早熟の傾向があるという点である。この傾向は，たとえば逸脱行動が悪化する早さに表れている。

　第2の人口変数，すなわち年齢という変数は，ここで比較対照している2つの観察対象グループの間で有意な差をみせていない。自殺行動がもっとも頻繁なのは15～19歳の年齢層で（約70％），自殺行動の大多数は15～17歳の層，つまり成熟過程がもっとも顕著に進む年齢層で起こっている。このパターンは正常家族の若者にもみとめられるが，男女を問わず，どちらかというと機能障害家族の年少自殺者に観察される。とくに年齢が低い層の場合がそうである。両グループのサンプルにおける自殺者の最低年齢は男女とも9歳で，最高年齢は18歳である。

　自殺を企図する生徒や自傷行動をとる生徒に明らかに影響しているもうひとつの要因は，学校の種類である。ただし学校の所在地（村か町か大都市か）の影響はほとんど見出せない[17]。

　自殺企図の率がいちばん高いのは訓練校の生徒で，いちばん低いのは小中学

生だった（表Ⅳ-1参照）。この傾向はさきに「正常」家族の生徒に関して観察された傾向によく似ている。正常家族の生徒のなかで自殺率がもっとも低かったのは小中学生で，もっとも高かったのは職業高校や普通高校の生徒だった。正常家族の生徒と機能障害家族の生徒との違いをとくに際立たせているのは，訓練校生の自殺傾向である。すなわち，訓練校の生徒たちのなかでは，正常家族出の少年少女よりも機能障害家族出のそれのほうが，自殺企図の統計数字が数倍も大きいのである。なぜだかはわからない。これまでに集めた資料からは，この差をうまく説明できない。しかし，訓練校に通う機能障害家族出の子どもたちの間での自殺企図がとくに多いのは，彼らの間で他の病理行動も多いことと関係している点に，注目しなければならない。だがこの問題の議論をさらに進めるには，別途，独自の研究が必要になろう。

　生徒たちの間の自殺頻度は加齢と学業成績とに関連している。後者についてはとくに2つの観察から明らかである。第1に，自殺や自傷を試みるのは，通常，弱い生徒である。学年が高くなるにつれて落第留年者が増えるのはよく知られた事実であり，これはもう小中学校のときから始まっている。ここで対象としている2つの観察対象グループのどちらにおいても，自殺者（男子も女子も）のなかで落第留年していなかったのはわずか3分の1である。ちなみにポーランド全体で落第留年する生徒の割合は，せいぜい12％をちょっと上回るだけにすぎない。

　第2の観察点は自殺企図と季節との関係である。自殺企図の数は学期末と学年末に増える。このパターンは正常家族出の生徒にも解体家族出の生徒にも見出された。これは自殺する生徒一般に等しくみられる現象である。これとはまったく別な問題になるが，機能障害家族という環境がいかに子どもに逸脱的，自己攻撃的行動の発生を促すのか。先に正常家族の子どもと機能障害家族の子どもとの間の自己破壊行動の類似と相違を述べたが，そのなかでもっとも顕著な事実は，後者のほうがはるかに頻繁に自殺を試みるということである。

　機能障害家族出の若者は，一般の生徒と比べて，その数倍もの頻度で自殺を

試みている。しかし方法論的理由から一般生徒のデータはおそらく過大な計算をしている。その記録（医療統計や警察統計と同じく）は，自殺企図も自傷行動も含めて，さまざまな形態の自己攻撃行動をまとめこんでいる。そのため，自傷行動の数がかなりあって，それが全体像を多かれ少なかれ歪めてしまっている。だがこれだけでは，なぜ分析対象の子どもたちにおいて自殺が多いのかの理由を，十分説明したことにはならない。なぜなら，先に示した少年少女の研究にも，自殺現象の他の同様な分析にも，データ収集法の方法論的留保が等しくつくからである。

　この現象はまた，社会環境に規定されている。一般化するにはかなり慎重でなければならないという留保をつけるとしても，あらゆる形態の自己破壊行動（自傷も含めて）が好ましからざる家族環境に根ざしており，自己攻撃者における社会的不適応の表れであることは，疑いない。次の状況的症候群はとくに自己破壊を誘導する。すなわち，家庭も学校も人間的絆の基になっていない場合の，家庭や学校での諸問題の蓄積である。自殺は現存の状況を変えるためのいくつかある選択肢のひとつである。その他の選択肢としては，家出，飲酒，犯罪などがある。分析対象としている若者たちの間での自殺や自傷行動は，「家族環境から疎外されているという気持ちが強ければ強いほど，いいかえれば，自分は家庭では必要とされていないという確信，あるいは自分に課せられている役割が自分の願望する役割と合致していないという感情が強ければ強いほど」[18]，起こりやすいのである。

　逸脱行動をうまく防止する措置を講じようとするならば，環境諸要因の病理発生的効果の考察がとくに重要である。これらの要因としては，「急で激しい情緒的経験，長引く葛藤状況，子どもにとって理解が及ばず出口が見つけられない状況（家族の悲劇や誤解，離婚，親のアル中，学校と家庭とから課せられる矛盾した要求，等々）などの例」[19]である。

　これらの要因は，通例加齢とともに悪化していく，子どもに表われた初期不適応の兆しの，一種の症候群を形成する[20]。

表Ⅳ-2には，いくつかの好ましからざる行動タイプの連なりがみられる（表はそれらのタイプの大きさを示していないが）。このデータから，逸脱のさまざまな表れは，通常，連なりあって進むということがみてとれる。社会的不適応と非行のこれらの表れを，独立した（別々の）副次的な現象に分けてみると，落第留年と家出が一次的な部類に属し，他の現象は独立的に表れるものではないことがわかる。社会的逸脱の副次的徴候，とくに自己破壊的および犯罪的行動と飲酒は，落第留年や家出といった不適応の一次的な形態の上に築かれる。飲酒と非行はしばしば結合しており，飲酒は逸脱過程を深める働きをする。ここでの問題に関連してもっとも重要なのは，私たちの調査研究で把握した自殺企図（または自傷）の事例のなかに，他の逸脱形態を随伴していないものはひとつもなかった，という点である。

完遂自殺もまた，低年齢層に一定の特徴がある。生徒たちのなかで自殺を企

表Ⅳ-2　機能障害家族の若者（7～18歳）における社会的不適応と非行の表れ

(サンプル数1,772，1975年)

社会的不適応と非行の表れ	若者中の%
家出	2.1
落第留年	4.2
組合せ	
飲酒＋自殺企図＋薬物使用	1.1
不良行動＋落第留年＋家出	2.5
少年院入り＋自殺企図	3.6
飲酒＋自殺企図	4.3
家出＋窃盗	4.7
落第留年＋自殺企図	6.3
落第留年＋家出	6.5
投獄＋不良行動＋窃盗	7.1
不良行動＋飲酒＋窃盗	7.1
飲酒＋窃盗＋少年院入り	7.4
投獄＋飲酒＋窃盗	8.7
落第留年＋家出＋自殺企図	10.7

注）倫理的／道徳的および法律的基準に合った行動の割合は33.4%だった。
出所：ヤロシュ（前掲書，1979年）。

図して死に至ったケースは比較的稀である[21]。しかし自己破壊行動の増加傾向が緩やかになり低水準で落ち着いているのに対して，生徒たちの自殺企図による死亡は逆に明らかに増加している。自殺死亡者構成の低年齢化は，ポーランドだけではなく，世界中の大多数の国ぐにでもみられる傾向である[22]。

自殺者の年齢別特徴

　人口統計的変数，とくに性別と年齢という変数は，自殺人口の構成を説明するうえでもっとも重要なものである。性別については，どの研究者からも自殺行動の発生と頻度の有意な要因とみなされており，経験的調査や長年の観察からこの要因が重要であることが確証されている。男性の自殺は女性のそれよりも数倍も多いのである[23]。男女間の比率のこのパターンは，国によって違いがあるにせよ，ヨーロッパ内外のあらゆる国ぐにで見出されている。

　自殺の男女比は静態的であり，長年にわたってこれは変わっていない。これに対して年齢による違いは，とくにここ50年ほど非常に動態的であり，中高年層の自殺率はだいたい安定しているのに，先に述べたように若年層（とくに子ども）の自殺数がいま顕著に増えている。

　国際統計記録をみると，ポーランドにおける年齢別自殺者構成は，他の大多数の国におけるそれと似ている（表Ⅳ-3）。

　自殺者全体でみても男女別にみても，自殺死亡者の年齢別比率がもっとも高いのは中高年層（35歳以上）である[24]。男女の別を問わず，成人になり中年に近づくにつれて自殺死亡者の比率が確実に増大する。

　他の国ぐにと比較すると，ポーランドではとくに35〜54歳の年齢層の自殺死亡者の比率が高い。これはポーランドにおける年齢別自殺者構成の，あまり変化のない一定した特徴をなしていて，過去20年間，私の特別な関心を惹きつけてきた事実である[25]。

　しかし，表Ⅳ-3に示すデータからただちに一般的な結論を描き出すわけに

表Ⅳ-3 世界主要国における年齢階級別完遂自殺者率

(同一年齢階級人口10万人当たり)

国　名	年	5～14歳	15～24歳	25～34歳	35～44歳	45～54歳	55～64歳	65～74歳	75歳以上
アルバニア	1993	0.3	5.4	3.3	2.0	3.2	2.8	2.4	1.6
オーストラリア	1994	0.2	15.8	18.2	17.2	16.2	14.9	13.3	15.9
オーストリア	1995	0.8	15.0	20.8	25.2	27.9	28.9	33.2	57.1
ブルガリア	1994	1.2	9.2	10.8	17.2	21.2	23.7	34.7	68.5
デンマーク	1995	0.2	7.9	17.8	20.4	21.2	29.4	29.7	40.3
フィンランド	1995	0.6	22.8	33.0	44.0	37.6	35.2	28.4	23.3
フランス	1994	0.3	10.3	21.3	28.6	28.5	26.5	31.3	48.1
ギリシャ	1995	－	2.6	4.4	3.6	4.3	4.2	4.8	8.3
スペイン	1994	0.3	4.7	7.8	7.5	9.2	11.6	15.4	22.5
オランダ	1995	0.3	6.8	10.6	14.2	12.7	12.9	14.0	15.3
イスラエル	1995	0.4	7.0	5.4	7.1	8.3	12.8	13.5	28.4
日本	1994	0.6	8.6	14.1	16.2	23.8	27.0	23.7	42.4
カナダ	1995	1.1	15.0	18.0	19.2	18.5	15.1	12.1	12.2
カザフスタン	1995	2.2	26.7	39.4	43.9	52.7	49.5	39.6	45.8
ルクセンブルク	1995	－	12.2	15.9	26.2	15.4	14.0	22.9	30.4
メキシコ	1995	0.4	3.8	5.1	4.0	4.2	4.8	5.1	8.6
ドイツ	1995	0.6	8.7	12.8	17.9	20.4	21.0	22.9	41.1
ノルウェー	1994	1.5	12.8	16.5	13.8	18.1	15.2	15.9	11.4
ポーランド	1995	1.0	9.9	15.1	22.9	25.2	21.6	17.8	14.9
ポルトガル	1995	0.2	4.4	6.8	6.2	10.3	11.9	16.9	27.3
ロシア	1995	1.9	32.2	52.0	60.7	67.3	55.5	45.7	47.9
アメリカ	1994	0.9	13.8	15.4	15.3	14.4	13.4	15.3	21.8
スイス	1994	0.5	17.8	18.8	23.8	27.7	27.8	30.7	50.6
スウェーデン	1995	0.4	9.4	13.8	21.0	23.0	20.9	19.4	27.0
ハンガリー	1995	0.6	11.7	23.1	44.6	51.8	44.3	53.2	96.0
イギリス	1995	0.1	6.7	10.6	11.4	9.3	7.9	7.5	12.1
イタリア	1993	0.5	4.3	7.3	7.7	9.1	12.0	14.3	21.8

出所:『世界保健統計年報1996年』WHO, 1998年。

はいかない。国によって年齢別の人口比が異なるために,急な一般化を図ると必然的に歪みが生じかねない。その歪みは自殺現象の範囲と割合に影響を与えかねないからである。年齢と自殺行動に密接な関係があるようにみえるのは,自殺率が相対的に高い国は人口のなかで中高年層の割合が大きく,若年層が大

きな割合を占める国では自殺率は比較的低いからかもしれないからだ。

このエラーを除去するために，私は標準化された分析方法を適用してみた。すなわち，中高年層が多い国ぐにと対比させてポーランド人口の若年型年齢構成を修正するという方法である。仮に他の国ぐにの年齢構成とポーランドのそれが同じとすれば（比較のために標準を設けて），年齢別自殺率に多少違いがあっても，ポーランドではやはり若年層の自殺死亡者が多いと結論づけられる。年齢と完遂自殺とは明瞭に相関している。多少の揺れがみられるとしても，中高年層の自殺死は増えている。その理由は，自己攻撃行動は加齢とともに成功率が高まるからである。年配者ほど自殺企図は未遂で終わらず完遂になってしまう。このパターンは男女の別を問わずみてとれる。

ここでの議論は純理論的である。自己破壊行動の頻度に潜在的に関係する諸要因は非常に複雑に錯綜しているので，それらを解釈するには統計データだけでは不十分である。

自殺者の性別特徴

性別は長年にわたって自殺率の重要な規定要因をなしている。この事実はすでに自殺に関する最初の報告書や出版物で示されており[26]，国際比較統計で確証されている。しかしその理由はまだ十分には把握されていない。文献によっていろいろな説明がなされているが，そのなかでもっとも広く採られている説明は，男性はより確実に死ねる方法を選択するので女性より効果的に自殺を遂げることができ，しかも男性の死への動機は女性よりも強いからだ，という説である。

アングロサクソン系の研究者たちによれば，男性のほうがめったに自殺の素振りを見せず，むしろ曖昧な素振りをして，結果的には多数が自殺を遂げている。これに対して女性のほうは，自殺の素振りをする者の数が実際に自殺を企てる者よりも多く，しかもその自殺企図は自殺完遂よりも数倍も多いのである。

これは，女性の自殺は手段的であって，目的は周囲の人の関心を惹くことにあり，なにか「助けを求める」ための試みだということを意味しているのだろうか。この仮説を証明するためには，自殺行動の目的と打算をもっと徹底的に調べる必要があるが，おそらく結果は仮説どおりになるだろう。他方，女性はそのときの気分で衝動的に自殺行動をとるといった説明は，採用しがたい。たとえば自殺が興奮状態から引き起こされるものだというのなら，興奮状態は女性よりも男性のほうにずっと多くみられることを[27]，どう説明するのか。長年の代表サンプルによる経験的調査研究は，飲酒と自殺行動は同根（「自己破壊症候群」）から出ていることを示しているが，アルコールによる興奮が自殺の原因だという仮説を支持する発見は得られていない[28]。アルコール濫用率は男性人口全体とくらべて自殺者人口においてとくに高いわけではない（男女別，年齢別，居住地別で照合しても）。これらの発見は完遂自殺についてである。自殺未遂に関してみると，女性（とくに若い女性）が男性よりもはるかに頻繁に企てている。

　すでに述べたように，自殺の男女差は長年ほぼ一定で，幾世代にもわたって比較的安定している。

　表Ⅳ-4のデータは多くの興味深い関係を示している。第1に，どの国でも自殺死亡者は女性より男性のほうが多い（信頼できるどの研究もこれを確証している）。第2に，男女間に自殺率の差があると明言できる。その差は相対的にいってアルバニアでもっとも小さく（男女差は1.7対1），オランダ，デンマーク，日本でも小さい（約2対1）。イスラエルでは女性の自殺死亡者1に対して，男性のそれは2.8である。

　ポーランドはその男女差が5対1であり，女性の自殺率が世界でもっとも低い国のひとつであったし，いまもそうである。

　このポーランドの特殊性に関係する要因は何だろうか。この問にはっきりと答えるのはむずかしい。ここに作用している要因は，単一というよりは，むしろ，さまざまな決定因が組み合わさった複合物である。ひとつの仮説は教育水

表Ⅳ-4　男女別にみた世界主要国の自殺死亡者数

（男女各10万人当たり）

国名	年	男	女
アルバニア	1993	2.9	1.7
オーストラリア	1994	21.0	4.7
オーストリア	1995	34.2	11.0
ブルガリア	1994	25.3	9.7
カナダ	1995	21.5	5.4
デンマーク	1995	24.2	11.2
フィンランド	1995	43.4	11.8
フランス	1994	31.5	10.7
ドイツ	1995	23.2	8.7
ギリシャ	1995	5.9	1.2
オランダ	1995	13.1	6.5
ハンガリー	1995	50.6	16.7
イスラエル	1995	9.4	3.6
イタリア	1993	12.7	4.0
日本	1994	23.1	10.9
カザフスタン	1995	48.9	9.4
ルクセンブルク	1995	22.4	8.6
メキシコ	1995	5.4	1.0
ノルウェー	1994	17.7	6.9
ポーランド	1999	26.0	4.5
ポルトガル	1995	12.2	4.4
ロシア	1995	72.9	13.7
スペイン	1994	12.7	3.7
スイス	1994	30.9	12.2
スウェーデン	1995	21.5	9.2
イギリス	1995	11.7	3.2
アメリカ	1994	19.8	4.5

出所：『世界保健統計年報1995年』WHO，1996年，『ポーランド共和国統計年鑑2001年』中央統計局，ワルシャワ。

準の差から説明する。つまり，女性のほうが男性より教育水準が低いからだという説明である。しかし，デュルケームが19世紀に打ち出したこの仮説は，この場合，有効でない。ポーランドでは女性は男性よりも教育水準が高く，約40％の女性が高等教育を受けて有給の仕事に携わっている。しかも女性の教育

水準は，男性よりも速いスピードで向上している。しかし，これに対立する仮説，すなわち教育水準が高ければ高いほど自己攻撃行動は減るという仮説が，支持できるわけではない。ポーランド以外の多くの国では，女性の教育水準の高さと女性の自殺率の高さが正の相関関係にあるからだ。

もっと反駁しにくいのは次の仮説である。すなわち，女性の高い就業率が女性の自己破壊行動を防止している，という仮説である。ポーランドは世界でも女性の就業率がもっとも高い国のひとつであるが[29]，他の国ぐにでは就業活動が女性の自殺行動を明瞭に減らす要因にはなっていない。おそらく，ここで作用している要因は，自分の職務に対する強いアイデンティティであって，それはまた，通常，教育水準の高さと相関している。しかし，実証的知見からわかるように，これはかなり錯綜した問題である。

私の考えでは，女性における自殺行動のもっと重要な決定因は，育児と関連した家族という要因である。最近までポーランドはヨーロッパのなかで出生率がもっとも高い国のひとつだった。その出生率は近年劇的に低下してきたが，それはすでに子どもをもっている女性たちの状況に大きな変化を与えてはいない[30]。戦後ベビーブームの影響で，平均的なポーランド女性は2人の子どもを育てている。私は，「子どものため」ということが，母親としての女性が自己破壊行動に走るのを防いでいる，もっとも重要な要因のひとつであると考えている。しかしこの仮説は，女性の自殺率が同じように低い他の国ぐにで，はっきりと確証されているわけではない。

要するに，ここで作用しているのは単一の原因ではなく，むしろある特殊な状況的症候群なのではないだろうか。研究者，とりわけ社会学者は，こうした考えに引きずり込まれる。自殺行動の社会的脈絡，つまりその決定因，現象，結果は，つねに（あるいはほとんどつねに）複雑で不明瞭だからである。

自殺統計上，女性のほうが下位にあるという傾向は，文化的に規定されたものかもしれない。伝統に根ざした文化的諸変数は，一定の行動形態に関与する（あるいは関与しない）特別な精神的素因を発達させる可能性がある。この問

題に関する経験的データは乏しく，したがって私たちが解釈できる範囲も限られているとはいえ，ポーランドで女性の自殺率が低い要因として，この国での女性の社会的地位が（他の国ぐににくらべて）伝統的に高いという点を，仮説としてあえてあげていいだろう。ポーランドの女性はつねに，愛国的で宗教的な価値を育む（そしてそれを子どもに伝える）という点で，際立った役割を演じてきた。どの社会階級でも女性の手に接吻する慣行があるとか，女性は立ったままで夫や子どもに奉仕するのではなく，いつも家族といっしょに食卓に陣取る（イスラム教の国だけでなくそのほかの国ぐにでもそうではない）といった事実は，ポーランドでの女性の社会的地位の高さを顕著に表現している[31]。

　女性に対する敬意を外面的に表現することの意味についてはいろいろと議論は分かれるが，あえて仮説を立てれば，ポーランドにおけるこのような表現は，女性の教育としつけに対する伝統的な姿勢と，（少なくともいくつかの領域では）男性と同等な地位に立つポーランド型母親モデルとに，深く根ざしていたといえよう。たしかに，ポーランド女性の状況は，ヨーロッパ諸国の女性と比較して相対的に良好である。国際的な社会学的調査研究によれば，女性の社会的地位の高さは，ポーランドを他の国ぐにから識別する確固とした特徴である[32]。

　ヤヌシュ・タズビルは，「家族の社会的地位が低いほど夫の権力は広範囲に及び，その権力の行使は無慈悲になるのは，ごく自然なことである」と述べている[33]。そして，ポーランドにおける女性の状況は，貴族と平民とで差があったとしても，数百年も前ですら，モスクワ大公国の奥方よりもよかったのであり，「『私たちがいまいるところはポーランドではない。だってここでは，夫が妻よりも発言力があるからだ』という話があったくらいである」[34]。

　しかし，有償労働の分析に入ると話はもっと込み入ってくる。職業と家事という2つの社会的役割が，おもに女性の肩に重くのしかかってくるからである。これが深刻な問題であることは，就労女性，とくにいくつかの社会職業階層の女性に関する自殺統計が示している。

ポーランドにおける自殺の職業別分布をみると[35]，いくつかの職業では男性より女性のほうが自殺の危険性が高いことがわかる。その危険性が高い第1のグループは，建設，運輸，工業，鉱業で働く労働者階級の女性である。これらの産業に従事する者は，男性も女性ももっとも自殺が多く発生するグループである。第2のグループは，自殺の分布に男女差が有意にみとめられるいろいろな職業であり，それはとくにいわゆる「知的」職業群にあてはまる。その自殺率は職業従事者の全国平均の前後に位置する（男女一緒でも，男性だけでも）が，この職業群も女性にとって「安全圏」ではない。技術職や事務職の女性，とくに管理職の女性は自殺を犯す危険性が高い。この職業群においては，女性の死亡者中に占める自殺者の比率は男性の場合より数倍も高い。

女性の自殺率が高いというこの事実は，ポーランドの全国民のなかで女性の自殺率が一般に低い（男性の自殺率と比較して）ということと矛盾するようにみえる。したがって，職業群ごとに死亡率と比較して自殺率をみていく必要がある。死亡率は性別・年齢別，職業別，等々で異なるからである。

しかしこれは人口統計だけからでは解釈できない問題である。たとえば，男女別という要因そのものは肉体的心理的な違いで定義することができるが，そこは社会学者が手を出せる領域ではない。男女別が社会学的変数として扱われる場合には，性による違いは「いまなお文化的伝統のなかに残存し，過去および現在の男女それぞれの特殊な役割に関連づけて把握できるような，行動様式の表れである。……男女別という要因は……現実の社会的差異をも表しており，法的な平等と実際の差異とのギャップを指し示すものであって，現実の差異の根源は生活の場だけでなく意識のなかにも存在している」[36]。

公刊されている調査研究資料を分析すると，このような差異の所在が浮かんでくる。すなわちそれは，文化的機会，余暇時間の楽しみ方，生活のなかの欲求と願望などの点での男女格差で，これが女性差別を表している[37]。しかしここでのデータは，男女差のもうひとつの面をも指し示している。それは職業活動である。これは仕事と家庭の両面での苦労を女性に押し付け，男性よりも女

性に大きなストレスを抱えさせ，それゆえ女性を男性よりも多く自殺に追いやっている。

　しかし，だからといって女性が職業に従事したがらないのではない。ポーランド女性の71%は家事と家族に自分を捧げることよりも，職業に従事することを社会的に価値あることだと考えており，41%が「人を管理する仕事はたいへん女性向きの職業だ」[38]という意見を表明している。このような意見表明は，現代ポーランド社会における型にはまった女性像の修正を促すだろう。

　一般的にいって，型にはまった男性像と女性像が変わってきたのは，現代家族の諸価値が変化したことと，伝統的な労働の性格が広く保存されていることとに関係している。結果として，女性を自殺から遠ざけている要因が，同時に男性の強力なストレス要因になっている。

　過去においてはきつい肉体労働をやってのける男の仕事（農夫や鉱夫のような）が妻や子どもから高く尊敬されていた。1990年代から2000年代になると，特定の職業にまだきつい力仕事が残っていても，それはあまり尊敬されなくなった。家族のメンバーはしばしば，夫や父の稼ぎが低すぎて，「本物の男」に見合っていないと思っている（そしてそれをあからさまに公言している）。伝統的な「マッチョ」文化では，これはひどく不名誉なことであり，自殺をもたらしかねないほどの侮辱である。

　もちろんこれらは，自殺をもたらす諸原因の連鎖の，ある一定の環であるにすぎない。しかしここで注目しておきたいのは，女性が家庭でも社会でも高い地位にいることが，男性にとってストレスになるだけでなく，自殺の原因にすらなる，という点である。言い換えると，女性の自殺を低く抑えている要因群が，逆に男性の自殺傾向を高めているという点である。なお，先にふれたように，平均的には男性の自殺は女性の5倍以上も多いのだ。

自殺者の婚姻関係

　年齢と性別に加えて，自殺行動に差異をもたらしているもうひとつの重要な要因がある。それは婚姻関係である。死別または離別している男女の自殺率と，有配偶者や単身者男女の自殺率との関係は，長年一貫して4対1のままである。いいかえれば，死別または離別している男女の自殺確率は，単身者や有配偶者のそれの4倍にものぼる。

　それゆえ婚姻関係は，自殺の多寡にかかわる強力な要因である。自殺率がもっとも高いのは離別・死別している男性であり，それに次ぐのが離別・死別している女性である。しかしひとつ付言しておくことがある。離死別女性のほうが離死別男性より自殺率が低いというのは，男女それぞれ離死別者全体を分母にして求めた自殺者の比率からいえることであって，その分母に当たる離死別者そのものは男性より女性のほうが多いのである。したがって，絶対数は同じでも得られる係数は違ってくる。

　単身者（同棲者も含めて）のほうが既婚者よりも自殺しやすいという説は，妥当でない。自殺率がもっとも低いのは単身男女である[39]。家族生活が自殺行動の大きな歯止めになるというのは，真実ではない[40]。

　自殺の最大の誘引と思われるものは，婚姻上の地位が突然変わり，急に独りにされることにより，孤立と社会的不適応の感覚に陥ることである。自殺率が成熟した中年層で増加する傾向があるという事実は，この仮説を明らかに確証する。しかし，実質的な理由（その他の要因も関係しているかもしれないという）と統計的な理由（私たちの分析が依拠する絶対数が相対的に小さいという）とから，結論を定式化するには細心の注意が必要である。

　興味深いことに，上で述べた関係はポーランドだけでなく，他の国ぐにでも見出されている。離死別者の自殺率はもっとも高いのである。セオドール・ドルパトによれば，このパターンは年齢層の高低を問わず，男女の別も問わず，

一般にみられるという。ブリアン・マクマホンとトマス・F・パフは，配偶者の死は寡夫・寡婦の死を早めると説いている。配偶者の死後1年以内に起こる自殺の数は，そのあとになってからの自殺の数の2倍にのぼる[41]。このことは，したがって，突如の離死別が強力な自殺誘発要因であり，仕事の苦労が家庭・家族の生活難にかぶさると，さらに自殺が促されることを示唆する。これに加えて，とくに近年のポーランドで現れているもうひとつの要因は，体制変革によって生じた失業である[42]。

注

(1) 「崩壊家族の社会的帰結」研究プロジェクトのなかで行われた面接調査からの引用。M. ヤロシュ『自己破壊・自殺・アルコール中毒・薬物濫用』（ワルシャワ，1980年，159-160頁）参照。
(2) E. デュルケーム『自殺論』第4版（パリ，1973年，3頁）。
(3) たとえば次の諸文献を参照。E. デュルケーム『自殺論』；J. ジャコブス『青少年自殺』（ニューヨーク，1971年）；M. L. ファーバー『自殺の理論』（ニューヨーク，1968年）；G. レスター・D. レスター「自殺―死とのギャンブル」（ニュージャージー，1971年）；E. S. シュナイドマン編『自己破壊論集』（ニューヨーク，1961年）；M. ヤロシュ『自己破壊』。また以下の文献も参照。K. ローサ・H. コヴァルチ・A. グニアドフスキ「毒薬自殺―自殺企図の社会的人口統計的特徴」（『心的健康』誌，1992年，1-2号）；K. ローサ『自殺企図―社会学的特徴』（ウーチ，1996年）。
(4) R. クリスティー『パーソナル・コミュニケーション』（1967年）を参照。
(5) B. ホウィスト「犯罪学および犯罪科学の問題としての自殺」（『心的健康』誌，1978年，4号，19-20頁）。また B. ホウィスト『生と死の間』（ワルシャワ，1996年）も参照。
(6) これは多くのポーランドの文献に示されている。とくに B. ホウィスト・M. ヤロシュ（解体家族環境における自殺企図の諸研究），M. チジェフスキ・K. ローサ（注8を参照），その他本章に引用した研究者の著作。
(7) T. キエラノフスキ「自殺」（『諸問題』誌，1973年，12号）を参照。
(8) J. フチウルカ「救急サービス報告にみる1968年―1970年のポズナンにおける自殺」（『心的健康』誌，1972年，4号）また M. チジェフスキ・K. ローサ「変革期における自殺―事実と解釈」（『文化と社会』誌，1996年，2号）も参照。
(9) 解体家族出の学童生徒の自殺の規模と構成を推測できるデータは，私たちのこの代表サンプル調査がまだ唯一のものである。

⑩　これは，裁判審問記録，警察インタビュー，家族インタビュー，教員アンケートなど，さまざまな手段と方法で集めた情報の吟味を可能とし，さらには青少年の同一グループへの参照も可能とするような，方法論的前提から得られた。

⑪　1970〜72年に実施された学童生徒の全国サンプル調査にもとづく情報。情報源はM. ジュルン「学童生徒の自殺」1976年（手稿）。機能障害家族の学童生徒の調査に関しては，M. ヤロシュ『家族解体の諸問題—決定要因と社会的帰結』（ワルシャワ，1979年，180-193頁）。

⑫　V章で分析される。

⑬　農民の自殺は1982年以降かなり増加した（調査時点と比較して）。V章を参照。

⑭　とくに I. ジエコンスカ-スタンキエヴィッチ『青少年自殺』（ワルシャワ，1976年）を参照。

⑮　L. モシチツカによれば，重要なのは子どもが病理的家族状況をどう経験するかである。すなわち，犯罪行動の温床となるような子どもの生活条件そのものよりもむしろ，子どもがその生活条件をどう意識し，既存の倫理的，道徳的，法的規範に対してどんな態度を表明するかが問題だという（『少年非行—その背景・根源・動機』ヴロツワフ，1970年をみよ）。K. ポスピシュルによれば，同じ病理家族の子であっても，パーソナリティや気質の違いで，社会的に能動的になる者もいれば受動的になる者もいる。非社会的行動は，環境の刻印を受けた社会パターンに対応した，否定的な社会的能動の例である（『若者の非行的社会態度—心理学的分析』ワルシャワ，1973年をみよ）。

⑯　このような仮説はたとえばペウカ-スウゴツカ「少女における逸脱の規定要因」（『精神衛生』1976年，第1号）の研究結果などの諸発見にもとづいて定式化された。

⑰　しかし前章でみたように，統計データ（最新のデータも含めて）によると，自殺，少なくとも完遂自殺には明らかに地域差がある。

⑱　L. モシチツカ『少年非行』（前出，218頁）。

⑲　B. ホウィスト「犯罪学的予防システム」（『社会病理学—予防』1977年，第4号，9頁）。

⑳　これは犯罪学的調査研究からもみてとれる。とくに次の文献をみよ。P. ザクシェフスキ「社会的不適応の初期症候群」（『国家と法』1975年，第1号）；M. D. ペウカ-スウゴツカ『非行の原因』，『学校と職場の間の若者とアルコール』（ローマ，1977年），『ヨーロッパにおける若者とアルコール』（ローマ，1994年）。

㉑　警察統計によれば，1996年に自殺した生徒の数は256人で，自殺死亡者総数の4.8％に当たる。なお1992年においては174人（3.2％）だった。

㉒　この点については前章で述べた。

㉓　もちろん完遂された自殺のことである。自殺企図の割合は逆に女性のほうが大きい。

㉔　WHO『1995年世界保健統計年報』（ジュネーヴ，1996年）とそれ以前の『年報』

による。
(25) M. ヤロシュ『自己破壊』（前出）を参照。
(26) T. L. ドルパート・J. W. ボスェル「自殺企図における自殺意思の評価」（『比較精神医学』1963年，第4号）を参照。
(27) この可能性はアルコール中毒による死亡のポーランド統計も国際統計も示している。J. コル「自殺未遂と慢性アルコール中毒」（『医学テーゼ』1956年，第1013号）と S. レーデルマン『アルコール，アルコール中毒，アルコール化』（パリ，1956年）も参照。
(28) くわしくは M. ヤロシュ『自己破壊』（前出）を参照。
(29) 自殺の決意に対して自殺者の職業と職場関係がいかに大きく関係しているかは，たとえば A. ゴルセーと N. ジムバッカの著書『自殺研究』（パリ，1968年）が指摘している。
(30) Z. スモリンスキ『1945年－2000年の出生動向』（ワルシャワ，1971年）と中央統計局『人口年報』（1980年－1995年）を参照。
(31) J. スパジエル-ジニッチ『ヴォイヴォジナにおける自殺』（ベオグラード，1966年）；J. ヘイネン・A. ゴティエ『性と社会政策』（パリ，1993年），とくに M. チエホムスカ『母権制からフェミニズムへ』（ワルシャワ，1997年）を参照。
(32) J. ヘイネン・A. ゴティエ『性と社会政策』（前出）；A. モンチャク・B. ジエンタラ・J. ジャルノフスキ『10世紀から20世紀までのポーランド社会』（ワルシャワ，1988年，614-616頁）を参照。
(33) J. タズビル『歴史的転換期のポーランド』（ワルシャワ，1997年，168-169頁）。
(34) 同上書，167頁。
(35) V章を参照。
(36) S. センコフスキ「ポーランドの調査研究にみる文化参加の制約要因の諸問題」（『社会学研究』1976年，第4号，127頁）。
(37) とくに I. レシュケ『社会的威信と性―職業的威信と人格的威信の基準』（ワルシャワ，1984年）と M. ヤロシュ『家族解体の諸問題』（前出）を参照。
(38) 「女性の職業アスピレーションと家族生活―調査レポート」（CBOS，ワルシャワ，1997年1月）を参照。
(39) 付言しておきたいことがある。最高齢者層はこの限りではない。
(40) B. ホウィスト「ポーランドおよび諸外国における自殺」（『精神衛生』1968年，第2号，22-23頁）を参照。40～60歳の年齢層の女性の婚姻関係に関する A. ゴルセーの結論は，注目に値する。パリの調査地区における自殺女性の既婚・独身別の比率は当地区の女性全体のその比率とほぼ同じだから，婚姻関係は自殺と無関係だ，という（A. ゴルセー・N. ジムバッカ，前出，参照）。しかしこの調査研究では離婚女性と死別女性とを区別せず，すべての単身女性を一緒くたにまとめてひとつのグループにしてしまっている。おそらくサンプルが少なかったからだろう。

⑷1) T. I. ドルパート・J. W. ボスウェル，前出，および B. マクマホン・F. T. パフ「死別者の自殺」(『アメリカ疫学雑誌』1965年，第 8 号) を参照。
⑷2) M. ヤロシュ・J. クラフチク「地域社会における社会解体の諸徴候」(M. ヤロシュ編『民有化における外国資本』ソルシャワ，1996年，所収) を参照。

V　自殺の職業別分布

　自殺行動の背景に共通して存在する要因を探ってきたが，ここでは職業の違いに注目してみよう。個々人やその家族の社会的地位，生活様式，経験するストレスのタイプの違いといったものの根っこには，職業の違いがある。また，生活上の特典や障害のような要素も，職業で決まってくる。これらの要素が積み重なって自己攻撃性（および攻撃性一般）の傾向を確実に引き起こしてくるといえる。

理論的・方法論的前提

　本書のはじめの数章でふれたとおり，家族の崩壊と解体は人を自己破壊的な態度や行動に向かわせるきわめて強い要因となるが，これは大人と同じように幼年期や青少年期の子どもにもあてはまる。

　しかし，人びとを結びつけ，その態度や行動を形成する環境は，家族だけではない。職場環境にも同じような効力がある。ところが，人が善悪の行動を身につけていく成長過程に対する家族の影響については，多数の研究や論文[1]で検討対象とされてきたのに対して，職業や仕事からの影響についてはほとんど分析されてこなかった。また，わずかに存在する研究もせいぜい分析の準備段階にしかならず，決定的な結論を導くものではなかった。

　これは残念なことである。なぜならこの出発点が社会学の伝統を築き上げる煉瓦のひとつだったからである。すなわち，それは，「それぞれの社会集団に

は，個人の生体的心理的素質でも精神的環境の性質でも説明できない特殊具体的な自殺傾向が存在する。……それはかならず社会的原因に依っており，それ自体集合現象でなければならない」[2]という観点である。

これまでの研究では，雇用削減による転職や失職，（本人の能力や理想に照らして）相応しない社会的・職業的役割，満たされない社会的・職業的願望などが，重要な自殺要因として注目されてきた。これらの要因は，その国の社会・職業構成の変化，社会経済的変革の進行，とりわけ人びとの社会的・空間的な移動と，部分的に関係する。

本書では，ポーランドの自殺動態の分析にふれた箇所[3]ですでに論じたように，社会構造の再編成にかかわる問題は，状況的諸要因に対する社会的反応のうち，もっとも興味深い点のひとつである。経済，政治，社会が根本的に変わる時期は，この社会的反応を観察するまたとない機会になる。周知のように，ポーランドではそのような大変革がこれまでに2回あった。戦後の社会主義的工業化と，その後しばらくして起こった現在進行中の大変革である。

職業構成のなかにおける逸脱行動の分布，とりわけ自己破壊行動の分布について，直接取り扱った著作はほとんどない。それを踏まえた一般的研究となると，さらにわずかである。既存の研究は，知識層（高度な教育水準のために自己破壊に傾きやすいといわれている）か，労働者階級かの，どちらかにしか触れていない。本書ではその論点に異議を唱えることになるが[4]，これらの諸説はたいてい中途半端に終わっている。こういった研究は，系統的な観察にもとづいた調査をしていないか，または，研究のために任意に選んだだけの行動から推論したり，一部の人間のみを対象に研究しているため，一般化のための基礎とはならない。

この分野ではパウェル[5]がたいへん興味深い仮説を提起している。パウェルはデュルケームにならって，自殺をアノミーの表れとみている。アノミーは職業位階構造の両極，つまり，職業のランクづけで最高位にある職業と最低位にある職業，高収入の職業と低収入の職業，権力が大きい職業と小さい職業，職

業威信の高い職業と低い職業で，とくに典型的に現れる。この理論にしたがえば，トップクラスの仕事で働く人びとは，自分自身と職業上の役割とを強く一体化させていて，その役割との自己一体化は，人として普通に生活していくうえで欠かせない自然な行動を妨げてしまう。他方，その対極にいる下層の人びとは，自分自身と職業上の役割とを結びつけないために，同じように自己破壊に向かいやすくなる。この仮説はまだ経験的研究で裏づけられてはいないが，職業位階構造の両極で起こっているこの事実は，自殺発生の要因として注目する価値があろう。

　自殺の社会構成について分析をはじめる前に，人びとを職業カテゴリーに振り分けるための方法と基準をはっきりさせておく必要がある。その分類方法は，職業のタイプ，技能資格，管理上の機構内の地位を重要な要素とする社会学的なアプローチを土台にしている。ヴェソウォフスキとスウォムチンスキは「職業カテゴリーは職業，資格，管理上の地位を基準にして区分しなければならない。人びとの職業グループへの分類には（調査の目的に応じて）いくつかの基準を使うことができる。その場合，職業グループの区分をどの程度の精度で行うかという点と，水平的な差異から区分するのか垂直的な差異から区分するのかという点を，考慮に入れることになろう」[6]と提案している。

　しかし，これらの職業分類を理論上のモデルに当てはめるのではなく，現実の職業構成に適用しようとすると，きわめて複雑な作業になる。既存の職業カテゴリーはどれもこの問題を十分には解決していない[7]。社会構成の異なる部分を区分できる（はっきり定義ができて経験的にもあてはまる）指標を導くような理論上のモデルを，どうすれば組み立てられるのかが問題となる。労働者階級と知識層との間にどう境界線を引くかは，とくに論争の的になる。社会構成のなかでこれら2つの階級のそれぞれの内部はほとんど同質的でないし，両者の境界線上にはいくつものグループが存在している。ここで階層（または階級）の基本的な性格を特徴づけたとしても，境界線上のグループの分類はまだできない。つまり，この2つの階級間に明確な区分線を引くことは，ほとんど

不可能なのである。また，区分の方法をかなり恣意的にしてしまって，現実社会のはっきりとした特徴を消してしまうようなアプローチを採用することは，不合理である。したがって，細部にわたる分析や，かなり一般化した区分ができるなどという期待は，放棄しなければならない。その代わりに，社会を構成する各部分が社会のなかでどう位置づけられるかという点から，それらの部分間の位階的地位を明確に定めることとしよう。社会構成は上下に連続した地位群からなりたっているとみることができる。このような観点から，オッソフスキは「社会は3つまたはそれ以上の階級が層状に積み重なった形をしていて，それらは一定の観点から見てそれぞれ他のよりも高いところか低いところに位置している」[8]と書いている。これらのグループの上下の関係を定めているのが威信である（威信は教育水準，職業の種類，収入，社会的地位といった要素に左右される）。これらの要素は「同じ物差しでは比較できないもので，総合的な威信の格付けの中では，互いに補完したり部分的に代用できる関係にあるか，互いに調和しないで打ち消しあう関係にある」[9]。

この分類モデルを職業構成に当てはめる場合には，まず，階級・階層の主な部分をランクづけしなければならない。そのランクづけのために，「利用可能な指標に照らしながら職業カテゴリーをまとめていこう。ここで比較に用いる指標のなかで代表的なものには，一方で，収入源・収入水準やその他の雇用条件，経済的な保障，経済的な昇進の機会があり，もう一方には，生産過程を差配する権威と統制のシステムのなかでの位置がある」[10]。

しかし，伝統的に行われてきた階級・階層の区分は，世間一般の意識とますますかけ離れている。それはとくに政治エリートの場合に顕著である。昨今では代議士などの政治エリートは「社会を金持ちと貧乏人，勝ち組と負け組，雇用主と被雇用者，改革支持者と対抗勢力，進取的な人びとと保守的な人びとなどと分けている」[11]。

また，このような分類の理論的，方法論的前提が，ポーランドにおける自殺者の職業属性の分析に適用できるか，また，どういった範囲で適用できるかと

問われれば，適用できるが留意点もいくつかあるという答になる。それは，既存の経験的データでどれだけ分析可能な範囲をカバーできるかによる。ここでの分析の拠りどころとなっている統計資料は，1970年から1986年までをカバーしている。この期間に限られているのは，中央統計局がこの期間だけは，データを同じ形式で比較や一般化ができるように集めていたからである。この機関が1970年以前に公式統計としてデータを記録していなかったことはやむをえない。むしろ1970年にすでにそういったデータが利用可能となっていたことだけでも十分である。分析の支障となるのは，むしろ，中央統計局が80年代末にこのようなデータの記録をやめてしまったことにある。それ以降，原因別死亡者の表で死亡者の職業に関する情報（職業属性）が示されなくなった。しかも，職種や職業病との関連づけがなくなったのは自殺に限った話ではなく，他の死についても同じである。なぜ80年代末にこのような形で統計が削減されたのかを説明することは簡単ではない[12]。政治的な理由のためか。経済がらみの理由からか。それとも，統計があまりにも大がかりな仕事になってしまって，調査範囲や構成を統計学者だけに任せるようになったからか。いずれにせよここで特筆しておきたいのは，戦前のポーランドにおける統計とその理論，構成，内容（それは世界有数の水準であった）は，社会学者の仕事だったということだ。

　もちろん，比較統計情報の欠落のために，90年代における自殺者の社会的描写はむずかしくなっている。この期間は（中央統計局ではなく）警察の作成した自殺統計をもとにしながら，信頼できる社会学の研究で情報を補うことによって，部分的で相対的な分析をするしかない。

　中央統計局が現在採用している職業分類の重要な特徴のひとつは，業種とは別に，仕事（職業）の性質や社会的分業のなかで占めている位置をもとに職業を分類していることである。具体的なグループへの分類は，付加的な基準として役に立つ。

　分類の一段階として，私たちは農林業従事者と非農林業従事者を区分してきた。

また，職業の分類をするためには，社会的分業のなかで占める個々人の職務，つまりその勤務者が管理者であるか部下であるかを明確にする基準も，考慮しなければならなかった。ヴェソウォフスキはこの基準が広く存在していることを次のように説明している。「民間部門にみられる職務のあり方や権限の様式は，行政組織である国家機構にも見出すことができる。これはすべての国家に当てはまることで，階級の有無，民主制か専制か，人の移動の頻繁度などの違いには関係ない」[13]。このような組織の特徴のひとつは，意思決定者グループを含む管理職者の地位が位階的に分岐していることである。そして，残りの人びとは現業職者か専門職者とみなせる。このうち専門職者は意思決定者と現業職者のために企画やサービスの職務に従事し，一般に組織体系のなかでは独立した要素とみなされる。

　この基準は主に非農林業従事者に一貫して適用されてきたが，これをもとにして職業カテゴリーを作ることができる。職業カテゴリーは「より正確に定義された仕事の性質や地位，つまり，社会的分業から派生する職務」に着目して作られているが，「たとえば政治，経済，行政の幹部はひとつのグループとして区分しなければならない。技術者のように技術革新や近代的な生産の発展に広く責任を負っている人びとを専門職者のグループとして区分することも，同じように重要である。……技術や生産に直接には関係しない専門職者の分類にもこれと同じようなアプローチが用いられてきた。また，これらの専門職者は上級専門職者と一般専門職者とに分けられた。その他の勤務者も仕事の性質によって分類された。その大多数は伝統的にブルーカラーに分類される職種に従事し，一方，そうでない人びとは（広い意味での）サービス職種の雇用者とされた」[14]。

　もうひとつの職業分類の基準は，主として水平的分業に注目したもので，4つの大きな職業グループを定義している。これらは社会学的観点からしても経済学的観点からしてももっとも重要なグループで，工業，建設業，運輸通信業，商業サービス業から成り立っている。また，この分類は最初に設けた農業・非

農業という基礎的な分類と重なっている。

　しかし，これらの一般的な分類方法を用いても，明確なグループ分けができるとは限らない。第1に，決めておいた特徴や特徴群が，分類対象となる個人やグループに現れているかどうかを判断するのは，とても困難な作業である[15]。分類は定義をもとに作られているが，その定義は多様な特徴から作られた概念であるために，通常は曖昧なものであるし，しかも，その特徴自体も曖昧であったり，特徴の範囲が問題になることもある。これは一般的にいえることだが，「職業カテゴリー」にもあてはまる。職業カテゴリーは職業や地位などのような計測不可能で質的な変数の組み合わせである。このような概念を定義するには，定義を任意に決めてしまうか，先行する定義を修正するしかない。

　この問題を明示するために，上でふれた分類基準が導入されたあとで，どのような変更が加えられてきたかをみておこう。70年代前半に義務的だった分類指針によれば，「工業労働者とその関連職」と「鉱夫，採石労働者，原油・ガス・泥炭掘削労働者とその関連職」は別個のカテゴリーとして扱われた。しかし，農業では，農民という従来の単一カテゴリーに代わって，自営農民と農林業労働者という2つのカテゴリーが使われはじめた。たしかにこうした変更は，社会学的にみても論理的にいっても建設的である。もっとも，本書の論題に即していえば，かつて行われていた（鉱夫とその関連職を別グループとするような）詳細な項目立ては非常に有効であった。

　いったんこういったグループ分け[16]や分類の仮説や基準が導入されると，新しい職業分類法の適用が可能になった。現在の公式死亡統計ではこの分類が軽視されているが，それは不可解なことだし，まして逆説的なことでもある。他方，生存者の統計は，修正された基準や仮説にあうようにしばしば改訂されている。

1970年代

　職業カテゴリーの違いが自殺に与える影響を，中央統計局の統計資料から分析していこう。今後の作業は既存の分類をもとにして進めていく。ただし，分類を事後的に修正すると，すでに集めてあるデータを歪めることになりかねない。その点，1970年から1986年にかけて公式統計で前提とされていた分類体系が，採用されていた分類モデルと比べて，大幅には外れていないこと（そのモデルを作成したのが社会学者たちだったことを考えると，それは当然である[17]）に非常に勇気づけられる。

　職業グループの違いが自殺に与える影響は，職業グループごとの自殺死亡者の比率を係数として分析できるかもしれない。この係数は各職業グループに属する人数を考慮して算出される（この広く採用されている係数を，すでに本書ではポーランドと外国における自殺死亡者の人口構成にふれたところで用いている）。しかし，この係数を自殺死亡者の職業構成の分析に用いることはできない。なぜなら，70年代には死亡統計（自殺死亡者を含む）は以前からあった職業の分類体系をもとに記録されていたが，他方，ポーランドの人口統計はやや異なった方法で分類されているからだ。2つの分類モデルは根本的に異なっているわけではないが，完全に同一でもない。このような2つのグループに同じ統計尺度をあてはめるのは適切とはいえないだろう。

　いまここで私たちにできることは，自己破壊行動の発生頻度の点で職業グループ間に違いがあるか，また，違いがあるとすればどの程度の違いがあるかを示せる，別の指標を使うことである[18]。その指標とは職業カテゴリーごとに自殺者の頻度を測定するものである（各職業カテゴリーの死亡者100人当たりの自殺者数）。今後の分析ではこの指標を用いることにする。

　ここでの分析は1978年の資料による。職業グループごとに計算した各年の自殺指標は，1981年まではその前後数年であまり変わっていない。1978年にポー

表V-1 社会経済的カテゴリー別にみた職業従事者に占める
ポーランドの自殺死亡者数（1978年）

職業カテゴリー	死者100人当たり自殺者数
総　　計	3.6
1．管理職者	3.4
2．非技術系専門職者	3.6
3．事務職者	3.9
4．農林業専門職者	3.9
5．技術系専門職者	4.3
6．商業サービス業従事者	4.4
7．運輸通信業従事者	8.4
8．土木建設業従事者	8.5
9．鉱工業従事者	9.2
10．農林業従事者	9.4
11．農　　民	1.3
12．分類不明	6.3

出所：中央統計局の資料にもとづき著者が算出。

ランドで自殺で死んだのは4,640人で、そのうちの3,090人（66.6％）が雇用者であった。

　表V-1で明らかなとおり、職業カテゴリーごとの自殺係数によって測定される自殺の頻度は、そのカテゴリーによって明らかに異なっている。これらの職業カテゴリーは係数値の大きさから3つのグループに分けられる。

1．自殺係数が職業従事者の全国平均に類似している中間的グループ。職業カテゴリーの大多数はこのグループに属している（係数値の範囲は3.4～4.4）。ここには行政、経済、政治、社会の指導者と管理者のほか、専門職者、事務職者、商業サービス業従事者が含まれている。
2．自殺係数がもっとも高いグループ（8.4～9.4）。このグループは、運輸通信業従事者、土木建設業従事者、鉱工業従事者、農林業従事者で構成されている。
3．自殺係数がもっとも低いグループ[19]（1.3）。このグループには農民だけが

該当する（このグループは概して同質的で，人数はきわめて多い）。

これは無理のないグループ分けである。なぜなら，これら3つのグループのそれぞれの内部では係数値のばらつきが比較的に小さいからだ。他方，グループ間の数値のばらつきは，はっきりとしていて相当に大きい。この結果から，ここで用いている統計尺度は，実在する社会学的な問題の存在を示しているといえるだろう。たとえば，社会構成のなかでの位置によって，自己破壊行動に至る傾向は異なっている。しかし，この傾向をさらに深く検討するまえに，この結果が他の指標によっても確かめられるかどうかを確認しておこう。

個々の職業カテゴリーで自殺が起こる頻度は，分散係数を用いて分析することができる。この係数値を使えば，死亡者全体の構成と自殺死亡者の構成との対照が可能となり，異なった職業カテゴリーの間での比較もできる。もし，自殺者も全死亡者もそれぞれの職業カテゴリーに同じように分布しているのならば，すべてのグループで分散係数は1に等しくなる。

係数値が1より低ければ自殺発生の傾向が平均以下のグループであることを意味し，係数値が1より大きければその職業カテゴリーは自己破壊行動に至る傾向が平均以上にあることを意味する。

表V-2は，分散係数を適用した場合でも，自殺の構成が明白に表れることを示している。つまり，より精密な統計尺度を用いても結果は変わらないのだ。真ん中のグループ（比率が1に近い係数値をとるグループ）は，前の指標での結果と同じ職業グループ，すなわち，上級管理職，すべての専門職者，事務職者，商業サービス業従事者によって構成されている。同様に，両極にある2つのグループにも，前の結果と同じ職業カテゴリーをみることができる。農業で雇用されている労働者や，先に自殺への傾向が強いと区分された職業グループの労働者は最大の自殺率を示し，農民は最低の自殺率を示している。

ここで結論へと向かう前に，1年分のデータしか分析に用いていないことが原因で，結論が偏ってしまうような可能性も検討しておく必要があるだろう（データが一時的な傾向だけを示している危険性はつねにある）。この可能性を

表V-2　1978年のポーランドにおける職業カテゴリー別の死亡数の構成

職業カテゴリー	死亡数の構成 (%)		分散係数
	死亡全体（Ⅰ）	自殺死（Ⅱ）	Ⅱ／Ⅰ
1．管理職者	0.69	0.84	1.22
2．非技術系専門職者	2.31	2.36	1.02
3．事務職者	4.13	4.30	1.04
4．農林業専門職者	0.43	0.45	1.04
5．技術系専門職者	2.27	2.75	1.21
6．商業サービス業従事者	1.48	1.84	1.24
7．鉱工業従事者	14.56	29.48	2.02
8．運輸通信業従事者	4.53	10.67	2.35
9．土木建設業従事者	2.74	6.53	2.38
10．農林業従事者	2.13	5.59	2.62
11．農　民	56.12	20.48	0.36
12．分類不明	8.33	14.66	1.75
合　計	100	100	－

出所：中央統計局の資料にもとづいた著者による算出。

取り除くために，残りの数年間についても同じような計算をしてみた。その結果は1978年と比べて，職業カテゴリーごとの係数値の大きさ，割合，構成に有意な違いはなかった。したがって，ここでは1978年の結果を少なくとも70年代の代表的な結果としてみることにした。

職業カテゴリーとの関連で自殺を分析しようとするときには，3つ目の不測の事態も検討しなければならない。それは自殺死と仕事上の事故死とが重複したために，統計データが損なわれてしまう危険性である。仕事上の事故が頻繁に発生していても，その届出が常には行われていないような職業カテゴリーでは，事故死のいくらかが自殺として誤って分類される可能性もないとはいえない。しかし，（先にふれたが）自殺死亡者の80％が首吊りによって命を絶っていることを考慮すれば，この仮説はあまり妥当でない。

したがって，経験的な前提と方法論的な前提から次の重大な社会的連関を推測することができる。それは自殺と職業構成とには関係があるということだ。

職業カテゴリーごとの自殺率をもとに、職業従事者の統計上の分類を行うことができた。また、これを社会学的な観点からみると、このグループ分けは階層との関連があることもわかる。

自殺率の密度の違いによって作られた3区分は社会的な層へと収束していく。

職業の違いは、技能資格や仕事のタイプの違いだけではなく、社会構成内の基本部分間に横たわる社会的格差の存在をも意味している[20]。

中央に現れてくるグループには知的職業層が集まり、残る2つのグループが現業労働者と農民になる。

地位(職務)、技能資格、とりわけ仕事のタイプ(肉体労働か精神労働か)の点では、第1のグループは典型的には知識層やホワイトカラーの職業を含んでいる。商業やサービス業で働く雇用者も「知的職業層」のカテゴリーに分類されることになる。実際には商業サービス業従事者のカテゴリーは混合グループで、知的職業層に含まれつつ、労働者階級とも接している。国の統計で用いられている区分は、おもに肉体労働者(現業労働者)を含む地位と、主に精神労働者(非現業労働者)を含む地位とに分けているが、これは「仕事のタイプ」といった基準[21]の重要性を決して軽視していない。実際、私たちは、この間ずっと、歴史的に規定された社会的分業にもとづいて、社会の多様性をまさにこの基準によって区分しているのだ[22]。

決定者、管理者、専門職者(理系と文系の両方を含む)、事務職者、商業サービス業従事者からなるグループの自殺率は、就業者全体の平均に近い。言い換えれば、このグループは自殺をする傾向の強さの点で(プラスにもマイナスにも)目立っていない。しかし、自殺を知識層に典型的な現象としている論文や素人考えもあるので、この点ははっきりさせておく必要がある。

自己破壊に関連した極端な2つの傾向は、残る2つのカテゴリーに現れているが、これこそが興味深いものである。自殺が主に労働者階級での現象であったという発見は意外なもので、この事実は自殺の社会学的な要因に関する研究にさらなる分析を呼び起こすだろう。

V 自殺の職業別分布

　私たちの知るところでは，80年代はじめに自殺がもっとも起こりにくかったカテゴリーは自営農民であった。自営農民の自殺率は比較可能な他の職業階層やグループの自殺率に比べて数分の1と低かった。この結果は，農村とは平穏で牧歌的なために自殺が非常に稀にしか起こらないという，通俗的なイメージともぴったりする。しかし，農村が都市に比べて自発誘発性が強いことを示すような統計は，農村の牧歌的なイメージを粉々にする。この問題はすでに別の箇所でも検討している[23]。ここでは農村の高い自殺率と自営農民の低い自殺率との間にある明らかな矛盾を説明しなければならない。ここに示したデータを注意深くみると，農林業に雇われている労働者のグループが農村の高い自殺率の要因になっていることが明らかになる。農林業労働者と自営農民の自殺死亡者の比率はおよそ7.5：1になる。

　農林業で雇われている労働者の自殺傾向は相対的に高くなっている。どうしてだろうか。これを説明するには，自己破壊行動の要因に関連している社会学の理論を参照しなければならない。この現象を説明できる数ある仮説のなかで，とくに次の仮説に注目する価値がある。自殺者数は社会移動と正の相関関係があり，とくに地域移動の頻度との相関関係が強い。アメリカでは，移民や州を越えて移動する人びとは，同一地域に定着して生活する住民に比べて自殺率が高いことがわかっている。イスラエルでも70，80年代のエチオピアからの移民，90年代のロシアからの移民の自殺率が高かったと記録されている。オーストラリアでもポーランド移民の自殺率はきわめて高い[24]。ポーランドでは近隣地域や地方からの移住者とともに，仕事の性格のために（とくに毎日の通勤のために）規則的に移動する人びとに同じ傾向がみられる。他の研究では，階級をまたぐ社会移動の増加に比例して，自殺率も増えることが明らかにされている[25]。

　社会的，経済的な発展や，連続的で急速な工業化と都市化の拡大は，垂直的にも水平的にも社会移動を増加させる。水平的な移動とはひとつの場所から他の場所への移動を意味し，垂直的な移動とはひとつの社会的な地位からその上か下にある社会的な地位に移動することを意味する（上昇と下降）[26]。

人口移動，労働力資源の活性化，雇用者の移動，職業技能資格の取得は，水平的な流動性をもっともよく表現している。人口の移動は3つのタイプ，すなわち往復する人口移動（毎日の通勤），周期的な人口移動，永続的な人口移動に分類できる。周期的に移動しているものは主に次の労働者である。「よい暮らしを求めて他の地域からやってくる人びとのほかに，ひとつの仕事を仕上げるために，一定の期間，派遣されたり募集されたりする労働者で，これらのグループのなかには居住区から居住区へと渡り歩く人びとがいる。しかし，その大多数は就業の機会や安定した生活の場を求めて人口の過密地域に移動してくる人びとで占められている」[27]。

戦後の社会主義下で急速な工業化にともなって進められた新都市の建設，既存都市の再開発，大都市への人口集中は，新しい緊急の課題を浮かび上がらせた。人びとが新しい環境に適応するにはどのような援助が必要なのかという課題である。この適応は急速に摩擦なしに進むものではないし，そのようなことはありえない。

より適合的な新しい生活様式に人びとが順応していくためには，その人びとの意識が変化しなければならず，それは長いプロセスを必要とする。農村で生まれ育った世代は，長期間，都市の環境で生活したとしても，出身地域の社会環境に見合った価値観，規範，評価基準をもちつづけている。農村という環境がもつ特徴のひとつはとても強力な社会統制である。社会統制は，広く受け入れられていて繰り返し教え込まれるような行動様式と関係していて，そのような行動様式を乱す行動にたいしてはそれを押さえ込もうとする。こういった社会統制は小さな町でも同じように機能している。しかし，より広く，より異質的な人が集まっている地域では，とくに社会移動（新しい環境から孤立していて，あまり順応していない新住民の流入）が激しいほど，社会統制は弱くなっていく。工業化の時代には特徴的な新しい複雑な事態が起こる。それは多面的な社会的影響をともなう。工業化や都市化には欠くことのできない人口移動は，逸脱行動を増加させる変数となる。そのような逸脱行動は人口移動によって特

徴的に現れる過渡的状態からの影響を受ける。過渡的状態では，新旧どちらの規範を守るのかが不明瞭だったり，規範がどのくらいの強さや期間で拘束的であるのかが不明確であったりする。これらすべてのことが規範の不確かな状態を作り出し[28]，次いで，健全な個人的特性を発達させるうえでの社会的手段と合法的手段との間での不一致を生じさせ[29]，ついには，法的な制裁の効力がぐらつくこととなる。「その結果，一方では，紐帯の解体，旧来の諸制度で機能していたバランスの喪失，伝統的権威の崩壊，古い規範に対する押さえ込み，旧来の行動様式と新しい環境との矛盾などのために，否定的で有害な社会的現象が発生することになる。他方，それぞれの行動様式を身につけた人びとの流入，彼らの新しい価値観と評価基準，尊敬や威信の新しい原則などとともに，マスメディアの影響は摩擦を引き起こし」[30]，その摩擦は他者への攻撃性や自身への攻撃性の増加に現れてくる。他者への攻撃性や自身への攻撃性ともっとも強い相関関係をもっているのは水平的な移動である[31]。

　こういった一般的なパターンと労働者の自分自身への攻撃性のような逸脱行動との関連づけをすると，まず，次のようなことがわかる。逸脱行動がとくに多く起こっているとされる職業カテゴリーの大多数は，空間的な移動がとくに激しいとされている職業カテゴリーでもある。これに該当するのは，家庭と職場との間を日常的に通勤していて，また，頻繁に転職や転居（その住居は通常，間に合わせのものである）をしている人びとで，具体的には，土木・建設労働者（レンガ積み，コンクリート塗り，漆くい塗り，タール塗り，道路建設・修繕，線路修繕，建築足場の組立て等をする作業員）が当てはまる。その他に，空間的な移動を相当にともなうような仕事に従事しているグループには，家庭環境からの短期もしくは長期の孤立（孤立は否定的なすべての結末をともなう）を余儀なくされる職業があり，これには運輸通信業に従事している人びとが該当する。具体的には，鉄道員，船員，トラック運転手，列車運転士，客室乗務員，貨物警備員，貨物運転手，運送労働者，燈台守などが当てはまる。研究者たちはこのグループの高い自殺傾向にすでに注目していて，普通は船員の

事例をもとにして説明している。研究者たちはこの船員のケースにおいて，家族や郷里からの孤立という，一般に知られているストレス要因や自殺発生要因に加えて，その心理状態の耐えがたさから人を自殺へと追いやるもうひとつの要因として，船の揺れに注目している。

農業労働者と林業労働者は同質的でない。この両者はそれぞれ同一グループの両極端にあり，したがってこれらの2つの下位カテゴリーは別個に分析しなければならない。農業に雇用されている労働者は，主として，国家が戦後に新しく獲得した土地で，それを分配すべき土着の農民がいなかった無所有状態の地域に設立された，国営農場の雇用者である。

その土地の人びとは，国有林でも雇用されていた。林業労働者のほとんどはゆるいつながりしかもっておらず，間に合わせの労働班を作って，仕事を探して歩き回っていた。このグループでの自己破壊的（かつ攻撃的）行動は，新聞，雑誌によく掲載されている。新聞，雑誌などでみられるこのグループについての通俗的なステレオタイプは自己破壊行動をしやすい人びとというものだが，このグループの分析結果は例外的にそのステレオタイプと一致している。

工業とその関連職で働く人びとのグループは，一見したところ，もっとも難しい問題を提起している。これまで，この職業カテゴリーは（水平的な）移動がとくに多いカテゴリーとは考えられていなかった。しかし，この憶測には根拠がないわけではない。ここでは工業労働者が被っていた自殺という社会的な犠牲について検討しているが，一方で彼らのライフヒストリーは偉大な社会主義建設の物語のなかに記されているからだ。電力やセントラルヒーティングを作り出したのも，電気器具の組立・修理をしたのも，製鋼所・化学プラント・製紙工場などで働いていたのも彼らであった。そして，村や小さな町の生家や家族から離れて，たいていは寮生活をしていたのも彼らであった。

工業労働者のカテゴリーには鉱業労働者も含まれている。近年（つまり1970年代前半）までは，「鉱業とその関連職」は独立したカテゴリーとして扱われていた。このカテゴリーは特徴的に高い自殺率を示していて，それは工業労

者に比べても高かった。外からみると移動がきわめて少ない職業カテゴリーなのだが，ここでの自己破壊行動はどうすれば説明できるのだろうか。

　第1に，仕事の継承性（たいていは親から子へと引き継がれていた）や鉱業労働者という尊敬された地位のために，彼らは同じような人たちの集まりとして見られてきたが，その評価は過大であった。戦後の第1次工業化のときに，受刑者は鉱山で強制的に働かされていたが，それは鉱業労働者の同質性を乱した。第2に，この他にも鉱業労働者が非同質的なグループとなっている理由がある。代表的な鉱業の職業（長壁法で石炭を掘る坑夫，立坑掘削工，コールカッター作業員，発破工）というものもあるが，これとは別に原油やガスの掘削，地質学・地球物理学の作業，泥炭の生産などに雇用されている労働者も鉱業労働者として分類された。後者の鉱業労働者はとても頻繁に空間的な移動をしている。このために鉱業労働者全体の自殺構成に偏りが生じている可能性も完全には排除できないが，後者の鉱業労働者は自殺構成を偏らせるほど人数が多くはない。自殺率と自殺の要因としての空間移動との関係を分析しようとすると，入手可能な統計資料や社会学的な資料からはこの関係性を分析できないことがわかってくる。また，鉱業労働が移動のない例外的な職業だとしても，このグループの自殺が主として移住労働者（新しい職業的・社会的な役割にあまり順応していない新参者）のために起こっている可能性を排除することも難しい。若者や家族が不安定な状態にある人びと（主として離婚女性や男やもめ）にもっとも自殺の傾向があることを示している統計データは，この仮説を裏打ちしているとみられる。言い換えれば，頻繁に転職や転居をするような人びとは，これまでとは違う新しい状況に適応しようとするけれども，それがいつも成功するわけではない。このことは，離婚者や死別者が自殺をする頻度が，独身者や安定した夫婦の4倍にも及ぶという事実（このことにはすでにふれている）からも明らかである。

　仕事と家庭の両方の環境について著者が独自に行った経験的調査でも，生活条件がいちじるしく不利になったときには，否定的状況に応じた徴候（自殺誘

発の徴候も含む）が現れる可能性が高くなることが，確証されている。

　一般的にいうと，骨の折れる伝統的な仕事をしている人びと（とくにいわゆるタフガイ）は，伝統的で家父長的な家族モデルが近代化などで変化すること，つまり，「古いもの」と「新しいもの」や，仕事と家庭との間の不均衡の増大に対して，あまり抵抗力がない。別の言葉でいえば，鉱業労働者，鉄鋼労働者，農民は，（職業的，道徳的な側面での）女性の解放の進展によって引き起こされる家族の絆の弱体化や伝統的な社会的分業の衰退と，旧来的な価値や規範とを融和させることがとても大変なことに気づく。こういった変化に加えて，もし労働条件がより困難なものになったり，付加的なストレス原因が現れたりして，仕事上の悩みを抱えるようになれば，自己破壊行動が起こる確率はより大きくなりうる。

　これらの「付加的なストレス原因」がどういったものか，その意味を可能な限り読み解く試みには意義がある。「付加的なストレス原因」は，深刻な労働災害を発生させるような恒常的な危険性を含んでいる可能性があるからだ。

1980年代：「連帯」現象

　ポーランドの統計をみると，1981年には都市でも農村でも，自殺率もその他の逸脱行動の発生率も，測定可能なすべての指標でいちじるしく低下している。

　しかし，1982年以降になると，社会統合は弱体化して，生活がよくなる見通しをもてなかったため，自殺率は都市でも農村でも再び上がりはじめた。また，自営の農民や畜産家は，以前の自殺統計ではほとんど自殺が記録されることのない職業カテゴリーであったが，70年代以降では初めて自殺率の増加を記録している。

　自殺率に生じた変化への着目は，仕事のタイプ，概して職業カテゴリーが自殺行動に与える影響を分析するうえで，その核心により迫るものとなる。それぞれの職業グループで自己破壊行動が起こる比率，別の言葉でいえば，それぞ

れの職業カテゴリーの死亡者全体に占める自殺死亡者の割合（死者100人当たりの自殺者数）は，すべての職業カテゴリーに共通した指標なので，職業と自殺の関係を検討するのに役立つ。

1980年代の数値によって示されている自己破壊行動のパターンは，それ以前の時代と類似している。

第1のグループは自殺率が職業活動人口全体の平均に近い中央のグループで（死亡者100人当たりの自殺者数は1978年が3.4〜4.5人，1981年が2.5〜3.7人，1982年が2.5〜4.2人，1986年が2.4〜6.2人），行政・政治・経済などの指導者・管理者，あらゆる業種の専門職者，事務職者，商業サービス業従事者で構成されている。

よく知られていることだが，これらの職業は知的職業階級としてまとめられている。ただし，商業サービス業従事者は，通常はこの階層に属しているものの，労働者階級とも接している限界グループである。この事実は表V-3にもみてとれる。商業サービス業のカテゴリーは，他の知的職業階級と比べて自殺率がとても高く，とくに1986年の自殺率は労働者階級にもっとも近づいている。

また，注目すべきは，1981年に管理者（決定者）の自殺率だけが上昇していることだ。ところが，1982年以降から80年代末までは，自殺率が知的職業階級のなかでもっとも低いグループとして際立っている（70年代も同様に低かった）。

第2のグループは労働者で，自殺率がもっとも高い（1978年が8.4〜9.4人，1981年が5.6〜8.1人，1982年が6.8〜8.9人，1986年が7.5〜10.5人）。

第3のグループは農民と畜産家[32]で，自殺率がもっとも低い（1978年と1981年が1.3人，1982年が1.5人，1986年が2.3人）。

自殺が労働者にもっとも深刻に影響するという観察結果は，先に見出した事実とも一致し，したがって農村には自殺が発生しやすいという主張と同様に妥当性をもつ。

以上の分析は，より広く深い解釈が求められる。なぜなら，ポーランドにお

表V-3　ポーランドの職業活動人口における自殺死亡者 (1978～1986年)
（各職業カテゴリーにおける死者100人当たり数）

職業カテゴリー	年			
	1978	1981	1982	1986
総計	3.6	3.0	3.8	5.0
1. 管理職者	3.4	3.7	2.5	2.4
2. 非技術系専門職者	3.6	2.7	3.0	3.0
3. 事務職者	3.9	2.5	4.2	5.1
4. 農林業専門職者	3.9	3.6	2.6	2.8
5. 技術系専門職者	4.3	2.6	3.4	3.6
6. 商業サービス業従事者	4.5	3.5	4.2	6.2
7. 鉱工業従事者	8.4	6.1	6.8	7.5
8. 土木建設業従事者	8.5	8.1	8.7	10.0
9. 運輸通信業従事者	9.2	5.6	7.0	8.4
10. 農林業従事者	9.4	6.6	8.9	10.5
11. 農　民	1.3	1.3	1.5	2.3
12. 分類不明	6.3	4.7	5.9	6.4

出所：中央統計局の資料にもとづき著者が計算。

ける1981年の事件は，自由と民主主義，そして新しいよりよい未来（それは各グループで違った意味をもっていたとしても）への闘争だった[33]。一方，社会学の自殺理論では，自殺ほど感度のよい社会統合や社会状態の指標はないとされてきた。つまり，この出来事は社会学の理論に，これまでにないスケールで繰り広げられた，新しい経験的なデータを与えている。この壮大な社会的実験の間に，自殺に関する指標が35％も急低下したことは，すでに世界の十数ヵ国以上で発表されている[34]。

　これまでの自殺率の変遷をみると，戦後期は一貫して徐々に増加（20％）していたが，1981年にはこれが突然，目覚しく低下している。ここから，自己破壊行動には他の逸脱行動と同じように，社会的な要因があることがわかる。1981年には「連帯」が優勢となり，人びとはそれぞれが抱えていた問題を含むすべての問題が，近い未来には解決されるであろうという希望を抱き始めてい

た。そのために，自殺に身をゆだねるような決断は退けられるか，もしくは，少なくも先延ばしされるようになっていた。戦争や革命のような公然の対立が起こっている場合と同じように，1981年には人びとが人生の価値を獲得したし，その時は人生を放棄するような時期ではなかった。未来がそれまでと違うもの，より良いものと映ったのだ。

　自殺の構成のなかで，両極端にある2つのグループには大きな不均衡がみられる。そのグループとは，もっとも劇的に自殺の指標が低下した労働者（おもに鉱業労働者，造船労働者，鉄鋼労働者）と，自殺の指標が上位に昇った行政・政治・経済などの指導者・管理者（意思決定者たち）のことである。「連帯」とは対立状態にあって，圧迫や挫折にさらされていた指導者・管理者のグループは，1981年に自殺率が増加した唯一のグループであった。

　戒厳令が布かれた1982年以降になると，共有された目的や価値を軸に成り立っていた以前の社会統合が崩壊しはじめた。とくに労働者と知的階級のなかでは落胆と挫折が拡がった。この傾向は自殺の指標にも表れている。1982年になってからは，自殺が比較的まれにしか起こっていなかった意思決定者（旧体制下でも意思決定者の自殺は同様に少なかった）を除き，すべての社会的カテゴリーで自殺率が増加し始めた。

　しかし，1982年には，農民と畜産家で自殺率が急上昇している。1970年代（1981年も同様であった）には，このカテゴリーは比較的に低い自殺率を維持していた。

　1989年というのは，何十年にもわたる政治，経済，社会の転換という苦闘が成功に終わった年であるが，そのときはちょうどその8年前と同じように自殺率が再び低下している。しかし，それも長くは続かなかった。1990年代になると，自殺率は1982年以後の記録と同じ傾向を示しながら，再び上昇し始めている。

1990年代

　最近の自己破壊行動の傾向は読者にとってもっとも興味深いものであろう。ただし，不運なことであるが，90年代の自殺の構成や傾向を分析するための土台となるデータは以前に比べて乏しいために，面倒なことになっている。前にもふれているが，中央統計局は今日では自殺者の職業に関する情報を集めていないため，この問題を分析するには警察統計をもとにして進めなければならない。しかも，自殺についての指標は以前に比べて正確ではなくなっている。かつては，職業カテゴリーごとに死者100人当たりの自殺係数を計算していたが，今ではそれに代わって，全自殺者数を母数として，その職業カテゴリーごとの割合を求めることが必要となった。つまり，分析対象となるカテゴリーを，警察本部統計局の記録で採用されている基準や内容とあわせざるをえなくなったのだ。

　ここでは方法論上の仮説が許す範囲内で，著者が独自に行った自殺の経験的調査から得られたデータによって，警察統計を補う。

　表Ⅴ-4で示されているデータでは「その他・不明」の割合がもっとも大きいために，自殺者がもっとも多い職業を特定することができない。そのため，この統計が採用している分類法（それは控えめにいっても不十分である）の根拠になっている方法論上の原則は，一定程度，崩されていることになる。この「その他・不明」というカテゴリーについては後で別に検討しよう[35]。

　そのほかにも「自営業者」のグループも同質的とはいえない。このグループには，職人，商人，内職労働者などが含まれている。このグループについて説明するのは困難である。ことによると，自営業者は強く，抵抗力があって，困難にうまく対処できる傾向があるなど，自然淘汰の結果として論じることができよう。

　次に，自殺率が最低（1％未満）となっているのが学生であることに注目し

表V-4 ポーランドの自殺完遂者と職業や学校教育上の身分との関係（1992〜1996年）

職種・教育課程		年									
		1992	1993	1994	1995	1996	1997	1998	1999	2000	2001
全体 (a)		5453	5569	5535	5485	5334	5614	5502	4695	4947	4971
職種別構成比(%)	学生	0.6	0.6	0.4	0.8	0.7	0.6	0.8	1.0	0.8	0.8
	自営業者	3.1	3.7	3.4	3.0	3.4	3.3	3.4	3.3	3.8	3.2
	学童	3.2	3.6	4.4	4.5	4.8	4.8	4.8	5.0	4.6	4.4
	ホワイトカラー労働者	5.2	4.8	4.3	3.7	3.6	4.3	3.3	3.2	3.0	3.1
	農民	12.5	11.4	11.6	12.0	11.7	11.4	10.3	10.5	8.9	10.0
	失業者	12.2	21.3	22.0	21.9	21.0	19.2	18.3	16.8	13.8	14.9
	ブルーカラー労働者	32.9	21.8	21.1	19.7	18.3	20.3	21.0	21.7	23.4	25.6
その他・不明 (b)		30.3	32.8	32.8	34.4	36.5	36.2	38.2	38.4	41.8	38.0

(a) 全体の項目は全住民における自殺者数を示している。
(b) このグループは次の職業カテゴリーを含んでいる（職業を特定できない人を除く）：囚人，警察官，軍人，高齢者，年金生活者など。
出所：警察による記録。

ておこう。また，学童の自殺率は3.2％から4.8％の範囲にあるが，これは増加している（自殺率の増加はとくに学童において顕著である）。

これに次いで自殺率が低いのがホワイトカラー層である。これは，先にふれた自殺の職業構成でホワイトカラー労働者が占めていた位置とも一致している。しかも，ホワイトカラー層の自殺率は1990年代の間にも低下している（1992年には5.2％であったが，1996年には3.6％になっている）。

一方，失業者，現業労働者，農民という3つのグループは，その順で，もっとも多くの人びとが自らの命を絶っている。とくに強調しなければならない点は，失業者の自殺率がきわめて高く，しかもそれが引き続いていることである。

現業労働者（本書では以前に労働者としてふれている）は，少なくとも1970年代になってから，もっとも高い自殺率を示している。それと同時に，以前にもふれているが，このグループは自殺を誘発するような社会・経済的な要因に対してもっとも敏感なグループである。ここで，労働者が主人公となっていたポーランドの変革の歴史とともに，労働者の期待が膨らんだり，萎んだりした結果に注目してみよう。経済的な変革のなかでもっとも高い代価を支払ってい

た「労働者階級の中核」(鉱山労働者, 鉄鋼労働者, 造船労働者) を形成し, 労働者のなかでもっとも経済を支えていたのは, 現業労働者であった。「民主主義になるはずが, 俺たちはなにを手に入れたのか? 資本主義だ」「ある人はクーポンを切って金持ちになり, そして, 俺たち馬鹿者は, 勝利したけど取り残された」「レフ・ワレサ (「連帯」議長) が柵を乗り越えたのはそんな目的のためだったのか? 彼らの掌中に金や権力を収めるためだったのか?」[36]。

他方, 経済的には効率的で生産的になり, 政治的には正常で現代的になる民主主義的な変革に向けて国が動き始めたという事実は, 社会的な公平の原則が満たされることを約束するものではなかった (とくにポピュリスト的見解がそうであった)。むしろ, 社会的な不平等は新しいシステムの内在的な特徴であった。

社会的, 経済的な上昇移動のための機会は, その目標が達成されることと同じではない。すべての人はそれぞれが望む社会的地位に憧れる権利を平等にもっている。しかし, 当然, それは目標が達成できることを意味してはいない。個人的性向や職業適性の点で人びとは多様である。そのため, もし, その多様な人びとに同一の原則が適用されるのならば, 失敗した人びとは, 当然, 扱われ方を不公平に感じ, 怒りっぽくなるだろう。彼らは失敗の原因を自分自身に求めるのではなく, 不条理な原則のせいにしがちである。「知っての通り, すべての人は自分自身の境遇が特別であると信じている。したがって, 公平な原則がそれぞれのケースに適用されると, 彼らはそれを冷酷で不公平なものとして見がちである」[37]。人びとは自分自身の境遇を評価するときに, 自分自身がつながっていると感じ, また, 自分自身がアイデンティティを抱いている社会集団 (普通はとても狭い範囲) という物差しを使っている[38]。社会的昇進や出世の機会が現実には存在せず, 昇進できなくてもそれが個人の失敗とはみなされない閉ざされた動きのない社会よりも, 社会が流動的で変動のなかにあり, 昇進の道が万人に開かれているときには, 人びとが相対的剥奪感や欲求不満を頻繁に抱くようになる。剥奪感は常に経験に根ざしている。物質的に低い生活

水準に慣れている人びとは，たいてい受動的で，流れに身を任せて「じっとしている」傾向がある⁽³⁹⁾。失望や挫折，極端なケースでは攻撃性や自己攻撃性が起こるのは，人びとが新しい状況に直面しているときに，他の人びとの地位が向上したのと同じように自分の地位も向上するのではないかと，意味もなく期待しているときである。

しかし，物質的な生活状況が相対的に悪化した人びとだけが，新しい現実を受け入れ難いものと感じるわけではない。同じような感情を，かつて「第一級」の階級や階層に属していて，今では社会的な威信ががた落ちになった人びとも抱いている。そのような感覚は，とくに変革の初期段階で人びとを苦しめる。初期段階というのは「『古い』規則と『新しい』規則のどちらを適用するのかが明らかではない，構造化されていない時期で」⁽⁴⁰⁾，競争のルールがわかりにくく，とくに古い命令システムのなかで育った人びとにとって困難な時期である。

農民の自殺原因を分析すると類似したフラストレーションを見出すことができるが，農民の場合はその傾向がよりいっそう顕著である。これまでに分析してきた他の職業カテゴリーと同様に，1982年以来，農村での自殺率が急増している原因には多様な要因が考えられる。一般的に（仕事と関係した要因だけに着目すると），農民の間での自殺の増加は，農村の確実な貧困化（1970年代や都市と比べて）と結びついているだろう。また，農民（そして畜産家）が市場経済への適応を迫られたことによって生じた挫折とも関連しているだろう。

これまでに言及してきたフラストレーションは，経済的，社会的な低落にその原因がある。変革の代償が農村住民への深刻な打撃によって支払われている事実を無視することはできない。小規模農場は不可避的に廃業に直面し，その所有者たちは突如「余剰人員」となった。

このように貧困が構造的になっていき，農民という大きな社会的グループが対処能力を失っていった。エドムンド・モクシツキによれば「農民の社会的状態は不可逆的に下がりはじめており，悲惨が自動的に再生産されるメカニズム

が作動しはじめている」[41]。そして，(逸脱を含む)重大な結末が生みだされた。しかし，恵まれた状況にある高い社会的地位へと移動し出世した人びとでも，抑圧され神経症になっているのであれば，彼らでさえもリスクから自由とはいえない。新しい役割や市場経済に適応することの困難，新しい責任をうまく果たせないことや新たに獲得した地位を失うことへの恐れによって，ノイローゼやうつ病が引き起こされる。そして，そういったものはアルコール依存や自殺のような形をとる自己破壊の逸脱行動へと人びとを導いていく。社会階層上の位置の変化は，経済的地位，権力，権威を決定するもので，積極的感情や消極的感情の原因になる。これらの感情の人間行動に対する影響力はとても大きい。希望する地位を手にするための地位や能力をもっていないときに，人びとは否定的な動機づけのために生じる緊張や苦痛の感覚をもっとも抱きやすくなるが，これがとくに強力な自己破壊行動の要因になる。

失業者は自殺の危険性がもっとも高く，すべてのカテゴリーのなかで最悪の状態にある。それは警察統計でも，私独自の調査チーム[42]が行った経験的なフィールド調査によっても立証されている。体制変革期の自殺という課題には，学問分野をまたがっての研究が必要なことを，これらの事例は示している。

これらの研究や世論調査センター(CBOS)が同時期に行った研究から，失業はもっとも深刻な現代的脅威として広く認知されていることがわかる。職を失うという恐怖はあまりに深刻なので，自殺の引き金を引くのには失業時の悩みだけで十分である。自殺行動は，ふつう，突然の遺棄にともないがちな貧困化，職業資格の低さ，昇進の展望のなさなど，否定的な状況症候群に根をもっている。新しい仕事の機会は，その地域の大きさに比例して多くなる。農村の住民には最悪の見通ししかない(閉鎖された国営農場の元従業員にみられる深刻な逸脱行動や自殺からも明らかである)。自殺率と地域の大きさとは反比例の関係にあり，大都市では自殺率がもっとも低くなる[43]。

近年観察される自殺率の増大は，これからも続くのだろうか。この問いにはっきりした回答を出すのはむずかしい。短期の傾向の観察では，それが直線

的に進むのかどうかの判断はできない。しかし，自殺率の上昇傾向が継続し，それがポーランドの経済社会状況を悪化させるという可能性を，まったく否定することはできない。逆にいえば，ポーランドの経済的社会的諸条件が改善されれば，自殺傾向は一定になり，あるいは減退するかもしれないのだ[44]。

注

⑴ これまでに引用した著作に付け加え，次の論文にも注目する価値がある。E. ジャプチンスカ『子どもの非行と学校・家庭との関係』（ワルシャワ，1974年）；M. ヤロシュ『家族病理学の諸問題』（ワルシャワ，1976年）；M. ジエムスカ「家族病理学」（A. ポドグレツキ編『社会病理学の諸問題』ワルシャワ，1976年，所収）；世論調査センター『意味ある他者―親か仲間か：調査レポート』（ワルシャワ，1994年9月）。

⑵ E. デュルケーム『自殺論―社会学研究』（パリ，1897年），邦訳は宮島喬訳，中公文庫，1985年，160頁。

⑶ Ⅲ章を参照。

⑷ 著者は初期に行った調査に照らしながら，世間に流布するステレオタイプに対して異議を唱えた。M. ヤロシュ『自己破壊・自殺・アルコール中毒・薬物濫用』（ワルシャワ，1980年）を参照。

⑸ E. H. パウェル『軋轢の素描』（ニューヨーク，1970年）。

⑹ W. ヴェソウォフスキ・K. M. スウォムチンスキ「1945～1975年におけるポーランドの階級階層構造への理論的アプローチ」（W. ヴェソウォフスキ編『社会構造の形態　総合に向けての研究』ヴロツワフ，1978年，33頁），また，W. ナロイェク『個人対体制―生存と変化の人類学』（ワルシャワ，1996年）も参照。

⑺ 以下の文献を参照。K. M. スウォムチンスキ・W. ヴェソウォフスキ編『社会構造と社会移動』（ヴロツワフ，1973年）；K. ザグルスキ『社会発展・社会構造・社会移動』（ワルシャワ，1978年）；D. ベルトー『フランスにおける社会移動の新展望』（パリ，1970年）；M. V. ポポヴィッチ・M. ヤニチエヴィッチ編『社会階層と社会意識』（ベオグラード，1977年）；B. W. マッハ・W. ヴェソウォフスキ『移動と社会構造理論』（ワルシャワ，1982年）；I. セレニイ・D. トレイマン・E. ヴヌク-リピンスキ編『ポーランド，ロシア，ハンガリーのエリート』（ワルシャワ，1995年）。

⑻ S. オッソフスキ『社会意識における階級構造』（著作集第5巻，ワルシャワ，1968年，118頁）。邦訳は細野武男・大橋隆憲訳『社会意識と階級構造』法律文化社，1967年，54頁。

⑼ W. ナロイェク『個人的経験における社会構造』（ワルシャワ，1982年，162頁）。

⑽　J. H. ゴールドソープ『近代イギリスにおける社会移動と階級構造』(オックスフォード，1980年，39頁)．
⑾　R. ゴルタト「ポーランド社会の姿—多様性と統合要因」(W. ヴェソウォフスキ・I. パンクフ編『政治エリートの世界』ワルシャワ，1995年，49頁)
⑿　1989年以前も以後も，私の努力は議会の委員会から適切な支援を受けていたにもかかわらず，この点に関しての中央統計局への度重なる働きかけはうまくいかなかった．
⒀　W. ヴェソウォフスキ『階級，階層，権力』(ワルシャワ，1974年，160頁．同じく『政治エリートの世界』(前出) も参照．
⒁　K. ザグルスキ『ポーランドにおける構造変化と職業移動』(ワルシャワ，1976年，15頁)．
⒂　これについて詳しくは M. ヤロシュ「社会統計における方法論的諸問題—崩壊家族研究の場合」(『統計ニュース』1976年，第7号) を参照．
⒃　K. ザグルスキ『構造変動』；L. アダムチュク「人口の社会的分類」(『統計ニュース』1978年，第3号) を参照．
⒄　次の文献を参照．K. ザグルスキ『構造変動』；L. アダムチュク『社会分類』．前提とされている現行の分類法や，その仮定条件と分類基準は『社会構造と社会移動』のような研究報告書での発見にもとづいている．
⒅　S. ノヴァーク『社会的研究方法論』(ワルシャワ，1985年，165-177頁) を参照．
⒆　このグループの自殺は1982年以降，際立って増大する動きをみせており，今後の分析における課題である．
⒇　H. ドマンスキ『社会階級，職業集団，経済組織』(ワルシャワ，1991年，137頁) を参照．
㉑　はじめは公式統計に設けられていた「肉体」労働者と「精神」労働者の区分は廃止されたが，その廃止は多くの論争，論評，意見を呼び起こした．たとえば J. マラノフスキは次のように述べている．「いまや新たな労働体系が導入され，以前の肉体労働者と精神労働者という区分は消し去られ，それに代わって"労働者"が現れた．こうして肉体労働者はもはや存在せず，いまあるのは労働者だけである．…新しい中央統計局の区分に従えば，ポーランド社会の構成は，非常に単純なものとなった．なぜなら，現在では社会は労働者，農民，その他の3つに分類されるからだ．それゆえ，大臣は非ブルーカラー職で肉体労働者はブルーカラー職とされているが，いまでは後者が肉体労働者なのかどうかはわからなくなった．このようなグループ分けの方法は，現実に存在している差異を抹消し，不平等を隠蔽して社会状態の不適切な像を作り出す．」(マラノフスキ「若年労働者に関するいくつかの注釈」『社会政治分野における若年労働者の参加』コンファレンス提出論文，リニア，1973年3月30日－4月1日) より．
㉒　H. ドマンスキ『社会階級』；H. ドマンスキ・Z. サヴィンスキ『威信様式と社会

V 自殺の職業別分布　145

構造』（ヴロツワフ，1991年）を参照。
㉓　Ⅲ章を参照。
㉔　P. センスベリ・B. バラクラフ『自殺率の格差』（ロンドン，1968年）；J. J. スモリッチ『多元的社会における文化と教育』（キャンベラ，1979年）；L. コルポロヴィッチ『転換社会における人格とコミュニケーション』（ワルシャワ，1996年）を参照。
㉕　次の文献を参照。W. ブリード「白人男性の職業移動と自殺」（『ASR』1963年，第28号）；J. P. ギッブス・W. T. マーチン『地位統合と自殺』（ユジーン，オレゴン，1964年）；M. ヤロシュ「自殺とその社会的決定因」（『社会学研究』ワルシャワ，1977年，第3号）。
㉖　本章と最終章で別に分析している。
㉗　A. ライキエヴィッチ「工業化過程における人間的要因」（B. チジェフスカ編『工業地域における人間的要因管理』ワルシャワ，1967年，41頁）。
㉘　J. ヴーツ『社会病理現象と社会的法律的制裁』（ヴロツワフ，1973年，35-36頁）を参照。
㉙　J. クワシニエフスキ「社会規範違反行為に対するワルシャワ住民の態度」（『社会予防・社会復帰研究所紀要』1977年，第4号）を参照。
㉚　J. シチェパンスキ『工業化過程におけるポーランド社会の変化』（ワルシャワ，1973年，92頁）。
㉛　P. ザクシェフスキ『工業地帯における若者の逸脱現象』（ワルシャワ，1969年）；A. モシチスキエル「経済発展と都市化および犯罪」（J. ヤシンスキ編『ポーランドにおける犯罪の諸問題』ワルシャワ，1975年，所収）；A. ラタイチャク編『ビエルコポルスカ地方における少年犯罪』（ポズナン，1977年）；M. ヤロシュ『家族解体の諸問題—決定要因と社会的帰結』（ワルシャワ，1979年）。
㉜　中央統計局の分類ではこれらのグループは合算して記録されており，同質的に扱われている。
㉝　A. トゥレー・F. デュベ・M. ヴィエヴィオルスカ『連帯—社会変動の分析 ポーランド1980-1981年』（ケンブリッジ，1984年）；S. ノヴァーク『80年代後半のポーランド社会』（ワルシャワ，1987年）。
㉞　これらは著者による研究と分析である。次の文献を参照。M. ヤロシュ「ポーランドにおける社会崩壊指標としての自殺」（『社会指標研究』1985年，第16号）。
㉟　Ⅵ章を参照。
㊱　「所有転換の制度的・主体的リスクとチャンス」調査研究で回答者から得られた意見。詳しくは以下を参照。M. ヤロシュ編『私有化，チャンス，リスク』（ワルシャワ，1993年）。
㊲　M. オッソフスカ『道徳規範』（ワルシャワ，1970年，150頁）。
㊳　K. M. スウォムチンスキ『職業の多様化とその相関関係』（ワルシャワ，1972

年）を参照。
⑶⒐ M. ハミルトン・M. ヒルショヴィッチ『前工業社会，資本主義社会，共産主義社会における階級と不平等』（サセックス，ニューヨーク，1987年）。
⑷⓪ Z. バウマン「保護者国家の後—階級利害研究の一モデル」（C. G. A. ブライアント・E. モクシツキ編『新たな大変革か？—東中欧における変化と連続』ロンドン，ニューヨーク，1994年，16頁）。同様に次の文献も参照。M. ヤロシュ「企業における所有転換の障害」（K. コネツキ・J. クルピンスカ編『経済における社会的転換』ウーチ，1994年）；J. ガルダフスキ『限定された許容—市場と民主主義に対する労働者の態度』（ワルシャワ，1996年）。
⑷⑴ E. モクシツキ「過去からの階級」（『選挙新聞』1997年7月5〜6日）。
⑷⑵ 詳しくは以下の文献を参照。M. ヤロシュ編『地方的観点からみた民有化—その社会経済的側面』（ワルシャワ，1995年）；M. ヤロシュ編『私有化における外国資本』（ワルシャワ，1996年）。これら2つの研究では国家科学研究委員会（KBN）からの交付金を受けた。
⑷⑶ 詳しくはⅢ章を参照。
⑷⑷ もちろん，民主化のプロセスが「上層部がコントロールして，人びとをだましている」ような表面的で，旧制度の下にあるようなものではなく，本物である場合に限ってである。（S. ノヴァーク『ポーランド社会』前出，33頁）。

Ⅵ　閉鎖的環境下の自殺：軍隊と監獄

　これまでは，自殺者の男女別・年齢別特徴や地域的・家族的・職業的環境に焦点を当てて分析を進めてきた。

　有償労働は，労働従事者の技能と職場の状況といった要因と結びついている。状況要因は，たいてい，職場とのかかわりで分析されているが，その職場とは平常（少なくとも過去数十年間は），経済成果が乏しく，従業員の自発性を阻害する，まったく無秩序なものとみなされてきた[1]。職場環境に関するこのような見方は，無力感，無意味感，疎外感を育み，昔ながらの欲求不満状況症候群に点火する。この症候群の処理ルートはいくつかありうる。ひとつのルートは，経済的，社会的，政治的変革に取り組むことである（たとえば現状に対する反抗，不変不動なものに対する改革の企て）。受容できない状況に対するもうひとつのルートは，病理的行動ないしは犯罪行動をとることである。無関心や疎外感は，ときに，自己破壊（アルコール依存，薬物依存），あるいはさらに自己撲滅へとつながる[2]。

　分析の焦点を病理的職場環境から特殊な閉鎖的環境に身を置く特殊な職業グループに移すと，問題はもっと複雑になる。

　兵士や囚人の自殺を他の職業グループの自殺から区別するのには，実質的な，そして方法論的な理由がある。もちろん囚人はひとつの職業グループをなしてはいないが，その特殊な社会的立場からいって，特異で比較的同質的な社会的カテゴリーとして扱うことができる。服役と兵役には多くの共通点がある。軍隊と監獄は（やりかたは違っていても）特別な閉鎖的環境を形作って自己破壊

行動など特殊な行動を誘発する，一定の規律に従っている。中央刑務本部と国防省の記録は，私たちがこれまで扱ってきた警察統計や国家統計とは異なっている。それらもまた不十分である。それゆえ，使える情報の小片を集められるだけ集めれば，この特異な環について少しは何かがわかるだろうという想定に立って，手持ちのものを活用するほかない。

軍隊内の自殺

　私たちは，軍隊における自殺について，何を知っているだろうか。これまでに公刊された結果を，本書で分析してきた社会集団や社会階層と比較することは可能だろうか。言い換えれば，そこから何らかの一般化や仮説検証は可能だろうか。はっきりいって，その可能性は小さい。確かに職業軍人については長年信頼できる研究がなされてきた。しかしその研究結果を入手することは非常に難しい。軍隊内のことだからである。ここで想起すべきは，現行規程では軍隊内での自傷行為は厳格に定められた一定の条件において罰せられ，兵役を逃れる企てとして扱われるという点である（ポーランドでは唯一例外的にこの一般規則に沿わず，自己攻撃行動は処罰の対象とされない）。デュルケームの研究は，依然としてこの問題についての重要な情報源である。また，断片的で，そしてほとんど公刊されていないが，ポーランド人研究者たちの研究報告もある[3]。それらの研究結果から推測すると，補充兵と職業軍人（とくに将校）において自己破壊行動が高い割合で発生している。この傾向は長年にわたって世界中で確認されている（その度合いはさまざまであるが）。これは，軍隊でとくに強く力説されている特殊な文化的伝統とモーレス（習律）との絡みで解釈される。一般的にいって，これらの文化的伝統やモーレスは，将校（あるいは兵士）の名誉は他のあらゆる価値に優先し，特殊な状況下では自殺やその他の特殊な行動を指令する，受容された価値構造に帰せられる。その現象のよい例が，1945年の降伏後に急増した日本軍将校による自殺の頻度の高さである。ま

た，戦時中によくみられたポーランド将兵の英雄的行動も，この現象のよい例である。多くのばあい，この英雄的行動は自己破壊にまで突き進んだ。

　家族，隣人，友人らとの接触の欠如といった空間的隔離が，新しい馴染みのない生活様式への適応のまずさとあいまって，軍隊における自殺行動の第2の決定要因となる。

　これらの問題は経験的研究よりも小説や新聞雑誌からのほうがよく知られているが，ひとつの例外として「鞭打ち」に関する研究がある。これは兵士たちの間における特殊な風土，疎外，逸脱行動を表す，残忍な加入儀式である[4]。いったん兵舎の敷居を跨いだからには，新しい行動規則，必ずしも理解がおよばない，ストレスに満ちた，時には適応能力を超えた，ひどいばあいには自己破壊行動を呼び起こすような行動規準に，自らを従わせなければならないのだ[5]。

　そして，調査研究が示しているように，兵役とそれにともなう厳しさは，絶えざる脅迫感と不安感をもたらす。新参者たちはとくに悲惨な状況に置かれる。とりわけ，新兵が古参兵の意図的な仕打ちで剥奪感や屈辱感など否定的な感情をもたらされるようなばあいが，そうである[6]。

　アンナ・デンプスカによると，「軍隊内での鞭打ちといった下劣な慣行は，兵役に招集される何十万という若者たちに生々しい脅迫を加え，そして彼らの家族からも恐れられている。家族も精神的，身体的，道徳的犠牲を払わざるをえないからである。おしなべてこれは，現代的集団生活にみられる多くの病理のひとつである」[7]。

　「鞭打ち」にまつわる病理行動は，自己破壊のリスクを増すだろうか。この問いに明確な回答を出すことはむずかしい。それにはいくつかの理由がある。まず，新兵に沈黙を強いる状況があり，そのためになにがどの程度行われているかについて，本当のところが実際には把握できないのである。

　被害者たちや彼らの親族から入手できる発言や告白は個別的なものであって，それを一般化することはできかねる。また，もし兵士がみずから命を絶ったと

しても，それをひとつの原因に帰すことは不可能である（これに限らず自殺の理由を説明するのは一般に困難である）。しかし，自殺現象の範囲，特徴，傾向を一般化して説明するだけの経験的データが不十分だとしても，自殺のマクロな社会病理的な原因が現実にあることは疑いえない。

「鞭打ち」の儀式には，沈黙の規則が本来的に備わっている。この規則は，自殺があったときの査問のさいに，破られることがある。ひとりの被害者が打ち明けている。「…古参兵たちは好きなようにやっています。私は彼ら全員に責任を負わなければならず，すべての犠牲を払わなければなりません。こんなことにはもうこれ以上我慢できなくなったのです」。他の被害者で自己破壊にもいたった人は，軍隊生活が耐えられなくなった理由を次のように説明している。「自宅にいるとき，私の婚約者が打ち明けてくれたのですが，彼は軍隊で『襟首』とかそのほかの新兵いじめの言葉をあびせられ，『先輩』と呼ばれる古参兵たちに，首の後ろや頭を膝で蹴り上げられたそうです。…彼が私にこのことを決して他言してはいけない，彼の両親にも私の両親にも話してはいけないと禁じたことを覚えています。私は彼が語ったことにショックを受け，そして，どうやってそんなことが起こるの，だって職業兵士たちがいるじゃないのと尋ねました。そうしたら彼が言うことには，夜間の外出禁止時刻になって兵士が皆眠ってから行われるのだそうです。彼はまた，古参兵たちが集団になって，新参兵たちにそのようなことを行うのだと言っていました」[8]。

軍隊における完遂自殺に対する自殺未遂の比率は，ポーランドの全国平均やさまざまなグループにおける比率と異なっている。すでにみてきたように，一般には完遂自殺よりも自殺未遂のほうが10倍も多いと推定されている。軍隊ではこの割合が明らかに逆転している。なぜか。断片的な情報からこの問いに答えるのは簡単ではない。しかし，思い出してみよう。両者の状況的要因は類似しているけれども，自殺企図はたいてい，救いを求める特別な叫びであり，それによって周囲とのつながりを得ようという試みである。他方，完遂自殺は，生活環境や生活世界とのあらゆるつながりをきっぱりと断つことを意味する。

前者のばあいは，若者，とくに女性に典型的である。後者は壮年期の人に典型的で，彼らはいったん死を決意すれば，もっとも効果的な死に方を選択する。「ハード」な効果的方法のひとつは首吊りであり，ポーランドでは全自殺者の80％と兵士の自殺の50％がこの方法に依っている。兵士の自殺で2番目に選ばれる方法は，小火器である（完遂自殺の39％）。

「ソフト」な方法（薬物の過剰服用，高所からの飛び降り，リストカットなどの自傷，等々），すなわち自殺未遂で選択される方法に関しては，兵士と全国平均との違いはあまりない。

基礎訓練中の新参兵は，職業軍人よりも数倍多く自殺を試みており，また明らかにより頻繁に自殺で死んでいる（表Ⅵ-1）。

新参兵か職業軍人かに分けて10万人当たりの自殺完遂者の割合を出すと，この点がもっと詳しくわかる。

表Ⅵ-2からわかるように，軍隊内の自殺率は，国民全体におけるその割合よりもかなり高い（2倍）。とくに注目に値するのは，自殺率は全国的には低

表Ⅵ-1　ポーランドの軍隊における自殺完遂者数と自殺未遂者数

(1991～2001年)

年	自殺未遂者		自殺完遂者	
	新兵	職業軍人	新兵	職業軍人
1991	6	－	25	18
1992	5	1	27	16
1993	11	1	26	19
1994	3	1	26	14
1995	－	3	30	24
1996	7	1	26	19
1997	6	2	29	12
1998	13	0	18	7
1999	7	0	27	9
2000	13	0	33	19
2001	データ欠	データ欠	25	15

注：1991年以前のデータはない。
出所：国防省の統計記録。

表VI-2　1991〜2001年におけるポーランド兵士の完遂自殺率

(10万人当たり)

	1991	1992	1993	1994	1995	1996	1997	1998	1999	2000	2001
訓練兵	12.0	13.6	19.4	20.2	27.8	20.4	欠	20.8	24.5	30.3	31.3
職業軍人	17.0	19.3	22.5	16.7	27.1	20.8	欠	欠	10.0	23.4	17.4

出所：国防省の統計記録。

下傾向にあるのに，軍隊では上昇傾向がみられる点である。

　もっとも，自殺率は1995年に記録破りの高さを示したが，1996年にはそれよりもずっと低くなった。しかし，ここから自殺率の傾向について一般化した結論を出せるわけではない。一般化するにはもっと長期間の情報にもとづかなければならないだろう。

　自殺死した兵士（および自殺未遂の兵士）の教育水準別や既未婚別や社会的出自別の分布に関する国防省の統計データは，その自殺現象の理解を深める助けにはあまりならない。国民全体におけるその分布構成の特徴が，そのまま兵士の構成の特徴としてあらわれているかもしれないからだ（たとえば職業教育か初等教育しか受けていない人が多いとか，労働者階級や農民の出身者が多いなど）[9]。

　しかし，軍隊内自殺の先行研究を頼りにして大づかみに描いてみると，軍隊で自殺する兵士の典型は，農村や小都市で育ち，労働者階級か農民層の出身で，初等教育か職業教育しか受けなかった者であり，21〜32歳の独身者で，初年兵である[10]。

　軍隊内での自殺に非常に大きく関係するのは，兵役期間の長さである。完遂自殺の52％と自殺未遂の60％は，入隊後6ヵ月以内に行われている。これは明らかに，急激な変化，未知の役割，新しい生活条件（とくに世間で通用しそうもないそれ）がたいていの人間にとって極度のストレスになるという，自殺の社会学理論と一致する。この最初のもっとも困難な期間を耐え抜けば，その後の適応はそれほどきつくはなくなる。このことは，たとえば失業者や突然に近親者を亡くした人や遺棄された人の自殺に関する諸事実，つまり死別者や離別

者の自殺のほぼ半数は，死別・離別後の最初の1年のうちに起こっているという，本書での先の分析で明らかにした諸事実で，すでに確認済みである[11]。

兵士たちは「待機中の社会」のなかにいる。これはエルジビエタ・タルコフスカによる用語だが，彼らはその社会のなかで「宙ぶらりんで，その場だけの，間に合わせの感覚で生きており，不確実で曖昧な未来への恐れをもちながら日々を送っている」[12]。そこにある一定の特殊状況が加わると，自殺の最終的決断を誘引するのだ。

もちろん，軍隊内の自殺の決定要因は複雑である。自己破壊を導く否定的な状況症候群は，しばしば，環境の制度的閉鎖性（全体主義的組織としての軍隊の特質[13]）と，家族生活の解体の，両方に根をもっている。軍隊が現代社会の一部であってそれの反映物であるとすれば，軍隊内での人びとの行動（自殺行動を含めて）は，現代社会と同じようなパターンに従うはずである。

監獄内の自殺

監獄内の自殺は，刑罰システム，監禁状況，監獄風土，刑務官との関係，囚人どうしの関係に対する，劇的な抗議の表現である。自己攻撃行動はまた，懲罰制度の逆機能の表れであり，囚人の再社会化が十全になされず，攻撃と自己攻撃を防ぐ手立てが必ずしもうまくいっていないことを示している。

自己破壊行動を含めて監獄内における逸脱行動の分析から次の点が明らかになっている。「好ましくない習慣や気まぐれで囚人たちはとにかく自分たちの目標を達成しようとする。その主なものは，解放されること，検事や判事や教戒師に強要してなにか特別な決意をさせること，拘留や処罰の条件をあれこれ指図すること，などである」[14]。自殺未遂の企ては，監獄の習俗（奇妙ないい方かもしれないが）の一側面だとみなされるとしても，そのために刑務所の管理者や職員が槍玉にあげられることはほとんどない。またおもしろいことに，自殺で死んでも監獄内の秩序を破ることにはならず，人からの評判も落ちるこ

とはない（むしろ実際には高まるくらいだ）。自殺に対する周囲の反応がどうしてこう無関心なのかは，理解に苦しむ。というのは，他の多くの日常的な出来事は，たとえば部屋換え，作業班の変更，懲戒的な処罰など，他の多くの獄内の出来事だと，集団的な抗議や危険な混乱が起こるからである[15]。囚人仲間の死は常に深刻な社会的反響を引き起こすだけに，囚人たちは仲間の自殺の企てに対してあえて無関心に反応するのである。

自殺にはこのような外在的な結果のほかに，自殺者自身の内在的な脈絡がある。ここで問題となるのは，監房内での孤立状態と，監獄外の世間で通用しているのとはまったく異なる獄内の過酷な行為規則とが，自殺発生の確率をはたして高めるのだろうか，もしそうならどの程度高めるのか，という点である。

この問題は，科学的精査を通さずに，映画や新聞記事でおなじみの状況のなかで起こったきわめて劇的な個人レベルの事件として，一般に語られている。一方，私たちの分析は，本書のこれまでの方法に従い，長期間にわたって収集された統計データにもとづいて，当該現象の範囲と傾向を検証することに焦点を当てる。もっともその分析が及ぶ射程は，中央刑務本部から得られるデータの範囲に限られるが。

その分析に先立って，ポーランドにおける監獄内の自殺を諸外国のそれと比較しておきたい。だが，これは簡単ではない。そのような情報の入手がむずかしく，しかもデータが必ずしも比較可能ではないからである。それゆえ，分析の範囲をヨーロッパ内に限定する。ベルギー，フランス，ドイツ，イギリス，イタリアでは，監獄内の自殺率は国民全体の自殺率よりも数倍高い。他のヨーロッパ諸国における囚人の自殺は，ポーランドよりも頻繁に生じている。

ポーランドと諸外国のデータからみられるこの差は，おそらく「囚人の健康管理の水準，監獄内の生活水準，さらには拘留や投獄の仕組みの違いからは説明できない。周知のとおり，刑務所内の規則の厳しさは各国ともほぼ同じであるが，囚人に対するケアは多くの点で諸外国の方がポーランドよりも優れており，所内の諸施設も新しくて機能的であり，よく整っている。それゆえ，自殺

頻度の違いは，おそらく他の要因によるにちがいない」[16]。他の要因のなかには，西欧諸国の囚人のなかでは外国人の比率が高いこと（すでにみてきたように一般に移民は「地元の人」よりも自殺傾向が強い）や，その他の多くの状況要因がある[17]。

ここ数十年，監獄で記録されているあらゆるタイプの事故のうち，もっとも頻繁に生じているのは自殺である。毎年1,000件以上もあり，年によってはその数倍も記録されている。

表Ⅵ-3は，自傷行為と自殺企図（完遂自殺を含む）とを合わせた自己攻撃行動の割合を示している。異なる種類の自己攻撃行動を一緒くたにして扱うのは（監獄統計に沿って），これが本書で初めてである。私はこれらを一緒くたにするのは正しい処理ではないと考えるが[18]，それらの行動の背景も状況要因も，だいたい同一である。それゆえ，この表を観察するのは意味がある。なぜなら表中のデータから，自殺企図が監獄内の諸条件，監禁規則の違反，より一般的には国の懲罰政策に対する囚人たちの不満や要求と呼応して，周期的に増大すると考えさせられるからだ。

自己攻撃は明らかに動的な現象である。短期的にしかも突然に自殺率が上がったかと思うと，その前後には自殺企図の率が低い時期がある。1981年時点では，これは全国的に自己攻撃と逸脱行動が一般に減少したことと関係があったかもしれない[19]。しかしこの仮説は1989年時点の現象では検証できない。その年にはポーランド全体で自殺行動の同様な減少（その8年前に匹敵する）がみられたからだ。

国内で起こった重大な政治的・社会的事件に対して，囚人たちの反応が遅れて出てくることも考えられる。しかし，この仮説もまた保留しなければならない。これを立証する適切な統計データがないからであり，したがって自己攻撃行動が，監獄の経営管理や納得いかない刑罰システムに対する攻撃と抗議の表れの形態にほかならないのかどうかは，一概にはいえない。

1993年以降，監獄内での自己攻撃行動の数は，明らかに減少している（表Ⅵ

表Ⅵ-3　ポーランドの監獄における自己攻撃行動

(1976〜2001年)

年	服役囚（平均数）	自己攻撃の事例数	囚人1,000人当たりの割合
1976	98,287	1,480	15.1
1977	92,703	2,017	21.7
1978	93,557	1,982	21.2
1979	105,205	1,588	15.1
1980	105,509	1,431	13.6
1981	83,455	3,374	40.4
1982	77,870	2,370	30.4
1983	83,065	3,936	47.9
1984	83,385	3,708	44.5
1985	95,646	3,466	36.2
1986	108,867	2,506	23.0
1987	96,438	2,009	20.9
1988	80,312	1,653	20.6
1989	58,427	1,702	29.1
1990	45,633	2,552	55.9
1991	56,068	3,409	60.8
1992	61,289	3,629	59.2
1993	62,358	1,894	30.4
1994	62,594	1,660	26.5
1995	65,504	1,324	20.2
1996	58,844	1,139	19.7
1997	57,705	996	17.3
1998	58,350	745	12.8
1999	55,436	959	17.3
2000	64,246	1.140	17.7
2001	78,716	1,132	14.4

注：ここでいう自己攻撃行動とは自傷行為，自殺未遂，自殺完遂の合計。監獄統計では，7日以上に及ぶ健康不調をもたらす自傷，給食の拒否，自殺の企図を，自己攻撃の形態として処理している。自己攻撃の数がそれを行った者の数を多少上回るのは，服役囚のなかに「自己攻撃」を幾度も繰り返す者がいるからである。
出所：中央刑務本部の統計記録。

-3）。しかしその数は，短期の拘置者のほうが刑の確定者よりも有意に大きい。だがこの関係は一定しておらず，1980年以前では後者の方が自殺者は多かった。このパターンは1984〜1993年の間に逆転し，そして1994年以降は収監者全体の

なかでの拘置者の自殺の割合は，幾分低下してきた。

　絶対数よりももっと正確な指標として囚人1,000人当たりの自殺者の比率をみるならば，一時の拘留者と刑の確定者との割合は2.5対1であることがわかる。しかも，前者の自殺行動が後者のそれよりも顕著に増大している。1976年と1996年をくらべると，一時的拘置者の自己破壊率は1.7倍に増えているが，刑の確定者のばあいは1.2倍であった。[20]。

　逮捕されて一時的に拘置されている状態では，おそらく，つい最近までとはかなりかけ離れた状況のなかに放り込まれて，これからどうなるかの見通しがつかないだけに，監獄そのものよりもストレスが大きく自殺が発生しやすい（とくに監獄の規範や慣行に適応しようとあがくならば）。

　さて，以下では，自殺未遂と完遂自殺とを比較できるように算出された指標を使って，獄中自殺を分析しよう（表VI-4）。

　自殺未遂の頻度は，当然，完遂自殺の頻度よりもずっと多い。しかし，後者は概して（1979年，1980年，1988年を例外として）5分の1程度に過ぎないとはいえ，現実の問題としてははるかに深刻である。自殺の社会学理論からすれば，後者こそが社会の状態を表すもっともデリケートな尺度である。

　この点は本書で何度も論じており，本書の主軸でもある。囚人の間で未遂と完遂というこの2つの行動がまったく異なる動きを示していることに注目しよう。すなわち，自殺未遂が減少すると完遂自殺がしばしば増えるのだ。この事実から間接的ながら次の2つの見解が支持される。ひとつは未遂の問題と完遂の問題とは切り離して扱うのが合理的だという見方，もうひとつは自殺者の意図は必ずしも多義的ではないという仮説である。自殺を企てることによって，人は社会とのつながりを求めたいとか，あるいはその反対に社会とのつながりとをきっぱり断ちたいという欲求のシグナルを，発しているのかもしれないのだ。

　自殺未遂の動態と完遂自殺の動態との違いは，きわめて明らかだ（表VI-4）。しかしそれぞれの自殺指標は，1992～1995年を除くどの期間も，短期的な（1

表Ⅵ-4 ポーランドの獄中における自殺率
(1976～2001年)

年	自殺率（囚人1,000人当たり）	
	未遂	完遂
1976	2.2	0.8
1977	3.0	0.4
1978	2.5	0.5
1979	1.4	0.4
1980	1.3	0.3
1981	1.9	0.4
1982	3.6	0.6
1983	5.3	0.5
1984	4.8	0.8
1985	3.2	0.5
1986	2.3	0.5
1987	2.2	0.5
1988	1.8	0.5
1989	2.4	0.5
1990	5.2	1.1
1991	6.1	0.8
1992	6.0	0.7
1993	4.2	0.5
1994	3.6	0.5
1995	2.5	0.3
1996	2.4	0.4
1997	3.2	0.8
1998	2.3	0.7
1999	3.0	0.7
2000	2.9	0.7
2001	2.4	0.7

出所：中央刑務本部の統計記録。

年とか2年とかの）波動を描いている。

　獄中での完遂自殺の割合が低下してきたといっても（絶対数だけでなく指標からみても），まだその水準は相対的に高く，国民全体のそれに比べて3倍から6倍の高さにある。完遂自殺は獄死全体の数を増やしている（近年では獄死

の約30％を占める）。参考までに付言すれば，入院のために放免されたり未決のままでいる囚人は，この統計に含まれていない（しかし彼らは病院での死亡数を高めている）。

軍隊やその他のどんな環境での自殺と同じように，囚人たちが選ぶ自殺の方法は，多くのばあい，首吊りである。獄中ではこれがもっとも確実な方法であり，しかも特別な手段を必要とせずに実行できる（輪縄はどんなものからでも作れる）。囚人が首吊りをするのは通常夜中か，囚人仲間が（散歩に出ていたり医師のところに行っていたり，他の用事で忙しかったりして）不在のときである。数年間にわたる犯罪学的調査研究が提供する自殺者の特徴に関する情報によれば（不完全ではあるが），自己攻撃を犯した囚人はもっとも攻撃的で危険な種類の犯罪歴をもっていた。彼らが告訴され判決された犯罪は，ほぼ３つの種類に集約される。すなわち，生命と健康に対する犯罪，自由に対する犯罪，財産と所有に対する犯罪（強奪）である。囚人一般に比べて，自殺を犯した囚人は厳しい処罰を受けた犯罪歴を有していたのである。

年齢別，性別，既未婚別，学歴別の構成からみるかぎり，獄中自殺者の分布は平均的な囚人のそれとあまりかわらない。また，それは国民全体の平均的な自殺者ともあまりかわらない。囚人の自殺者と国民全体のなかの自殺者との違いを示す唯一の点は，居住場所の違いである。後者は一般に農村部の出身であり[21]，前者は通常都市の居住者である。

囚人と一般人の自殺を比較すると，いろいろな考えが湧いてくる。まずは，社会的に受容されている行動類型と，規範破りの行動に対する道徳的制裁についてである。

ヤヌシュ・レイコフスキが述べているように，「規範的機制は社会的承認の原則に従って作動する。周囲から肯定的に評価されているものならば（あるいは他者がしていることと同じであるならば），それは善にちがいない。周囲から批判を受けているものであるなら，それは悪である。…この機制は社会統制に従属している。何が善で何が悪かについての見解は，社会的評価と社会的模

範の変化とともに変わる」[22]。

　すでに述べたように，自己破壊行動の評価と自殺者に対する制裁は時代や地域によって変わる[23]。現代社会では人びとはときには自殺に理解を示すが，しかしそれは，社会的に受容されている価値と行動の体系に，一般的に適合するものではない。だからたぶん，多くの人びとは自殺をためらうのだ。

　監獄内では事情が異なる。監獄内では，「特定の状況に反応し特定の問題を解決するために自己攻撃に出ることが社会的に承認されており，ばあいによっては（部外者には知りえないが）義務づけられている」[24]。自殺は名誉ある行為とみなされ，そしてその動機が何であれ（明らかなものであれ不明のものであれ），それは（しばしば都合よく）監獄共同体のために行われた愛他的行為として扱われる。そのような寛大な風土が獄中自殺を促しているのは疑いない。

　閉ざされた空間のなかで世間から孤立させられているということが，考えられうるもうひとつの自殺促進要因である。これは，現代人にとってトラウマとなっている，最大の自殺発生要因でもある[25]。この点は，一時的な拘留者の自殺率がきわめて高いという事実，また既決囚の自殺行動の確率は獄中生活の長さと逆の関係にあるという事実から，証明済みである。完遂自殺の大多数は，取り調べ期間中か，収監されたばかりの初期の期間に起こっている。言い換えると，刑期の最終段階の者よりも拘束されたばかりの初期段階の者のほうがずっと多く自殺している。この事実は明らかに適応・不適応の過程が問題だということを指しており，自殺の大多数が初年兵の間で起こっている軍隊内の自殺動態と対応している。

　失業，死別や遺棄，馴染みのない状況の出現などによる事態の悪化は，なにも囚人に限られたことではない。兵役中の生活や，現代ポーランドの農村部や巨大産業における生活は，いくつかの点で監獄生活の状況と非常によく似ている。しかし，監獄ほどトラウマ的で自殺発生的な状況症候群があるところは，他所にない。この症候群は，周囲とのあらゆる関係からの突然の遮断，家族との接触の制限（これはしばしば諸関係の決定的な崩壊を導く要因である），そ

して制度的規則への即時服従の必要，といったことを含む。これらすべてが，疎外，怨念，無力さなどの感情，またときに生きているという感覚の欠如を引き起こすのである。

　この章での議論を終えるにあたって，もうひとつの重要な，そして最後の付言を添えておきたい。ポーランドの社会（またポーランド社会以外でも）では，自殺する者はみんな精神的な病いをもっているからであって，正常な人なら自分の命を絶ちはしない，という見方が流布している（一般的な決まり文句として言い表されている）。だが，こんにちの科学的研究も現実それ自体もこのような見方を否定している。このことは一般の人びとのほうがよく知っている。

　私がすでに示そうとしてきたように，自殺者たち（囚人以外の）の健康状態は一般の人たちの標準と違わない。囚人たちの精神的健康状態も一般の人たちの標準と違わないのだ（精神科医や懲罰システムの専門家の期待に反して）。このことは囚人のメンタルヘルスのテストで確証済みである[26]。

　監獄の内であれ外であれ，自殺者は，そのうちのいくらかの人が社会から排斥された者であったとしても，相対的に正常である。みずからの命を絶つ人たちは，自分に襲いかかる圧倒的な状況（現実のものか想像上のものにかかわらず）に対して，ひ弱で屈しやすいのだ。巻き込まれやすい。彼らは，自分の生活に絡み付いた難題を自分で解きほぐすことができないのだ。彼らはそれを切断して，自分の人生を終わらせるのである。

注

(1)　M. ヤロシュ『従業員自主管理—目的と現実』（ワルシャワ，1988年）；M. ヤロシュ編『職場におけるアルコール—経済的社会的問題』（ワルシャワ，1990年）；M. ヤロシュ「経済犯罪における企業の逆機能」（『ヨーロッパ犯罪学』1990年，第3巻）を参照。

(2)　M. ヤロシュ『自己破壊・自殺・アルコール中毒・薬物濫用』（ワルシャワ，1980年）；M. ヤロシュ「ポーランドにおける社会格差」（『東西比較研究雑誌』パリ，1982年，第3号）を参照。

(3)　とくに Z. リジンスキ「軍隊における自殺問題」（『軍医』1958年，第712号）；A.

フロルコフスキ「兵士における自己攻撃行動の心理社会的諸要因」(『軍医』1992年，第9‒10号) を参照。

(4) A. デンブスカ「兵士の非公式的慣行のミクロ社会的基盤」(ワルシャワ大学博士論文，1997年) を参照。

(5) このことは1988〜1990年に行われたクラクフ軍隊診療所での調査によって示されている。自殺未遂の兵士のうち75〜97%にとって，最も自殺発生的な要因が兵役であった。C. ベム「基礎訓練期間における兵士の自殺未遂：1991年〜1995年」(国防省，1996年) を参照。

(6) A. フロルコフスキ『軍隊精神医学概説』(ウーチ，1993年)；A. デンブスカ「ミクロ社会的基盤」(前出) を参照。

(7) A. デンブスカ「ミクロ社会的基盤」(前出，5頁)。

(8) C. ベム「兵士の自殺未遂」(前出，33-34頁)。

(9) 適切な統計データが存在しないため，これらの指標を遡及的に計測することはできない。

(10) A. フロルコフスキ「兵士間における自殺行動の心理学的評価」(『ポーランド精神医学』1993年，第1号) を参照。

(11) より詳しくはIV章とV章を参照。

(12) E. タルコフスカ『ポーランド人の生活時間—調査結果・仮説・印象』(ワルシャワ，1992年，15頁)。

(13) E. ゴッフマン「全制的施設の性格描写」(ポーランド語版，W. デルチンスキ・A. ヤシンスカ-カーニャ・J. シャツキ編『社会学理論の初歩』ワルシャワ，1975年) を参照。

(14) T. コラルチク・S. ヴローナ「拘留者の自殺」(『ポーランド刑務所概観』1997年，第17号)。

(15) T. コラルチク「一時拘留者および刑確定者の自殺企図」(『刑務所と犯罪学』1987年，第12-13号) を参照。

(16) T. コラルチク・S. ヴローナ「自殺」(前出)；B. ホウィスト『自殺—事故か故意か』(ワルシャワ，1983年) を参照。

(17) いくつかの点については，すでに議論してきた。たとえばIII章を参照。

(18) I章を参照。

(19) とくにV章を参照。

(20) T. コラルチク・S. ヴローナ「自殺」(前出) を参照。

(21) III章を参照。

(22) J. レイコフスキ『感情過程・動機づけ・パーソナリティ』(ワルシャワ，1992年，137頁)。

(23) たとえばI章を参照。

(24) T. コラルチク・S. ヴローナ「自殺」(前出)。

⑻　E. デュルケーム『自殺論——社会学的研究』(第 4 版,パリ,1973 年);Z. バウマン『近代とホロコースト』(イサカ,1989 年) を参照。
㉖　T. コラルチク・S. ヴローナ「自殺」(前出) を参照。

結　論

　本書のインスピレーションは，100年も前に出版されたエミール・デュルケムの『自殺論』（1897年）に発している。彼はこの書物で，自殺を社会状態の指標として概念化した。すなわち，自殺率は社会の統合が崩れる時代，とくに経済・政治・社会の変革期にみられる社会状態（「大変動症候群」）のなかで増加し，社会が相対的に安定している時期や，人びとが共通の価値を守ろうと奮い立つ時期（戦時中とか革命期とか）には減少する，という説である。

　本書が分析対象にしたのは，一定の時間と空間のなかで，そして異なる文化システムのなかで，「要請に応えて」遂げた死という現象である。本書はまた，ポーランドにおける大規模な社会変動，すなわち第1には戦後期，第2には「連帯」による変革期の，諸過程と諸葛藤の社会学的研究でもある。したがって本書の結論は，自殺の構成や傾向といったことからさらに踏み込んで，自殺現象の分析を通して，ポーランドやその他の脱共産主義諸国における社会変革過程のいくつかの重要な規則性を提示していくことになる。

　この研究（1951年〜1996年の間にポーランドで実施された全国サンプル調査にもとづく）で発見されたもっとも重要な点のひとつは，デュルケムの自殺理論は100年前と同じく，今日にも妥当するということである。自殺死亡者の地域分布や職業構成は1世紀前とは違っている（今日では自殺は農村部で多く大都市では少なく，農民や労働者や失業者の自殺率が顕著に高い）けれども，いまなお所与の状況に対する社会の多数者の反応（従属変数）をもっとも強く規定しているのは，状況要因（独立変数）なのだ。個々人における自殺の動機

や事情がどのようなものであれ，その範囲，構成，傾向は，それらが一部として組み込まれているマクロな社会過程の，間接的な反映なのである。

この研究からのもうひとつの発見は，本書のなかでよく証明されているように，自殺発生状況症候群を構成する諸要素の，複合的性格である。これは，それまで経験したことがなく，したがってすぐには対応もできないようないくつかの生活の逆境（たとえば失業とか貧困とか）や家族関係の不幸（たとえば急な死別）が，予想もなく重なって起こることである。とくに，私有化と資本主義化が解雇や職場の倒産の形をとって襲ってきて，（大都市とは違って）ほかに生計を立てる道がないような農村や小都市に暮らしている，壮年男子の場合がそうである。

自殺死の確率は，特定の人口統計的変数（性別，年齢，既未婚）と個人的変数によって上下する。個人的変数とは，国家への依存と日々の惰性に慣れていたかつての社会主義的な生活条件が変化したなかで，生活の切り替えがうまくできるかどうかの適応手段の有無である。

重要なのは，ヨーロッパおよび世界における自殺に関する国際統計データ，とくにポーランドと他の脱共産主義諸国における自己破壊的諸傾向に関するデータをふまえた，統計データの分析である。データから意外な点が発見される。自殺死の比率がもっとも高いのはリトアニア，エストニア，ラトヴィア，ロシアであり，これらの国ぐには，伝統的に自殺統計の最上位にあったハンガリーよりも上にきているのである。ポーランドの自殺率は，大規模な社会変革の各時期における社会的風潮を反映した動きをみせてきたが，自殺統計の国別ランクでは脱共産主義諸国のなかでもっとも低い位置にある。

この点は，他の東欧諸国とは異なるポーランド独特の社会主義モデルの，政治的および文化的決定因から説明できよう。このポーランド独特の状況（農業や手工業における私有制，教育や文化における西欧志向，市民的自由の相対的な広さ，強力な対抗勢力の存在）は，この国が移行コストを低めに抑えながら（それはたとえば自己破壊比率の低さに表れている），比較的円滑に資本主義へ

の移行を果たすのに寄与したのだ。

　さらにもうひとつの重要な分析結果は，自殺をするのは「あなたや私のような」ふつうの正常な人間で，ただちょっと他人より繊細でひ弱であり，新しい環境や状況への適応が苦手な人たちなのだ，という仮説を，検証したことである。これは，軍隊とか監獄のような閉鎖的な環境を含めてどんな社会環境についても，またどんな社会層についても（自殺死の機会は階層や集団によって大きく異なるにせよ），証明済みの事実である。しかし，ストレスに満ちた社会的事件が起こったため，それ以前には自殺率が最低だった社会層（ノメンクラトゥーラ，いわゆる意思決定者層）で自殺が多発している。「連帯」による攻撃とその後の政治体制の変化に対する彼らのこの反応は，とくに顕著だった。1981年と1989年に自殺率が高まったのは，この層だけだった（他の社会層の場合には低まったのだが）。

　別な指標でみるならば，自殺死の比率は交通事故死の比率に匹敵することがわかる。だからといって私たちは，このような死を，「どこかの他人」，つまり割を食った人びとによって担われた，発展と変革の「当然の」コストだと言いきれるだろうか。センスのある政治家だったら，そうだとは答えないだろう。そんな答をしたら「政治的に不適切」だからだ。社会は，大多数の人びとを放置して彼らに貧困，不運，苦悩を担わせておくべきでない。無力な人びとや不運な人びとを隔絶して暗い闇のなかに放っておくわけにはいかない。ではこのような人びとをどう助ければいいのか。多くの国ぐにで有権者は政治家にこのむずかしい問いを突きつけ，社会的救済のプログラムの開発と失業に対する取組みを求めている。このようなプログラムの実現はきわめて複雑なことであり，政府を転覆させかねない複合的な社会政治的影響をもたらす。しかしそれは，本書の範囲を超えた，別な筋立ての話になる。

訳者あとがき

　ポーランドの社会学は戦前から，中欧・東欧諸国のなかでもっとも高い水準を保ち，ズナニエツキ，オッソフスキ，ヴェソウォフスキ，バウマンなど，国際的に著名な学者を輩出してきた。そのなかにあって，本書の著者マリア・ヤロシュ（Maria Jarosz）女史は，ポーランド科学アカデミー付属政治学研究所教授のベテラン社会学者としていまなお精力的に研究活動を進め，経済社会学と社会病理学の接点に新たな研究領域を切り開き，体制変革に随伴する社会問題の分析を社会学的視点に立って追究してきた。その研究は1945年後の社会主義的変革，1980年に端を発した自主管理労組「連帯」による変革運動，それから1989年以降の社会主義崩壊と資本主義的変革という，戦後ポーランドが経験した3つの社会的大変革と，そのなかでの人びとの生き様に向けられている。

　その著書・編書は20点を越え，研究論文は約250点に上り，そのうちドイツ，デンマーク，スウェーデン，フィンランド，ロシア，セルビア，クロアチア，ブルガリア，スペイン，日本，中国，アメリカ，フランス，イタリア，ウクライナ，ハンガリーなど，外国で刊行されたものも少なくない。主著に『工業企業における労働者自主管理』（1967年），『社会病理学の諸問題』（1975年），『自己破壊・自殺・アルコール中毒・薬物濫用』（1980年），『社会的不平等』（1984年），『若者生活の諸障壁』（1986年），『家族解体と社会解体』（1987年），『従業員自主管理』（1988年），『私有化・チャンス・リスク』（1993年），『民営企業における外国人所有者とポーランド人従業員』（1997年），『権力・威信・腐敗』（2004年），『ポーランド変革における勝ち組と敗け組』（2005年），『ポーランドはどんな国か』（2005年），『変革・エリート・社会』（2007年），『排除されている人たち―その社会的・物質的・エスニック的次元』（2007年），『汚名を着せられた人たちと告発を受けた人たち―政治的排除について』（2008年）などがある。

ここに訳出した『自殺の社会学』（原題『自殺』）は，体制変革のもとで生じた新しい社会状況に人びとが対応できず，その適応が破局に終わってしまうさまを，みごとに分析した著書である。本書は肉体労働者，農民，知識労働者，失業者の自殺，さらには軍隊と監獄という閉ざされた環境のなかでの自殺に関するユニークなデータに依拠しており，その大部分はこれまでに未公表だったものである。また，本書では国際比較データが豊富に使われており，その活用の仕方と事実発見の手法はじつに手堅い。これは理論的にも実証的にも自殺研究の一級品といってよく，自殺に関する科学的研究の方法的手引となる書物である。

　その分析に当たって理論的拠り所にしているのは，デュルケームのアノミー論である。デュルケームが社会学的概念として提起した「アノミー」とは，人びとが日々の生活で依拠していた慣行や価値や規範が急激な環境変化で崩壊し，精神的になにに頼って生きていったらいいかわからなくなってしまった状況を指している。本書の著者はこの概念でポーランド社会における自殺現象に光を当て，そこで発見された諸事実を踏まえてアノミー概念を再吟味し，それによって社会分析のためのさらなる理論的前進を提起している。その意味で本書はたんなるポーランド一国の，たんなる自殺現象に関する書物ではなく，社会変動と人びとの生き様を解くための理論と方法を示した，刺激的な研究書である。言い換えれば，本書は自殺そのものの研究書というよりも，むしろ自殺を指標として社会状態を解明してみせた，社会診断の書ということができる。

　本書でも示されているように，国際的にみて自殺率が顕著に高いのは，ロシアなど旧ソ連の国ぐにと旧東欧諸国である。この事実は社会主義体制崩壊後のアノミー現象の表れとして理解されよう。問題はこれらの国ぐにに次いで自殺率が高い国のひとつのが日本だということである（2004年データ）。日本は以前から自殺が多い国として知られていたが，とくに1990年代後半に入ってからのここ十余年の自殺率は高水準で推移して，1998年以降連続して年間3万人を超える自殺者が出ている。日本での自殺はとくに中高年者に多く，マスメディア

が与える印象とは異なって年少者には少ないという点でも，本書でなされた事実発見と共通している。ただし日本の場合，中高年層といっても，自殺がとくに多発しているのは高齢者であり，その原因の多くは健康問題にある。高齢化が急速に進む日本社会にあって，高齢者の健康問題と生活問題が重層化して広がるとすれば，高水準の自殺率は今後も維持され続けると思われる。自殺の未然防止を意図したカウンセリングや相談行政が制度的に打ち出されているが，問題は自殺を生み出す日本社会の的確な診断とそれにもとづく適切な政策の如何にある。健康保険制度や年金制度のありかたも，高齢者自殺対策の文脈のなかで検討されねばならないだろう。こうした意味で，本書は日本社会の現状診断にとっても，意義ある視点を提供してくれると思われる。

　本書の翻訳作業は，石川晃弘，石垣尚志，小熊信が章別に分担し，3名の共同で進めた。まず各自がそれぞれ分担した章の第1次訳稿を作成し，それを石川が訳の正確さと訳文の読みやすさを点検しながら全面的に手直しして第2次訳稿を作り，各訳者はそれを参考にして各自担当分の最終訳稿を仕上げた。翻訳は英語版をベースとし，必要に応じてポーランド語版とフランス語版を参照した。なお，英語版が出たのは1998年で，データが部分的に古くなっていたため，著者が訳者宛にその後のデータを入れた加筆文を送ってきてくれたので，その分もこの訳書に収めてある。なお，本書でとりあげられている引用文献の大多数はポーランド語文献であるので，その著者名・文献名はすべて日本語に訳して表記した。

　この間に2年余の年月を費やし，刊行をお引受けくださった学文社には迷惑をかけることになってしまった。それにもかかわらず訳稿の完成を辛抱強くお待ちくださった学文社・田中千津子社長に，この場を借りて深謝するしだいである。

　2008年8月20日

訳者を代表して　石川　晃弘

索　引

あ 行

アノミー　43, 56, 60, 118
　——的自殺　38, 39, 41, 42
　——論　39, 42, 78
逸脱行動
　17, 45, 52, 58, 61, 79-81, 96, 98, 100, 118, 130, 131, 134, 136, 142, 149, 153, 155

か 行

解体家族　58, 96, 97, 99
家族解体　59
家族崩壊　96
葛藤状態　55
機能障害家族　95, 96, 98, 99
ギリシアの法制度　11
経済的社会的不平等　83, 84
劇的変動　79
原因別死亡　29
獄死　158
古代人　10
古代ローマ人　11
孤立　22, 28, 37, 39, 79, 80, 93, 111, 130-132, 154, 160

さ 行

殺人　15, 22, 30, 42, 44-49, 52, 58
サティー　9, 10, 41
示威的自殺　28
自己破壊　59
自己本位的自殺　38, 39
自殺企図　28, 79, 92-102, 104, 150, 155
自殺未遂　14, 24, 26-28, 45, 92, 96, 105, 150-153, 157, 162
自傷　13, 16, 22, 98-101, 148, 151, 155
失業　83, 86, 91, 112, 139, 142, 152, 165-167
自爆攻撃　41, 42

自爆テロ　69
社会移動　129, 130
社会解体　54-59
　——論　53, 78
社会学的アプローチ　23, 25, 78
社会環境　100
社会決定論　93
社会主義的工業化　83
社会的逸脱　101
社会的出自　95
社会的承認　160
社会的制裁　56, 58
社会的地位　95, 108, 117, 120, 140, 142
社会的不適応　93, 94, 100, 101, 111
社会統合　49, 134, 136, 137, 165
社会統制　43, 55-57, 78, 130, 159
社会病理　53-58, 150
　制度的な——　59
社会病理学　52-54
社会変動群　57
社会崩壊　18, 25, 53-57, 79
　——論　53
集団自殺　13, 39-41
集団本位的自殺　38, 41, 42, 69
宿命的自殺　39, 41
焼身自殺　10, 41
初期のキリスト教徒　11
職業階層　95, 108
職業構成　118, 119, 124, 127, 139, 165
心理学的アプローチ　21, 23
精神医学的アプローチ　21
精神異常　21
精神障害　18
生理病理学的アプローチ　20
相対的剥奪　56, 140
疎外　39, 93, 100, 147, 149, 161

た 行

大変動症候群　165

他者攻撃　　97
脱共産主義諸国　　70, 72, 165, 166
脱ソヴィエト諸国　　70
タルムード　　13
哲学的—神学的アプローチ　　19
デュルケーム学派　　26, 38

　　　　　な　行

二次的逸脱　　58

　　　　　は　行

剥奪　　13, 15, 48, 56, 57, 60, 140, 149
犯罪　　10, 13-15, 18, 30, 58, 100, 147
非行　　98, 101

――集団　　55
病理行動　　96, 98, 99, 149
不平等　　140
文化的逸脱　　54, 55

　　　　　ま　行

モーレス　　10, 53, 148

　　　　　ら　行

リストカット　　151
臨床的アプローチ　　20
（連帯）　　70, 74, 80, 134, 136, 137, 140, 167
ロンブローゾ学派　　20

訳者紹介

石川　晃弘（イシカワ　アキヒロ）（翻訳分担：序文，Ⅲ章，Ⅳ章，結論）
中央大学名誉教授。社会学博士。労働社会学・中欧地域研究専攻。

石垣　尚志（イシガキ　タカシ）（翻訳分担：Ⅰ章，Ⅱ章，Ⅵ章）
中央大学文学部非常勤講師。文学修士。都市社会学・環境社会学専攻。

小熊　信（オグマ　シン）（翻訳分担：Ⅴ章）
労働調査協議会調査研究員。文学修士。労働社会学専攻。

自殺の社会学 ―ポーランド社会の変動と病理―

2008年9月10日　第一版第一刷発行

著　者　マリア・ヤロシュ
訳　者　石　川　晃　弘
　　　　石　垣　尚　志
　　　　小　熊　　　信
発行者　田　中　千津子
発行所　㈱学文社

〒153-0064　東京都目黒区下目黒3－6－1
電話　(03)3715-1501㈹　振替 00130-9-98842
http://www.gakubunsha.com

印刷／東光整版印刷㈱
〈検印省略〉

落丁・乱丁本は，本社にてお取り替えします。
定価は売上カード・カバーに表示してあります。

ISBN 978-4-7620-1867-1
Ⓒ 2008　Printed in Japan